东晋

皇权与门阀的百年博弈

张岩◎著

新世界出版社
NEW WORLD PRESS

图书在版编目（CIP）数据

东晋 ：皇权与门阀的百年博弈 / 张岩著. -- 北京 ：新世界出版社，2024. 9. -- ISBN 978-7-5104-7963-2（2025. 1重印）

Ⅰ. K237.209

中国国家版本馆 CIP 数据核字第 2024XK1351 号

东晋：皇权与门阀的百年博弈

作　　者：张　岩
责任编辑：张晓翠
责任校对：宣　慧　张杰楠
责任印制：王宝根
出　　版：新世界出版社
网　　址：http://www.nwp.com.cn
社　　址：北京西城区百万庄大街 24 号（100037）
发 行 部：(010)6899 5968（电话） (010)6899 0635（电话）
总 编 室：(010)6899 5424（电话） (010)6832 6679（传真）
版 权 部：+8610 6899 6306（电话） nwpcd@sina.com（电邮）
印　　刷：嘉业印刷（天津）有限公司
经　　销：新华书店
开　　本：710mm × 1000mm　1/16　尺寸：170mm × 240mm
字　　数：424 千字　印张：27
版　　次：2024 年 9 月第 1 版　2025 年 1 月第 2 次印刷
书　　号：ISBN 978-7-5104-7963-2
定　　价：78.00 元

目录
CONTENTS

第二章 颍川庾氏：门阀政治的巩固

第三章 龙亢桓氏：皇权的挑战者

第四章 陈郡谢氏：皇权的复兴

第五章 金戈铁马北府兵：埋葬门阀政治

小 引

西晋末年，司马懿的子孙为了争夺权力，展开了长达十六年的大混战，引发永嘉之乱，导致西晋灭亡，中国由此进入南北对峙的动荡时代：西晋皇室退守南方，建立东晋王朝；五胡占据北方，先后建立十六国。

东晋的一大特色是门阀当道，皇帝形同虚设。历史学家称这种政治制度为门阀政治，或者说，门阀政治是皇权政治的变态，实质上就是家族政治。

东晋从开国（317年）到亡国（420年），历时一百零三年，一直在门阀政治的泥淖里挣扎，直到气吞万里的刘裕登场，门阀政治才渐渐走向末路，历史的车轮也才渐渐重回正轨。

总体而言，门阀政治的负面作用比较大。在漫长的历史长河里，被门阀把持的东晋，也一直是一个存在感比较弱的政权，但这并不意味着东晋的存在没有意义，因为，在那个大分裂的时代，如果没有东晋的存在，南方将会变成什么样、中国将会变成什么样，都是难以想象的。

本书的目的，就在于说明东晋存在的意义以及对后世的影响。

第一章

琅琊王氏：门阀政治的开启

01 周处殉国

西晋惠帝元康七年（297年），正月初四。

广袤无垠的关中平原积雪皑皑，就像一块巨大的裹尸布，徐徐张开。梁山（今陕西乾县附近）脚下的空旷地带，散布着一些呈圆圈状的黑色斑点，这是一支军队的宿营地。

东方的天空刚露出一丝鱼肚白，六十一岁的老将军周处就已经披挂完毕，他面色凝重地走出军帐，命令传令兵发布军令：全军即刻埋锅造饭，为即将到来的大战做准备。

这位老将军早年的经历很有传奇色彩。他出身江东大族，其父周鲂是孙吴重臣，曾因"断发赚曹休"的事迹名扬天下。每当回忆起青少年时代，周处总是有些怅然，那段风华正茂的岁月里，他虚掷光阴，依仗勇力为祸乡里，横暴凶蛮，被父老乡亲视为当地一害。幸亏他后来迷途知返，潜心向学，痛改前非，才成为文武兼备的栋梁之材。孙吴灭亡之后，他被西晋朝廷征调入京，被派到关中来镇压氐人齐万年发动的一次民变。

西晋时，关中居住着很多内迁的胡人，胡汉矛盾向来激烈。镇守关中的人原先是赵王司马伦，此公在职期间因为贪婪敛财，处理民族矛盾不当，致使胡人揭竿而起，在氐人齐万年的领导下发动了声势浩大的暴动。晋廷极为不满，剥夺了他的职务，调他回京候命，并派遣司马肜（róng）为主将、夏侯骏为副将，入驻关中，负责平乱事务。

孙吴灭亡之后，晋廷为了笼络江东人才，瓦解当地盘根错节的士族，制定了一些人才引进政策，周处就是被引进的人才之一。周处抵达京城初期曾出任御史中丞。他性格强硬，刚直不阿，屡屡弹劾目无纲纪的王公贵戚，得罪了一大批权贵，司马肜就在他手里吃过苦头。

当时晋廷高官以北人居多，他们认为南人只是卑贱的亡国奴，并没有跻身朝堂的资格，对周处的破例提升本来就颇为不满，周处雷厉风行的铁面作风更使他们无比忌恨。等到齐万年发动民变，他们就以周处有平乱能力为借口，建议朝廷把他调到前线，协助司马肜和夏侯骏平乱。表面上是举贤任能，事实上是借刀杀人。

司马肜是司马懿的儿子，封梁王；夏侯骏是夏侯渊的孙子，亦是外戚。一位耿直的官员上了一道奏折，直言不讳地说，司马肜和夏侯骏都是养尊处优的贵戚，没有统兵的才能，而且他们两个不会为了功名而进取，也不会担心因为战败而受到责罚。周处与司马肜有过节，此去前线，凶多吉少。可是奏折呈上去如泥牛入海，朝廷没有对此做出回应。

营地上空刚刚腾起袅袅炊烟，夏侯骏就来到了周处的营地，传达司马肜刚下达的军令：全军即刻出战，不得延误。

齐万年的兵力多达七万人，周处的兵力只有五千人，而且司马肜至今还没有安排后援。听完夏侯骏的聒噪，周处平静地说："如果没有后援，我今日必死。我死也就罢了，可这也是国家的耻辱。"夏侯骏见他并没有拔营启程的意思，以为他贪生怕死，抗命不遵，于是气狠狠地离去，回去请主帅司马肜亲自来催战。

周处有年迈的高堂，离开京城之前，一个好心的同僚提醒他以供养老母为由拒绝征调。他知道政敌的歹毒用意，明白自己一旦开赴前线，必然会遭到陷害，但他拒绝了同僚的善意提醒，抱着为国效命之心，义无反顾地踏进了陷坑里。他拒绝夏侯骏的命令，并非怕死，而是基于对战局的清醒认识——如果没有后援，无论从哪个方面看，五千人对七万人，胜算微乎其微。他按兵不动，只是不愿眼睁睁地看着麾下的五千名士兵有去无回。

不久，司马肜亲自来到了周处的营地，以冷冰冰的官僚式口吻命令周处立刻出战，并且说他将会派遣援军。这时早饭还没有做好，周处和部下腹中空空，不过对于周处来说，能不能吃一顿饱饭已经不重要了，重要的是司马肜答应了派遣援军。

与心情沉重的周处相比，十几里地之外的齐万年却是一副运筹帷幄的姿态，即将打响的会战并没有对他造成任何压力。战前，他派人打探过敌军的动向，得知前锋指挥官是周处，他如释重负地说："周处勇猛且有谋略，如果他能独断军机，我就没有胜算可言。可惜他受制于人，此来必然为我所败。"

呼啸的寒风如同野鬼的号叫，飘飘洒洒的雪花如同飞扬的纸钱。苍黄色的天幕下，周处和齐万年各自率领着军队踏雪前行，赶往会战地点。在这两支军队的身后，行军道路被踩踏得泥泞不堪，像两条即将发起搏杀的巨龙。

周处所率前锋的任务是冲垮敌人的阵势，然后在援军的配合下发动最为猛烈的总攻。司马肜答应过周处会派遣援军，他也这样做了，派遣了两个北人将领，命令他们各率一支军队，随同周处一起赶往会战地点，只是他的部署当中有些隐情是周处不知道的。

伴随着沉闷而有节奏的战鼓声，会战开始了。

五千人冲入七万人的阵地会很容易遭围攻，如果援军不能及时投入战斗，被包围者就面临着被剿杀的风险。

周处所率的前锋很勇猛，一进入作战状态就成功地冲入了敌军的大阵当中。在人仰马翻、金铁交鸣的战场上，周处的视野范围极其有限，他并不清楚战场外围的情况，只能凭借直接承受的战斗压力来判断援军是否已投入战斗——如果包围圈被撕开裂口，敌军大范围溃退，说明援军已经出击，反之则说明援军没有动作。

随着时间的流逝和包围圈的缩小，身边的士兵一个个倒下，四面八方涌来的敌军越来越多，周处忽然意识到一个令人绝望而愤怒的事实：援军只是摆设，他们并没有参战的意思。

贻误军机是大罪，率领援军的那两个北人将领作壁上观，显然是事先得到了司马肜的授意。为了报私仇，难道要这五千条人命陪葬吗？难道私怨比国家大事还重要？游目四顾，只见晋军尸横遍野，而敌军的合围攻势依然猛烈。周处默然惨笑，他用尽最后的力气冲向如潮水般涌来的敌军……

喜迎新春的气氛还没有散尽，京城就接到了关中传来的战报。当然，战报的措辞是经过精心处理的，只呈现了部分的事实，说不久前向齐万年发动了一次猛攻，战斗打得很激烈，从清晨一直打到日暮。虽然前锋周处战死，晋军折损了五千兵力，但是杀伤了敌军万余人，战果还是相当可观的。

对于这种避重就轻的公文游戏，朝廷早已司空见惯，不会完全信以为真。前线战报送达之前，朝廷就通过其他渠道了解了周处之死的真相，可是这并不意味着包藏祸心的司马肜和助纣为虐的夏侯骏会得到严惩：其一，南人官员和北人官员的矛盾一直存在，如果把周处之死的问题扩大化，群情激愤的南人官员必定不会善罢甘休；其二，司马肜和夏侯骏都是王公贵戚，享有法外特权。

经过综合衡量，朝廷决定只给予司马肜和夏侯骏象征性的惩罚，追授周处为平西将军，并给予他的家人一些财物上的补偿。在朝廷看来，这样做似乎是最妥当的——如果此时朝廷有人能预料到十多年之后的大动乱，并考虑到周家在江东的势力，那他一定会建议朝廷做出另一番选择。

02　陈敏：时势造野心

齐万年之乱始于元康六年（296年）夏季，如果周处有独断军机的权力，这次民变就能早点结束。由于司马肜、夏侯骏作祟，齐万年成功躲过了一劫，在周处战死之后他又在关中地区转战了两年多，直到晋廷于元康九年（299年）派出精锐参战，他才被彻底击败。

一场本该在短时间内就被平定的民变持续了三年多，司马肜难辞其咎，但是朝廷并没有追究，反而把他调回京城加以重用，改派河间王司马颙（yóng）到关中接替他的职务。

平定关中民变的第二年，赵王司马伦在京城发动政变，篡权夺位，诛杀专权且废杀太子的晋惠帝皇后贾南风及其党羽。益州刺史赵廞（xīn）是贾南风的姻亲，显然属于被清洗的对象。经过短暂的衡量，赵廞萌生了割据巴蜀的野心。齐万年作乱时，一部分氐人为了躲避战祸，从关中流入了益州，为了壮大声势，赵廞与氐人流民积极联络，意图将他们收为己用，可是随着氐人势力的壮大，他又百般懊悔，唯恐遭到驱狼迎虎之祸，于是密谋铲除氐人，结果因计划不周而被氐人逆袭，益州由此渐渐变成了氐人的地盘（氐人建立的这个政权就是十六国当中的成汉）①。

八王之乱分两个阶段，第一阶段发生在元康元年（291年），直接参与动乱的只有两个王；第二阶段从元康九年（299年）持续到光熙元年（306年），不到

① 准确地说，成汉是一个賨人领导氐人建立的割据政权。本书脚注均为作者注。——编者注

七年的时间里，余下的六个王纷纷登场，朝廷大权多次易主，这样的朝廷对地方的掌控力是可想而知的。因此，益州动乱一起，朝廷在当地设立的行政体系迅速土崩瓦解，平民为了躲避战祸，纷纷流向东部的荆州。

在这样的背景下，张昌顺势而起，又掀起了一股巨浪。

张昌出身蛮族，有一定的文化素养，曾在荆州下辖的一个小县城里当过县吏。他对日常工作并不上心，但热衷于谈论国家大事和兵法战策，同僚们都把他当成妄想症患者，不喜欢和他来往。有一天，他忽然失踪了，同僚们都没有把这当一回事。他不辞而别，大家反而落得耳根清净，不用整天听他说那些云里雾里的东西，再说大量的流民正从巴蜀地区涌来，地方官再三强调要做好维持秩序的工作，大家平日里都忙得不可开交，忙着清查户口，登记名册，谁也没有闲心过问神经兮兮的失踪者的下落。

半年多后，巴蜀的局势越来越乱，朝廷颁布诏书，命令荆州官吏就地征调民兵，开赴巴蜀平乱。

打仗是九死一生的事，谁愿意上战场拼命呢？民兵虽然征调到了，但大家就是不启程，都在拖延时间。就算是启程了，也都在路上磨蹭。朝廷大为光火，严令地方官督促民兵火速赶往前线，并下达最后通牒：如果民兵在哪个地方停留的时间超过五天，该地的官吏就得被革职。诏令一下，荆州官场鸡飞狗跳，大小官员不敢再有片刻耽搁，纷纷亲自出面督促。他们的督促很有效果，民兵确实离开了，不过不是开赴巴蜀，而是纷纷逃离军营，落草为寇。

这时，失踪半年的张昌出现了。他派人散布流言，声称根据天象显示，改朝换代的时刻已经来临，新的帝王将诞生于南方。他号召落草为寇的民兵和涌入荆州的巴蜀流民顺天应人，消灭暴政。个把月的时间里，他就聚集了一支三万多人的军队。

这些士兵都佩戴红帽，把马尾巴做成胡须挂在下巴上，看起来颇为吓人，其中有些通晓武艺的人能够挑刀走戟，所谓挑刀，就是舞双刀的时候把刀抛起一两丈高再接住；所谓走戟，就是挥舞大戟到兴头上的时候，突然把戟插入地面，从戟柄上跳过去。至于这种功夫在实战当中的威力如何，那就不知道了。

张昌很有眼光，早在巴蜀发生动乱初期，他就预料到与巴蜀近在咫尺的荆州必遭池鱼之殃，到时候就可以趁乱大展拳脚。忽然消失的这半年里，他一直都在四处奔走，为未来的大计做准备。

张昌的势力发展得很快，不到一年的时间，他的触手就伸到了除巴蜀之外的南方大部分地区。虽然此时的西晋朝廷已经被枪来剑往的八王搅得摇摇欲坠，但在消灭张昌的问题上还是做出了正确的决策，这也是这个风雨飘摇的朝廷所做的为数不多的正确决策之一——派遣六十七岁的老将刘弘南下出征荆州。

刘弘在后世的知名度不高，但在那个烽火连城的乱世，他是无论如何都绕不过去的一个人物。刘弘在才能、为人以及识人三个方面都是佼佼者。

读过《三国演义》的朋友，想必记得与孙吴名将陆抗惺惺相惜的西晋名将羊祜。羊祜在世的时候对刘弘颇为器重，曾经对他说："你以后的成就不会在我之下。"刘弘的才能由此可见一斑。

治理荆州期间，刘弘有一天晚上巡夜，无意间听到一个打更的老兵长吁短叹，经过一番交谈，得知这个老兵年过六十，又体弱多病，还要打更。巡视结束之后，他把军需官叫来一顿责骂，事后又托人把自己的冬衣转交给那个打更老兵。

叱咤风云的东晋名将陶侃，就是在刘弘的推荐下走上军旅之路的。陶侃属于典型的大器晚成，一个颇有神通的相士看过他的手相，说他的左手中指上有一道竖纹，将来可以位至公侯。后来，陶侃确实成了东晋的中流砥柱，但他的前半生极其坎坷，混迹宦海多年而沉沦下僚，没有什么大作为。直到他四十三岁时，刘弘来到荆州，他的命运才出现转机。

随着刘弘的到来，南方局势迅速逆转，被刘弘任命为前锋的陶侃猛攻力克，刚走上战场就表现出了百战老将才具备的沉稳和锐利。张昌被打得毫无喘息之机，于永兴元年（304年）兵败被杀，传首京城。

动乱没有因为张昌的死亡而结束，余波依然在冲击着西晋脆弱的统治。张昌的残部并没有被彻底剿灭，一部分继续在扬州一带转战流徙。

张昌之乱这股大风潮里，引出了三个风云人物，除了陶侃，还有陈敏和周玘（qǐ）。

陈敏原先只是一个小小的京官，八王之乱后期，北方战争不断，为解决粮食紧缺的问题，朝廷派遣他南下扬州，将南方的粮食运送到北方。他在财政系统供职，与军事部门没有直接关联，日常工作就是清点钱粮簿册。如果不是因为战乱，他这一生都可能默默无闻。随着张昌残部的到来，命运之手扭转了他的人生轨迹。扬州大乱之际，陈敏主动请求承担平乱事务，他率领不到敌军十分之一的兵力，居然屡战屡胜，在周玘的配合下彻底消灭了张昌的残部。周玘，就是几年前在关中被司马肜、夏侯骏害死的周处的儿子。

江东原先是孙吴的势力范围，周家则是孙吴的强宗大族。孙吴灭亡之后，江东本土的门阀势力并没有遭到削弱，对西晋朝廷也谈不上有什么好感。其中有些文化大宗世代研习学问，有些武力大宗世代豢养私兵，周家属于后者，是江东数一数二的武力大宗。

剿灭张昌残部的过程中，周玘与陈敏有过短暂的合作，但彼此所属的立场不同。陈敏背后是西晋朝廷，周玘背后是江东门阀。陈敏维护的是朝廷利益，周玘维护的是江东利益。换言之，周玘此次起兵，很大程度上是江东门阀的集体自发行为，目的是维持江东的稳定，免受战乱的冲击。

剿灭张昌残部之后，周玘率军回到故乡，又恢复了从前深居简出的生活。他性格内敛，沉稳刚毅，不喜欢在社交场合抛头露面，与其父周处颇为相似。不同点在于，周处常常在闲暇之余埋头研读经典，而周玘没有这种雅兴。

永兴元年（304年）夏末的一天，也就是张昌残部被剿灭后不久，朝廷的使者来到了周玘的府邸，嘉奖他的平乱之功。出于礼节，周玘客气地接待了风尘仆仆的使者，同时也表示自己绝不会接受朝廷的赏赐。

此时正是梅雨季节，周玘目送使者的身影消失在朦胧烟雨里，远去的马蹄声在周玘心中激起了波澜。他是江东门阀的头面人物，自孙吴灭亡，江东士人一直对朝廷比较冷漠，甚至怀有敌意。此次剿灭张昌残部，虽说由他领头，但这离不开大家的支持。如果接受朝廷的赏赐，就等于夺人之功，难免会结怨于乡里。不过这只是他拒绝接受封赏的原因之一，更为重要的是，他的父亲周处是被朝廷害死的，这笔不共戴天的仇恨他一直没有忘记。

与心情复杂的周玘相比，陈敏就没有那么多的顾虑，他愉快地接受了朝廷的封赏。陈敏出身寒门，他能从一个默默无闻的小人物一跃成为军政要人，取得如此辉煌的成就委实不易。今天所拥有的一切都是他努力争取到的，他没有不接受封赏的理由，他的老父亲也对自己有出息的儿子颇为自豪。可是没过多久，老人家忽然发现儿子终日眉头紧锁，细究之下才发现他居然有割据江东的意图。

老人家的价值观很传统，在他看来，身为朝廷官员就应该为朝廷鞠躬尽瘁，所以他怒骂不肖子："如果我们家将来被灭门，必然是因为你！"陈敏不以为意，在他看来，老一代人抱残守缺，观念太陈旧。时代已经变了，忠义那一套陈腔滥调早就该被扔进垃圾堆了，趁着局势混乱成就一番基业才是英雄所为。

几个月后，陈敏的父亲去世，按照古制，在朝为官的人如果父母去世，应该自动解职，回乡守孝。如此一来，陈敏割据江东的大计无疑会有所延宕。这时候，转机再一次出现了。

此时的北方，八王之乱已经进入尾声，晋惠帝司马衷被河间王司马颙裹挟到了长安，东海王司马越正在拉拢各派势力组建盟军，准备西征长安，讨伐司马颙。司马越的大本营在徐州，徐州南部就是陈敏所在的扬州。为了壮大声势，司马越给陈敏写了一封信，盛赞他所向无敌的军事才能和平定流寇的战功，邀请他共同进击司马颙，并在书信的末尾急切地说，如果将军愿意鼎力相助，需要多少军用物资尽管开口。

永兴二年（305年）夏末，陈敏率军北上，表面上的目的是协助司马越讨伐逆贼司马颙，实际上是为了近距离观察北方的局势。上一次他从北方南下，是四年前的事，短短四年里，北方发生了令人触目惊心的剧变，到处都是灾民、死尸、荒芜的田园、残破的城池、流寇、强盗、瘟疫……

讨伐司马颙的过程中，司马越起初打得还算顺利，但是，后来盟军内部发生了一次分裂，他在中原地区打了一次败仗。司马颙虽然暂时获胜，但也无力发动反扑，双方因此僵持不下，再加上胡人的崛起，局势更加扑朔迷离。

或许是认为北方的局势在今后相当长的时间内不会有什么变化，自顾不暇的朝廷无力经略江东，所以，司马越战败之后，陈敏率军南返，打算趁机割据江东。他在南方混迹多年，对江东的风土人情和政治特点有清楚的认识，知道想在江东立足的话，必须要得到本土门阀的支持，否则一切都是空中楼阁。可是怎么才能得到他们的支持呢?

陈敏的命运奇好，他需要什么，命运就赐给他什么，但，这也是命运对他的最后一次青睐。

03　王导、司马睿南下

北方的冬天比南方的冬天要来得早一些，且更加寒冷。

晋惠帝永兴二年（305年）的冬天，一个叫甘卓的官员离开北方，郁郁寡欢地踏上了南下的归乡之路。

甘卓是孙吴名将甘宁的曾孙，他的家族在江东势力比较大。永兴元年，张昌残部流入扬州，周玘号召江东大族群起而攻之，甘卓也参与了平乱行动。事后，朝廷论功行赏，周玘拒绝接受，甘卓却北上出仕，接受了朝廷的册封。作为一个土生土长的南人，此前他对北方的局势了解不多，这一次北上实在是让他失望至极。他万万没有想到，北方的局势居然混乱到了人人自危的地步，能保住性命就算万幸，根本不敢奢望有仕进的空间。因此，他只在北方待了一年多，就舍弃官职，匆匆南归故乡。

走到历阳（今安徽和县）时，甘卓遇到了陈敏。一年前，他追随周玘消灭张昌残部的时候，与陈敏有过短暂的接触，不过谈不上有什么交情。本来只是偶遇，寒暄一番即可擦肩而过，可是基于对北方局势的相似看法，两人的这一次邂逅，却掀起了一场席卷江东的飓风。

在这次会面中，陈敏第一次对外人袒露了他那个已经构思了很久的宏大而危险的计划——趁着北方战乱，割据江东。

甘卓优柔寡断，不是敢于冒险的人，可是在巨大的诱惑面前，这个做事向来瞻前顾后的人，投下了人生中最大的一次赌注，决定追随陈敏，并与陈敏结成了儿女亲家。

诱使他冒这么大风险的原因何在呢？按照崛起时间的先后来划分，江东门阀大致可以分成两类，一类是老派门阀，早在汉代他们就已经家世显赫了；另一类是门阀新贵，在孙吴政权建立后才形成气候。甘卓的家族属于后者，与江东的老派门阀不能相提并论。然而，如果他能帮助陈敏建立一个政权，那他就是开国元勋，甘家的地位自然会水涨船高，成为新政权当中的一流门阀。

经过秘密商议，回到江东老家的甘卓谎称自己此次归来是为了传达朝廷诏令，册封陈敏为扬州刺史，并积极斡旋，为陈敏争取江东门阀的支持。诏令是真是假，这并不难搞清楚，但是江东门阀集体装聋作哑，基本上都默认了诏令的合法性，先后有四十多人接受了陈敏的委任状。

几年之后，提到这段往事，甘卓和江东门阀的一些头面人物都很尴尬，说当初参与陈敏之乱只是虚与委蛇，可这并非真相。当时，东海王司马越和河间王司马颙在北方僵持不下，为江东割据制造了有利的外部环境，甘卓和陈敏看到了这一点，江东门阀也看到了这一点，彼此的看法是不谋而合的，否则大家就不会默认诏令的合法性。或者说，为了防止北方的混乱冲击到南方，江东门阀已经产生了割据共识，甘卓和陈敏的出现只是顺应了潮流。

永兴二年（305年）的冬季还没有结束，得到江东门阀支持的陈敏就公然举起叛旗。西晋朝廷派驻江东的官员见势不妙，纷纷弃官北逃。其中有一个官员叫王旷，他有一个很出名的儿子，叫王羲之。

东海王司马越麾下有一个叫华谭的南人高参，得知江东发生剧变，他给江东门阀写了一封公开信，信件原文保存至今，被完整地收录在史书里。

洋洋洒洒的长信里，华谭大量引用了历史上的仁人志士为国效忠的典故，委婉地谴责了同乡不应该助纣为虐，分裂本为一体的南北山川。他知道同乡支持陈敏的目的是重回孙吴时代，拥戴陈敏成为另外一个孙坚（或者孙策），所以他在信中回顾了孙吴的历史，说孙氏父子才略过人，国祚也不到百年，陈敏的才智不及孙氏父子，追随这样一个人有何前途可言？此外，他还指出朝廷已经准备派遣大军南下平乱，请各位同乡务必认清形势，万万不可为虎作伥。

陈敏之乱始于永兴二年（305年）冬季，江东门阀直到一年多以后才与陈敏决裂。由此来看，公开信的作用并不是很大，但为什么会有江东门阀与陈敏决裂的结果呢？我们应该来看看当时的局势变化。

陈敏的根据地在扬州，他起兵之后，调动大军西进，进攻荆州。如果荆州沦陷，那他就差不多恢复了孙吴时代的版图，江东门阀也会因此对他更为信服和支持。可是，因为刘弘镇守荆州，陈敏的军队刚到达荆州边境就遭到了顽强的抗击。

陶侃是陈敏的老乡，有人认为刘弘太过倚重陶侃，担心陶侃与陈敏勾结。陶侃得知此事，把子侄送到刘弘军中作为人质。刘弘拒绝接受，并托人给陶侃传话："匹夫之交尚且不会互相辜负，何况大丈夫。"

在陶侃阻击下，陈敏出师不利，只好回师扬州。陈敏凭借剿灭张昌残部期间表现出来的杰出军事能力，追随者一度对他寄予厚望。相应地，因为西征荆州的失败，追随者对他的能力产生了质疑，这也印证了华谭在信中所说——他的才智不及孙氏父子。

陈敏还是那个陈敏，他的能力还是那么大，只是时运不济，他遇到了更为强劲的对手而已。

西征荆州不利，是陈敏走向败亡的原因之一。同时，他制定的对外战略也出现了致命的失误。江东门阀拥立他的终极目的，只是为了割据一方，防止北方的战乱波及江东。但陈敏的胃口太大，欲以江东为根据地，北上逐鹿中原。如此一来，江东势必被卷入战乱，而这恰恰是江东门阀最不愿意看到的。

光熙元年（306年），陈敏和江东门阀都进退维谷。同舟共济？前途并不乐观。分道扬镳？似乎为时过早。

亲信曾建议陈敏屠戮门阀大族，以安定内部。考虑到这样做会激化内部矛盾，陈敏没有采纳，只是在一些重要职位上安插了自己人。虽然这同样不是好办法，但站在陈敏的立场上看，这是他所能做的最好的选择。当然，在江东门阀看来，陈敏这是在过河拆桥。

光熙元年年底，压垮陈敏的最后一根稻草来了——北方的八王之乱即将尘埃落定，东海王司马越取得压倒性的优势，将成为皇族内讧的胜利者。江东门阀很清楚，一旦北方的战乱结束，朝廷就会腾出手来收拾江东乱局，继续追随陈敏实在凶多吉少，所以他们决心集体反水，抛弃陈敏。

晋怀帝永嘉元年（307年）年初，经由周玘牵头，江东大族再次起兵，共讨陈敏。甘卓奉陈敏之命率军抵挡，却于两军对垒之际临阵叛变。陈敏仓皇北逃，在逃亡途中被捕，斩首，灭族。为了嘉奖周玘的平乱之功，司马越代表朝廷再一次给予他封赏，周玘的回应则是再一次拒绝。

江东门阀通过诛灭陈敏，向司马越传达了弃暗投明的诚意，也间接展示了他们不容小觑的武力。作为八王之乱的胜利者，东海王司马越意识到了这一点，所以他既往不咎，没有追究江东门阀曾经依附陈敏作乱的责任，而是采用怀柔政策给予安抚，并决定把琅琊王司马睿和王导派遣到江东。

大致来说，让司马睿和王导南下的计划是这样达成的：王旷首倡其议，其堂弟王敦和王导推波助澜，通过裴妃（司马越的妃子）和王衍进行游说，促使司马越拍板定议。至于司马睿，他只是被动的参与者。

永嘉元年秋天，司马睿和王导南下，来到了暗潮汹涌的江东。从根本上来说，江东门阀接受司马睿和王导是因为北方的皇族内讧结束，司马越正在部署收拾旧山河的战略体系，对江东门阀有一定的威慑力。

也就是说，司马睿和王导能不能在江东站稳，取决于司马越的经营成果能不能成为坚强的后盾。遗憾的是，因为用人不当，司马越构建的战略防御体系很快就崩溃了，北方再次陷入了汉人政权与胡人政权僵持不下的局面，江东门阀的立场也随之发生变化，对司马睿和王导采取观望态度。所以，南下之后的一年多里，司马睿和王导并没有打开局面，直到永嘉三年（309年）王敦到来，江东的局面才出现转机。

04 琅琊双雄

对于重要的历史人物，史官一般都带有政治倾向或者个人好恶的形象描写。如果我们相信史书记载，王敦的形象有些骇人——蜂目豺声。眼睛大，眼白多眼黑少，眼角的线条很锐利，声音如同豺狼，沙哑低沉。

王敦出自琅琊王家，成年后娶了晋武帝司马炎的女儿。按照纨绔子弟的发展轨迹，他这一生完全可以纸醉金迷，骄奢淫逸，但他是个异类，对终日无所事事而奢靡浮华的生活很排斥。关于这一点，从他的审美品位上就可见一斑。

司马炎曾举办过一次豪华的文艺宴会，讨论歌舞伎之类的娱乐项目。王敦耐着性子，一脸厌恶地听了一会儿，后来实在忍无可忍，于是说自己擅长击鼓，请当堂表演。大鼓搬来，他挽起袖子，撩起衣衫前摆，别在腰带里，拿起鼓槌奋臂疾挥，打得行云流水，铿锵雄壮。

由于对浑浑噩噩的贵族生活的厌恶和对权力的渴望，王敦从进入仕途初期就表现出了强烈的务实精神。然而，有务实精神并不代表人正直。事实上，此人具有半狼半狐的性格：既有狼的凶猛和冷酷，又有狐的狡诈和城府，他是一个机敏灵活的实用主义者。

八王之乱以前，琅琊王家属于一流士族；八王之乱愈演愈烈时，族长王衍左右逢源，苦心经营，动乱结束后，琅琊王家百尺竿头，跃升为顶级士族，王衍也变成了司马越的头号心腹。司马越构筑收拾旧山河的战略防御体系，希望稳定内部、驱逐胡人时，就对他非常器重。可是司马越有梦想，没能力，把本来就混乱的局势搞得更加混乱，给胡人入主中原造成了可乘之机。当司马睿和王导南下时，江北只有王浚控制的幽州和司马越的根据地徐州比较安定。①

大王马“攘外”没能力，“安内”没手段，但他们的战略重心始终是死守正朔所在的华北，即使是在江北大部分地区已经难以守御的情况下也没有迁都南下的意图，而是打算收缩防御战线，撤到大本营徐州，把这里打造成发动反攻的桥头堡，并把荆州和扬州打造成发动反攻的两翼和广阔的战略大后方。

荆、扬两地当中，扬州靠近桥头堡徐州，这里的局势如何，与大王马的战略反攻计划有直接的关系。小王马南下之后，一直没有打开江东的局面，随着北方局势的恶化，这必然会引起大王马的重视与忧虑。

在这样的背景下，王敦于永嘉三年（309年）被派到了扬州。王敦是晋武帝司马炎的女婿，身份尊贵，在北方的军界也颇有声望。孙吴灭亡之后，江东门阀的一些头面人物曾经或北上游历，或在朝中为官，对王敦并不陌生。大王马把王敦派到江东，给小王马助威开场，是个很不错的选择。

王导是王敦的堂弟，虽然同为王家子弟，自小接受的家族门风熏陶相同，但是两个人的性格大为不同。

多年以前，以富可敌国著称的石崇设宴邀请名流做客，命令婢女给客人敬酒，哪个客人不喝就杀死敬酒的婢女。当时王敦和王导都去了，轮到王敦的时候，他漠然无视，惊恐万状的婢女面露哀求，但他依然无动于衷。轮到王导时，虽然他平时滴酒不沾，但不忍心婢女丧命，还是喝了，回家以后王导说处仲（王敦的字）残忍冷酷，如果他将来身居要职，恐怕难有善终。

虽然性格不同，但王敦和王导毕竟是堂兄弟，久别重逢，自然是分外欢喜。相比之下，司马睿就有些落寞，王导是他的发小，性格含蓄内敛，对他很尊重，但是王敦不善于更不屑于掩饰真实的情感，他能清楚地感觉到王敦言谈举止中的轻视意味。司马睿知道自己既没有什么声望，也没有什么功绩，被派驻江东只是因为有皇族血统，所以只能默默忍受。

---

① 以下简称司马越和王衍的组合为大王马，司马睿和王导的组合为小王马。

王敦到达江东的第二年（310年），匈奴大举进攻西晋都城洛阳，司马越急令王敦和钱璯（kuài）率军北上支援。军队还没有过江，风闻匈奴人兵力雄厚，钱璯改变主意，密谋袭杀王敦，拥立孙权的后人为王。王敦匆忙逃回建邺（今江苏南京），请司马睿派兵攻打钱璯，但司马睿的本部兵马畏惧钱璯人多势众，迟迟不敢应战。这时候，周玘再一次号召江东大族联手出击，消灭了钱璯的叛军。

《晋书》当中关于钱璯之乱的记载不过短短几十个字，但通过记载我们能清楚地看到，司马睿的实力很弱。同时，我们还可以看到，局势没有明朗之前，江东门阀对朝廷还是有所顾忌的。对于他们而言，接受司马睿是最好的选择。虽然胡人此时已经在北方占据优势，但司马越还掌握着西晋朝廷的主要兵力。司马越并没有把政治中心迁移到南方的意图，他掌握的西晋军队主力后来在宁平城遭到了灭顶之灾，然而当时的江东门阀并不知道后面发生的这一切。钱璯和周玘一样，也是江东的武力强宗。如果江东门阀追随钱璯作乱，而司马越放弃北方，大举南下，到时候江东门阀就会承受巨大的军事压力。

永嘉五年（311年）三月，司马越以进攻在华北地区兴风作浪的羯人石勒为借口，率领西晋主力东归大本营徐州，途中暴亡。四月，晋廷主力在宁平城附近遭到石勒和王弥的截击，全军覆没。六月，守备空虚的洛阳陷落，晋怀帝沦为匈奴人的阶下囚，中原士民纷纷背井离乡，南下避难。

对于仰仗江东门阀的庇护才能勉强立足的司马睿来说，北人的南下固然有助于他壮大声势，改变寄人篱下的窘境，但怎么安置南下的北人也是一个棘手难题。这涉及经济利益和政治利益的分割，很容易引发南人和北人之间的纷争，而一旦冲突爆发，则会给胡人南下带来可乘之机。在急需促成团结以求渡过难关的关键时刻，王导在司马睿背后出谋划策，为调解南人和北人的矛盾发挥了重要的作用。

王导是怎么解决迫在眉睫的经济矛盾和政治矛盾的呢？

先来说第一个问题——怎么解决经济矛盾。

永嘉之乱过后，南迁的中原士民大致可以分为三类：第一类是高等士族，第二类是普通百姓，第三类是中下等士族。

高等士族是司马睿重点拉拢的对象，需要优先照顾。江东本土门阀主要聚居在扬州境内的丹阳郡、吴兴郡和吴郡，他们的田产家业也在这里，如果南下的北方高等士族要在这三个郡内置办家业，必然会跟江东门阀产生冲突。在王导的调停下，江东门阀势力比较弱的会稽郡被划分出来，专门用来安置北方高等士族。

普通百姓是弱势群体，南下之后基本上沦为高等士族的奴客仆役。

尤其值得一说的是南下的中下等士族。这一类人的政治地位和经济地位说高不高，说低不低，既不是司马睿政权的重点拉拢对象，也不容易被高等士族吸收，主要被安置在荒凉的晋陵郡。

晋陵郡被丹阳郡、吴兴郡和吴郡夹在中间，原名毗陵郡。东海王司马越的世子叫司马毗，死于永嘉五年（311年）的宁平城之战，为了避他的名讳，毗陵郡更名为晋陵郡。在整个东晋时代，晋陵郡一直是出强兵猛将的地方，在淝水之战当中挫败强秦的北府兵就诞生在这里，一代名将刘牢之和金戈铁马的刘裕也是从这里走到时代的风口浪尖上的。

高等士族被安置在会稽郡，中下等士族被安置在晋陵郡，普通百姓被高门大族吸收，南人和北人之间的经济矛盾就这样被解决了，剩下的是更为复杂的政治矛盾。

前文已述，按照崛起的先后年代划分，江东门阀可以分为两类，即形成于汉代的老派门阀和形成于孙吴时代的门阀新贵。按照所属性质的不同，江东门阀还可以分为家学源远流长的文化门阀，以及兵力强盛的武力门阀。文化门阀有软实力，没有硬实力，武力门阀缺乏软实力，但是有硬实力。

面对复杂的政治矛盾，王导的手段很巧妙。他对北方门阀的态度很明确——安抚、团结；对于江东门阀，他采取的是分而治之的策略——对文化门阀尽量拉拢，对武力门阀敬而远之。这样做有利于拉拢文化门阀，但被排挤出权力中心的武力门阀也会成为不安定因素。王导不会不清楚武力门阀的存在意味着什么，结合后续事态的发展来看，他对此并不是很担心，因为他已经构思好了铲除武力门阀的策略，只是要达成必须假手于王敦。

05 江东乱局

江东的武力门阀以周玘的家族势力最大，周玘通过先后消灭张昌残部、陈敏、钱璯展示了自身的强盛武力。对于新生的司马睿政权来说，这样一个大家族的存在意味着什么是不言而喻的。因此，在王导制定的铲除江东武力门阀的计划中，周家毫无意外地成了第一个重点打击目标。

晋怀帝永嘉五年（311年）秋季，在王导的授意下，司马睿以正统继承人的身份给江州刺史华轶写了一封信，请他尽快赶往建邺，共商光复河山的大计，空缺出来的江州刺史职位将另外安排人选。

华轶是坚定的勤王派，他连以复兴王室为己任的司马越都不放在眼里，何况是实力与司马越相差甚远的司马睿？所以他直截了当地拒绝了司马睿的提议，斩钉截铁地表示自己只忠于正统王室，绝不会对身为王室疏亲的司马睿俯首帖耳。

王导了解华轶，对这个结果并不感到意外。他精心策划的消灭江东武力门阀的计划中，华轶表现出来的抗拒态度正是他希望看到的。华轶越是抗拒，就对他越有利，因为如此一来，他就有了讨伐华轶的借口。

不久，司马睿政权以华轶目无大局、阻挠大计为由，派遣王敦率领周访、甘卓，向华轶发动了军事攻击。

周访是陶侃的亲家公，他的女儿嫁给了陶侃的儿子。他的祖上是北人，于汉朝末年才迁到南方，虽然他也姓周，但和江东武力门阀的领袖周玘没有什么关系。

华轶治理江州多年，兢兢业业，没有什么过错，一直对皇室忠心耿耿。甘卓知道华轶是党同伐异的政治游戏的牺牲品，但他向来以门户利益为重，只看到了事成之后可以获得的利益，对讨伐华轶之事并无异议。周访敬重华轶的为人，一度举棋不定，然而经过一番衡量，他还是选择了向现实低头，决定追随王敦。驻扎在荆州和江州交界处的陶侃，曾经是华轶的支持者，而且华轶对他有过举荐之功，可经过司马睿的游说，他也在大战爆发前夕背弃恩主，作壁上观。

同时，司马睿和王导还派遣密使潜入江州，成功地分化了华轶的阵营。可怜的华轶就这样陷入了孤立无援的境地。他先是在战场上一败再败，继而遭到内奸的出卖，于永嘉五年（311年）年底兵败被杀，惨遭灭门。

接到华轶被灭的消息，坐镇建邺的司马睿和王导并没有太多的轻松感。在铲除江东武力门阀的计划中，把江州从华轶手里夺过来只是第一步，接下来他们还有更为重要的第二步，只有完成了关键性的最后一步，这个新生的政权才能摆脱江东武力门阀的阴影。

永嘉五年年底，一个呵气成冰的日子里，王敦在江州的军营里接到了建邺方面下达的最新指令——自即日起，任命他为前线最高军事指挥官，负责消灭在荆州和湘州作乱的杜弢（tāo）。

杜弢之乱是怎么发生的呢？与张昌之乱一样，杜弢之乱依然与盘踞巴蜀的成汉政权有直接的关系。

前文已述，晋末巴蜀动乱时，当地平民为了躲避战乱，纷纷涌入巴蜀东部的荆州和湘州。出镇荆州的新野王司马歆为政暴虐，所以流入此地的流民最先起事，在张昌的率领下发动了一次大暴乱，老将刘弘临危受命，出镇荆州，起用此前一直默默无闻的陶侃，消灭了张昌的主力。随后，张昌残部流入扬州，被周玘联合江东门阀共同消灭。

在此期间，流入湘州的流民并没有发生规模很大的暴乱，这里的局势相对稳定一些。

晋惠帝光熙元年（306年），八王之乱结束，刘弘去世，司马越派遣三弟司马略出镇荆州。司马略的治绩还可以，可是寿命不长。之后，山简（竹林七贤之一山涛的儿子）接管荆州，此公嗜酒如命，荒废政事，导致荆州动乱又起。王衍为了稳定荆州，也为了扩充家族势力，派遣弟弟王澄南下，协助山简治理荆州。王澄是个一流的清谈家，也是勇力过人的猛士，更是个最蹩脚的官员，他到任之后实行高压政策，致使荆州地区发生了继张昌之后的第二轮民变。

民变的规模起初不大，流民没有抵抗多久就主动求和。王澄假意应允，等流民弃械投降后却忽然发动惨无人道的屠杀，将八千多流民沉河处死，并将他们的妻子赏赐给部下为奴。流民深受刺激，再次发动狂风骤雨般的报复式反击。湘州刺史听闻荆州发生剧变，唯恐动乱冲击到自己的辖区，秘议大规模屠杀流民，结果消息外泄，反而被流民赶到了广州。这是永嘉五年春季的事，两三个月之后，永嘉之乱爆发，同年年底，当王敦从华轶手中抢到江州的时候，荆、湘两地的流民起义已经持续了将近一年，而且在杜弢的统率下出现了合流态势。

杜弢原先为湘州的一个低级官员，曾经镇压过民变。之所以后来他加入流民阵营，一方面是因为受到了流民的胁迫，另一方面是他同情流民的遭遇，很不认同上级对流民的残酷镇压。

湘州刺史被流民赶走之后逃到广州，在广州刺史的协助下，他返回湘州平乱。杜弢率领湘州流民奋起还击，没有耗费太多的力气就击败了卷土重来的湘州刺史。王澄唯恐杜弢进入荆州，便主动出击，可他根本不是杜弢的对手。于是，杜弢率军长驱直入，进入荆州，与本地流民分进合击，势大难制。当王敦于永嘉五年年底奉命平定杜弢之乱的时候，荆、湘两州的流民已经合为一体。

自从接到建邺传来的指令，王敦屡次召开军事会议，与高参共同商议平乱计策。琅琊王家的子弟崇尚清谈，王敦本人也是此道高手，然而与其他人不同的是，他只是把清谈当成一种休闲方式，绝不会用形而上的玄学思维处理实际问题。一旦涉及实务，他就会自动把与清谈有关的一切排除在外，在这种场合中，他完全是雷厉风行的实干家姿态，好像清谈从来不曾与他有过半点交集。在他的主持下，军事会议很快就制定出了周密可行的作战方案。

永嘉六年（312年）年初，平乱行动开始了——周访、甘卓、陶侃兵分三路，向荆、湘腹地挺进，王敦坐镇江州为后援。

这次平乱直接关系到江东政权的稳定，远在建邺的司马睿和王导密切关注前线的动态。与此同时，周玘也在紧张地观察着荆、湘战事的变动，而且，他可能比司马睿和王导更焦灼。

如果说王敦当初进攻江州的时候，周玘尚且看不出来王导走这一步棋的用意，那么当王敦向荆、湘挺进的时候，王导的真实意图就一目了然了。

荆州位于长江中游，在地理形势上对下游的扬州有高屋建瓴之势，如果发生军事冲突，从荆州顺流而下，即可直捣扬州。而江、湘两州是荆、扬两州的缓冲地带，一旦荆、湘、江三州全部被王敦控制，盘踞在扬州的江东武力门阀将会落到什么境地是不言而喻的。

由于王澄的粗暴和残忍，流民早就不再对朝廷抱有和解的期望，杜弢又是一个出色的谋略家，因此即便是王敦动用了精锐力量，在永嘉六年也没有取得比较大的进展。局势如此凶险，王澄难辞其咎，可他是琅琊王家的人，司马睿和王导不能把他怎么样，只是下达了一纸调令，命令他回到建邺的军事部门充任高级参谋。

闯下弥天大祸却不受追究，王澄也很乐意接受这个结果。返回建邺的路上路过江州，他顺便来到了王敦的军营。王澄是琅琊王家族长王衍的亲弟弟，王敦是王衍的族弟。王衍在世的时候对这两个弟弟都很看重，但相比较而言，他对王澄更有好感，在他的推荐下，王澄的名声也一直在王敦之上。

王敦不欢迎王澄的突然造访，但还是安排了隆重的接风宴会。作为败军之将，王澄并没有与手握雄兵的东道主平起平坐的资格。然而，王澄很狂妄，在他看来，你王敦算什么东西，当年只是我的小跟班而已，要不是我哥哥王衍的推荐，哪有你如今的风光？所以，他俨然以主人自居，出言不逊。王敦因此萌生杀意，以王澄与杜弢勾结为由，当夜派了一个大力士勒死了狂傲的王澄。

司马睿和王导对此很不满意，然而此时正当用人之际，他们只能接受现实，容忍擅作主张的王敦，并派遣周𫖮（yǐ）赶赴荆州，接替王澄的空缺。

周𫖮，字伯仁，典故“我不杀伯仁，伯仁因我而死”当中的伯仁说的就是他。周𫖮虽姓周，但他是北人，也和周玘没有什么关系。王敦是个目中无人的豪雄，他不怕别人，却很怕周𫖮。即使在滴水成冰的冬天，他每次见周𫖮都汗流浃背。司马睿和王导派遣周𫖮出镇荆州，意图之一就是利用他制衡王敦，防患于未然。

周𫖮以宽厚闻名，却跟一个叫王恢的手下关系不和。王恢知道周玘对北人把持江东朝政的局面极为不满，周𫖮还在建邺供职的时候，王恢就与周玘常有往来。周𫖮出镇荆州之后，王恢派人联络驻扎在江北的流民，与周玘共同制定了一个令人战栗的计划——流民在江北发动暴乱，诱使司马睿政权派兵北上平乱，周玘趁机占领守备空虚的建邺，屠杀把持朝政的北人，然后挟持司马睿为虚君，恢复江东原有的自治模式。

江北的流民与杜弢所率的流民不是一回事，前者的主要成分是为了躲避胡人而南下的流民，后者的主要成分是为了躲避巴蜀动乱而东迁的流民。

永嘉之乱过后，北方的汉人大规模南下，为了抵抗胡人的袭扰或者追击，一些有军事才能和组织才能的人就把流民聚集起来，组建了许多规模大大小小的军队。从北到南，流徙千里，这些衣衫褴褛的流民一边浴血奋战，一边逶迤南行。当他们到达江北的时候，已经具备了一定的战斗力。

司马睿政权想利用流民抗击胡人，又怕他们过江之后难以控制，所以用尽手段把他们阻止在江北，并对流民帅（流民军的首领，中流击楫的祖逖就是流民帅之一）百般拉拢。拉拢的手段无非就是授予官职，给予他们名分。

王恢敢把触手伸向江北，或许就是看到了流民军与司马睿政权的矛盾，他的策反工作也很有效果，很快就得到了一支流民军的支持。可是，流民军并非只有一支，他争取到的只是其中之一。祖逖麾下有一个叫蔡豹的官员，及时察觉到了王恢的阴谋，于是抢先下手，击杀了王恢的支持者，并把这件事呈报给了司马睿。王恢大惊，急忙投奔周玘，结果被周玘灭口，尸体埋到了猪圈里。周玘以为埋尸灭迹就可以平息事端，却不知道司马睿早就知晓了这一切，但为了避免激化南北矛盾，司马睿决定低调处理。

晋愍帝建兴元年（313年）七月，司马睿命令周玘到建邺的军事部门出任要职。周玘走到半路上，又被命令南下，到江州下辖的一个郡出任地方官。快抵达江州的时候，周玘又接到了新的人事任命，要他返回建邺，到军事部门出任普通参谋。任命一改再改，官职一降再降，周玘恼怒不堪，明白自己被捉弄了，终于一病不起，于七月末去世。临终时他告诉儿子周勰："害死我的是可恨的北人，能给我报仇才是我的儿子。"

周处、周玘都因北人而死，仇恨已经传到了第三代。司马睿派人参加了周玘的葬礼，赐给了他一个很有黑色幽默意味的谥号——忠烈。周勰冷冰冰地接待了司马睿的使者，对于北人，他的心里只有厌恶和痛恨。使者真切地感受到了对方的敌意，只是礼节性地吊唁一番，就匆匆忙忙地离开了气氛诡异的灵堂，不用回头，他也能感觉到背后那双眼睛里的怒火。

06　寒酸的北伐

周玘离世的第二个月，在与北方胡人政权的斗争中，一直处于守势的江东政权发动了第一次北伐。北伐的主帅，是刘琨的好友祖逖。

在中国历史的恢宏画卷里，祖逖北伐是一幅慷慨激昂、苍凉悲壮的英雄画面。如果说祖逖北伐是一部雷霆万钧的史诗大剧，那么这部大剧的开幕却让人有些扫兴。

两年多以前，胡人攻占西晋国都，晋怀帝沦为俘虏，他的侄儿司马邺侥幸逃过一劫，随后几经辗转，来到关中，被拥立为皇太子。不久，晋怀帝被匈奴人处死，皇位空悬，司马邺登基称帝，这就是西晋王朝的最后一任皇帝晋愍帝。为了避司马邺的名讳，建邺由此更名为建康。

为什么继位的是司马邺，而不是江东的司马睿呢？因为司马邺是皇族血亲，司马睿只是疏亲。虽然就实力而言，司马睿更有称帝的资格，但血缘关系是个很难迈过去的坎儿。

晋愍帝登基的时候才十三岁，这个少年皇帝对风雨飘摇的西晋缺乏清醒的认识，错误地以为麾下依然有百万大军，弹指一挥就可以把胡人政权碾为齑粉。他登基之后发布了一道口气吓人的诏书，命令关中地区发兵三十万、并州的刘琨和幽州的王浚发兵三十万、江东的司马睿发兵二十万，共同围剿胡人。

经过八王之乱的祸害和胡人的扰掠，关中地区早已残破不堪；刘琨有勤王的意愿，然而实力微弱，自顾不暇；王浚有些实力，然而野心勃勃，图谋割据一方；司马睿正忙于处理内部矛盾，无心北伐。无论从主观意愿上来说，还是从客观实际上来说，晋愍帝的诏书都没有变为现实的可能。

幸好，每个时代都有英雄的存在。

祖逖给司马睿上表，主动请求出师北伐。这就让司马睿很尴尬。拒绝？不合适。司马邺毕竟是名义上的皇帝，驳回祖逖的北伐之请，就相当于公然与皇帝作对。批准？也不合适。因为实力有限，还得集中力量对付江东门阀。仔细掂量一番后，司马睿做了一个折中的决定——同意祖逖北伐，只调拨一些少得可怜的军用物资，不给兵器，也不给兵。

祖逖是个英雄，不过不是高大光正的英雄，而是一个有几分匪气的英雄。当初，洛阳沦陷，北方大乱，祖逖率领宗族乡亲南下，司马睿任命他为徐州刺史，安排他的宗族乡亲居住在晋陵郡。晋陵郡的治安很糟糕，经常有江洋大盗出没，别人见了这些大盗躲都来不及，祖逖却煞费苦心地与他们结交，还亲自率领这些强盗到富人区打劫。有时候几天不出去抢，祖逖甚至主动问他们要不要出去再抢一票。有一次，王导到祖逖家里做客，惊奇地发现屋里放着许多奇珍异宝，就问这些东西是从哪里来的。祖逖淡定地说，昨天晚上又到南塘（建康周边的一个富豪区）抢了一票。

虽然司马睿给予的支持很有限，但这并不能阻止祖逖北伐的雄心。过去的一两年里，他招揽江洋大盗，就是在等待北伐的这一天。

莫道征途路漫漫，愿效江水去不还！

晋愍帝建兴元年（313年）八月，祖逖率领当初数百家宗族乡亲和被招揽的江洋大盗，义无反顾地渡江北上，踏上了北伐的艰苦征程。船队行到大江中央，热血澎湃的祖逖迎着猛烈的江风立誓："祖逖不能清中原而复济者，有如大江！"

祖逖走了，江东权力斗争的波涛依然翻滚不息，祖逖北伐似乎并没有引起多少人的注意，至少王敦没有对此发表什么看法。还得再过几年，他才能意识到祖逖的分量。

王澄死后，接替他出任荆州刺史的周顗刚刚上任，就遭到了杜弢的猛烈攻击。幸好陶侃及时派军救援，他才脱离险境，来到王敦的军营里避难。随后，陶侃策划了一次伏击战，重创杜弢，扭转了荆州的局势。

王敦很自负，很少褒奖别人，接到前方传回的捷报，他却难得地对陶侃赞不绝口，说如果没有陶侃，荆州的局势真是不堪设想。为了拉拢陶侃，他派人给司马睿送去书信，建议由陶侃出任荆州长官。周顗的本意是在王敦这里避避风头，等消灭了杜弢再到荆州上任，而王敦推荐陶侃出任荆州刺史，显然是没有再让自己回到荆州的打算。

出于对王敦的厌恶和提防，司马睿并不满意由陶侃出任荆州刺史，可他正需要利用王敦压制江东的武力门阀，只好接受现实，然后以北伐需要用人为名，命令周顗回建康听候调遣。

北地震荡，胡人猖獗，江东政权不思北伐，却一味执着于派系门阀之争。周顗对内讧不止的江东政权已经厌恶透顶，对于被王敦强行夺走的荆州刺史一职，他并不觉得有什么可惜。在他看来，与其留在江东看这些丑恶的权力斗争，不如渡江北上，为光复大好河山尽一份力。

回到建康之后，司马睿却给他当头浇了一盆冷水——原来，所谓的北伐需要用人只是借口，司马睿根本就没有让他北上抗胡的打算。之所以征调他回到建康，只是想把他留在身边作为亲信，以便于对抗将来有可能图谋不轨的王敦。

周顗确实对飞扬跋扈的王敦有所不满，但他对司马睿也不满意。回到建康之后，他终日痛饮，自我麻醉，以这种无声的方式表达他没有用武之地的苦闷，言语行径颇为荒唐，甚至沦为时人的笑柄。

周顗回到建康没过多久，扬州发生了一起小规模的武装动乱，搅起风浪的是周玘的儿子周勰。周家族长原先是周玘，周玘死后，他的弟弟周札接管了周家。周玘之子周勰一刻都没有忘记父亲的遗言，暗中集结了数千人。周家是江东首屈一指的大家族，人多心杂，以周勰的地位和声望，要想在大家族当中做到一呼百应，难度是比较大的。他召集到人马之后按兵不动，似乎说明他对这一点也有清醒的认识。

建兴二年（314年）冬天，周勰终于等来了机会——在建康供职的周札因病公休，回到老家。建兴三年（315年）正月，周勰集结人马，宣称推举周札为主帅，起兵杀向建康。周札闻讯大惊，急忙派人潜往城外，散播周勰作乱的消息，并声称自己绝不会参与叛乱。

此时，建康的兵力占据优势，但不能倾巢而出，必须留下一部分作为守军，这样一来能够外调的兵力并没有敌军多。面对突如其来的变故，司马睿和王导颇为惶恐。

如果周勰有亡命之徒的气概，硬着头皮攻向建康，说不定真能给周玘复仇。可是，周札强硬的不合作态度使周勰手足无措，接下来一连许多天，他都不知道该如何是好。叛军见他迟迟拿不定主意，再拖下去只能等着被动挨打，纷纷作鸟兽散。这一次开场轰轰烈烈的叛乱就这样草草收场了。

碍于周家盘根错节的强大势力，司马睿和王导再一次选择了息事宁人，丝毫没有追究周勰的责任。事后，周札疾言厉色地批评了侄子。周勰羞愤交加，自此闭门不出，终日沉溺酒色，自轻自贱，没过多久就去世了。

表面上看，周札很有大义灭亲的义士之风，然而事实并非如此。此公贪婪成性，并不在乎司马睿政权的存亡，他真正在乎的只有家族利益。就扬州内部的形势来说，周勰起兵叛乱，未尝没有成功的可能，可是盘踞在长江中上游的王敦就没有那么好对付了。王敦和司马睿不和是事实，可王敦毕竟是北方门阀的中流砥柱，即使周勰能够侥幸攻入建康，一旦王敦顺长江而下，碾压周勰是十拿九稳的事。所以，周札“大义灭亲”是因为对形势的认识比较清楚。讽刺的是，几年之后，这个无心为兄长（周玘）和父亲（周处）复仇的老人家，却阴差阳错地报了大仇。

平定了周勰之乱，长江下游的司马睿和王导暂时松了一口气。与此同时，长江中上游地区的王敦也有些如释重负的感觉，因为围剿杜弢的战争到了收尾阶段。

东晋十六国时代，杜弢是个惊鸿一现的奇才，他的对手主要有四个——王敦、陶侃、周访、甘卓。

我们难以确定甘卓的军事才能怎么样，但可以肯定的是，王敦、陶侃、周访这三个人都是那个时代的翘楚。即使他们同时上阵，遥相呼应、分进合击，杜弢依然支撑了三年多。建兴三年（315年）八月，也就是周勰之乱被平定将近半年的时候，精筋疲力尽的杜弢递交请降书，请求停战，希望能为国效力，或者西征巴蜀，消灭成汉，或者渡江北上，讨伐胡人。

司马睿答应了杜弢的提议，颁布了大赦令，但在前线作战的各位将领贪图战功，拒绝执行。愤怒之下，杜弢倾尽全力发动最后一搏，不幸兵败，从此下落不明。

祖逖北伐，随同他一起渡江北上的兵力只有几百人，而杜弢请降的时候，兵力至少也有万人。况且杜弢也是个文武兼备的将才，可惜江东的派系斗争过于激烈，以至于本来可以为国效力的奇才怆然陨落。

07 放逐陶侃

当持续三年多的杜弢之乱落下帷幕的时候，中国北方的局势再次发生了翻天覆地的变化。

匈奴人刘渊去世之后，他建立的汉赵政权很快出现了分裂迹象——中原西部，依然为匈奴人所有；在中原东部活动的羯人石勒名义上受汉赵节制，实际上已经变成了一股独立的力量。

自永嘉之乱过后，为了争夺对江东的控制权，南北门阀的斗争一直连绵不休，此起彼伏的流民动乱则使局势更为动荡不安。随着周勰之乱和杜弢之乱的先后平息，南方的局势终于出现了好转的迹象。如果坐镇长江中上游的王敦有匡时救世的雄心大志，此时利用地理优势震慑下游的江东门阀，再配合王导处理好南北门阀的关系，然后集中力量挥师北伐，则并不是没有收复中原的可能。

东晋皇权不振，受制于权臣的皇帝绝大多数都没有什么大作为，而把持朝政的权臣却在涉及国家尊严的北伐问题上，有大动作的不在少数，如庾亮、桓温、刘裕都曾经发动过规模不一的北伐。王敦却是个例外，自始至终他都没有北伐的意愿，或许这就是他在东晋权臣当中评价比较低的原因之一吧。

当年为了击败杜弢，王敦对陶侃百般拉拢，甚至不惜公然抵触司马睿，强行任命陶侃出任荆州刺史。随着杜弢的战败，王敦打起了荆州的主意，想把荆州从陶侃手里夺过来。于是他以召开军事会议为由，打算借机对陶侃下手。陶侃料到王敦必有所图，部下也极力劝阻，认为此去必然凶多吉少，但他还是决定单刀赴会。

陶侃不来，王敦肯定不开心；陶侃来了，也被扣押了，王敦的心情还是不愉快，因为他忽然发现自己忘了陶侃的亲家公——手握雄兵的周访。

陶侃被幽禁期间，他的部下联名致信王敦，呼吁释放陶侃。王敦断然拒绝，陶侃的部下于是在荆州发动兵变，意图动用武力胁迫王敦放人。一时间，长江中上游地区剑拔弩张，好不容易才稳定下来的局势再次走到了动荡的边缘。

王敦没有被陶侃的部下镇住，以为这次兵变是陶侃在幕后指使。兵变发生之后，他紧急调动军队进入荆州平乱，并打算亲自动手，杀死陶侃。

不久之后的一天，幽禁多日的陶侃被带到了王敦的公署。一进门，他就察觉到了强烈的不祥气息——王敦如临大敌，端居座上，全身披挂，手执长矛，像一个准备扑向猛虎的青铜武士。

陶侃知道王敦是个做事不计后果的人，虽然内心惊惧，但强作镇定，没有流露出丝毫畏惧。除了王敦和陶侃，在座的还有一些王敦的高参，他们不愿意把事情闹大，唯恐陶侃之死会激怒周访，引发更大的动乱。只是王敦杀气腾腾的姿态使他们噤若寒蝉，不敢出言相劝。

王敦一开始确实是想杀死陶侃的，可就在要下手的时候，陶侃的镇定自若令他犹豫不决。他好几次暗中告诫自己不可优柔寡断，但当他拿起长矛的一刹那却又总是莫名其妙地泄气。如此往复数次，陶侃察觉到了王敦内心的挣扎，不动声色地说："阁下雄毅果断，能裁决天下事，怎么今日反而如此犹疑？"说完就以如厕为由，离开了席位。

近代历史学家吕思勉对王敦做过一个一针见血的评价，说王敦是个"妄人"，凡事喜欢争先，不甘心落于人后，往往为了赌一时之气而不计后果。换言之，王敦是个自尊心过于强烈的人，把面子看得很重。你勇敢，他就要表现得比你更勇敢；你聪明，他就要表现得比你更聪明；你大度，他就要表现得比你更大度……陶侃云淡风轻，气度不凡，如果王敦再下杀手，在气度上就落到了下风，跟仗势欺人的流氓也就没有什么区别了。陶侃当众揭破王敦的心事，表面上是让王敦难堪，实际上是利用王敦好面子的心理争取生机。陶侃这样做也是在暗示王敦的高参——你们的主将已经动摇了，快给他找个台阶下吧。

果不其然，陶侃离席之后，王敦的高参纷纷建议停止刺杀行动，说陶侃和他的亲家公周访犹如左右手，砍断左手，右手必然不会善罢甘休。

放过陶侃，可以表现出容人之量；接纳忠言，可以表现得虚怀若谷；更为重要的是，从实际利益上来说，与陶侃和解也是一个最为明智的选择。当陶侃再次返回席位的时候，公署内的杀气已经荡然无存，突然间的冰释前嫌虽然使气氛有些尴尬，但总体还算友好。当天，陶侃获得了人身自由。不过，王敦没有让他回荆州，而是派他南下出任广州刺史。

回看这场有惊无险的“鸿门宴”，我们难免有些疑惑：陶侃有兵有将，实力非同小可，还有周访的支持。为什么在明知凶多吉少的情况下，他还是应约赴会，并对王敦的安排逆来顺受呢?

东晋是一个比较缺乏忠臣的王朝。陶侃作为东晋权臣之一，史官对他的评价同样有负面色彩，说他有不臣之心。史官的说法并非空穴来风，因为陶侃对皇权的态度比较暧昧。人是复杂的，陶侃也不例外。对于百姓，他温和宽厚，无论官居何职，在何处任职，他都能善待百姓。然而，官场上的他却是一个精明狡黠的投机主义者，既不是祖逖那种坚定的勤王派，也不是王敦那种目无君上的野心家。他出身寒门，前半生沉沦下僚，在讲究出身的时代几乎没有出人头地的可能，幸而有贵人（刘弘、华轶）助力，他才青云直上。为了维持得来不易的成就，也为了施展雄心壮志，他每走一步都得小心翼翼，尤其是在门阀与皇权争斗激烈的南方，他必须找到一个微妙的平衡点。他可以效忠皇室，但绝不愚忠，只是在力所能及的范围内效忠。

杜弢之乱平息之后，长安的晋愍帝派人南下，接管荆州。这个可怜的少年皇帝误以为自己可以掌控江东政权，可事实上江东政权已经自成一体，并不会把他的号令当一回事。况且江东政权内部也有矛盾，王敦正在挑战司马睿的权威，就算司马睿愿意接纳晋愍帝的专使，王敦也不会答应。

所有的矛盾集中到一点，一切压力就都落到了陶侃肩上，因为当时掌管荆州的就是他。晋愍帝是名义上的皇帝，如果陶侃和王敦站在同一战线，拒绝让出荆州刺史的职位，那么逆贼的罪名他就坐实了。如果他和晋愍帝站在同一战线，那么无疑会得罪王敦，甚至有可能得罪整个江东集团。

就在陶侃左右为难的时候，迫不及待地想把荆州据为己有的王敦发来了邀约，陶侃则正好顺水推舟，离开了各路势力犬牙交错的荆州。对于王敦的邀约所带来的风险，陶侃了然于心，但是与其被卷入政治斗争的旋涡，毅然赴约何尝不是一个更好的选择？至于如何化解赴约的危险，那只能寄希望于亲家公周访的鼎力相助，以及自己的临场发挥了。

周访没有让陶侃失望，关键时刻他还是使王敦有所顾忌的。陶侃的临场发挥也很出色，为自己打开了一条生路。南下广州途中，经过周访的驻地时，陶侃前去拜访周访。一见到亲家公，惊魂未定的陶侃就泪如雨下，说如果不是有你做外援，我这次真是连命都保不住。

陶侃南下广州之后，他在荆州的部下依然拒绝放下武器，最后奉晋愍帝派来的专使为荆州刺史，正式向王敦宣战。这已经不是江东的内部问题了，而是江东政权与长安政权的冲突。

广州在当时还是蛮荒之地，也正因如此，与胡骑奔腾的北方和内讧不休的江东相比，这里反而少了许多是非。远离了权力纷争和鼓角争鸣的生活固然安逸，但也容易使人闲散萎靡。陶侃不甘心在广州度过下半生，真正让他魂牵梦绕的地方，是遗民泪尽的中原。来到广州之后，每天清晨的第一缕曙光还没有出现，他就穿衣起床，把放在书斋里的一百块砖搬到院子里，到了日暮时分又把一百块砖搬回书斋。有的人好奇，问他为什么来回不停地搬砖。他说："我志在收复中原，怕生活过于闲适，将来不堪大用。"

陶侃不知道的是，他正生活在一个南北裂口不断被撕开的年代。对于他来说，光复中原注定是一个遥不可及的奢望，南北再次走向统一，已是两百多年以后的事了。

08 奸雄的崛起

陶侃南下广州的第二年秋天，也即晋愍帝建兴四年（316年）八月，匈奴人兵临长安城下，大军如同一条巨大的蟒蛇，层层缠绕着长安磨牙吮血。晋愍帝无力退敌，于十一月十一日献城投降，成为继晋怀帝之后被异族俘虏的第二个皇帝。西晋王朝至此灭亡，国祚五十一年。

从陶侃南下广州到晋愍帝被俘的这段时间里，陶侃旧部和王敦的战争一直没有停止过，晋愍帝被俘这种举国蒙羞的大事，也没有影响到战车的狂暴冲撞。

噩耗传到江东，已经是呵气成冰的冬天。建康城外草木萧瑟的旷野上，司马睿举行了一次阅兵大典，做了一场催人泪下且慷慨激昂的誓师演说，随后传檄四方，呼吁为国复仇。

司马睿既没有北伐的意愿，也没有北伐的实力，举办阅兵大典并传檄四方，只是掩人耳目的闹剧。没过几天，他就以延误军用物资的运输日期为由，处死了一个后勤部门的主管官员，悄无声息地停止了雷声大雨点小的北伐。行刑当天，就有许多人意识到这个可怜的后勤主管只是替死鬼和挡箭牌。司马睿知道这是一起冤案，但为了名正言顺地停止北伐，他需要这样一个冤死鬼的存在。

次年二月下旬，一个从长安逃出来的官员来到建康，声称晋愍帝在长安沦陷前夕曾经颁布诏书，委托司马睿统摄机要，光复河山，雪洗被胡人欺凌的奇耻大辱。三月，司马睿独处一室，一连三天没有处理政务，为长安的沦陷和晋愍帝的被俘默哀。第四天，一些官员联名上书，请他继承帝位。经过一番古老而程式化的劝进，司马睿答应统摄机要，即晋王位（原先为琅琊王），但是拒绝称帝——

这是建武元年（317年）春季的事，东晋由此正式开国。

帝位近在咫尺，而司马睿逡巡不前，一方面是时机不成熟，仓促登基容易招致非议，另一方面则是王敦的态度不明朗。

随着西晋政权的覆灭，晋室的政治中心必须转移到江东，王敦对此并无异议，他只是不同意由司马睿担任新政权的第一任皇帝。对于新生的东晋政权，他有自己的构想。在他规划的蓝图里，皇帝只能是一个唯唯诺诺的应声虫，自己才是这个新政权的首脑。在他看来，表面低调沉默、实际上胸有城府的司马睿并非合适的人选。如今的司马睿只是一个藩王，他控制起来都力不从心，一旦司马睿登基称帝，那么他控制一个皇帝的难度可就远远不是控制一个藩王所能比的。

王敦虽然没有公然表露反对司马睿称帝的意图，只是私下和王导交换了意见，但他并没有随同其他官员一起劝进，这足以让司马睿寝食难安。

同年夏季，一个叫温峤的年轻人突然来到建康，给困坐愁城的司马睿带来了转机。

江南多雨，温峤南下建康的这一年，扬州却是大旱之年。炽热的空气中飘浮着干燥的浮尘，黏在汗水涔涔的皮肤上，有一种令人窒息而躁动的感觉，就像司马睿的心情。

论资历和官职，温峤只是后辈和新人，但因为其特殊的身份和使命，他一来到江东就掀起了轩然大波。

去年年底，几乎与长安沦陷的同一时间，刘琨遭到了前所未有的惨败，被迫放弃在匈奴人的腹心地带苦心经营十一年的根据地，逃奔驻扎在蓟城（今北京市附近）的段氏鲜卑，与段氏鲜卑的首领段匹磾（dī）歃血为盟，立誓与匈奴人周旋到底。当时，中国北方有许多大大小小的武装集团与汉赵政权势如水火，与段匹磾结盟之后，刘琨设法联络这许多武装集团的首领，拟定了一封劝进书，与一百八十多人联名奏请司马睿尽快登基称帝，整合北方的各路武装力量。

温峤来到建康，是受刘琨的委托来劝进司马睿称帝的。在司马睿称帝的问题上，王敦的态度是一个风向标，他不表态，司马睿就忐忑不安。而温峤的到来，则恰好给司马睿解了燃眉之急。

六月中旬的一天，司马睿召集所有政要，安排了一次隆重的接见仪式。

温峤是刘琨的外甥，十八岁起就追随刘琨抗击胡人，到如今他已有十一年的抗胡经历，因才智机敏，很早就被刘琨视为头号智囊。温峤其貌不扬，但天性幽默豁达，言谈举止不拘小节，喜欢赌博、开玩笑，但在这个盛大的接见仪式上，他一反常态，表现得庄重肃穆，在众目睽睽之下侃侃而谈，语气时而沉重悲凉，陈述刘琨的忠诚和艰辛，时而慷慨激昂，激励众人奋发图强。演说进行到最后，他代表刘琨摆明了来意——国不可一日无主，请各位诚心诚意地拥立晋王登基称帝，光复河山。

这场演说很精彩，在场的众人心潮澎湃，无不为温峤的气度而心折。为了表达对温峤的崇敬，有一个姓桓的官员取他的姓氏，给出生不久的儿子命名为桓温。司马睿对温峤的精彩演说也颇为满意，在接见仪式结束后，他即刻派遣使者带着一把名刀渡江北上，送给刘琨，以示器重。

刘琨在北方抗胡多年，在许多人心中他就是一个神圣的精神图腾。作为他的代言人，温峤在建康也受到了特殊的待遇，以王家、谢家、庾家为首的北方士族纷纷设宴邀请，争先恐后地与他结交。

等到任务完成，温峤也一一拜访了建康的名门望族。他收拾好行装，准备返回蓟城的时候，司马睿表达了挽留之意，这倒不是出于客套，而是发自真心的赏识。与鼙鼓震天的北方相比，留在相对比较安全的建康未尝不是一个更好的选择，但温峤委婉地拒绝了，执意要回到刘琨麾下。为了把他留下，司马睿苦苦相劝，指示重臣展开车轮战一般的劝说，温峤无奈，只好答应。此刻的温峤不知道的是，在他决定留在建康的这一刻，他与刘琨的缘分也到此为止了。这一生，他们再也没有见面的机会了。

王敦虽不在建康，但建康的一举一动都逃不过他的眼睛。就司马睿登基称帝一事，他私下派人与王导交换过意见，王导并没有因与他有兄弟之情而对他亦步亦趋，而是一口否决了他的提议，明确表示帝位继承人非司马睿莫属。兄弟之间的分歧已经让王敦很不愉快，刘琨突如其来的介入更让他大为光火。

不同意由司马睿出任最高统治者，这不是王敦第一次挑衅了，司马睿对他百般忍让，无非是碍于他在军界的影响力。随着刘琨的介入，局面发生了微妙的变化——王敦有兵，刘琨也有兵；王敦在军界有声望，那是靠打内战打出来的，而刘琨的声望是跟胡人一刀一枪拼出来的。两者对比，孰优孰劣，不言自明。

太兴元年（318年），温峤来到建康的第二年，匈奴人杀死了晋愍帝。司马睿这时没有再推托，大步流星地登上了皇帝的宝座。一个多月后，在幽暗潮湿的囚牢里，传奇英雄刘琨死在了一条白绫之下，害死他的是他的盟友段匹磾和对他嫉恨已久的王敦。

段匹磾产生歹意，主要是因为嫉妒心作祟，他怕自己的部下归心于刘琨。然而，毕竟刘琨的声望太大，他只是把刘琨投进了大牢，并不敢贸然下手。就在他犹豫不决的时候，王敦派来了煽风点火的使者，终于在使者的唆使下，他下定决心，用一条鬼气森森的白绫终结了刘琨这一生所有的梦想、痛苦与不甘。

王敦谋害刘琨，既是嫉妒，又是为了摧毁司马睿的外援。司马睿虽然很恼火，但他需要羁縻段匹磾，也害怕触怒王敦，只能息事宁人，即使温峤据理力争，他也不敢赐给刘琨谥号。直到一年多以后，当江北的局势再次发生变化，段匹磾被石勒击败的时候，司马睿才小心翼翼地给予刘琨身后哀荣。

中国北方的抗胡势力原先就是一盘散沙，即使再给刘琨几十年的寿命，也不见得能把这些大大小小的割据势力锻打成铁板一块。随着刘琨的猝然离世，各路抗胡势力更是风流云散，势如山崩。

刘琨与祖逖的友情，是中国历史上的一段佳话，闻鸡起舞的那一夜，他们风华正茂。二十年光阴弹指一挥，山河破碎风飘絮，国破家亡的时代洪流中，岁月的风霜染白了祖逖的双鬓，壮志未酬的刘琨却成了一抔黄土。幸运的是，英雄虽死，壮志不绝，刘琨之后，还有祖逖。

刘琨离世这一年，祖逖的北伐已经初见成效，他在黄河和长江之间的大地上缓慢而坚定地铺开了一道又一道防线，使石勒不敢轻易南下。但不幸的是，祖逖用心血锤炼的屏障在为东晋提供安全防护的同时，也为丑恶的权力斗争创造了相对安定的外部环境。

王敦虽长于弄权，但军事才能不算一流。截至刘琨离世，陶侃旧部在荆州掀起的动乱非但没有偃旗息鼓，反而有愈演愈烈的苗头。无奈之下，王敦只好向陶侃的亲家公周访求救，并许诺一旦动乱平息，就把荆州交给周访掌管。与此同时，司马睿也派人面见周访，做出了同样的承诺。

王敦觊觎荆州，是为了慑服下游的司马睿；司马睿盯着荆州，是为了压制居心叵测的王敦；周访不一样，如果东晋出师北伐，荆州是一个极为便利的出兵地，周访虽然厌恶乌烟瘴气的内部权力斗争，但志在北伐的他为了得到荆州，还是蹚进了险恶的浑水。

平定荆州动乱的过程中，周访打得很卖力，他不惜豁出性命，带着敢死队冲锋陷阵，用时将近一年，终于平定了荆州的局势。之后，王敦毫不意外地变卦，抢先一步派遣亲信接管了荆州。王敦自知理亏，派人携带重礼去安抚周访。周访暴怒，当着使者的面把礼物摔到了地上，从此视王敦为不共戴天的仇敌。

在东晋历史上，王敦控制荆州是一件具有里程碑意义的大事。前文已述，永嘉之乱后，南下的北方士族很难和江东士族分庭抗礼，司马睿和王导把王敦分出来，让他独自出外打拼，就是希望他占据长江中上游地区，凭借高屋建瓴的地理优势震慑江东士族。拥兵自重的王敦将荆州据为己有之后，凭借地理优势和军事力量，很快就压倒了江东士族。江东士族受制于人，只能无可避免地走上被边缘化的下坡路。在江东士族逐渐失势的同时，东晋也被笼罩到了更为强势的王敦的阴影里。

王敦在世期间权倾朝野，两次顺流东进，直捣皇城，依靠的就是地理优势和庞大的武装力量，在他之后的东晋历代权臣基本上也都是沿袭他的老路。

王敦之前，江东的主要政治矛盾是南北士族之争；王敦之后，则是荆州与扬州之争。之所以说他占据荆州是里程碑事件，原因就在这里。

09 内战爆发：王敦清君侧

通过攀附皇权，从而壮大家族势力，这种情况在中国历史上并不罕见，但像琅琊王家势力这么大的家族却是凤毛麟角。

这个家族发端于汉代，鼎盛于东晋，一直到唐初依然是名门望族。在中国古代，这种政治影响力能绵延数百年的家族可以算得上是一种奇迹。

琅琊王家的势力有多大呢？我们知道，中国古代的女性很没有地位，留名史册的寥寥无几，而琅琊王家的女性留名史册的竟然多达七十九人，做过皇后或者去世之后被追封为皇后的多达十一人。女性成员的地位尚且如此，这个家族男性成员的地位就更不用说了。这里只说王敦和王导，其他略过不提。

根据历史记载，王敦给人的印象是阴森、冷酷、不容易接近。王导则不同，此人善于交际，比较有亲和力。在东晋政坛上，王导的作用就是调解矛盾——寄江东士族篱下的时候，他折冲樽俎，缓和南北冲突；王敦崛起以后，他又居中斡旋，调解司马睿与王敦的争端；王敦败亡以后，他又来制衡新崛起的庾家。与王敦相比，王导对皇室是比较忠诚的，但这种忠诚只是相对的。归根结底，他所做的一切都是为了维护家族的地位和声望，只是他为家族谋取利益的前提是不破坏脆弱的皇权。因为他很清楚，即使皇权形同虚设，琅琊王家的利益也得经其授权后才有合法性。然而在他心里，个人权威重于家族利益。

因为追求不同，王导和王敦逐渐分道扬镳，走上了不同的道路——飞扬跋扈的王敦变成了权臣，见好就收的王导只满足于做重臣。

虽然王导没有流露出野心，但他毕竟是琅琊王家的人。因此，随着王敦势力的膨胀，司马睿慢慢对王导产生了疏远之意，不再像从前那样把他视为心腹。王导在庙堂的位置直接关系着琅琊王家的地位，王敦原先就看不惯司马睿，如今看到王导在朝中遭到了排挤，为维护门户利益，更为了给自己立威，让司马睿知道谁才是东晋的主人，于是他打算顺流东进，到建康敲打一下司马睿。不过他不敢轻举妄动，因为在司马睿帝位两边，还有宝刀不老的周访和金刚怒目的祖逖。

权谋算计，周访不是王敦的对手；行军打仗，王敦不是周访的对手。自从上次被王敦诓骗，周访一直记着这笔账，在积极谋划北伐的同时，他也不掩饰要回击王敦的意图。要说周访对司马睿有多么忠诚，似乎也谈不上。周访自己的辖区就是一个比较独立的小王国，辖区内的大小官员都由他自己任命。但有他的存在，王敦就不敢挥师东进。

如果说周访对王敦的态度是仇恨，那祖逖对王敦的态度就是藐视。谋划东征建康期间，王敦派人渡江北上，来到祖逖的军营，旁敲侧击地试探过一次。祖逖一听王敦居然有在后院点火的念头，当场勃然大怒，疾言厉色地告诉来使："你回去告诉阿黑（王敦的小名），让他死了这条心，他要是敢图谋不轨，我就顺流而上，撵着他的脚后跟把他打回去！"

周访和祖逖的态度这么强硬，王敦不敢轻举妄动，只好耐心等待。

太兴三年（320年），周访去世，剩下的就只有祖逖了。对于维护东晋政权的稳定和司马睿的帝位，祖逖可谓全力以赴，可司马睿对祖逖的态度却令人寒心。周访去世次年，为了把祖逖的军队据为己有，用于对付虎视眈眈的王敦，司马睿派遣戴渊北上，节制祖逖。

戴渊也是东晋时代的一个传奇人物，他年轻的时候是个江洋大盗，带领着匪徒呼啸江湖，打劫往来的旅人。有一次，陆逊的孙子陆机[①]乘船出游，在岸边遭到了戴渊的抢劫。陆机见戴渊英姿不凡，调度手下井井有条，很有大将之风，

① 此处存疑。按《晋书》的记载，戴渊遇到的是陆机，但陆机当时只是个孩子，戴渊遇到的应该是陆家的其他人，只是陆家子弟众多，难以确定戴渊遇到的究竟是谁。

于是在船舱里对他喊话："你有这样的才能，又何必做强盗呢？"戴渊如醍醐灌顶，当即弃剑下拜，痛改前非。有意思的是，戴渊出身匪盗，迷途知返之后，却变成了清高耿介的正人君子；出身书香世家的祖逖，性格中却带着浓烈的匪气和草根气，更像一个江湖豪侠。

北伐初期，司马睿没有给祖逖调拨一兵一卒，祖逖能在江北有所建树，依靠的就是他对流民和江湖盗匪的整编。当时，在黄河与长江之间的大地上，分布着许多大大小小的汉人坞堡主，在祖逖和石勒之间游移不定。祖逖并不逼迫他们非得与石勒决裂，只要他们能在必要的时候透露一下石勒的军情就可以。为了避免引起石勒的疑心，祖逖有时候还会跟他们合演一些互相攻伐的双簧戏。为了解决军饷问题，祖逖甚至默许他们与石勒进行双边交易。

可以想象在戴渊眼里，祖逖的军队成分、与坞堡主和石勒的相处之道，都是让人很不满意的，然而这并不是最大的问题，根本的分歧在于，祖逖是北人，目标是收复沦陷的故乡，戴渊是南人，对北方的沦陷并没有祖逖那样强烈的痛楚，他的战略重心是利用祖逖的军队参与内斗。

戴渊北上没过多久，忧愤交加的祖逖一病不起，于周访去世的次年（321年）含恨离世。

王敦雄踞中上游，在地理和兵力上都占据很大的优势，司马睿处于下游，直接掌控的兵力又少得可怜。周访和祖逖在世期间，司马睿为了提高胜算，也竭尽所能地做了一些针对性的防御措施：首先是拉拢广州的陶侃，把交州也交给陶侃掌管，希望陶侃能从南部牵制住王敦；其次是委任甘卓为梁州刺史，镇守襄阳。

梁州刺史原先是周访，司马睿调遣甘卓出任梁州刺史，表面上是填补周访的空缺，其实是为了让甘卓近距离地牵制王敦。王敦何等精明，绝不会看不懂司马睿的用意。那么，他为什么会同意司马睿的安排呢？其一，他没有太把甘卓当一回事；其二，这是一种以退为进的交换策略。

甘卓原先是湘州刺史，他补上了梁州的空缺，湘州刺史的职位就空了。王敦接纳甘卓，就是对司马睿的让步——既然我接受了你司马睿的人，那你是不是也应该接受我王敦的人呢？

甘卓出任梁州刺史之后，王敦给建康发了一道奏文，打算让自己的亲信接管湘州。接到王敦的奏折，司马睿犹豫过，可是考虑到现实问题，最终他驳回了王敦的提议，派遣叔叔司马承接管了湘州。

湘州刚刚经历过杜弢之乱的冲击，人民急需休养生息，很难提供足够的战争所需的人力和物力。临行之前，司马睿与司马承就这个问题交谈过一次。司马承认为，如果能有三年的休整时间，他就有信心牵制王敦，如果战争在三年内爆发，前途实在是不容乐观的。

王敦的剑已经出鞘了，内战一触即发，哪里还有三年的时间？司马承说完，郑重地拜别，默然无语的司马睿看着他渐行渐远，心里也是一片悲凉。叔侄二人都明白，这一次可能就是有生之年最后一次相见了。

赶赴湘州途中，路过王敦的驻地时，司马承前往拜访。王敦举办了一次小规模的宴会，在宴会上他阴阳怪气地说，你是文人雅士，恐怕不是将帅之才。司马承不卑不亢地引用了一个古老的典故，回击王敦的嘲笑——铅刀虽钝，尚可一割。

如果王敦强行扣留司马承，在未来就能省去很多麻烦。或许是因为过于自负，认为司马承掀不起多大的风浪，王敦居然放走了司马承。不用多久，他就会知道这是一个多么愚蠢的决定。

当抱定慷慨赴死之心而心情沉重的司马承在湘州苦心经营的时候，意气风发的刘隗（wěi）却是一副春风得意马蹄疾的派头。

刘隗是北人，也是士族出身，只是品级比较低。之所以能得到司马睿的器重，是因为他是个忠实的保皇派，对所有危及皇权的势力——无论是江东士族，还是琅琊王家——都恨之入骨。东晋草创初期，为了得到江东士族和侨姓士族（南迁的北方士族）的支持，王导给予了他们很多特权。这些权势熏天的大家族时常做出一些不法勾当，比如抢良民的房子、占良民的地。刘隗性格强硬、直言敢谏，经常弹劾恃宠而骄的大家族，就连王导这样的大人物他也照样弹劾不误。

在东晋朝堂上，他就是一个独行侠，北人不喜欢，南人也讨厌，但这样的人恰恰是谋求振兴皇权的司马睿所需要的。王导被疏远之后，司马睿更是把刘隗视为心腹中的心腹，凡是军国要务都会咨询他的意见。

刘隗很清楚，内战迫在眉睫，为了抗击王敦，必须给兵微将寡的司马睿补充兵力，但如果征兵的话，有两个相当棘手的问题需要解决。

首先，兵源从哪里来？东晋的主体兵制是世兵制。所谓世兵，就是朝廷划拨一部分人为军户，祖祖辈辈都是兵。两晋之交，南方北方都是烽火连城，造成的后果就是兵员锐减。除了战场上的损耗，为了逃避兵役，许多军户变成了逃户，按照军户登记名册去征兵，等于缘木求鱼。与军户相对应的是民户，可是按照朝廷律令，民户没有承担兵役的义务，如果强行征调民户上战场，搞不好会激起民变。

在刘隗的建议下，司马睿决定向高门大族开刀。

前文已述，永嘉之乱过后，中国北方有大量流离失所的老百姓南下避难，过江之后沦为高门大族的奴仆，变成了没有登记在册的黑户。司马睿先搞了一次人口普查，然后下了一道诏令，宣称免除这些人的奴仆身份，将他们统一编入军队，用这种方式征调到了两万多人。这必然会触及高门大族的利益。因此，王敦正式发动叛乱的时候，就以维护高门大族的利益为由，成功地分化了司马睿的阵营。今天的我们看来，司马睿走的这是一步臭棋，可是站在他的立场上来看，这一步臭棋却是最无奈，也是最好的选择。

其次，以什么名义征兵？大家都知道王敦就要杀过来了，但他毕竟还没有正式发动内战，如果以讨伐王敦的名义征兵，对于需要战备时间的司马睿来说无异于加快了内战到来的步伐。因此，司马睿打出的征兵旗号是北上抗胡，把从高门大族手里夺过来的这两万多人分成两部分，一部分交给刘隗掌管，镇守泗口（今江苏淮安附近），一部分交给戴渊掌管，镇守合肥。

王敦的战略布局是什么样的呢？与战线拉得绵延千里的司马睿相比，王敦的军事部署就比较简单，他的势力范围就是荆州和江州——这是西线；此外，他还派遣亲信秘密潜回扬州充当内应，准备一旦内战打响，就让亲信在扬州发动叛乱——这是东线。

永昌元年（322年）正月十四，王敦以清君侧为名，挥师入江，大举东进，正式向朝廷宣战。此时，距离祖逖去世不过短短三个多月。

旌旗蔽空的舰队缓缓航行在长江上，迎着猛烈而寒冷的江风，王敦胸中充盈着睥睨天下的快意。此情此景，他不禁想起了最为仰慕的曹操的《步出夏门行·龟虽寿》："老骥伏枥，志在千里；烈士暮年，壮心不已。"每次举办宴会，醉意醺醺之际，他总是会豪情万丈地吟诵这两句诗。但在今天，即将拔剑向皇城挺进的时候，想到这两句诗，他的心头却是另外一番滋味——既豪迈，又战栗；既兴奋，又惶惑。

东进之前，他给司马睿发了一份奏文，声称司马睿远贤臣而近小人，又夺取高门大族的奴仆，致使怨声载道，自己此次东下只是为了清君侧。如果司马睿迷途知返，诛杀刘隗，自己就偃甲休兵，否则将直捣建康。这份奏文措辞强硬，杀气腾腾，暗讽司马睿是昏君。接到奏文，司马睿怒不可遏，随即颁布诏书："王敦放肆狂妄，竟敢说我是昏君，是可忍孰不可忍！我将亲自率领大军讨伐乱臣贼子，谁能杀死王敦，官封五千户侯！"

王敦穿好铠甲，明目张胆地走到角斗场的中央，拔出了长剑；不甘示弱的司马睿也拉开了弓弦。彼此已经没有退缩的余地，只能奋力一搏。

10　恐怖的墙头草：甘卓

王敦这个人有个特点：胆大包天。一旦机会来临，他总是先下手为强，从不因瞻前顾后而错失良机，哪怕有什么错误也是事后再去反思。他的大本营是荆州和江州，如果要确保后方万无一失，他必须解决驻守襄阳的甘卓和驻守湘州的司马承。他虽然知道其中的利害，但解决问题的方式却很草率。

出兵前夕，王敦分别派遣使者奔赴襄阳和湘州，向甘卓和司马承许诺，事成之后一定给予他们高官厚禄。派往襄阳的使者回来得早，并且带回了好消息——甘卓答应一起出兵顺流东下；派往湘州的使者却一去不返，迟迟没有回音。

甘卓为人优柔寡断，反复多变，他现在答应得爽快，可他是不是真的会言出必行呢？平定杜弢之乱期间，王敦与甘卓有过同袍之谊，不可能不知道老战友的毛病，可他急于东进，对甘卓期望过高，接到使者带回来的好消息，就率领舰队迫不及待地踏上了征程。

舰队没走多远，甘卓的使者来了，不是商议会师日期，而是劝王敦停止东进。

变故突如其来，王敦气得天旋地转，好不容易才平静下来，他对甘卓的使者说："甘将军是不是担心我对陛下不利？我只是为了清君侧，绝不会加害陛下，你赶快回去告诉他，事成之后，必有重谢。"

王敦说得信誓旦旦，甘卓依然犹豫不决。他是真的摸不清王敦的意图何在——到底是篡位，还是清君侧？谋士认为，为今之计，最好是虚与委蛇，假装顺从，实则按兵不动，静观其变，等王敦到了京城暴露其真实目的以后再做决断——如果是清君侧，就出兵与之会和；如果是谋权篡位，就兵戎相见。

回顾前尘往事，甘卓喟然长叹：“当初陈敏作乱，我就是这样对待陈敏，结果别人都说我立场不坚。如果这一次我还用同样的方式对待王敦，别人又该如何看我呢？”

因为甘卓的态度突然有变，王敦猝不及防地摔了个跟头，不敢再贸然前进，只好在半路上停下，想方设法填补甘卓捅出来的娄子。

春寒料峭，大江滔滔，眉头紧锁的王敦站在巨舰上，遥望湘州所在的方向，心里惴惴不安。仅仅因为甘卓，就给东征计划造成了这么大的障碍。如今，派往湘州的使者依然没有回音，湘州的情况若是也有出乎意料的变动，那么这一次东征计划就真的是出师不利了。

此时的王敦不知道的是，派往湘州的使者之所以迟迟没有回音，是因为他正被关在大牢里。

在王敦的设想中，司马承只不过是一个不知戎事而只会虚张声势的文官，加以恫吓，再给予一些好处，就能把他拿下。可是王敦想错了。司马承与优柔寡断的甘卓不同，一来到湘州他就下定了慷慨赴死的决心。当王敦的使者来到湘州，说明来意以后，司马承笑了，是苦笑，也是平静的笑：“我注定一死。湘州残破，力量微弱，怎么可能拖住王敦呢？不过，为国而死，何憾之有？”

不久，内心煎熬的王敦等到了湘州的回音——司马承广发檄文，宣称王敦欺君犯上，意图谋权篡位，号召湘州境内所有的勤王势力联手诛灭乱贼。

先是甘卓捅娄子，接着又是司马承的奋力一击。事已至此，东进大计只能暂时搁置，得先想办法扑灭后院的大火。但局势并不算太坏，因为只有司马承的态度是明确的，甘卓依然在犹豫观望，只需要分兵攻打司马承即可。至于甘卓，还有进行和谈的余地。

正月下旬，王敦分兵两万南下湘州，对司马承发动了凶猛的攻击，同时再一次派遣使者奔赴襄阳，企图说服甘卓派兵会师长江。

王敦盯上了甘卓，司马承也意识到了甘卓的分量。当王敦的使者还在驿道上纵马奔腾的时候，司马承的使者就已经抢先一步见到了甘卓。

根据这次谈话来看，王敦的兵力总量大概为三万五千人，其中五千人留守武昌，三万人顺流东下；为了消灭司马承，王敦于途中分兵两万南下，目前手中的兵力只有一万人，而甘卓的兵力至少也有一万人。

鉴于兵力分析，司马承的使者建议甘卓直扑武昌，切断王敦的军用物资供给通道，然后顺流而下，与建康的友军东西夹击，合力消灭王敦。

无论从哪个方面来说，这都是一个可行的好办法，甘卓却依然犹豫不决。这时候，王敦的使者到了。纠结不已的甘卓暂时把司马承的使者晾在一边，打算见一下王敦的使者再做定夺。然而，王敦使者的一番话却让他瞠目结舌。

这个使者叫乐道融，已在王敦麾下任职多年。他心怀勤王之志，早就看不惯王敦欺君犯上的行径，王敦派他来做说客，正好给了他脱身的机会。见到甘卓后，他非但没有给王敦充当说客，反而激励甘卓抓住机会，与司马承联袂携手，共同诛灭王敦。

乐道融的说辞与司马承的使者其实是相同的，都是敦促甘卓迅速出兵，攻占守备空虚的武昌，使王敦的主力军队闻风而乱，再与建康的友军夹击叛军。甘卓之前听了司马承使者的说辞不为所动也是正常的，因为司马承的人对王敦军力的虚实没有近距离的了解，而乐道融是从王敦的军营里来的，能够提供更为精准的情报。

听完乐道融的说辞，甘卓从难以置信的震惊中回过神来，随即喜出望外，当场拍案定议，决定挥师东进，奔袭武昌，并派人南下广州，邀请陶侃出师北上。此外，他还派人星夜兼程奔往建康，向朝廷传达军情。

正如乐道融所料，甘卓的军队还没有到达武昌，武昌城内就风声鹤唳，人心惶惶，军民纷纷离城外逃。接到甘卓出兵的消息，宫廷里欢声雷动，压抑已久的司马睿终于展开了紧锁多日的眉头，心情愉快地给甘卓发了一道诏令，表彰他的公忠体国之心，提升他为荆州牧，梁州刺史如故。大概就在此时，甘卓的使者到达了广州，见到了已经蛰伏七年的陶侃。听闻朝廷发生剧变，陶侃即刻整军备战，调动一部分兵力北上勤王。

王敦被卡在长江中游，本来就面临着进退失据的窘境，甘卓在他背后挺剑疾刺，更让他五内摧裂。作为一个征战经验丰富的军人，他很清楚武昌失守的后果——供内战所需的大部分军用物资都囤积在武昌，一旦武昌失守，前线将士粮草不济，必然会不战自乱。可是顺流而下易，逆流而上难，此刻回救武昌已经来不及了。就在他束手无策的时候，武昌方面忽然传来了一个奇怪的消息——甘卓的军队在离武昌不远的一个渡口停下了，似乎并没有进攻武昌的意图。

为什么在轻而易举可将武昌收入囊中的时候，甘卓却忽然止步不前了呢？跟局势没有关系，仅仅是因为甘卓的老毛病又犯了，犹豫，还是犹豫。

这个年事已高的老将军此前被乐道融说服，一时热血澎湃，大张旗鼓地直奔武昌而来。这股热血来得匆忙，退得也快，迎着冷风在行军道路上奔波几天，即将到达武昌的时候，他的热血退潮了，又一次踟蹰不前。奔袭武昌的时候，他曾经派人通报司马承，说即将派遣援军；再次陷入犹豫的泥淖之后，他非但停止进攻可以手到擒来的武昌，同时也更改将令，决定暂时不给湘州派遣援军。

司马承来到湘州还不到一年，既缺粮草，又乏兵员，他是凭什么牵制住王敦，并迫使王敦分兵南下的呢？这得说到湘州境内的大族虞家。

拜访虞家之前，司马承犹豫了很久，虽说他来到湘州也已经有些时日，但从来没有去虞家拜访过。虞家族长虞悝的母亲刚刚去世，正好处于守孝期，这时候去打扰他未免过于唐突；更何况与王敦作对九死一生，如果能成功消灭王敦那倒也罢，可是一旦失败，面临的就是灭族的危险。风险如此之大，虞悝凭什么答应伸出援手呢？几番思索，司马承硬着头皮踏进了虞家的大门。虞悝亲自接待了司马承，并没有以守孝为借口拒绝出面，而且一听对方说明来意，当场答应愿意共赴国难，并且给予了非常大的支持——毁家纾难。

在虞悝的协助下，司马承迅速召集了一支几千人的军队，向王敦下了挑战书。不久，王敦派遣的两万人杀到了湘州境内。叛军人多势众，又是经历过阵仗考验的虎狼之师，司马承和虞悝的兵力微弱，也没有经历过真正的战争，但是他们众志成城，凭借悍不畏死的勇气，以长沙为据点，居然挫败了叛军一轮又一轮的猛攻。

甘卓派来使者之后，司马承和虞悝激动得热泪盈眶，以为局势很快就会好转，可是他们盼了一天又一天，远方的地平线上却一直平平静静，烟尘不惊，没有一丝一毫援军即将到达的迹象。

危若累卵的长沙城里，望眼欲穿的司马承给甘卓发了一封绝笔式的求救信，言辞哀哀，感人肺腑，失望之情与盼望之意溢于言表，他请甘卓早下决断，迅速派遣援军。事实上，甘卓只需要截断王敦的退路，就可以迫使叛军自乱阵脚，可是接到求救信的甘卓还是没有反应。

眼看城里的守军一天天减少，部属建议司马承结束长沙之战，先撤到广州再做打算。但如果放弃湘州，被拖住的叛军就会北上与王敦会师。司马承主意已定，绝不撤退，可他不知道虞悝怎么想，仁至义尽的虞悝做得够多了，他还会坚持下去吗？虞悝的答复很坚定——即使打到只剩一兵一卒，也绝不后退半步。

湘州义军的惨烈抗争传到荆州，一个叫周级的官员为湘州义士的忠心所感，派遣侄儿周该秘密潜往长沙，联络司马承和虞悝，共同商议消灭叛军的大计。司马承和虞悝喜出望外，派遣一个叫周琦的使者和周该一起北上，带着默记在心的作战方案，请周级按计划行事。

很不幸，周琦和周该出城不久就被抓获了。叛军把刀架在他们的脖子上，迫使他们到阵前喊话，告诉守军，王敦已经攻占建康，甘卓已经回师襄阳，守军再执迷不悟，只有死路一条。周琦和周该没有犹豫，马上答应，叛军信以为真，兴高采烈地把他们押到阵前，等着看守军垂头丧气的笑话。

然而，周琦在阵前高喊的一番话却让他们大惊失色："王敦兵败，甘将军已经占领武昌，大家坚守到底，援军很快就到！"叛军大怒，当场斩杀周琦，又对周该严刑拷打，强迫他说出援军在何处。周该毫无畏惧，至死都没有把周级供出来。

承受着叛军一次次暴击的长沙摇摇欲坠，王敦的心理防线也快到了崩溃的边缘。他实在想不通，为什么派往湘州的虎狼之师会被区区一个司马承死死缠住，甘卓暂时是没有动静，可一旦他突然出手，无疑会成为压垮整个东进计划的最后一根稻草。为了扭转局势，他决定再做最后一次努力，不求甘卓出兵相助，只要甘卓能撤回襄阳就谢天谢地了。

当初起兵东进，王敦把甘卓的侄儿甘卬带在军中充当人质。这一次，他以人质为说客，转告甘卓："你为天子尽忠无可厚非，我毫无怨恨之意；我们王家之所以如此，也是被逼无奈，希望你就此撤回襄阳，从此以后我们仍然言归于好。"

有甘卬在手，王敦就有了挟制甘卓的资本，放走甘卬固然可以展示谈和的诚意，但也会使甘卓再无顾忌。所以，王敦走这一步是很冒险的。然而，甘卓还是犹豫不决，既不班师回营，也不进攻武昌，依然停留在原地左顾右盼。

因为甘卓的一再犹豫，司马睿坐立不安，司马承望眼欲穿，王敦如坐针毡。做人如甘卓，真是让人哭笑不得。

等来等去也不见甘卓有回音，王敦丧失了最后一丝耐心。这个胆大包天的狂徒决定发动困兽之斗，把司马承和甘卓抛到脑后，集中手中现有的一万多人全力东进，奋力一搏，是死是活就看天意怎么安排。

司马睿得知王敦气势汹汹地顺江而来，火速召集戴渊和刘隗率军返回建康会师，并安排百官到皇城外的官道上迎接。回到建康的这一天，是刘隗一生中最为风光的日子。多年以后，垂垂老矣的他在胡人的宫廷里，每次回忆起这一天被衣冠士女夹道欢迎的画面，总有一种人生如梦的幻灭感，不敢相信这一幕在自己的生命中确实发生过。

这一天，刘隗骑马行在大道上，与随从谈笑风生，旁若无人，一言一语中都流露着敌军不足为惧的自信。他以这种稳操胜券的姿态出现在大家面前，固然是为了稳定人心，但刘隗也有自信的底气。自从王导被疏远之后，他就一跃成为司马睿的头号重臣，他不在朝廷的这段时间里，但凡遇到重大事务，司马睿都会派人征求他的意见。正是司马睿的倚重，使他产生了力挽狂澜舍我其谁的使命感和自信心。

即将进入宫门的时候，刘隗看到了一个熟悉的身影，那是跪在宫门外的王导，王导身后还有二三十个人一起跪着，他们都是王家的子弟。事实上，这个场面已经不是第一天出现了，从王敦叛乱的消息传到建康的那一天起，王导就带着家族子弟终日跪在宫门外谢罪，可是司马睿一直没有接见他们。

看到这些人，刘隗的好心情一瞬间消失得无影无踪，心底深处泛起了强烈的厌恶。见到司马睿之后，简单谈了一下眼下的形势，他就直奔主题，建议司马睿诛杀王导以及王家子弟。对于刘隗的到来，司马睿一开始很高兴，一说到诛杀王家人，他却面有难色，闪烁其词地拒绝了刘隗的提议，这不由让刘隗心里一沉——他明白，司马睿没有打赢内战的信心，暂时对王家网开一面无非是想留个退路，以便于在局势不利时与王敦谈和。

战前不是全力以赴，而是先为失败做准备，这样的一场战争，胜算能有几分呢？

走出宫门，已经是日暮时分，熙熙攘攘的迎接人群早已散去，大街上冷冷清清。此刻，刘隗心里只有一种情绪——恐惧。深沉的暮色里，皇城的轮廓线所勾勒出的形象犹如一只狰狞的巨兽。被司马睿宠信的时候，刘隗一度以为自己是怪兽的驾驭者，此刻回望皇城，他忽然产生了一种力不从心的挫败感，意识到自己在这头怪兽面前根本不值一提。

刘隗有毕生难忘的一天，王导也有。

随着戴渊和刘隗的归来，司马睿屡次召开御前军事会议，安排布防事务，曾经熟悉的同僚每天在宫门进进出出，却没有一个人给跪在宫门外的王导打招呼。大家看到王家人就如同看见毒蛇一般，唯恐避之不及。王导明白大家如此冷漠是怕招惹是非，影响仕途，他对此并没有怨言，可就连一向过从甚密的周顗也对他视而不见，让他颇为失落。

周顗忠厚的人品有口皆碑，王敦起兵叛乱之前，王导与他是知交好友，两人经常把酒言欢，促膝长谈。王敦掀起风浪之后，周顗像变了一个人，转眼间变得冷漠无情，突然断绝了与王家的来往。有那么几次，王导在匆忙进出宫门的人群中看到了周顗的身影，哪怕周顗能投来同情的一瞥也能给他莫大的安慰，可是周顗自始至终都没有看过他一眼。

王导很清楚，在王敦所率的叛军迅速扑向建康的这几天里，宫中正在紧锣密鼓地部署军事防御，一旦敲定防御安排，关于如何处置王家一事可能就会有明确的下文。在此时的王导看来，战争注定难以避免，王家的前途实在是凶多吉少，但他心有不甘，不愿意就此束手待毙。扪心自问，他追随司马睿的这十几年里，不敢说自己是鞠躬尽瘁的忠臣，有时候也会为私利打算，但是绝没有篡权犯上之心。在问题变得不可收拾之前，他还想利用这十几年的君臣之情再为王家赌一次。

一个阳光明媚的午后，当看到周顗即将进入宫门时，忧心如焚的王导当众大喊："伯仁！伯仁！我们王家一门老小的命就靠你了！"周顗置若罔闻，径直进入宫门，丝毫没有停顿。王导抱着一丝希望，一直等候在宫门外，直到天色擦黑，才看到周顗的身影。隔着十几步远，王导就闻到了一股熏人的酒气，周顗摇摇晃晃地走着，说着一些听不懂的醉话。擦身而过时，王导却清清楚楚地听到了他说了一句让人心惊肉跳的话——统统杀了这些叛贼，换一颗大大的黄金印！

一瞬间，王导万念俱灰。他向来注重风度仪表，何时像今天下午这样，像一条可怜虫如此失态，为了王家上下，他颜面扫地，换来的却是这样的结局。此前他对周顗是失望，如今，所有的失望都变成了仇恨。

第二天一大早，宫中的内侍却忽然奔往乌衣巷，带着王导此前为了赎罪上交的官服，来到王家传达圣命，请王导换上官服，即刻入宫面圣。

宫门缓缓推开了，怀着劫后余生的心情，王导再一次进入了久违的内殿。司马睿特意把会面地点选在寝宫，而不是处理政务的正殿。这是一个煞费苦心的安排，因为寝宫更有人情味，能在这里接见大臣就是对被接见者极为宠信的一种暗示，而正殿的气氛过于正式，只适合气氛严肃的会面。一见到司马睿，王导匆忙下拜，连称臣有罪。司马睿表现得迫不及待，连鞋都没有穿，就赤脚从卧榻上跑过来，赶快扶起王导：“茂弘（王导的字），我正要把国家大事都委托给你，你何出此言！”王导的回应很得体，立马表明了自己的立场：“历朝历代都有乱臣贼子，可我怎么也想不到，这一次乱臣居然出在王家。”几分发自真心，几分出于伪装，彼此心知肚明，但是都不点破，就像以往的裂痕根本就没有发生过。

此刻，叛军已经离建康不远了，站在巨舰上的王敦正在眺望着朝雾中的建康。王导在和司马睿交谈，他也在跟建康交谈，只是他没有那么多的伪装，面对大雾中影影绰绰的建康，他想对建康说的话简单、直接而粗暴——没有退路了，务必把这里拿下，用尽一切手段，不惜一切代价。

11 叛军入建康

建康，号称虎踞龙盘之地，北、东、南三面环山，西临长江（长江在建康西侧折向东北），城内有秦淮河逶迤而过，把建康分为北城和南城两部分。北城是行政区，南城是居民区，秦淮河两岸主要是商业区，河上有二十四座浮桥和一座固定的朱雀桥。

孙吴时代的建康没有城墙，司马睿在位期间的建康也是如此。东晋建立初期，财政吃紧，司马睿没有大兴土木，依然沿用的是孙吴时代的宫殿，只是建立了宗庙社稷，以示自己是正统皇权的继承者。

秦淮河以北的行政区以太初宫和昭明宫为中心。太初宫原先是孙策的将军府，孙权称帝之后在原有的基础上进行了大规模扩建；昭明宫兴建于孙吴末代皇帝孙皓在位期间，规模比太初宫大一些；太初宫西侧是供帝王游乐的西苑；西苑南部是太子所在的南宫；宫城区的西北角设有储存粮草的仓城，为了便于在敌军兵临城下时及时把粮草运输到守军的阵地。孙吴政权在仓城出口附近专门修建了仓巷，并在仓巷尽头开凿了直通秦淮河的运渎。

从南宫的南门到宫城的南门，再到秦淮河上的朱雀桥，这三点之间有一条名为朱雀大道的长街，长街两侧是主要行政部门的官署。秦淮河南岸、朱雀桥东侧不远处是乌衣巷，禁军的大本营就在巷子里。因为禁军的军服服色为乌，所以此巷得名乌衣，这里也是王家、谢家的府邸所在地。

面对气势汹汹而来的王敦，司马睿主要把军队集结在三个地方，即周札驻守的石头城、戴渊镇守的朱雀桥，以及刘隗驻守的金城。

王敦顺江而来，进攻建康最快的方式，是从长江与秦淮河的交汇处进入秦淮河，然后抢占朱雀桥，向秦淮河北岸的宫城发动攻击。很明显，长江与秦淮河交汇处的石头城，以及连接建康南城与北城的朱雀桥，是必然会遭到攻击的两个据点。二者当中，石头城遭到攻击的可能最大，金城离主战场比较远，不一定会遭到敌军的攻击。

刘隗、戴渊、周札这三人当中，刘隗和戴渊是司马睿的心腹，周札与司马睿的关系比较疏远。司马睿安排周札驻守石头城时，周札想尽办法推托。司马睿大为光火，暗示谏官弹劾他渎职。周札被逼无奈，只好上任。

由此来看，司马睿把石头城这么重要的要塞交给颟顸麻木的周札似乎很糊涂，是识人不明。但我们得知道，司马睿再弱也是开国皇帝，要是没有过人之处，这个位置是坐不了的。况且南渡江东以来，他长期处于暗潮汹涌的政治旋涡中，见过的大风大浪多了，我们能看出来周札不堪大用，他也能看出来，甚至比我们看得更清楚，他把周札安排在一线，把心腹戴渊和刘隗安排在二线，是出于类似田忌赛马的战术。

换言之，他从一开始就没有对周札抱太大的期望，只是想利用周札拖住王敦，利用周家的私兵损耗王敦的兵力和士气，然后调集刘隗和戴渊率领生力军发动最后的总攻。

王敦起初并没有把石头城作为第一打击目标，而是打算先进攻刘隗镇守的金城。他的高参认为，金城的地势固然不如石头城险要，但是刘隗是个坚定的鹰派，麾下死士众多，如果先跟他交手，就算能打赢也得付出惨重的代价；周札刻薄寡恩，贪婪吝啬，不得人心，部下都不愿意给他卖命，攻占石头城易如反掌。所以，不如先避开刘隗，把石头城作为首要攻击目标，一旦占领此地，刘隗就会陷入被动。

先攻打金城，还是石头城？王敦在地图前没有思考多久，把剑尖指向了石头城。

对于这个胆大包天的狂徒，做决定从来不是什么困难的事，虽然有时候这样做失之轻率，但有时候也是一个优点。

正如王敦的高参所料，周札确实不得人心。此公家资巨万，急需士卒卖命时却舍不得花费一文犒军。石头城始建于孙吴时代，依山而建，城里的山墙上凿有石头仓，储藏着许多粮草和武器。周札却紧锁仓库，连兵器都舍不得发放，只发放给士卒一些残次品。所以，战斗刚刚打响，守军就落到了下风。周札眼看局势不妙，索性下令全军停止抵抗，开城投降。易守难攻的石头城就这样突然易手，王敦的兵力几乎没有遭到什么损失。

司马睿没有对周札抱太大的期望，却没料到周札居然会这么快就抛弃石头城。王敦的军队远道而来，刚刚登陆就匆匆投入战斗，如果能利用石头城拖住他们，这支军队很快就会成为强弩之末。可是因为周札的贪婪和懦弱，叛军不费吹灰之力就得到了石头城，并利用城里的给养物资变成了一支士气如虹的新胜之师。

十年了，离别建康十年了。十年前，奉命攻打江州的华轶离开建康的时候，王敦是司马睿倚重的柱石；十年后的今天，故地重游，当年同舟共济的情分已经荡然无存，只有兵戎相见的敌意。作为叱咤风云的人物，王敦知道自己的名字将来必然会在国史中占据一席之地，以自己目无尊长的做派，必然不会得到好评，只是不畏人言的他一直没有把这种事放在心上。然而，当踌躇满志的他进入石头城之后，却忽然对悠悠众口产生了一种淡淡的敬畏感，说了一句意味深长的话："从此以后，恐怕我再也不能留名青史了。"

建康城里，司马睿正因为石头城的失守而大发雷霆，命令刘隗、戴渊、王导、周顗等人全力以赴，猛攻王敦，务必不惜一切代价把石头城夺回来。

王敦的兵力只有万人左右，但占据险要，又是久经阵仗考验的虎狼之师；朝廷的军队人多势众，但是缺乏实战经验。王敦不怕朝着石头城扑过来的敌军，但后方的司马承和甘卓，以及广州的陶侃是他不敢忽视的。为了迅速结束战争，他命令心腹沈充在三吴地区发动叛乱，意图截断通往建康的运粮通道。

变故接二连三地发生，司马睿方寸大乱，急忙分出一部分兵力去围剿沈充。可这部分兵力还没来得及到达会战地点，石头城的战斗就结束了——王敦攻势如风，短短几天里就一一击溃了朝廷军队。之后，他坐镇石头城，派遣军队顺着秦淮河开赴建康，纵容士兵肆无忌惮地打砸抢杀。

站在人心惶惶的宫殿里，仰望着火光冲天的夜幕，听着宫墙外此起彼伏的哀号声，司马睿万念俱灰。在惨败的打击下，他一夜之间沧桑了许多，如同行尸走肉。目光缓缓扫过大殿里一张张似远又近的面孔，他抚摸着御座惨然一笑："王敦他不就是为了得到皇位吗？他要，朕让给他，何必荼毒百姓。"

作战的这几天里，为了鼓舞士气，也为了表明朝廷正处于战时状态，司马睿没有穿御衣，一直身着戎装。失魂落魄地回到寝宫里，他僵硬地脱下戎装，换上还是琅琊王的时候所穿的朝服，派人给石头城的王敦传话："如果你眼里还有朝廷，就马上退兵，不然我就离开建康，重回琅琊。"

劫掠的叛军离开了，留下了一座尸横遍野的废墟。司马睿恼恨王敦的飞扬跋扈，叛军的离去却也让他产生了一丝希望，因为这意味着还有谈判的余地。经过痛苦而无奈的衡量，他决定派遣百官到石头城拜见王敦，试探一下王敦的底线何在。作为一国之君，居然向一个军阀示弱，他知道这样做对威信有损，但是他顾不了这么多，反正已经因为战场上的惨败而威信扫地了，又何必在乎再低一次头呢?

事实上，王敦确实不想把事情做绝，可他的自尊心太强，不屑于放低身段。司马睿派遣百官前来朝拜，正好给了他一个台阶下。

刀枪如林的石头城里，王敦接见了昔日的同僚。多年以前，大家也曾有过谈笑风生、把酒言欢的好时光，然而在如今的王敦眼里，面前这些人都可以归为一类——手下败将。

"若思（戴渊的字），前日你我曾有一战，今日你可还有余力？"

戴渊平静地说："岂敢有余，只是力不足而已。"

"我做了这样的事，天下人怎么看我？"

"只看到表面的人，认为你是叛逆；明白你内心的人，认为你是忠臣。"

戴渊的言下之意是说自己了解王敦的内心，把王敦视为忠臣。可是，在当时诡谲的气氛里，他和大多数人一样，对未来的政局走势并不清楚，不知道王敦的用意究竟是清君侧，还是篡位。不然，大家就不会来石头城试探风向。之所以那样说，他其实是在替司马睿传话——你打着清君侧的旗号而来，如果到此为止，大家就难得糊涂，权当你真是为清君侧而来。

王敦敏锐地捕捉到了戴渊的弦外之音，闻言会心冷笑：“你可真会说话。”然后，他把傲慢的目光投向周顗，用一种冰冷得近似于残忍的口气说：“伯仁，你对不起我。”周顗不像戴渊那么委婉，毫不掩饰地回了一句：“你依仗武力犯上行凶，我作战不力，致使王师败绩，这就是我对不起你的地方。”

王敦是个有仇必报的人，与他作对的，他一个都不会轻易放过。戴渊和周顗在战场上跟他交过手，在此时的他看来，戴、周二人已经是垂死之人，戴渊的话说得委婉难以使他心情愉悦，周顗的话说得强硬他也不以为意。如果说接见百官当天有什么事让他不愉快，那就是没有刘隗的身影。

石头城之战结束后，司马睿料到睚眦必报的王敦绝不会放过刘隗，所以在战斗结束当天就泣别刘隗，让他和另外几个心腹各自逃命去了。王敦耳目众多，不久就知道了这一切，迅速派遣杀手尾随追击。只是这种报仇方式不够痛快，不能当面羞辱刘隗一番再把他送上刑场，未免有些扫兴。

周顗进宫汇报了拜见王敦的全过程。在司马睿看来，事情似乎正在向好的方向发展。周顗的看法与此相同，认为王敦似乎并没有颠覆皇位的意图，但他认为一场政治清洗正在酝酿之中，他自己，以及另外一些曾经站在王敦对立面的人，十有八九将会成为牺牲品。

如今的朝堂上能倚重的也就是戴渊和周顗了，如果他们被王敦除掉，司马睿就真成了孤家寡人。为了阻止王敦发动政治清洗，也为了保住皇位，司马睿决定再一次向王敦低头，派人带着诏书到石头城册封王敦为丞相。当初为了击败王敦，司马睿发布诏令，声称谁能杀死王敦，官封五千户侯。作为对司马睿的回击和羞辱，睚眦必报的王敦拒绝接受诏令，但是自封丞相、万户侯。

随后，清洗开始了。碍于戴渊和周顗的声望，王敦动手之前有些顾忌，事先征询了王导的意见。

“若思和伯仁深得人望，让他们入居中枢，总摄机要，你认为如何？”

王导默然不语。

“把他们贬职吧？”

王导沉默以对。

“既然如此，那就只能杀了他们。”

王导依然无言。

王敦心知肚明地一笑。兄弟之间这么有默契的情况可并不多见。

不久，王敦派遣士兵闯入宫中，强行将周顗和戴渊押往石头城附近的乱石滩处决。囚车经过太庙的时候，周顗大喊：“乱贼王敦，颠覆朝廷，诛杀忠良，神明有知，请诛此贼！”凶狠的大兵以长戟刺其口，血流如注，周顗依然骂声不绝。在周顗和戴渊被处死的同时，王敦派去追击司马睿心腹的杀手也回到了石头城——刘隗跑得快，逃到了石勒的后赵，但其他人就没有那么好运了。司马睿悲怒交加，却不敢公然对王敦流露出丝毫不满，只能暗中派人除掉那些杀手，以解心头之恨。

周顗和戴渊被处决之后，王导再一次来到了石头城，随后，王敦的堂弟王彬也来了。王彬是乘船而来的，上岸之后先到乱石滩上哭祭周顗，然后才入城见王敦。王敦见他容色悲哀，双眼红肿，问他为何而哭。

王彬说：“刚去祭拜了伯仁。”

王敦说：“伯仁是自己找死，况且他一直把你当成普通人看待，你为他哭什么？”

“伯仁宅心仁厚，也是你的朋友，你却对他下毒手，所以我为他惋惜。”说着，王彬声泪俱下地痛责王敦，“哥哥你兴兵犯上，残杀忠良，图谋不轨，我们家族将来都会因为你灭门！”

王敦狂怒：“你是疯了吗？怕不怕我杀了你！”

王导赶快出来打圆场，让王彬跪下赔罪。王彬对王导也没有好脸色，冷冷地说：“从得了足疾后，我就再也不行跪拜之礼，连天子我都不跪，凭什么给他下跪！”

王敦怒道：“脚疼总比脖子疼好吧！”

王彬冷笑，拂袖而去。

12 傀儡皇帝临终设局

控制住建康的局势之后，王敦迫使司马睿颁布诏书，命令甘卓、陶侃、司马承偃甲休兵。如此一来，眼前的军事威胁就解除了，可这还不够，王敦还要做一件大事——废除太子司马绍。

司马绍的母亲荀氏是燕代人。燕代大致位于今天的河北省北部、山西省北部，以及东北地区南部，是鲜卑人的势力范围。鲜卑人的体貌特征比较特别，须发呈黄色。不知道是因为荀氏本身就是鲜卑人，还是因为她有鲜卑人的血统，司马绍的外貌有些特别，和鲜卑人比较像，王敦就在背后蔑称他是“黄头鲜卑奴”。

司马绍的性格刚强英武，与其父司马睿截然相反。朝廷军队在石头城下被王敦击败之后，司马睿困坐愁城，一筹莫展。司马绍极为愤怒，披甲上马，要率领侍卫与叛军决一死战。温峤认为这样做于事无补，拔剑斩断了马缰，极力劝阻，好不容易才让他打消与王敦拼命的念头。在王敦看来，司马绍太扎手，不容易控制，为了防患于未然，最好是现在就把他废掉。战后不久，王敦再次将百官召集到石头城，商议废太子之事。

关于此次会议的记载，《世说新语》与《晋书》的记载略有出入。

《世说新语》的说法是这样的：王敦打算以不孝之罪废除司马绍的太子之位，召开会议当天，王敦一件件地数落司马绍的不孝罪状，还说：“这是温峤告诉我的，他曾经在太子手下任职，后来到我手下担任司马，所以我对这一切很清楚。”过了一会儿，温峤来了，王敦正襟危坐，带着暗示性的口气问道：“太子为人如何？”温峤答道：“小人无法揣测君子。”王敦严厉地问：“太子哪里好？”温峤说：“太子深谋远虑，钩沉致远，这不是我等凡人所了解的，但是他按照礼节侍奉双亲，在孝这一方面没有问题。”

《晋书》的说法是这样的：王敦大会百官，声色俱厉地问道：“太子有何德可言？”温峤从容不迫地说：“太子深谋远虑，钩沉致远，这不是我等凡人所能理解的，但是他按照礼节侍奉双亲，在孝这一方面没有问题。”

温峤确实在王敦手下当过司马，但那是司马绍称帝以后的事。所以，我们在这里以《晋书》的说法为准。

按照《晋书》的记载，温峤提出反对意见后，百官纷纷随声附和，王敦于是打消了废太子的念头。

仅看这简短的记载，我们难免有疑问：温峤为什么帮太子说话？难道因为温峤一句话，王敦就放弃了废太子的念头？

温峤的玩心很重，是个童心未泯的大顽童，一辈子总是嘻嘻哈哈，难得正经一回。可一旦他正经起来，就总是能做出让人侧目的事，比如当初他受刘琨的委托来江东劝进，在朝堂上慷慨激昂的那一番演说，就让百官为之心折。

东晋王朝的权力运作模式是门阀政治，国家是门阀与皇帝共治。温峤对这一点看得很清楚，王敦起兵初期，他就曾经在公开场合说王敦这样做并不过分，司马睿也有错——没有处理好与门阀的关系，以至于授人以柄（司马睿为了组建军队，抢夺门阀大族的奴仆充军，王敦起兵的旗号之一就是维护门阀大族的利益）。他在关键时刻替司马绍说话，原因有两方面：其一，他是司马绍的好朋友；其二，他对时局洞若观火。

温峤很清楚东晋权力运作模式的关键所在——平衡，即门阀内部的平衡，以及门阀与皇权之间的平衡。虽然门阀内部和门阀与皇权之间的绝对平衡不可能存在，难免会出现此消彼长的情况，但是整体上的脆弱平衡是不能破坏的。如果现在任由王敦废太子，连皇位继承人都由王敦指定，那王敦跟皇帝还有什么区别？谁又知道你王某人独揽大权之后还会干出什么事！

温峤看到了问题的关键所在，其他人也能看出来，所以温峤一发言，众人立刻随声附和。大家的意思很明显——王敦你是打着清君侧的旗号而来，君侧已经清了，你也该收手了，废立大事可不是你一个人说了算。

大家跟着温峤一表态，王敦就知道废太子不可能了，如今他唯一能做的，就是尽量扩充王家的势力。在他的安排下，王导重新入居中枢，执掌机要，他的几个信得过的兄弟也都被安排到了重要的职位上，分别控制扬州、荆州、徐州、湘州、江州等军事要冲。此外，王敦还对朝廷的征兵权限设定限制，要求朝廷按月汇报禁军的兵力变动情况。

布置好这一切，王敦收剑归鞘，耀武扬威地返回大本营武昌。从兵戎相见直到班师回营的这段时间里，王敦一直停留在石头城，始终没有到近在咫尺的建康见司马睿一面，所有的事务都是通过他人代为转达。回到武昌，席不暇暖，他就对司马承和甘卓发动了残酷的报复。

为了确保大本营的安全，王敦控制建康不久，就迫使司马睿命令司马承、甘卓和陶侃放弃抵抗。当时，陶侃的军队正在半路上，接到停战诏书就掉头返回广州；甘卓原先就战意不坚，见到诏书也决定班师回营；司马承却战斗到了最后一刻，始终没有屈服。

在铁骨铮铮的虞悝手里，叛军吃了不少苦头，破城之后，他们做的第一件事就是屠灭虞家。虞家子弟跪在虞悝面前号啕大哭，虞悝坦然无畏地接受了这个结果，留下了一句掷地有声的遗言："人都有一死，我们虞家都是忠义之魂，何憾之有！"此后，司马承被扔进囚车里押赴武昌，途中被杀。

如果当初甘卓果断一些，攻占王敦的大本营，司马承和虞悝或许就不会惨遭屠戮，建康手无寸铁的老百姓或许就不会惨遭叛军的杀掠。对于东晋建国以来的第一次内战，甘卓负有不可推卸的责任，但他也并非一无是处。

很多人一说到东晋，津津乐道的就是魏晋风度、名士风流。没错，那个时代是以风度和风流著称，但这只跟门阀士族有关，对于东晋的下层草民，门阀士族的压迫是很刻薄的。如果你是一个草民，而不是门阀士族出身，那就等着受苦吧，哪还有什么闲心谈论风度风流？你能拥有的，基本上也就是巴掌大的一块地和几间四面透风的小草房，而这在下层社会已经算是生活条件比较好的了。你推开门一看，外面都是物产丰富的山野湖泽，但都是有主的。比如，你到被门阀大族据为己有的湖泊里钓了一条鱼，哪怕只是一条小泥鳅，他们会先没收你的渔具，再把你关起来毒打一顿，然后就是等你家里来赎人，代价是十匹布。且不说一个普通的家庭能不能负担起十匹布，就算砸锅卖铁凑够了，那也和破产没什么区别了。

在对待下层百姓这一点上，甘卓很不一样。他出身大族，又是地方大员，但镇守襄阳期间，他善待民生，开放山野湖泽，屡次赈济贫民，深得民心。如果生在太平年代，他应该是一个可以造福一方的好官员。可惜他生不逢时，一次次被卷入深不见底的权力斗争的旋涡中，因他的优柔寡断而一步走错步步错。事实上，接到朝廷的罢兵命令时，他还有击败王敦的机会。乐道融苦苦相劝，可他再次错失良机。乐道融忧愤交加，不久撒手人寰。虽然甘卓撤退了，但王敦已经被他的反复无常吓怕了。回到武昌，王敦暗中收买了甘卓的部下，唆使他们刺杀甘卓于卧室之中，并杀光了甘卓的儿子。

到这里，王敦第一次叛乱的故事就说完了。在东晋历史上，这是第一次内战，既是藩镇与朝廷之争，也是门阀与皇权之争。

门阀士族形成于汉末，并非东晋所独有，作为西晋创立者的司马家族本身也是门阀，只是他们的地位凌驾于其他门阀之上，掌握着军政大权。

一个大家族要想昌盛不息，最为基本的一个条件是人丁兴旺。人口基数大，出人才的概率才相对大一些。经过八王之乱，司马氏的宗族子弟被摧折殆尽，缺乏足够的人才占据机枢要冲；司马睿只是皇族疏亲，政治影响力微乎其微。永嘉之乱过后，北方士族大量南迁，虽然南北士族互相敌视，但为了防备胡人渡江南下，他们也急需联手抗敌。司马氏的势力虽然此时江河日下，但也是正统政权的象征，这块金字招牌是其他士族难以取代的，所以在南北士族的共同妥协下，撞了大运的司马睿登上了帝位。但金光灿灿的皇位只是一个装饰品，司马睿是依靠士族的支持才登上皇帝宝座的，军政大权不落到士族手里才怪。

为了重振皇权，司马睿登基之后重用刘隗等亲信，推行了一系列打压门阀士族的措施，这就是东晋历史上著名的“刻碎之政”。什么叫“刻碎之政”呢？这跟王导有关。

东晋开国初期，依赖于把持军权的王敦，王导顺利地掌握了内政决策权。往好听了说，王导的为政措施是施政以宽、无为而治；往不好听了说，就是姑息纵容，对作奸犯科的门阀士族睁一只眼闭一只眼。说到这里，我们应该就能明白“刻碎”这两个字的含义了。顾名思义，刻，就是刻薄。因为司马睿推崇的是法家的为政理念，相对于门阀士族，王导当然会认为司马睿的为政理念很刻薄；碎，就是零碎、不成系统。因为司马睿忌惮王敦，不敢全盘推翻王导的为政举措，只能在有限的范围内修修补补。比如，司马睿屡次声明要以法治国、整饬吏治、抑制豪强，可他根本不敢触及门阀士族的根本利益，只能做一些小改动。

即使是零敲碎打，门阀士族也是很反感的。就是在这样的背景下，王敦打着清君侧的旗号顺流东进，门阀士族也对兴兵犯上的王敦普遍采取了默许的态度，不愿意献计献策，也不愿意出兵出粮，巴不得有人出头敲打一下不知天高地厚的司马睿，致使司马睿重振皇权的努力和梦想烟消云散。

随着以司马睿为首的帝党势力的垮台，王导重新回到了政治中心。虽然他为政宽纵，以维护南北门阀的相安无事为第一要务，视其他事务为旁枝末节，但这并不代表他对其他事务一无所知。事实上，政治中枢往来的一切公文和奏折他都会亲自过目，上至国家大政方针的制定，下至基层官员的任免，他都了然于心。

重回中枢后的一天，王导从档案处调来过去几个月的公文和奏折，想看看在自己被司马睿疏远的那段时间里，有没有发生什么需要特别注意的事件。忽然，一封笔迹很熟悉的奏折进入了他的视线，凭借直觉，他马上就认出那是周顗的笔迹。他痛恨周顗，至今依然认为周顗死不足惜，可他还是鬼使神差地拿起了这封奏折。一看开头，他立刻如雷轰顶，读完散发着淡淡霉味的奏折，他泪如雨下：“我不杀伯仁，伯仁因我而死，幽冥之中，负此良友。”

这份奏折的内容是周顗给王导求情，请求司马睿念在王导辅政多年的分儿上，赦免王导及其族人，不要因为王敦而牵连无辜。奏折的呈交时间，恰恰是在王导被赦免的前一天，也就是王导在宫门前求周顗代为进言，而周顗漠然视之的那一天。

周顗当天进宫的目的，就是为了给王导求情，而且在此之前，他已经多次给司马睿进言。当天他对王导不理不睬，是因为王导的处境太敏感，皇宫内外到处都是司马睿的眼线，一旦司马睿知道他与王导有过接触，难免会以为他们通过气。所以，周顗不理睬王导是个明智的选择。那天下午进宫之后，他与司马睿谈了很久，还喝了一些酒，所以出宫的时候酒气醺醺。可他没有醉，经过王导身边时说那句杀气腾腾的话也只是为了避嫌。当晚，回到家里，他又写了一份奏折——也就是王导看到的这个奏折——请求司马睿赦免王导。然而除了司马睿，其他人并不知道这一切，从始至终，周顗也没有给别人提过这件事。

周顗搭救王导，是看在朋友一场，就算他不搭救，那也说得过去，这不是他的义务。王导好歹也是搞政治的，是干大事的人，心胸应该比普通人开阔，可是在处置周顗这件事上，他实在是做得不光彩，说卑鄙可能有点儿过分，但至少是很没品。他有难的时候，周顗以明智的沉默救了他的命，周顗有难的时候，他却以阴暗的沉默要了周顗的命。

周顗死后半年多，自王敦叛乱之后形同傀儡的司马睿也走到了人生尽头。

一般来说，开国皇帝就是一个新王朝的设计者，他铺设什么样的轨道，后人基本上就沿着什么轨道走。整个东晋时代，皇权一直处于弱势，受制于门阀，这就与司马睿有很大的关系。

经营江东的这些年里，司马睿的实力确实比较弱，但并不是没有翻盘的机会。中国历史上的开国之君大多数都是马上皇帝，在军界很有声望，比如刘邦、刘秀、曹操、刘备、刘渊、石勒、慕容垂……这些人上过战场，出生入死，能压住场。杜弢之乱期间，王敦无力平乱，焦头烂额，亲信建议司马睿亲临前线，身冒矢石，在军中立威，趁机取代王敦，收归军权，可司马睿不以为然，终于使军权被王敦鲸吞蚕食。

从登基称帝直到去世，司马睿只是在建康附近举办过几次虚张声势的阅兵仪式，致使兵不识帝，帝不识兵。对于前线士卒来说，不出深宫内苑的司马睿只是一个虚无缥缈的传说，并不像大将军王敦那样真切可感。司马睿有统揽大权的想法，但碍于严峻的局势和个人能力，直到去世，他都没有实现梦想，致使门阀的势力逐日稳固，形成了尾大不掉的局面。而门阀政治一旦形成，变成基本国策，后来人再想进行改动就千难万难了。

当然，我们做这些总结是站在后来人的立场上，站在司马睿的立场上来看，该做的他已经做了，该尽的力他已经尽了，一代人只能做一代人的事，后世的事会怎么样，那就交给后世人去解决吧。为了防备王敦再次图谋不轨，临终之时，司马睿用尽最后一滴心血设了一个局，至于这个局有没有用，只有天知道。

这个局，就是任命王导为辅政大臣。

13　司马绍的反击

东晋的军权大权归于王敦，内政本来就操持在王导手里，如今再委任他为辅政大臣，如果他策应于内，王敦起兵于外，琅琊王家岂不是不费吹灰之力就能颠覆东晋?

表面上看是这样，但实际上没这么简单。

东晋的国体是门阀与皇帝共治，可以允许门阀内部出现一超多强的格局。如果王敦、王导里应外合，推倒司马氏那就是冒天下之大不韪，得问问其他门阀能不能答应。司马睿担心琅琊王家篡位，其他人也有这样的顾虑；司马睿没有实力阻止，但其他人有。所以，司马睿任命王导为辅政大臣，表面上是给琅琊王家篡位大开方便之门，实际上是把这个家族推到如履薄冰的敏感境地，变相地加强了监管。

此外，就重要性而言，百官自然以王敦的权焰最为炙人，按常理，王敦也应该成为辅政大臣之一。司马睿用王导而略王敦，不排除也有孤立分化之意。

司马睿驾崩的第二天，二十四岁的司马绍登基，大赦天下，时为太宁元年（323年）正月。

司马绍幼年时代以聪慧闻名，深受司马睿的宠爱。长大成人之后，父子之情却日渐乖离。因为司马绍的性格刚强果敢，雷厉风行，与其父的低调隐忍迥然相异。由于对司马绍的厌恶，司马睿一度产生过另立储君的念头，草拟了废太子的诏书，并征询了王导的意见。王导认为，司马绍是长子，也没有什么过失，是继承帝位的最佳人选，不应该无缘无故被废。司马睿说服不了王导，气狠狠地把诏书摔到地上，打消了废太子的念头。然而，被王敦活活气死的司马睿想不到的是，就是这个他看不上的儿子，在未来将会消灭王敦，为他报仇雪恨。

司马绍与王敦的第一轮交手，是因为司马睿的谥号和庙号问题。根据皇家礼制，开国皇帝的谥号和庙号应该为祖或宗——有功称祖，有德称宗。王敦没有出席司马睿的葬礼，只是派来了一个吊唁使者，委托使者转达了自己的意思，司马睿既没有功也没有德，配不上祖或宗的称号。

宫城当中有王敦的眼线和追随者，但这只是少数人，对飞扬跋扈的王敦，大多数人的态度是警惕和敌视。于是，百官集体出面，给远在武昌的王敦发送了一封书信，说司马睿建立了中兴基业，功德兼备，应该进入太庙享受祭祀，谥号元皇帝，庙号中宗；又说这是百官的集体决定，因为急于处理丧事，时间紧迫，所以没有来得及请示王敦的意见。

仅仅看信件本身，这是百官商议的结果，可加封谥号和庙号这么重要的事，不经由司马绍首肯是不可能的。王敦明白这一切背后的玄机，但他抓不住司马绍的把柄，只好同意朝廷的安排。

第一轮交手，司马绍获胜，但他没有因此而掉以轻心，因为他知道这只是一次小小的政治上的胜利，王敦绝不会善罢甘休，而自己的任何疏失，都有可能成为王敦举兵向阙的借口。

登基之后，司马绍收起从前锋芒外露的棱角，他低调沉默、谨言慎行，推行以稳健为主的政策，对琅琊王家和其他门阀大族一视同仁，既没有刻意拉拢哪一方，也没有故意打压哪一方。

司马绍越是不动声色，王敦就越焦虑。他知道司马绍肯定不甘心当傀儡，可他不知道沉默的敌人在寂静的宫廷里策划什么，就连内应也无法提供准确的情报。建康与武昌相隔千里，如果建康突然有变，武昌方面难免会因为消息滞后而陷入被动。为了加强对建康的控制和防范，司马绍登基两个多月后，王敦授意内应递交奏折，请朝廷征召他入朝。

拆开信函，看完奏折，年轻的司马绍把它放在案头上，久久不语，默默计算着批准或者否决这份奏折将会引发的种种可能。奏折的内容是王敦本人的意思，这一点毋庸置疑。以王敦的实力和饕餮无度的权欲，如果征召他入朝，他必定会独断专行，自己则必然会沦为形同虚设的虚君；可是，如果否决奏折，不肯善罢甘休的王敦必然会死缠烂打……到底该怎么做呢？司马绍几次提笔，又几次放下。思考良久，他以一个坚定沉稳的姿态拿起笔，亲自拟定了一份诏书。

几天之后，诏书被送到了武昌——司马绍同意征召王敦入朝，并授予他黄钺（以黄金为饰的斧头）、班剑（雕饰精美的一种木剑），允许他奏事不名（奏事不用通名）、入朝不趋（上朝不必小跑）、剑履上殿（可以佩剑着履上殿）。凡此种种，都是为臣者所能享有的最高待遇。

司马绍表达了“盼望”王敦入朝辅政的“诚意”，王敦来不来，那就是他自己的事了。

王敦曾是个不惜命的豪迈男儿，也有过属于自己的热血时代，可那是二十多年前的事，那个虽千万人吾往矣的王敦已经“死”了。如今的王敦，只是一个贪权、恋栈、惜命的权臣。其实，他根本没有入朝辅政的打算，甚至连建康城都不愿踏入一步。因为他认为建康太危险，很容易遭到敌人的暗算，只有留在铠甲如雪、枪戟如林的军营里，他才有安全感。几个月前，他离开石头城，启程返回武昌的时候，一个高参就因建议他临行前到建康朝见一次司马睿，而触动了他的雷霆之怒。王敦痛斥这个高参缺乏安全意识，不知道为统帅的安全着想。

即使是面对首鼠两端的司马睿，王敦尚且有所顾忌，不敢贸然入京，何况这一次的对手是城府比司马睿更深、勇气比司马睿更大的司马绍！他唆使内应奏请朝廷征召他入朝，真正的用意，是打算把军营迁移到建康附近，以便于近距离地威慑司马绍。

三月，王敦扬帆入江，率领浩浩荡荡的舰队顺江而下。随着王敦的日益临近，司马绍的心弦一天天地绷紧了。他批准王敦入朝是猜测对手不敢真的入京，可这仅仅是一种猜测，如果事态的发展与预料的相反，那一切就麻烦了。

姑孰（今安徽当涂），位于建康西侧，离建康不到二百里。走到这里，舰队停下了，王敦把军府设置在姑孰，命令军队驻扎在姑孰附近的于湖，然后通报朝廷，声称自己病体不适，需要休养，暂时不能入京。为了探听虚实，司马绍派人以犒军为名来到姑孰，但王敦没有接见使者，理由依然是有恙在身。

王敦不敢来建康，这对司马绍而言就是一个好消息。接下来他要做的就是尽可能地拖延时间，稳住王敦，尽快筹备兵力，以防备对手突然发难。司马绍能利用的军事力量有哪些呢?

首先是门阀大族的私兵。如果能把这些私兵全部调动起来，未尝不能组建一支强军。可是门阀大族目前对王敦只是警惕，而非敌视，除非王敦真有僭越之举，或者侵害到他们的利益，否则他们不会贸然出手。

其次是禁军。王敦第一次叛乱期间，这支军队遭到了毁灭性的重击，事后王敦也对朝廷的征兵权设定了严格的限制。此时距离王敦第一次叛乱才过了一年多，元气大伤的禁军显然很难派上用场。

面前是凶猛狡诈的敌人，背后是袖手旁观的队友，手里是破铜烂铁一般的武器。司马绍苦闷、惶恐、煎熬、恐惧，但表面上依然镇定、不动声色。幸而有温峤和庾亮，他才不至于太孤单。

关于温峤的来历，前文已述，这里介绍一下庾亮的来头。

庾亮，祖籍颍川鄢陵（今河南鄢陵）。庾家祖上门庭寒微，默默无闻，直到东汉末年，随着一个虚心向学的奇才出现，才改变了庾家无人才的局面。此人原先是个贫寒的守门人，一个偶然的机会得到了声名显赫的大儒的提点，自此埋头苦读，门庭才有起色，庾家以儒学传家也正是由此开始。曹魏时代，庾家先辈进入政坛，但只是逗留于边缘。魏晋易代之际，庾家抓住改朝换代的机会，依靠几次成功的政治投机，终于进入权力中心。

西晋上层社会盛行玄学老庄，抱守传统的儒学而不与时俱进就是落伍，以儒学传家的庾家混迹上层社会，自然不能免俗，不过他们没有抛弃儒学，而是儒玄并重。准确地说，是外玄内儒。八王之乱期间，政治斗争不断，立场稍有失误就难免惨遭杀身灭门之祸。为了苟全性命于乱世，庾家有意识地离开了权力风暴的旋涡，消极避世，自此宗族飘零，门庭势力大不如前，这一点与选择攀附权贵、趁乱经营家族势力的琅琊王家大为不同。

庾亮的少年时代在北方度过。永嘉初年，他随同被派到扬州会稽郡为官的父亲渡江南下，来到了风土人情与故乡迥异的南方。其后，司马睿与王导南下经营江东，征召庾亮的父亲入职军事部门，有衰落之势的庾家因此迎来了复兴门楣的机会。

庾家的家风——外玄内儒——在庾亮的性格当中打下了深深的烙印。魏晋名士喜欢坐而论道，不拘礼节，放浪形骸。庾亮善于清谈，与精于此道的高手相比也毫不逊色。但他注重礼节，为人严肃庄重，一举手一投足都合乎圣人的教诲。因为这一点，很多人不敢在他面前造次。此外，庾亮还有一个特点——英俊。不是一般的英俊，是那种连男人都心折的英俊，司马睿与他初次见面的时候，就曾经为他的形象而目眩神迷。

司马绍还是太子的时候，就与温峤、庾亮建立了很好的私人交情。温峤在江东没有实力雄厚的门阀背景，庾亮有点背景，但背景太弱。可就是这样的两个人，王敦也不能放心。

为了彻底孤立司马绍，王敦把军府迁移到姑孰不久，要求温峤到他麾下任职。温峤曾经当众驳斥过王敦，以王敦睚眦必报的性格，温峤到他手下恐怕是凶多吉少。司马绍颇为不满，但暂时只能忍气吞声。温峤当年跟随刘琨在北方抗击胡人的时候，在匈奴人、拓跋鲜卑和段氏鲜卑之间纵横捭阖，出生入死，这么一点儿小风浪又算得了什么？所以，温峤倒是没有那么多顾虑。

温峤走后不久，司马绍派遣庾亮以商谈国事为由到姑孰拜见王敦。关于此次会面，史书记载很有戏剧色彩：一开始，王敦没有把庾亮当一回事。随着会谈的深入，他居然被对方的形象和气质迷得心旌摇曳。当会谈结束，王敦忽然发现，自己在不知不觉中居然把席位移到了庾亮身边。庾亮回到建康后，王敦上了一道奏文，请司马绍重用庾亮，掌管禁军。

这件事看起来匪夷所思，然而以王敦的性格，做出这样的事并不为奇。因为，他不是老谋深算的阴谋家，而是一个予取予求的骄横狂徒，他做事依靠的往往不是滴水不漏的周密计划，而是一时的心血来潮。

王敦要求重用庾亮，有意扶持庾亮的司马绍正好顺水推舟，把禁军交给庾亮掌管。

太宁元年（323年）六月六日，司马绍册封庾亮的妹妹庾文君为皇后，并于当天任命庾亮为中书监——表面上是协助王导处理政务，实际上是分割王导的权力。

新皇要向王家动手了吗？发布人事任命的那一刻，心照不宣的百官交换着狐疑的眼神。站在百官前列的王导和庾亮，同时敏锐地感受到了身后细微而清晰的骚动。王导不动声色，若无其事地接受了这个结果。庾亮却有些不安，尤其是一想到王敦那双白多黑少、眼角线条锐利如刀的眼睛，他更是不寒而栗。

册封大典结束后，百官按照官职高低排成长队，鱼贯出宫。庾亮走出宫门，面前就是南北向的七里长的御街，他眼角的余光瞥见身边的王导，分外尴尬，感觉七里长的御街似乎一直走不到尽头。回到家里，他快步进入书房，挠神苦思，写了一封五六百字的奏折，用了百八十个字简单回顾了一下家世，感谢皇帝对他青睐有加。然后笔锋一转，围绕着受非分之福必有非分之祸的道理展开论述，结合两汉和西晋的历史，指出了倚重外戚的危害，请司马绍收回成命，不然不但庾家宗族难保，对朝廷也危害甚大。

庾亮说了这么多，总而言之就是一句话——庾家不愿意卷入皇族与琅琊王家的权力纷争。司马绍不太高兴，却也没有强人所难，但他没料到庾亮的胆子比他想象的还小。没过几天，庾亮又呈交了一封奏折，声称身体不适，请求暂时离职休养。

温峤走了，庾亮不愿意合作，司马绍真的成了孤家寡人。其实，办法还是有的，只是风险太大。

庾亮辞官不久的某天，五十四岁的郗鉴忽然接到了入宫面圣的诏令。

郗鉴是高平金乡人（今山东金乡），祖上早在汉代就是儒学大师。郗鉴本人对此颇为自豪，身处玄学风靡的时代依然不改家风。永嘉之乱过后，他率领宗族乡人数千家，以邹山（今山东邹城峄山）为根据地，与羯人石勒苦苦周旋十几年。直到祖逖去世，北方的抗胡前线垮塌，他才放弃邹山，率众南下。

江北的各路抗胡势力主要分布在黄河和长江之间，只是名义上属于东晋，事实上都拥有很大的自主权。有赖于他们在江北的奋战，东晋才得以在江南自成一体，可是朝廷并不信任他们，唯恐他们恃功反噬，防范得很严格。流民军以及流民帅不得擅自过江，有一个流民帅就曾经因为不知深浅，贸然过江，惨遭杀身之祸。

郗鉴虽然也是流民帅，但他出身名门，与一般的出身寒微的流民帅不同，有进入政治中心所需的门阀背景。为此，王敦发动第一次叛乱前夕，朝廷曾有过征调郗鉴南下的意图，但因为司马睿的犹豫不决，此议最终未能施行。第一次内战结束后，羽翼被剪除的司马睿需要扩充实力以制衡王敦，这才征召郗鉴入朝为官，让他担任领军将军，掌管一部分禁军，负责保卫皇帝的人身安全。但司马睿对郗鉴并不是完全信任，只是命令他孤身入朝，他的军队则被安排驻扎在江北的合肥。

一般情况下，担任领军将军的都是皇帝的亲信。郗鉴此前与司马睿没有太多的接触，知道自己不具备担此大任的资格，也明白司马睿与王敦关系的复杂。抵达建康之后，他委婉请辞，拒绝接受任命，又以身体不适为由，请求静养。

东晋时代是中国古典文化的转变期，传统的儒学价值体系土崩瓦解，玄学老庄大行其道，高层人士的忠君观念普遍比较淡薄，以儒学传家的郗鉴却始终恪守着古老而不合时宜的忠君观念。对飞扬跋扈的王敦，他在内心深处是极为敌视的，但朝廷半信半疑的态度让他不敢贸然表态。他是一把剑，一把朴拙而锋利的古剑，要想让他发挥摧毁王敦的威力，就需要一个合适的御剑人。被王敦三拳两脚就打得倒地不起的司马睿显然不是合适的人选，但初生牛犊不怕虎的司马绍具备御剑的胆量。司马睿在世期间，曾经派遣司马绍镇守江北的军事重镇，以防备流民军过江，所以司马绍与流民军是有过接触的，这段军旅生涯也为他提供了援引流民军入卫建康的契机。

司马绍的老师说过，郗鉴是个很有特点的人：对皇室忠诚耿直，却喜欢属下阿谀奉承；重视操守，廉洁奉公，却对钱财斤斤计较；博览群书，手不释卷，却讨厌别人做学问。召见郗鉴之前，司马绍做足了准备工作，详细了解了对方的背景、来历以及个人特点，接见郗鉴的过程中也很注意措辞和礼节，并坦诚地表达了内心的期许——希望郗鉴回到江北，整合各路流民军，合力消灭欺君犯上的王敦。郗鉴当场接受了司马绍的委托，随后离开建康，渡江北上，来到了部属所在的合肥，并暗中联络其他流民帅，共商讨逆大计。

夏季快结束的时候，郗鉴出镇合肥的消息传到了姑孰。流民军在江北与胡人奋战多年，丰富的战斗经验和强悍的战斗力绝不是不堪一击的禁军所能比的，如果是和这样的敌人对战，作战难度一下就提高了。王敦闻讯大惊，火速派人奔赴建康，向司马绍施压，迫使他征调郗鉴回朝担任虚职，并安排兄长王含代替郗鉴统一节制流民军。

江北的流民军鱼龙混杂，势力繁多。郗鉴外镇合肥的时间并没有多长，但他至少搞清了一个关键性的问题——流民军当中有哪些势力可以为朝廷所用。在返回建康的途中，郗鉴还做了一件奇怪的事——到姑孰拜访王敦。

14　二次内战

从人身安全的角度考虑，拜访王敦等于自投虎口。而且，经由姑孰返回建康也不是最短路线。之所以如此安排，郗鉴的真实目的应该是以身犯险，实地窥探王敦的虚实。

姑孰会面的这一年，郗鉴五十四岁，王敦五十七岁。两人年纪相仿，都经历过烽火连城的三国鼎立、海内一统的西晋、血流成河的八王之乱、天崩地裂的永嘉之乱……回忆起这一生经历的国家变局与个人命运的浮沉，两个人都不胜唏嘘，但这并非会谈主题，试探郗鉴的政治立场才是王敦的主旨所在。聊过前尘往事，王敦旁敲侧击地切入主题，就才与德的问题征询了郗鉴的看法。郗鉴听出了弦外之音，不假辞色地表示自己将忠于朝廷，绝不会党同奸佞。

会谈就此结束，心情很不愉快的王敦离席而去，命令卫士将郗鉴押入大牢。高参建议王敦趁机除掉郗鉴，以去后患，但他认为郗鉴德高望重，杀之不妥，把郗鉴关押了几天就放了。

郗鉴回到建康的时间大概是深秋。南归的大雁在皇宫上空盘旋长啸，皇城的大门打开了，胸有成竹的郗鉴缓缓走进皇宫，见到了一脸期盼的司马绍。

郗鉴是地道的北人，有很重的鲁西南口音。自从晋室南迁，为了赢得江东士族的好感和支持，以王导为首的北方门阀纷纷改学吴语，像郗鉴这种一口北音的朝臣少之又少。在空旷阴郁的皇宫里，这种地方口音很重的北语听起来有些突兀。对于急需外援的司马绍，其中却蕴含着一种令人安心的力量。

关于江北的流民帅，郗鉴重点提到了两个人——苏峻、刘遐。

苏峻，长广郡掖县（今山东莱州）人，原本为一介书生，是西晋治下的一个小吏。虽然苏峻整天和尺牍文墨打交道，但他更喜欢舞刀弄剑，胸中藏着呼啸疆场的梦想。永嘉之乱过后，西晋原先的行政体系被摧毁，北地风雨飘摇，苏峻集结乡人数百家，组建了一支义军，与胡人抗战多年。其后，随着祖逖的去世，北方局势恶化，他率领军队走海路南下，打算投奔东晋。司马睿唯恐这支军队过江后难以管束，派人带着诏书北上，赐予苏峻鹰扬将军的头衔，命令他驻守广陵（今江苏扬州），不得越江半步。

王敦第一次叛乱期间，司马睿曾经征召苏峻南下勤王，但苏峻迟迟按兵不动。根据史书的记载，苏峻拒绝南下勤王，是因为出征前占卜的卦象为凶。这是原因之一，但并非主要原因。正如王敦眼里的朝廷军不值一提，苏峻眼里的王敦同样不堪一击，他有足够的信心击败王敦。他之所以拒绝朝廷的征召，主要是因为朝廷对流民军的态度首鼠两端，而且他本人对朝廷谈不上有什么忠诚。他可以为朝廷效力，但这是一笔买卖，朝廷必须给予相应的回报。司马睿想利用他平乱，却不给予实质性的回报，这才是他迟徊不进、犹疑观望的主要原因。

刘遐，广平易阳（今河北永年）人，岳父是精忠报国的邵续。邵续为西晋末年民族英雄，曾在北方组建义军与石勒对抗多年，后兵败被俘，被石勒杀死。刘遐与由文入武的苏峻不同，早年间是征战沙场的武将，弓马娴熟，冲锋陷阵时总是身先士卒，被时人比为关羽、张飞。或许是受到了邵续的影响，刘遐虽然也有些野性，但他对朝廷比较认同，不像苏峻那样桀骜不驯。

听完郗鉴的汇报，司马绍沉思许久，神色凝重地点点头，叮嘱郗鉴务必保密，不可将与苏峻、刘遐相关的信息外泄，尤其是不能让王导知道。

烈焰飞腾的炉火中，两把利剑绽放着锋利而令人不安的暗红色光芒。御剑人小心翼翼地伸出手，握住了剑柄。

司马绍有两把剑——苏峻、刘遐，王敦也有两把剑——沈充、钱凤。

沈充，扬州吴兴郡人，江东士族当中，他的家族实力是数一数二的。要说财力，沈家富可敌国，富得可以自行铸造货币。要说兵力，沈家有强大的私兵。前文已述，江东士族可以分为两类，即文化大宗和武力门阀，而在后者当中，武力最为强盛的就是周家和沈家。要说才学，沈充也是文采风流之辈，曾经自作七首流传甚广的《前溪曲》。要说为人，沈充一诺千金，重义轻生。可惜，这样一个人却选择了追随王敦。王敦第一次叛乱期间，就曾派沈充在三吴地区发动叛乱，以截断三吴与国都之间的运粮通道。

钱凤的具体来头不清楚，我们只知道他是沈充的同乡，经由沈充推荐进入王敦的军府充当首席智囊。

在沈充和钱凤的辅佐下，姑孰军府的触手蔓延到了东晋的每一个角落，无论是朝廷官职还是各方贡赋，王敦一律予取予求。

为了堵死朝廷，王敦委任兄长王含为都督扬州江西诸军事，掌管江北军务。堂弟王舒为监荆州沔南诸军事，掌管荆州军务。堂弟王彬为江州刺史，王舒之弟王邃为征北将军，都督青、徐、幽、平四州诸军事。此外，王敦还纵容沈充和钱凤与民争利，大肆抢夺民田民宅，征收高额商税，挖掘古墓，致使怨声载道。

王敦在奔往万丈深渊的路上高歌猛进，司马绍不动声色地观望着，他在等待，等待王敦自寻死路，踏向深渊。

江南的冬天很冷，只是不同于北方，不是干燥的冷，而是潮湿的冷。

太宁元年（323年）冬天的一个晚上，就着烈焰熊熊的炭火，王敦温了几壶好酒，和王允之小酌了几杯。

膝下无子，是王敦一生的憾事。宗族子弟当中，他最宠爱王应和王允之。王应，是他的亲兄弟王含的儿子；王允之，是他的堂弟王舒的儿子。或许与血缘的远近亲疏有关，他把亲侄子王应作为养子，而没有立王允之为嗣。但就个人情感而言，他更喜欢后者，总把王允之带在身边。因为他认为这个堂侄心思机敏，最像少年时代的自己。

王允之年少，不胜酒力，喝了几杯就有些醉意，王敦让他到屏风后的榻上先去歇息。一个人喝酒，很容易勾起伤感的回忆，王敦的思绪正在惆怅的涟漪里一圈圈荡开的时候，钱凤来了。谈及朝廷，略有醉意的王敦胡言乱语了几句，说了一些大逆不道的话，扬言要再次攻打建康，颠覆朝廷。

谈话到一半时，王敦心中咯噔一声，想起了屏风后的王允之。钱凤残忍冷酷，如果告诉他王允之在屏风后面，王允之断无生路可言。王敦这时产生了一丝恻隐之心，钱凤走后，王敦拿着烛台来到了屏风后，只见卧榻上吐得满是秽物，王允之在秽物中睡得昏昏沉沉，刚才的几杯酒显然远远超过了王允之的酒量。王敦暗道一声万幸，长舒了一口气。看眼前的情形，这个孩子并没有听到那些大逆不道的话，如果被他听到了，怎么处置他真是让人揪心。

几天之后，建康传来消息，王允之的父亲王舒即将出任廷尉。王允之以回家探望父亲为由，离开了姑孰。一回到建康，他就把那晚在屏风后所听到的一切告诉了父亲王舒。王舒赶快将此事转告王导，其后与王导一同入宫，将此事呈报给了司马绍。

王允之那天晚上是有些醉意，但没有醉得不省人事，王敦和钱凤在屏风外所说的话，他一字不落地听到了。为了避免杀身之祸，他才佯装沉醉，强行吐了一些秽物，以麻痹王敦和钱凤。

王舒和王导为什么要"大义灭亲"，把王敦和钱凤的密谈内容透露给司马绍呢？王敦的存在固然可以巩固琅琊王家的地位，但他的野心和欲望也容易把琅琊王家推到万劫不复的深渊。王导不愿意看到王敦的覆灭，也不愿意看到王敦挥师东进。

王敦把军府迁移到姑孰的时候，他以身体不适为由，拒绝入朝拜见司马绍，但在太宁元年冬天，他真的病了，身体状况一天不如一天。如果王敦和司马绍只是僵持不下，琅琊王家与朝廷的争端就还有和平解决的可能，可一旦他们打起来，问题就变得棘手了。王导和王舒向朝廷泄密，用意无非是给琅琊王家留一条后路，敦促司马绍想办法牵制王敦，使王敦不敢轻举妄动。

此外，王导向司马绍泄密似乎还有一个目的——借机试探司马绍将从何处调兵压制王敦。司马绍嘉奖了王导和王舒的忠君体国之心，却三缄其口，没有透露关于郗鉴和流民军的只言片语。他已经握紧了铁拳，只是挥拳碾碎王敦的时机还不成熟，依然需要等待。

太宁元年年底，周札的嫂子去世了。王敦第一次叛乱期间，镇守石头城的周札开城投降，事后王敦论功行赏，周家一门有五人封侯，周家因此成了江东士族当中的第一豪门。因此，周家举办葬礼那天，出席葬礼的来宾多达数千人。作为周家族长的周札固然是王敦的追随者，但周家内部也有人忠于朝廷，对于这一股势力，王敦向来很不放心。一山不容二虎，周家势力的膨胀也引起了沈家的敌视。钱凤是沈充的好友，在如何对付周家这个问题上，当然要跟沈充同声相应。于是，在钱凤和沈充的撺掇下，王敦决定消灭周家。次年正月，周家被灭族，罪名是谋反。

至此，王敦终于在作死的道路上迈出了一只脚。周家是名门望族，连这样一个大家族都能被随意屠灭，别的门阀岂能不人人自危？经过此事，在司马绍和王敦之间摇摆不定的中间派终于选定了追随对象。

正式向王敦宣战前，司马绍再次派遣庾亮到姑孰走了一趟。不知道庾亮是否见到了王敦，但他肯定见到了温峤，两个人还一起拜访了占卜大师郭璞。

郭璞在中国历史上以精通风水而闻名，其实他的成就远不止于此，在文学和训诂学方面他都有不俗的成就。关于郭璞神机妙算的故事，《晋书》当中有很多，这些故事有些荒诞不经，但是不妨在这里讲述几个，权当趣闻逸事。

早在永嘉之乱之前，也就是匈奴人刚刚在并州起事的时候，郭璞有一次占卜就预测到神州即将发生前所未有的巨变，异族即将入主中原。

司马睿刚刚南下江东的时候，请郭璞占卜，卦象分别为咸卦和井卦。郭璞说这是吉兆，东北方有一个地方，地名中有个“武”字，那里会出现铜铎。西南方有一个地方，地名中有个“阳”字，那里有一口井会沸腾。果然，几天之后，地方官来报，武晋县有人在田里掘出五枚铜铎，历阳县的一口古井井水沸腾。

司马绍对风水也很感兴趣，有一次他微服出访，看到一处坟墓的选址很奇怪，于是把墓主的家人找来，说你为何把坟墓建在龙角上，这会招来灭族的大祸。墓主的家人说，这是郭璞选的地方，他说这是龙耳，不是龙角，不出三年，将致天子。司马绍大惊，说你家要出天子吗？对方说，不是，郭璞说能把天子招来，还能让天子问句话。

郭璞也是所谓的风流名士，放浪形骸，纵情声色，生活比较混乱。《搜神记》的作者干宝是他的好朋友，曾经劝他节制欲望，不应该放纵自己。郭璞不以为然，说人的寿命和福分都是天注定的，即使尽情享受也享用不尽，何必要节制呢？

温峤和庾亮此次拜访郭璞，首先问的是王敦是否会谋反，郭璞迟疑不语。温峤和庾亮又说，那你给我们测测吉凶吧。郭璞说大吉。离开郭璞家后，温峤和庾亮说，我们问王敦的事，郭璞不回答，这是因为他不敢说。我们为了国家大事测吉凶，郭璞说大吉，说明我们一定能消灭王敦。

言归正传。

太宁二年（324年）春季的一天，病情日渐加重的王敦，在病榻上与钱凤探讨身后事。

时间像一只水蛭，吸干了王敦的精力和野心。病榻上的他像一头枯瘦的老狮子，肌肤呈现出如草木灰般的颜色。

钱凤措辞谨慎地问："如果将军您有什么不测，后事能否托付给王应？"他所说的"不测"就是去世，"后事"就是谋反。

窗外天空湛蓝，大地已经有些许绿意。草木荣枯，一年一轮回，人生荣枯，一生却只有一次。病容枯槁的王敦叹了口气："非常之事，非常人所能为，王应年少，怎么能担当大事？我死之后，解散军队，归顺朝廷，保全门户宗族，这是上策；固守武昌，向朝廷称臣，不废贡献，这是中策；趁我还活着，铤而走险，全力攻打京城，寄希望于侥幸，这是下策。"

钱凤当场不置可否，回到自己的府邸之后对心腹说：王公所谓的下策其实是上策。从此，他开始与沈充一起着手战备事务，打算等王敦去世之后出兵攻打建康。

15 垂死挣扎

丹阳郡，扬州的富庶之地，也是建康所在地。

昏黄的油灯下，看着面前铺开的军事防务图，钱凤和沈充的目光同时落到了这里。被病魔折磨的王敦不知道他们正在暗中谋划颠覆司马氏的政权，但为了控制朝廷、维护宗族门户的利益，他绝不允许朝廷染指丹阳。如此一来，问题集中到了一个点上——由谁出任丹阳尹？

温峤出场了，东晋危如累卵之际，这个天性诙谐的鬼才用一出精彩绝伦的离间计，成功地挽狂澜于既倒。

当初，王敦为了孤立司马绍，调拨温峤到他手下出任司马。温峤到任之后，使尽浑身解数讨好王敦，得到了王敦的信任，并想办法接近钱凤，逢人就夸钱凤非同凡响。当王敦问他该派谁掌管丹阳郡的时候，他说丹阳郡扼守建康咽喉，绝不能落入朝廷手中，必须派一个靠得住的干才接管，人选非钱凤莫属。

王敦很满意，钱凤也很感动，但不愿意上任——他已经做好了控制姑孰军府的准备。王敦的身体状况越来越差，说不定什么时候就突然去世了，如果他掌管丹阳郡期间，王敦突然撒手人寰，这对于他控制军府显然会造成不便。所以，他谢绝了温峤的“好意”，反过来推荐温峤接管丹阳郡。温峤以退为进，苦苦推辞。王敦看他这么忠心，又这么谦让，觉得把丹阳郡交给他没错，坚决要他走马上任，还给他举办了一次欢送宴会。

钱凤比王敦的眼光毒，在欢送宴上，他忽然反应过来了，觉得让温峤接管丹阳郡并不是正确的决定。机敏的温峤嗅到了危险的气息，端着酒杯歪歪斜斜地来到钱凤面前敬酒。不等钱凤端起酒杯，他就一把扯下钱凤的头巾，佯装酒醉，破口大骂："你钱凤算什么东西，我敬酒你竟然不喝！"王敦被温峤的醉态逗乐了，赶快出面劝解。等到酒场散去，即将启程的那一刻，温峤的演技发挥到了巅峰。他泪流满面，依依不舍，几次出门，又几次返回，连王敦也有些被感动了。

温峤走后，钱凤告诉王敦："温峤和朝廷走得很近，把丹阳郡交给他，恐怕所托非人。"

王敦很不高兴："温峤因为酒醉才对你出言不逊，你怎么能因为这点儿小事就在他背后说坏话！"

一身冷汗的温峤回到建康，赶快入宫把钱凤的图谋呈报给朝廷，请司马绍早做准备。局势变得越来越严峻，到了必须选择队列的时刻，静观其变或者左右逢源那一套走不通了。随着温峤的归来，明哲保身的庾亮也加入朝廷阵营，与温峤一道筹划消灭王敦。

听闻温峤回到建康就翻脸不认人，王敦恼怒不堪，拍榻大骂："想不到我竟然会被温峤小儿捉弄！"在给王导的一封书信中，他气愤地写道："温峤才走没几天，就做出这样的事！我要活捉他，拔了他的舌头！"

夏天来了，雷声轰鸣，刺目的闪电撕裂了阴云低沉的长空。

司马绍的使者再次来到了姑孰。病榻前的使者一脸关切，嘘寒问暖，转达了朝廷的慰问之意。王敦却从使者的表情中清清楚楚地看到了一句话——你怎么还不死？

趁着还能爬起来，王敦未经朝廷同意发布了一道诏令，强行任命王应为姑孰集团的接班人。此外，他还强迫司马绍裁撤三分之二的禁军，并诛杀了司马绍的一些心腹。

与此同时，司马绍也在紧锣密鼓地筹备反击。六月，他召见了门阀士族的头面人物，就讨伐王敦一事征求了对方的意见。可能真的是血管里流淌着鲜卑人骁勇好斗的血液吧，得到大家的首肯之后，司马绍微服出访，独自乘坐一匹好马悄悄离开了皇宫。他要去于湖——敌军的大本营所在地，亲自查探敌军的兵力部署情况。

第二天中午，于湖的士兵忽然发现大营外来了一个不速之客。这个人的长相很像鲜卑人，肤色比较白，头发是黄色的，骑着一匹魁梧高大的健马，绕着大营外围转了几个来回，似乎是在侦察军情。史书上说王敦得知司马绍来查探军情，是午睡的时候做了一个梦，梦见一轮太阳在营地附近徘徊，但我们更有理由相信是士兵向他通报了军营外有可疑人员。可是，等王敦派出士兵追击这个不速之客的时候，司马绍早已走远了。

从开国到亡国，东晋历时一百零三年，可以说最有作为的皇帝非司马绍莫属，王敦没有早一步，也没有晚一步，偏偏撞在司马绍手里，也算是他倒霉。

回到建康，司马绍派人奔赴江北，命令流民军整军备战，随时准备渡江南下，向王敦发动总攻。随着朝廷和流民帅来往的日益频繁，六月中旬，驻守江北的王邃猛然发现了朝廷的意图，赶快给王导写了一封信，报告了流民军的异动。然而，当王邃发现流民军有异动的时候，一切都已经太晚了。

六月二十三日，出自王邃之手的这封信送到了王导手里，直到这时候，王导才知道江北流民军即将入卫建康。仔细读着信里的每一句话，王导的额头上渗出了一层密密的汗珠，书信被指尖的汗水洇透了。他做梦也想不到，高居庙堂之上的那个毛头小子居然有这么深的城府。

皇帝只是摆设，王导才是掌舵人，这在东晋是有目共睹的事实。因为这一点，多年前司马睿登基称帝的时候，甚至邀请王导一起登上御座，接受百官朝贺。王导会不会以为东晋的政治机器离了他无法运转呢？即使他不会这么妄自尊大，但也会认为自己是朝廷的顶梁柱之一。如果说他确实有这样的想法，那么看到这封信的时候，他也该从梦中清醒过来了。消灭王敦这么大的事，司马绍居然没有向他透露半个字，其中传达的意味是不言而喻的——其一，没有你王导，朕一样可以消灭王敦；其二，朕不相信你。

从六月二十四日到二十六日，王导在这三天里备受煎熬。就要发生第二次内战了，作为朝廷重臣，他本应该是主持者或者协调者，司马绍的沉默却使他进退两难，捅破这层窗户纸的话反而显得心虚。每天在朝堂上看到胡子都还没长全的司马绍，他就有一种被捉弄的无奈感和羞辱感，以及一些失落感。

六月二十七日，司马绍传召百官，召开了一次御前军事会议，宣布了即将讨伐叛逆的口头命令。朝堂上虽然有些骚动，但是温峤、庾亮、郗鉴等人表现得很平静，一瞬间，王导就明白了很多事。

骚动平息之后，司马绍以镇定而坚毅的目光缓缓扫过堂下群臣，发布了相关的人事任命。

最先被点名的是王导，职务为大都督，兼领扬州刺史，主持讨逆。其次是温峤，职位为中垒将军。再次是纪瞻，职务为护军将军，兼任前锋都督。纪瞻是江东门阀的领军人物之一，因为年事已高，身体不好，已经很长时间不上朝了，今天突然出现在朝堂上，王导颇感意外。事实上，纪瞻的出现并不突然，司马绍此前已经与他多次就讨伐王敦一事交换过意见。接着是庾亮，职务为左卫将军。最后是郗鉴，职务为卫将军都督扈从御驾诸军事。

王导、温峤、纪瞻、庾亮、郗鉴五人中，除了王导，另外四人都是司马绍的心腹。王导名义上是讨逆军最高统帅，可他并不直接插手军务，直接掌管军队的是另外四个人，所以他其实是被架空的。

人事任命宣布完毕，朝堂上出现了一阵面面相觑的沉寂。依据人事任命来看，朝廷可以利用的军事力量只有禁军。王敦第一次叛乱期间，禁军已然遭到重创。之后，王敦又对禁军做出了种种限制，用这样一支军队对抗王敦的军队，不是以卵击石吗？

这时候，郗鉴站出来了，奏请征调苏峻、刘遐率领流民军入卫建康。司马绍沉思片刻，批准了郗鉴的提议。王导知道这只是一出戏，但他只能配合着把这出戏演下去，装作好像是刚知道这回事。

御前军事会议结束之后，司马绍单独接见了王导。之所以单独接见，是为了交给王导一个秘密的政治任务。

此时正是江南的梅雨季节，空气潮湿而闷热。将近知天命之年的王导有些生理上的不适，只是连他自己也说不清楚这究竟是因为天气，还是因为情绪上的反应。在年轻的司马绍身上，他看到了一些司马睿所不具备的气质，深沉刚强如渊岳，难以捉摸如太虚。

会谈一开始，司马绍回顾了先帝创业的艰难，肯定了王导、王敦的开创之功，尤其嘉奖了王导的忠诚。王导知道，这仅仅是开始，“但是”之后的内容才是重点所在。说完铺垫，司马绍话锋一转，指责王敦辜负先帝的信任，把持朝政，肆意妄为，祸国殃民，罪大恶极。随后，他说明了要交给王导的任务——请王导举办一场葬礼，谎称王敦已经去世，以鼓舞士气。虽然他的口气很平和，并没有用强令的语气，但是夹杂在其中的命令意味是不容置疑的。

一两天后，王导率领宗族子弟在建康举办了一场葬礼。

王敦第一次兵临建康时，纵兵大肆劫掠，建康的军民痛恨他的暴虐，又畏惧他的傲狠。丧事举办之后，大家以为王敦真的死了，全城人心振奋，士气高涨。司马绍这时候正式颁布了讨伐王敦的诏书。

这份诏书近千字，可以分成四部分。

第一部分的内容跟那天与王导的密谈相同——肯定了王导和王敦的创业之功，重点嘉奖王导。不过这部分内容很短，只有三十多个字。

第二部分是叙述王敦的罪状，四百多字，言辞激烈地一一历数王敦的罪孽，痛责王敦“狂戾”“侮弱朝廷”“背贤任恶”“人情同愤”“神怒人怨”“昏荒悖逆”……末尾愤慨地说：“是可忍也，孰不可忍也！”

第三部分是展示朝廷讨逆的声势，一百多字，声称朝廷有消灭乱贼的决心和力量，将出动十万大军，水陆并进，雷霆横扫。

第四部分是讨逆的策略，将近三百字。其中，司马绍再次确认了王敦已死的“事实”，也明确指出，王敦虽然死了，但他的谋主钱凤还活着。所以，此次讨伐叛逆，最终打击目标就是钱凤，绝不会滥杀一人，谁能斩杀钱凤，官封五千户侯。除了钱凤，其他被王敦任命的官员，一律既往不咎。王敦的士兵当中，但凡是独生子的，只要放下武器，全部遣散回家，可以终生不用服役，其余人等统统给假三年。

山雨欲来，建康的惊雷传到姑孰，王敦暴怒欲狂，决定以诛杀奸臣温峤为由，发兵攻打建康。出兵之前，他把郭璞召来占卜。郭璞知道王敦想要什么结果，但他并没有婉言奉承，而是依据卦象所示说了实话，两个字："无成。"

王敦又问："你算算我的寿命几何？"

"挥师东进，大祸临头；回师武昌，寿不可测。"

王敦冷笑："那你的性命何时而终？"

"命断今日午时。"

王敦不再多言，吃力地抬起枯瘦的手，不耐烦地做了个斩首的手势。

乱葬岗上，郭璞身首分离，尸体还在抽搐着，王敦的军队就已全部集结完毕。

有马，有船，有刀剑，有铠甲，但王敦的病太严重，仅仅在病榻上发号施令就耗光了他所有的力气，他已经无力再披甲上马了。因此，他委任兄长王含为主帅，率领五万多人向建康挺进。

大军出征之前，钱凤问道："攻下建康之后，如何处置天子？"

王敦虚弱地喘着粗气，像一头濒死的老狼："他司马绍还没有举办过祭天大典，算什么天子！事成之日，保护好东海王和裴妃即可。"

十多年前，东海王司马越麾下的西晋主力在宁平城惨遭灭顶之灾，司马越的儿子司马毗殒命于乱军之中。之后，司马睿把自己的第三个儿子司马冲[1]过继给司马毗，承袭了司马越的爵位，这就是王敦所说的东海王。至于他所说的裴妃，指的是司马越的妃子。当日，在宁平城之战中，裴妃被掠卖为奴，只是不知道之后她是怎么艰难地来到了建康。

王敦叮嘱钱凤保护东海王和裴妃的目的何在呢？在于废除司马绍，改立司马冲为帝。

① 司马绍的异母弟。

16 枭雄王敦的末路

七月初一，叛军抵达秦淮河南岸。

司马绍在诏书中说将率军十万横扫敌军，但此时流民军还没有抵达，建康的守军只有三万多人。

叛军人多势众，利在速战速决，如果他们抢在流民军到达之前一举攻占北岸的皇城，就可以迫使流民军不战而退。然而，当王含率领叛军抵达秦淮河南岸的时候，温峤撤走浮桥，并摧毁了朱雀桥。皇城就在眼前，可叛军无法前进一步。

王敦眼中的王含只是一个庸人。如果不是因为王含的儿子王应被过继给了王敦为嗣，那他几乎没有什么出头的可能，他很珍惜这个统率千军万马的机会，也很享受大权在握的快感，梦想着像弟弟王敦那样披坚执锐、一呼百应，干一番轰轰烈烈的大事证明自己。站在被摧毁的朱雀桥前，他忽然感到做一个统帅或许并不是那么容易，干一番大事也不像想象中的那么简单。

是该架桥强渡，还是安营扎寨？思考很久，王含选择了后者，即将下令的这一刻，看到紧随身侧的钱凤，他不由地产生了一股强烈的厌恶和嫉妒。不过，从钱凤的目光中，他也看到了相同的情绪。

大军出征前，王敦原打算安排钱凤负责前线战事，王含认为这是琅琊王家的家事，交给外人不妥，于是王敦临时改变主意，委任王含为主帅。权力争端虽未明面化，但内部不和的种子却因此埋下了。

随同王含一起到秦淮河南岸侦察军情的，除了钱凤，还有一些其他战将。王含不习战阵，出任主帅只是父以子贵，在这些战将面前没有什么权威可言；钱凤是王敦最为信任的高参，但在这些务实的战将看来，高参只是躲在最安全的地方摇唇鼓舌的胆小鬼，他们对钱凤也说不上有什么敬畏。他们只信服王敦，可王敦正躺在二百里外姑孰军府的病榻上。

王含暗中清清喉咙，心底默默雕琢着措辞、表情和动作，想在发号施令的时候表现出作为一个主帅的威严。可是在钱凤和其他战将眼里，他和那一面在闷热潮湿的空气中伸展不开的帅旗没有什么区别。

王含所率的这支军队是王敦的嫡系。王敦还有力气的时候，即使他本人远在千里之外，也能让军队唯命是从，但他傲狠残忍，不在乎军纪，总是纵容军队劫掠。换言之，他要求部下做到的是死不旋踵，而不是秋毫无犯，洗劫平民对他而言只是一贯用来犒军的一种方式。

扎营的命令刚刚下达，军队立刻欢呼阵阵，很多士兵扔下行囊就挥舞着刀剑三五成群地奔向平民区。第一次内战期间，王敦就纵兵在建康劫掠过一回，这一次，平民百姓事先尽己所能地做了一定的防备，只是这些防备在武装到牙齿的叛军面前没有多大的作用。这些如狼似虎的士兵会杀死多少试图反抗的平民呢？王含不关心这个问题，只知道满足士兵的贪欲是使他们保持忠诚的方法之一。

秦淮河南岸平民区的哀号声此起彼伏的时候，南北向的朱雀大道上，司马绍正率领一部分禁军奔往朱雀桥。据可靠消息，沈充正在三吴地区招兵买马，司马绍已经派遣了说客，如果沈充能被策反，这当然是最好的结果，否则，沈充一旦抵达主战场，叛军可就更难对付了。因此，为了稳妥起见，司马绍决定各个击破，先击溃王含的主力，再对付沈充。到了秦淮河北岸，司马绍却看到朱雀桥被摧毁了。

烈日当头，司马绍非常恼火，命令传令官马上把温峤召来，质问他为何要摧毁朱雀桥。温峤说："现在的守军兵力太少，流民军还没有抵达，没有必胜的把握。如果让叛军涌入北岸，只怕连宗庙都会被摧毁，何必在乎一座桥？"

郗鉴的看法与温峤相同，认为叛军士气正盛，势不可当，如果能一举击溃敌军倒也罢，可如果初战不利，一旦敌军登陆北岸，形势就危险了。因此，最好的办法就是避战不出，等叛军士气懈怠之后再发动袭击。

司马绍虽然心有不甘，但是朱雀桥被毁已成事实，暂时只能撤退。

他听从温峤和郗鉴的建议了吗？没有。这个年轻的皇帝喜欢做出人意料的事，在撤往宫城的路上，他正在酝酿一个大胆的计划。

七月一日黄昏，刘遐和王邃抵达建康。史书没有说刘遐麾下的兵力是多少，只说王邃带来了一万五千人。

七月二日，王含收到了王导的一封亲笔信。这封信写得很巧妙，充满了精明的投机主义意味，称得上一篇奇文。

在司马绍的授意下，王导在几天前给王敦举办了一场葬礼。书信的开头，王导说自己只是听说王敦死了——“近来听说大将军病情加剧，有人说他已经撒手人寰。惊闻噩耗，令人悲不自胜”。如果王导真心为朝廷着想，就应该建议王含归顺朝廷。然而，王导在接下来的一段话中表露的政治态度却相当可疑：他抨击钱凤图谋不轨，致使京城群情激奋，说自己在上个月二十三日接到了王邃的书信，得知刘遐、苏峻等人即将入卫建康，请王含认清形势，切勿倒行逆施，同时却建议王含退守武昌。

不久前，钱凤询问王敦的身后事，王敦面授机宜，提出上中下三策，中策恰恰与王导的提议相同。这不由让人怀疑王导与王敦事先有过某些联系，在一些关键问题上达成了共识。

接下来，王导简单提了一下王敦的第一次叛乱，说当时刘隗祸乱朝政，我王导也盼望有人出头铲除刘隗。如今则不然，自从王大将军移镇于湖，肆意妄为，人心渐失，重演当年旧事已绝无可能。王应不过乳臭小儿，如何能担当大事？此次叛乱全是钱凤从中挑拨，我们琅琊王家世受隆恩，应当为国效力，怎么能附逆抗天呢？不然，我们将来有何面目见先辈于地下，谒先帝于黄泉？愿兄台速做主张，剪除首恶钱凤，使家门免祸，国家得福。

然后，王导透露了朝廷的兵力部署情况——石头城一万五千人，宫城两万人，金城六千人；刘遐昨日抵达建康，王邃所率的一万五千人也于昨日抵达。

最后，王导警告王含，说现在还有余地，请三思而行，不然，后果不堪设想！

这封信的信息量很大，如果王含的眼光长远，就该认真考虑一下琅琊王家的未来和国家的前途；如果眼光短浅，至少应该加强戒备。但是，王含是属蝙蝠的，连眼前都看不到。

七月初三夜里，司马绍派遣一支千余人的敢死队渡过秦淮河，悄无声息地来到了敌军前锋的营地附近，指挥官命令敢死队员停止前进，等待发动突击的命令。

敌军的警备很松懈，此时发动突击未尝不可。可夜色正浓，黑暗中搏斗很容易自相残杀。与其摸黑突击，不如等破晓时分再动手。

七月初四凌晨，渐渐散去的雾气中，叛军前锋阵营的一些巡营卫兵听到了窸窸窣窣的声音，就像蚕咀嚼桑叶、麻雀在枯枝败叶上跳跃，又像灵巧的长蛇穿过草丛的声音……有敌人！反应快的士兵迅速断定了声音的来源，可是已经晚了。刹那间，伴随着尖锐的破风声，一些卫兵被四面八方飞来的利箭射倒在地。紧接着，大营的栅栏被冲垮了，随之而来的是利刃出鞘的声音、此起彼落的哀号声……整整一夜都没事，谁能料到敌军竟然会在平明时分劫营呢？此时叛军营地的许多士兵正睡得昏昏沉沉，有的人刚要反抗就送了性命，更多的人来不及拿起武器就被剁了脑袋。

清晨的第一缕阳光刚刚洒下，王含接到了前锋被消灭、前锋将军被斩首的消息。像渐渐散去的晨雾，王含的魂魄在突如其来的噩耗中飞散了。一旦王敦知道这个消息，等待自己的将是什么，他是很清楚的。但他不敢隐瞒军情，因为隐瞒不住，毕竟那么多人看不惯他位居主帅，消息迟早都会被王敦知道。一接到噩耗，他赶快派人奔赴姑孰，向王敦传达前线军情。

“王含就是个老婢女！我们王家衰落了！大势去矣！”

王敦怒骂，吩咐左右准备鞍马武器，他要亲自赶往前线督战。可这一句怒骂之后，急火攻心的他马上陷入了晕厥状态。迷迷糊糊中，他听见榻前有人来往奔走；恍恍惚惚间，他的口中被灌入了一些味道刺鼻的药汤。当年风光无限的时候，他随意摆布别人，而今气息奄奄之际，他只能任人摆布。

前方战事不利，王敦奄奄一息，姑孰军府人心惶惶。这是一艘风浪中失去控制的巨舰，就要沉没了，很多人知道这一点，但他们只能在颠簸的甲板上随波逐流，等着巨舰撞上礁石，四分五裂。

首战告捷之后，司马绍引兵渡河，亲自率军前进，在秦淮河南岸向敌人发动了猛烈的攻击，连战连胜。在接踵而至的打击下，王敦终于承受不住了，他是病死的，也是被司马绍气死的——如同当年他气死司马睿那样。

寂静的夜里，夜枭的怪叫分外瘆人，姑孰军府的正厅里，几个健壮的军汉汗流浃背地抡着锄头，在大厅中央挖着一个深坑。旁边是一个大镬，里面煮着沸腾的蜡油，大镬旁边是一张席子，王敦干瘪的尸体就扔在席子上，空气中弥漫着刺鼻的蜡油味和令人作呕的尸臭味。那些蜡油，是用来包裹尸体的。

尸体被蜡油裹好后，埋到了挖好的大坑里。王敦躺在黑暗的地下，在他头上几尺高的地面上，丝竹声声，莺歌燕舞。王应就是用这么别样的方式，给他举办了一场另类的葬礼。

领受王敦遗命的有两个人，一个是他的舅舅羊鉴，一个是他的养子王应。据羊鉴说，王敦临终时说：我死以后，王应你立刻即位称帝，设立百官，然后再埋葬我。王敦死后，王应并没有称帝，也没有设立百官。

为什么会这样呢？两种可能：其一，王应沉溺酒色，心里没正事；其二，王敦临终时没有说过让王应称帝。

其中，第二种可能性比较大。王敦此次起兵的借口是诛杀奸臣温峤，他曾经叮嘱钱凤，攻占建康之日，务必保护好东海王司马冲。可见他知道篡位这根红线轻易碰不得。临终之时，前线的战事正处于最艰难的状态，在这样的局势下另立朝廷，只会招致更多的反对，加速他的败亡。所以，羊鉴的证词应该是后来在朝廷授意下所做的伪证，目的不外乎把王敦永远钉在耻辱柱上。王敦真正的遗言，应该是：我死之后，秘不发丧，等击败敌人再正式安葬。

仅看历史记载，王应埋葬王敦之后的表现完全就是个纨绔公子。但王敦经历过大风大浪，阅人无数，王应要是没有一点儿过人之处，他就成不了王敦指定的继承人。事实上，王应虽然年少，但他具备一种与年龄不相称的狡黠，尤其是看人的水平，比他的老爹王含高明很多。他在秘密埋葬王敦当天就摆出纵情声色、好像什么都没发生过的样子，应该是为了掩人耳目，安定军心。

七月初十，沈充率领一万多人到达主战场，与王含、钱凤会师，最近几天被朝廷打得鼻青脸肿的叛军终于迎来了援军。二次内战打响之前，司马绍曾派遣说客策反沈充，说如果沈充愿意归顺朝廷，即可出任高官。沈充说："官职如此之高，我这样的人怎么做得了？朝廷许以高位，不过是为了引诱我。大丈夫共事，应该始终不移，如果背弃同袍，我岂不是会被人耻笑？"

听闻沈充起兵，三吴地区的一些门阀大族纷纷组建军队，誓师讨伐沈充，驱赶王敦部署在三吴地区的官吏。与此同时，江北的祖约（祖逖的弟弟）也响应朝廷号令，消灭王敦安插在江北的爪牙，声称将南下渡江勤王。

与第一次内战相比，第二次内战的规模无疑更大，被卷入的势力也更为复杂，而且形势显然对叛军不利。

刚刚抵达主战场，沈充的高参就看到局势非常危险，打持久战必然一败涂地，因此给沈充提供了三个计策：上策，挖开建康城北部的玄武湖，放水淹城，利用水师发动进攻；中策，与王含、钱凤合力猛攻，拼死一搏，利用兵力雄厚的优势一战定胜负；下策，以召开军事会议为名，诱杀钱凤，归顺朝廷。然而沈充犹豫不决，一个都没有接受。

七月十六日，苏峻率军到达主战场，刘遐的军队也开抵建康，两支军队总兵力为一万多人。司马绍大喜，连夜接见苏峻、刘遐，犒赏三军。

再这么耗下去的话，随着流民军的陆续加入，叛军就只能被动挨打了。王含、沈充、钱凤这时候终于达成共识，决定趁苏峻、刘遐远道而来，士兵疲惫之机，集中全力，一举拿下皇城。

七月二十四日，夜。

钱凤和沈充率领叛军轻装疾进，突破北岸守备薄弱的地带，向宫城发动猛攻。老将应詹率军出城迎战，直到杀得血染铠甲才撤退。关于此次战斗，史书的说法是应詹失败了，可从事态的发展来看，这似乎是诱敌深入之计。

击败应詹之后，钱凤和沈充信心大增，不等所有士兵全部渡河完毕，就率领已经渡河的叛军长驱直入，杀到了宫城的南门前。此时的南门外空无一人，只有一些阻碍大军前进的防御工事。在暮色中望着宫城的轮廓，钱凤和沈充的目光中闪烁着躁动与兴奋的光——离大功告成就一步之遥了。

就在他们指挥士兵拆除防御工事的时候，背后忽然传来了震耳欲聋的喊杀声。一瞬间，他们身后的军队就被冲成了两截，如同一条突然被利剑砍成两段的蛇，痛苦而剧烈地抽搐着。出手的是刘遐和苏峻，他们早就率领流民军埋伏在秦淮河南岸，叛军前锋在北岸抢滩登陆，他们纹丝不动；叛军主力铺设浮桥渡河，他们默不作声；叛军主力半数渡河之后，他们忽然跳出黑暗，用弓弦和刀剑把叛军撕成了首尾不能相顾的两截。

宫城南门前的钱凤和沈充还没有从震惊中回过神，南门缓缓打开了，火把摇曳，老狮子一般凶猛的应詹率军出现在火光中。

沈充和钱凤对视一眼，心中明白，一切都结束了！

他们抱着一战定胜负的决心而来，这一战确实达到了一战定胜负的目的，只是他们并非胜利者。

当夜，厮杀声彻夜不绝，因走投无路而被逼跳入河中溺死的叛军多达三千多人，刀下之鬼更是不计其数。碾碎敌军主力之后，司马绍委任温峤节制刘遐，庾亮节制苏峻，各率一路军队，分别追击钱凤和沈充。

第二天一大早，南岸大火冲天，浓烟滚滚，王含、沈充、钱凤纵火烧毁大本营，各自踏上了逃亡之路。

当天，周访的两个儿子周光和周抚率领一支军队来到了姑孰。周访晚年被王敦摆了一道，视王敦为眼中钉，可他去世之后，他的两个儿子却当了王敦的鹰犬。周光和周抚此时不知道王敦已经去世，也不知道前线的叛军已经一败涂地，他们此次来到姑孰的目的是拜访王敦，然后率军开赴前线参战。王应在议事大厅接见了他们，却不允许他们拜会王敦，只说王敦病重，不方便亲自出面。

周光隐隐约约察觉到有些不对，赶往前线的路上，他仔细回味了王应所说的每一句话、每一个动作、每一个眼神，忽然他恍然大悟，对兄长周抚说："我们远道而来，王敦却不见我们，他肯定是死了。"说着，他又意味深长地加了一句："兄长你还要继续追随钱凤为贼吗？"周抚骇然，将信将疑。

没走多远，他们遇到了从前线撤退的残兵败将，其中就有周抚的好友。周光怂恿周抚逮捕这些败将，作为献给朝廷的投名状，周抚大怒，当场与周光决裂，与好友一起逃入深山老林，投奔蛮族。顾念手足之情，周光放了他们一条生路，继续率军马不停蹄地赶往建康，在行军途中他生擒钱凤，将其斩首。

王含的运气好一些，在逃往姑孰的路上没有遭遇周光的军队。回到姑孰后，他向王应报告了前线的惨败，敦促王应赶快收拾行装，投奔王舒。王应的看法与此相反，认为应该投奔王彬。

王含极力反对："王彬和大将军素来不和，你居然想投奔他？"

王应说："正因如此，我们才应该托身于王彬叔叔。大将军权倾朝野的时候，他尚且敢直言不讳，可见他不是一般人。看到我们落难，他一定会庇护我们；王舒叔叔循规蹈矩，绝不会做出人意表之事。"王含不屑一顾，认为这只是小孩子的看法，执意投奔王舒。

正如王应所料，王舒用两个木笼迎接了他们，一个笼子一个，沉江处死。王彬听闻王含兵败，早就在渡口准备好了接应的船只，但没有接到王含和王应，而是接到了他们被沉江处死的消息。

至此，二次叛乱的首恶当中，只有沈充还没有被缉获。沈充兵败之后不敢回家乡，一直被部将吴儒藏在府邸的暗墙里。为了捉拿沈充，司马绍发布诏令：擒获沈充者，官封三千户侯。在重赏的刺激下，吴儒萌生了杀念。

杀死沈充之前，吴儒在墙外转达了朝廷的悬赏令，得意地森然一笑："三千户侯到手了。"

“三千户侯算不了什么，如果你顾念大义，放我一条生路，我们沈家一定厚报；如果你杀了我，我们一定会把你灭门。”

吴儒没有再说话，做了个动手的手势。几个壮汉挺着锐利的兵器进入暗墙，紧接着是一声痛苦的闷哼，片刻之后，滴血的人头献上。吴儒满意地点点头，命令部下对人头做防腐处理，然后快马加鞭，送往建康。

王敦虽死，罪责难逃。他的尸体被挖出来，运往建康，在闹市当中斩首。

梅雨季节快结束了。夜雨潇潇，淅淅沥沥，夜风袭来的时候，空气中有些凉意。残破的朱雀桥，南岸的桥柱上，喜欢啄食腐肉的乌鸦久久盘旋不去，三颗人头空洞的眼窝中俯视着无尽的黑暗，似乎在不甘地狞笑……

第二章

颍川庾氏：门阀政治的巩固

17 皇权的短暂复兴

怎样评价王敦呢？

东晋开国初期，司马睿和侨姓士族寄江东士族篱下，根基不稳。王敦先后消灭华轶、杜弢，一步步控制长江中上游的江州、湘州、荆州，利用地缘优势有力地震慑了江东士族，在客观上对东晋政权的稳定和南北士族的融合创造了有利条件。

退一步说，即使王敦在客观上有功，但他在客观上酿成的恶果——使东晋丧失了北伐的最佳时机——也足以抵消他在客观上的功劳。东晋开国初期，侨姓士族思念故土，一时适应不了南方的风物人情，同时也因为受到江东士族的抵制，基本上都是支持北伐的。

由于王敦旺盛的权欲，刘琨死于白绫之下，祖逖魂断黄河，周访含恨离世，陶侃放逐岭南。时日迁移，侨姓士族在江东置办产业，渐渐站稳了脚跟，北伐柱石凋零摧折，偏安局面日渐稳固，大多数人也就安于现状，不再提北伐这回事了。《晋书》把王敦与桓温合传，这是有失公允的。王敦两次举兵向阙，挑衅朝廷，桀骜不驯；桓温同样有不臣之迹，藐视朝廷。但我们来看看桓温的功绩：用时一个多月消灭成汉；一次北伐打得前秦胆战心惊，十几年后还心有余悸。二次北伐气贯长虹，收复故都洛阳；三次北伐打得前燕举国震惊，几乎迁都以避其锋。这么威武的功绩岂是王敦能比的？

对于江东士族，王敦二次叛乱是一个转折点。

自从皇室南迁，南北士族的冲突一直没有停止过。前文已述，江东士族可以分为文化大族和武力强宗两类。前者比较容易对付，后者却相当棘手，而在后者当中，势力最为强大的就是周家和沈家。第二次叛乱之前，在钱凤和沈充的挑唆下，王敦消灭了周家；第二次叛乱之后，沈家也遭到了毁灭性的重创。失去了这两大武力支柱，本来是地头蛇的江东士族就只能渐渐沦落，受制于侨姓士族了。

朱雀桥南岸腐烂的人头上挤满了闻臭而至的鸦群，司马绍面前的案头上堆满了弹劾王敦的奏章。按大多数官员的看法，应该把王敦的亲族革职除名。

内乱结束的时候，东晋下辖诸州当中，豫州由祖约掌控，广州由陶侃掌控，荆州、江州、徐州、湘州由王敦的堂兄弟掌控。朝廷能够直接控制的地方，仅有扬州一地。把王敦的亲族全都革职除名，就相当于对高层进行大清洗。司马绍否决了大家的提议，他不是不想打压琅琊王家，而是这事不能操之过急。

不久，司马绍颁布了一道诏书，下令清退所有曾经为姑孰军府效力的官吏。为此，温峤与郗鉴发生了争执。温峤认为，对王敦的旧部应该区别对待，不能一棒子打死：有些人是真心追随王敦，应该严惩；大多数人只是迫于无奈的胁从，不应惩罚过重。郗鉴则认为，官吏最重要的是操守，即使大多数人是迫于无奈，可他们既不能制止王敦的阴谋，又不愿割舍功名利禄，按照君臣大义，必须给予严惩，绝不能姑息。

温峤在姑孰军府有过任职经历，对王敦的幕僚组成很熟悉。的确如他所言，王敦的部下不全都是附逆者，很多人是迫于无奈。郗鉴的说法在道义上是正确的，只是从实用主义的角度看，一刀切难免会导致打击面扩大的问题。王敦的部下当中有世家大族，也有刀头舐血的猛将，如果把他们全部清退，谁也不敢保证是否会酿成新的动乱。

司马绍是个很明智的人，经过慎重考虑，他选择了温峤的建议，使原先为姑孰军府效力的很多人倒向了朝廷。当然，这就意味着琅琊王家失势。

作为琅琊王家的族长，王导很不甘心看着家门衰落。有一次他和温峤入宫议事，司马绍问前朝统一天下的原因，他抢着答道："温峤年轻，不清楚那段往事，还是由臣来回答吧。"他先从司马懿起家说起，说司马懿当初为了夺取权力，大肆屠戮名门世家，最后说到了司马昭弑杀曹魏皇帝曹髦。司马绍大为羞惭，掩面投床："如果像您说的这样，司马氏的天下怎么能长久呢？"

按王导的说法，西晋国祚不长，是因为司马氏对士族太刻薄，发家手段不正。他的说法或许有那么一点儿道理，但这并非西晋兴亡倏忽的主要原因，王导这样说，不外乎是借古喻今，为维护琅琊王家而代言。司马绍为什么羞惭呢？恐怕不是因为他的先祖打压士族——因为此时的他正在想方设法削弱琅琊王家——而是因为他们篡权的手段太阴损。

内战结束三个多月后，通过刚柔并济的政治手段，司马绍谋划了一盘很精彩的棋，成功地削弱了琅琊王家，并有效协调了皇权、门阀、藩镇与流民军之间的矛盾。如果司马懿、司马昭地下有知，想必会既欣慰又惭愧，欣慰的是家门后继有人，惭愧的是司马绍是以弱制强，而他们是以强凌弱。

司马绍规划的权力版图分为两部分：地方和中枢。

地方可以分为江南和江北。

首先说江南。应詹接替王彬掌管江州；在岭南沉寂十多年的陶侃回归权力中心，接替王舒掌管荆州；原荆州刺史王舒改任湘州刺史；苏峻镇守建康的西大门历阳，任历阳内史。

荆州位于长江上游，是东晋的战略要地，王敦两次叛乱都是由此顺流而下，直捣建康。这么重要的一个地方交给陶侃掌管，可见司马绍对陶侃是很信任的。荆州下游是应詹镇守的江州，这是扬州与荆州之间的缓冲地带，必须交给可靠的人，忠于皇室的应詹正是合适的人选。荆州和江州之间是王舒镇守的湘州。司马绍原打算把王舒安排到广州，王舒以身体不适为由，不愿到广州上任。经过王导的游说，司马绍做了一定的让步，改派王舒出镇湘州。不过王舒被陶侃和应詹夹在中间，有异心也掀不起风浪。

苏峻和刘遐参与了平叛，使叛军遭到了毁灭性的打击。苏峻为人孤高，飞扬狂傲，难以管束，他一手打造的苏家军的战斗力强悍无匹，而且他喜欢劫掠，在消灭叛军的过程中就有过劫掠平民的劣迹。刘遐的刘家军与苏家军相似，只是刘遐不像苏峻这么野，对朝廷比较忠诚，相对而言容易管束。

一般而言，信得过的人应该放在眼前，不可靠的人应该放在天边，可司马绍反其道而行之，偏偏把苏峻留在身边，派刘遐出镇江北。历阳是建康的西大门，委任苏峻镇守此地既是以示器重，反过来看，这何尝不是为了加强控制，防止他在朝廷控制力薄弱的江北扩充实力，反噬朝廷？如果他想在历阳作乱，那他就会遭到两线夹击——西线的荆州、湘州、江州和东线的朝廷军。

长江中上游各州以往都把持在琅琊王家手里，通过上述部署，司马绍既瓦解了琅琊王家一家独大的局面，又削弱了中上游各州联合起来压制朝廷的可能。因为陶侃、应詹是藩镇势力，王舒是门阀势力，苏峻是流民军势力，他们各成一派，几乎不存在利益共同点。

然后说江北。刘遐接替王邃镇守徐州；郗鉴出镇广陵，统一管辖徐州、青州和兖州。与江南相比，江北的军事部署比较简单。郗鉴是司马绍的心腹，比刘遐的政治立场更坚定，司马绍把他安插在刘遐身边，不能说完全没有监视的意味。

说完了地方，然后是中枢。

因为王敦的垮台和几大地区人事任命的调整，琅琊王家失去了强有力的外援。司马绍采用明升暗降的策略，授予王导荣誉性的虚衔，分割了他的实际权力，重用庾亮。颍川庾家因此迅速崛起，成为继琅琊王家之后的第二个豪门。

此前说过，琅琊王家是中国历史上罕见的名门望族，政治影响力的持续时间长达数百年，而颍川庾家政治影响力的持续时间只有二十多年。

几十年前，魏晋易代之际，庾亮的先祖通过几次成功的政治投机，巧妙地在权力中心占据了一席之地。这一次，皇权与门阀讨价还价之际，庾亮再一次抓住了进入权力核心的机会。他是司马绍的好友，妹妹庾文君是当朝皇后，本来就掌握着优质的政治资源。在司马绍的刻意提携下，他很快就风生水起，成了政坛上炙手可热的红人。

司马绍器重庾亮，但并不纵容，主要是利用他制衡王导，达成权力平衡，不允许再出现一族独大的局面。不过，搞平衡只是手段，而非目的。司马绍的最终目标是扭转门阀与皇帝共治的局面，树立朝廷的权威。庾、王虽有门户之争，但他们同属门阀，有共同的利益交集。所以，为了制约庾、王，司马绍又单独培养了自己的嫡系，即司马羕（yàng）、司马宗和虞胤。

司马羕和司马宗是西晋八王之一汝南王司马亮的三子和四子。虞胤是司马睿皇后的弟弟，按照辈分，是司马绍的舅舅。在司马绍的安排下，司马宗和虞胤分别担任左卫将军和右卫将军，共同掌管禁军，负责保卫皇城。司马羕的官职是太尉。太尉一职最早出现于秦代，主管军权，之后历经沿革，权限有所下降。我们不清楚这个职位在东晋的具体权力有多大，但是绝不会很低，否则就不足以制约庾、王。

如果说对朝廷和地方的权力划分是硬件，那么政策就是软件。东晋的政体是门阀政治。门阀多出香花芳草，难出参天大树，大多数都是尸位素餐的庸人，只要出身好，门第显贵，就能扶摇直上。王导主政时代推行无为而治，优容门阀，给予门阀大量特权。不费吹灰之力就能坐享其成，何必要胼手胝足地栉风沐雨？在这种风气的推动下，门阀纷纷以务实为耻，以务虚为荣，整天坐而论道，探讨宇宙的本源、天人的关系、崇有与贵无、圣人有情或无情……

对于泛滥成灾的玄学和人才紧缺的局面，司马绍忧在心间。他喜欢诗文，尤其喜欢《子衿》，每次读这首诗，求贤若渴的他都会为门阀当道的局势慨然不已。削弱琅琊王家后，他推行了与王导的无为而治相反的政策，提倡复兴儒学，力图矫正玄学泛滥的习气，以经世致用为选拔人才的准则，责令各级官员为朝廷举荐人才，并拟定了相应的政绩考核机制。此外，他还厉行节约，鼓励农耕，加强江北的边防，为发动北伐而积极扩军备战。

站在风口浪尖上规划大局的时候，司马绍才二十五六岁。要说谋划的这一切全是他一个人的功劳，那肯定是夸大其词，但作为最终决策者，他的眼光、胆识、魄力是一流的，说他是个杰出的君主，似乎并不为过。一个二十多岁的人就能有这样的智慧和手段，确实很了不起。在皇权暗弱的东晋时代，他就是夜空里的一道刺目的闪电、一颗璀璨的流星，摄人心魄，光华烁烁，然而短暂。

18 司马绍：明帝为何而“明”

太宁三年（325年）闰八月中旬，庾亮几乎每一天都在焦虑中度过。

本月上旬，司马绍召开朝会，与群臣就举办祭天大典一事交换意见。他还颁布了一道诏书，督促州郡官吏以忠孝仁义为准则，为朝廷举荐人才，勿有所遗。上旬刚刚过去，他却因为身体不适忽然停止临朝理事。

人都是吃五谷杂粮的肉眼凡胎，不是吸风饮露的神仙，谁能无病无灾？庾亮起初并没有把这件事放在心上，以为陛下只是偶有小恙，调理一番即可痊愈。直到两三天后的一个晚上，因为一桩令人不愉快的小事，他才猛然意识到深宫内苑中有些反常，似乎正在酝酿着一些令人不安的东西。

那天晚上，由于一桩棘手的事务需要拟成奏折呈报给司马绍过目，庾亮睡得比较晚。自从司马绍登基以来，施政风格大变，责令臣下汇报事务的时候必须有的放矢，清晰明了，可以放心大胆地直言，有犯上之言也无妨，但绝不能含糊其词。作为当朝重臣之一，庾亮不敢疏忽，草拟奏文的时候字斟句酌，花费了很多心思。奏文写好以后，他又从头到尾通读了一遍。他的字写得很好，运笔的力道流转而不飘浮，字形矫健挺拔而不露锋芒，整体错落有致而舒张有度。对于自己的书法，庾亮还是很满意的。就着昏黄的烛光，他封好奏折，吩咐侍从马上把它送入宫中。

侍从回来的时间比庾亮预计得早，而且一脸怨气。庾亮有些疑惑，命令侍从说明因由。侍从不敢有半分隐瞒，仔细回忆了刚才发生的每一个细节。

带着奏折离开庾府之后，侍从一刻都没有耽搁，马不停蹄地沿着御街奔往皇城。当他到达宫门的时候，宫门已经上锁了，负刀挎剑的禁军正在往来巡逻，侍从声明自己是庾府的人，禁军也不予理睬。就在此时，值夜的左卫将军司马宗带着一队巡夜禁军出现了，于是他径直上前，请掌管宫门钥匙的司马宗行个方便，打开宫门。司马宗怒气大作："你以为宫门是你庾家的大门吗！"

又是阴魂不散的司马宗！

庾亮勃然大怒，这已经不是可恶的"白头公"第一次得罪他了。司马宗四十多岁，然而因为早衰，他的头发全白了，四岁的皇太子司马衍——也就是庾亮的外甥——叫他"白头公"。司马睿在位的时候，司马宗默默无闻，没有什么功绩可言。直到司马绍登基，他才突然进入权力中心，担任禁军的高级武官。

司马绍重用司马宗的目的，是为了培养嫡系，加强皇权，庾亮对这一点很清楚。不久前的一次例行朝会上，他弹劾司马宗网罗江湖豪侠，请朝廷予以严办——表面上打击的是司马宗，实际上是为了削弱司马绍的嫡系。按照律令，为官者与江湖豪侠来往有罪，但司马绍知道庾亮的意图何在，所以他驳回此议，没有惩治司马宗。

庾亮不是个大度的人，今夜遭到司马宗的辱骂，他很想入宫面圣，告司马宗一状。可他明白，司马宗是陛下跟前的红人，就算告他一状，估计也不会有什么结果。况且宫城夜禁是惯例，司马宗拒绝外人入宫只是尽忠职守，抓不住他的把柄。

等到怒火平息，头脑渐渐冷静下来，庾亮忽然察觉到今晚的事情有些异常。平心而论，司马宗怒斥他的侍从，他并不奇怪，毕竟结怨已久，恶言相向在所难免，可是司马宗斥骂侍从的那句话很值得推敲。

尽管庾亮不愿意说出来，但一个令人难堪而又必须承认的事实是，司马宗比他更得宠。司马宗是个暴脾气，心里藏不住话，可以说他平时针对庾亮公开发表的言论，就是司马绍对颍川庾家的风向标。他对庾亮不满，这是众所周知的事实，可他从没有像今晚这样说过这么直接的话。这是不是意味着，司马绍在没有露面的这几天里向他透露过什么呢？

第二天一大早，东方刚刚有些鱼肚白，庾亮就命令侍从备好牛车，缓缓穿过御街，来到了政务公署。他很注重仪表，虽然昨夜一直没有睡好，但他今天还是把自己打理得一丝不苟，拿出了最好的精神状态。

庾亮的职务是护军将军，主要负责军事部门官员的选拔。本月上旬，朝廷下达过一份求贤诏书，最近这段时间里，州郡发往朝廷的举贤文书格外多。以往向朝廷举荐人才很随意，所谓举荐，不过是各大家族给自家子弟谋差事所走的一道例行程序；有时候，各大家族之间也会互相举荐，以此作为加强门户关系的一种联谊方式。前不久，有人上了一道奏折，奏请朝廷录用人才时实行连坐制，如果被举荐者的实际能力与举荐书的描述不符，被举荐者与举荐者将一起受到严重处罚。虽然朝廷还没有正式下令推行连坐制，但以司马绍的做派来看，如果有一天这个条令被颁布，那么也不是什么大惊小怪的事。

审阅每一道文书时，庾亮都反复告诫自己不可掉以轻心，务必小心核查。可想到昨夜发生的那桩怪事，他的心怎么也静不下来。

东晋所有重要的官署都分布在御道两侧，从窗棂外望，可以清楚地看到王导的公署。庾亮向外看了一眼，目光迅速回到正在审阅的文书上，心里想的却是一件与文书无关的事。

几个月前的一天，司马绍给庾亮写了一封短信，在信末特意叮嘱不要让王导知道，粗心的信使却把书函错送给了王导。看了书信，颇有幽默感的王导又把它送回宫中，附了一个简单的回执："诚惶诚恐，伏读信函，似乎不是写给臣的；臣打开书信又封好，什么都没看到。"司马绍大为尴尬，很长时间都没有单独召见王导。

与琅琊王家相比，颍川庾家无疑更受信任。如果说司马宗昨夜所说的那番话，透露了司马绍对庾家的提防和排斥，那么，司马绍对王家的看法又是怎样的呢？庾亮打心里不喜欢王导，可这只是个人好恶，如果有共同的利益，他并不排斥在合适的时候与王导通通气。但他还摸不透司马绍针对的是庾家，还是也包括王家，不确定目前是否有跟王导通气的必要。

天黑了，又亮了，亮了，又黑了。

随后几天里，时间似乎静止了。就在庾亮为家门的前途坐立不安的时候，宫中忽然传出了一个使他如堕冰窟的消息——陛下病情加剧，自即日起，不再接见任何外臣。瞬间，庾亮全身冰凉，冷汗像突然杀出来的伏兵，沿着他的后背涔涔而下。

庾家能够迅速崛起，很大程度上得益于庾文君入宫为后。如果司马绍病情加剧的消息是真的，一旦他有什么不测，庾家难免会在权力易代的过程中遭到重创。可是，司马绍才二十七岁，十几天前他的精神状态还很不错，怎么会在短短几天的时间里就病重得无法接见外臣呢？如果他病重的消息是假的，这是不是意味着皇城深处正酝酿着一场巨变呢？或者，他被软禁了；甚至，他可能已经驾崩了……

两种可能性当中，庾亮更希望是前者。在前一种情况下，庾文君至少还能成为太后，庾家可因此得到东山再起的机会；而在后一种情况下，恐怕连一丝机会都不会有。

不行，不能这样干等着！必须采取行动，进入皇宫亲自查探一番，看看宫里到底发生了什么。庾亮再也坐不住了，霍然推门而出，走进了夜幕。当他的身影在夜幕中再次渐渐浮现的时候，他已经在皇宫里了。

司马宗掌管着禁军和宫门的钥匙。庾亮是怎么进到皇宫里的呢？这是一个谜，这个长夜里有太多的谜。

庾亮闯宫的这一夜，夜雾笼罩着宫城影影绰绰，连史官也不清楚庾亮的身影怎么闪现到了皇宫里，只是含糊其词地说庾亮进宫的时候，宫门前似乎发生了小规模的暴力冲突，之后庾亮就没有遭遇任何拦截，畅通无阻地来到了寝宫。十有八九有内应，内应是谁呢？

司马绍临终任命了七个顾命大臣，其中一个叫陆晔，他除了担任顾命大臣，还接替司马宗掌管了禁军，官拜录尚书事。

掌管禁军与位列顾命大臣的重要性不用多说，“录尚书事”是个官职，在历史上，担任过这个职务的大人物有诸葛亮、蒋琬、曹爽、司马懿、司马昭、司马师、贾充、司马亮、司马颖等，其重要性可想而知。

顾命七大臣当中，其余六人是北人，只有陆晔是南人。作为一个南人，既掌管禁军、位列顾命，又官拜录尚书事，两晋历史上只此一例。

从个人履历来看，司马绍去世之前，陆晔的仕途基本上走的是按部就班的升迁路线，不像庾亮那样是皇亲国戚，不像王导那样树大根深，也不像郗鉴、陶侃那样手握强兵，他并不具备进入机枢要地的硬实力，那他是怎么做到一夕之间扶摇直上的呢？

史书记载很琐碎，但也有迹可循——陆晔是庾亮的故交，早在司马睿还没有称帝的时候，他就跟庾亮有过共事经历；庾亮闯宫的时候，他就在禁军当中担任高层武官。是不是因为他立下了特殊的功劳，得到了庾亮的举荐，才得以突然飞黄腾达的呢？庾亮闯宫的这个晚上，如果说内应确实存在，陆晔的嫌疑是比较大的。

无论这种假设成立的可能性有几分，寝宫的门毕竟还是被庾亮推开了。猛烈的夜风夺门而入，宫灯摇摇欲熄，司马绍吃力地坐起来，看到了身影忽明忽暗的庾亮。

这个年轻的皇帝曾经有许多特质——英武、果断、睿智、刚强、勇敢……可是这些东西都与他没有什么关系了，在庾亮看来，此时的皇帝只有一个特质——衰弱。他的皮肤发暗，眼眶凹陷，淡黄色的头发像一把枯萎的荒草，干瘪的四肢像缩水的枝丫，缺乏弹性的皮肤艰难地包裹着清晰可见的骨骼，如同即将刺穿脆弱盾牌的矛头，寝宫里飘浮着一种重病之人身上才有的气味和刺鼻的草药味。

看到病榻上喘着粗气的司马绍，庾亮泪如泉涌。这个垂死之人是庾家命运的主宰，曾经也是他的朋友，两人喝过有滋有味的酒，说过掏心掏肺的话。谁能想到，几天没见，再见却是即将天人永隔。对于病榻边的庾亮，司马绍心中百味杂陈，庾亮的突然出现使他震惊，未得征召就闯宫使他愤怒，可他也理解庾亮这样做无非是急于维护庾家的家门。同时，他也为无常的命运和曾经有过的友情感到唏嘘。

庾亮哭着，司马绍似睡未睡地听着，他知道庾亮闯宫的目的绝不是为了探病，眼泪流过之后才会进入正题。他的力气所剩无几了，不想把力气浪费在无谓的地方，他得积蓄体力，等待庾亮切入主题的时候好做回应。

收住啜泣声，庾亮终于说明了来意——弹劾司马宗、司马羕、虞胤结党，图谋废除重臣，把持朝政，请朝廷给予严惩，并请求担任辅政。司马绍疲惫地叹口气，动了动干裂的嘴唇，他有话说，但他的声音太虚弱……

殿外秋雨潇潇，雨水沿着瓦片流下来，叮叮当当地敲打着青石板，掩盖了寝宫里低微的交谈声。除了庾亮，没有人知道司马绍说了什么。这又是一个谜。

据《晋书》记载，司马绍答应了庾亮的请求，《资治通鉴》的记载却是相反的。哪一种说法可信呢？或许，司马宗、虞胤以及司马羕的职务变迁，是解开谜团的一个关键。

册封顾命大臣的仪式于八月十九日举行，原先在江北驻守广陵的郗鉴，也匆忙返回建康参加了册封仪式。广陵到建康大概二百里，由信使报信再加上郗鉴返程所需的时间来判断，庾亮闯宫的时间应该是在八月十五日左右。

八月十九日，正殿里的气氛很凝重，司马绍像残破神庙中的神像，强扶病体，带着四岁的皇太子司马衍接见百官，任命司马羕、庾亮、王导、温峤、郗鉴、卞壸、陆晔为顾命大臣，命令他们轮流统率禁军守夜，原先掌管禁军的左卫将军司马宗和右卫将军虞胤，却不在守夜人之列。

可见，八月十九日当天，司马宗和虞胤已经被剥夺了对禁军的控制权。仅看这一点，庾亮闯宫的那一夜，司马绍似乎答应了他的请求；可是，司马羕的名字却赫然在顾命大臣的名单里，并且是首席顾命。如果说司马绍答应了庾亮的请求，那么司马羕的人事任命又该如何解释呢？

或许，《资治通鉴》的记载比《晋书》可靠，司马光记录这段历史的时候，应该参考的是别的资料，只是因为原始资料在传承过程中的散失，如今已经无法得知司马光参照的底本究竟是什么。

或许，庾亮闯宫的那一夜，司马绍没有答应他的请求，后来庾亮通过某种不可知的方式施加压力，迫使司马绍做了让步，撤了司马宗和虞胤的职务，但司马绍尽最大的努力保全了司马羕。

皇帝于弥留之际任命七个人为顾命大臣，人数如此之多，这在两晋历史上是绝无仅有的。七人当中，司马羕是宗室元老；庾亮、王导同属门阀，也是竞争对手；郗鉴、卞壸既不属于宗室，也不属于门阀，他们忠于皇室，可是无力改变大局；温峤是中间派，但他与庾亮走得比较近；陆晔的立场则比较可疑。

司马绍善于平衡各种政治势力，表面上看，顾命大臣的人选具有典型的司马绍风格。可是，陶侃为什么没有成为顾命大臣呢？他可是荆州刺史，东晋的头号重臣。

晋明帝司马绍临终前留下了四份遗诏：一份给陆晔，一份给庾文君，另外两份给百官。据《晋书·庾亮传》记载，在其中一份[①]诏书中，晋明帝给在朝所有官员加官进爵，感谢他们长期以来的付出，勉励他们继续为朝廷竭忠尽智，其中却不包括陶侃。就算陶侃出身寒门不具备入选顾命大臣的资格，难道他连与百官一起受一次小小奖励的资格都没有吗？难怪后来陶侃怀疑庾亮篡改了遗诏。

《晋书·阮孚传》当中也有一条相当可疑的记载。

司马绍病情加剧之际，温峤入宫接受顾命之封，邀请阮孚同行，却没有说明原因。半路的时候温峤才说司马绍恐怕将要驾崩，请阮孚与他一起进宫，共同担任顾命大臣。阮孚是“竹林七贤”之一阮籍的侄孙，来头很大，虽然嗜好饮酒，举止怪诞，但他眼光很毒，预料到一旦庾亮把持朝政，必然引发祸乱。为了避免将来的祸患，他以内急为由，请求下车方便一下，下车之后他马上掉头步行回家，丝毫不理会温峤的挽留。显然请阮孚担任顾命大臣，肯定不是司马绍的意思，否则温峤不会诓骗阮孚上车。这是温峤自作主张，还是得到了庾亮的指示呢？依然是一个谜。

真相究竟是什么，永远不会有人知道了。不过我们至少可以看出一个问题：顾命大臣的人选不是司马绍钦定的，至少不完全是。

八月二十四日，司马绍的遗诏公布于世。面对突如其来的死亡，司马绍很豁达，说人固有一死，圣贤也不能幸免，自己染疾已久，时常担心突然撒手人寰，

---

① 另外两份诏书当中的一份。

自己死后丧事从简，不必因为繁文缛节而挥霍民力，只是可惜北伐大业未竟，可怜百姓泪尽胡尘。太子幼弱，难当大任，望诸位顾命大臣辅政于内，效仿周公、霍光，同心断金，尽心竭力；藩镇将帅捍卫边境，防御外敌，与内辅勠力同心。宗室成员以及百官，此后都听命于司马羕。如遗愿实现，祖宗之灵将宁于九天之上，朕于九地之下亦无恨黄泉。

八月二十五日，朝廷公布了晋明帝的死讯。

晋明帝驾崩时二十七岁，因为离世过于突然，后世有人认为其死有蹊跷，是遭到了暗算，然而这只是推测。留给百官的遗诏中，晋明帝说过这样一句话："朕枕疾已久，常虑忽然。"由此来看，他早就察觉到健康状况不佳，只是没有公之于众，等到无力上朝理政的时候，一切已经太晚了。用现在的话来说，晋明帝的死因就是过劳死。

晋明帝驾崩之后，受益最大的颍川庾家成为势力最大的门阀。东晋门阀政治形成于琅琊王家，巩固则是借颍川庾家之手。随着晋明帝的驾崩，皇族试图加强集权的努力就基本上宣告失败了。大多数情况下，封建社会里的皇室集权是负面的，可是在东晋初期，加强集权是有必要的。因为内部的权力太分散，不加强皇权就无法集中全力挥师北伐，祖逖梦断黄河就是惨痛的例证。后来的桓温北伐、谢安北伐、刘裕北伐功亏一篑，门阀的掣肘与阻挠是失败原因之一。

在东晋乃至整个两晋历史上，司马绍是一个难得一见的明君和有为之君，"明"字他是担得起的。在位的短短两年多里，他做的每一桩事都是大手笔——先利用欲擒故纵之计麻痹王敦，使王敦日益骄横，招致公愤，然后联合所有可能合作的力量一举消灭王敦；打破了琅琊王家把持长江中上游诸州的局面，削弱了王导的内政权；此外，信奉礼无生而贵者的他还尝试着撬动门阀当道的弊端，主张任人唯贤，并加强淮河一线的防御，有意继承祖逖的遗志，挥师北伐，收复中原。可惜，他只活了二十七岁。就整体而言，司马绍更具有王朝开创者的气魄，他的父亲司马睿反而更像守成者。如果他们的位置调换一下，或许东晋的历史就要改写了。很遗憾，这只是假设。

19 急功近利的庾亮

八月二十六日，四岁的小皇帝司马衍在正殿接见百官，举办登基大典。

这么重要的一个日子，作为顾命七大臣之一的王导却借口身体不适，拒绝出席典礼。晋明帝活着，他不高兴，因为琅琊王家的势力网险些被摧毁；晋明帝去世，他还是不开心，因为作为首席开国元老的他没有被任命为首席顾命大臣。所以，他拒绝出席典礼，有些报复性的发泄意味。他是一个惧内的人，不喜欢待在家里受河东狮吼之苦，但与在朝堂上受到的冷落相比，他宁愿待在家里。

卞壶，四十四岁，他是贾南风时代的重臣张华的外孙，忠实的儒家信徒，也是一个书法家。他的人像他的书法，筋骨刚强，锋芒毕露。在他看来，王导身为顾命大臣，却在新皇登基的第一天拒绝出席，既是对君臣大义的轻蔑，也是对儒家纲常伦理的侮辱。加冕典礼即将正式开始的时候，他弹劾王导以私害公，有负先皇所托。

很多人注意到了王导的缺席，只是碍于王导的身份和资历而不敢声张，卞壶不吃这一套——你王导再厉害，也只是个臣，有什么谱可摆的呢？

卞壶的弹劾像一味良药，瞬间让王导的疾病消失得无影无踪。得知遭到弹劾，他赶快命令仆役驾好车马，急匆匆地赶到宫中出席典礼。随后，顾命七大臣一同进献玉玺，小皇帝司马衍正式登基，颁布大赦令，给所有的文职官员和武职官员加官二级，册封庾文君为皇太后。

新皇登基的第一天，就这样在不太和谐的气氛中过去了。

庾亮注意到了王导的缺席，可他的关注点与卞壶不同：卞壶看到的是王导的失职，他看到的是合作的可能。

此后几天里，百官四次联名上表，请庾文君临朝听政，庾文君一一拒绝。九月初一，百官再次联名奏请，这一次庾文君接受了听政之议。当天，东晋高层大换血，王导和庾亮成为顾命七大臣的核心，司马羕仍然是首席顾命，但实际权力都被转移到了王导和庾亮手里，表面上王导是百官首领，事实上军国大政皆由庾亮裁决。

明帝时代被刻意边缘化的王导，重新回到了权力中心，势力一度有所削弱的琅琊王家成功续命；庾亮没有迫不及待地独揽大权，而是在名义上把王导推到了前台，这样做未必能洗清外戚干政的嫌疑，但至少能让他的吃相不那么难看。

九月初九，晋明帝下葬，灵柩被运往鸡鸣山下的武平陵。这一次没人缺席，顾命七大臣全部到场。

正如晋明帝在遗诏中所嘱托的那样，丧事一切从简，陵墓上没有高大的石碑，也没有威武的石兽，只有一些简简单单的木标。陵墓之外，一场大动乱正在酝酿中，但这一切已经与晋明帝再无关系。从此以后，他将孤零零地安眠于黑暗的地底，不知寒暑，不知春秋，不知兴亡。

十一月初一，有那么一会儿，建康的百姓忽然惊异地看到太阳慢慢消失了，刚才还纤毫毕现的白昼随之变得晦暗不明，如同即将入夜。一时间，大家纷纷停下了手头的活儿，瞠目结舌地望着天空，街头巷尾一片沉寂，直到太阳再次出现，如同蚂蚁般的人群才渐渐散去。这其实只是一次并不常见的日食，可大家不理解这种天文现象，市井中很快就出现了各种光怪陆离的谣言，认为这是上苍对人间的某种启示。

缺乏存在感的幼帝、临朝听政的太后、把持朝政的权臣……因此刚出现的日食的确容易引发人们的遐想，满足大家对神秘的宫廷内幕的好奇。

人间即将有异动的时候，上苍往往会通过奇异的天象发出某种警示，这种天人感应式哲学往往是后人牵强附会上去的。可这一次日食的出现非常巧合，因为此时的东晋正处于大动乱前夕，席卷全国的大风暴就要来临了。遗憾的是，风暴来临之前，作为朝廷舵手的庾亮却没有及时嗅到危险的气息。

晋明帝在世期间，为了加强集权，殚精竭虑地培植了以司马羕、司马宗和虞胤为核心的宗室势力。庾亮闯宫当晚，司马宗和虞胤被剥夺了对禁军的控制权；庾文君临朝听政当天，从实质上剥夺了司马羕作为首席顾命大臣的权力。其后，庾亮和王导各自安插一个亲信出任左卫将军和右卫将军，以取代司马宗和虞胤，共同瓜分了禁军权力。在这段时间里，庾亮和王导的合作还是比较愉快的，因为他们同属门阀，有共同的敌人——宗室势力。

随着宗室势力的衰落，昔日的盟友渐渐出现了裂痕。由于执政理念的分歧，王、庾之间产生了一些龃龉，王导倾向于维护门阀势力，而庾亮倾向于加强朝廷集权。

为什么出身门阀的庾亮热心于加强朝廷集权呢？这跟庾亮的身份有关。庾亮具有双重身份：一方面，他是门阀势力的中流砥柱；另一方面，他又是外戚势力的执牛耳者。基于第一重身份，他需要维护门阀势力；基于第二重身份，他又需要加强朝廷集权，因为朝廷的事就是庾家的家务事。

晋元帝司马睿在位期间，为了削弱门阀，改变王导推行的无为之政，勉励太子司马绍学习法家经典著作。庾亮私下进言，认为法家的治国之道过于刻薄，不如宽和的老庄学说。有一次与朋友闲聊时他甚至说，托身于琅琊王家的屋檐之下很舒坦，简直令人忘记寒暑。这时候，他的身份是门阀子弟。庾文君成为皇后之后，尤其是削弱了以司马羕为首的宗室势力之后，他的心态发生了微妙的变化。门户利益是必须维护的，他没有放弃这个目标，但同时他更加倾向于加强朝廷集权——不是以司马氏为核心的朝廷，而是以庾家为核心的朝廷。

老谋深算的王导察觉到了庾亮的异动，意识到再和庾亮合作难免会成为众矢之的，决定及时抽身，遂以身体不适为由，长时间不上朝。他愿意跟着庾亮一起占便宜，但并不愿意跟着庾亮一起去扛船毁人亡这种受千夫所指的骂名。王导从副舵手的位置上走了，只剩下庾亮一个人驾着左摇右晃的大船，继续在惊涛骇浪中盲目行进。

庾亮精通老庄，处理政务之余，经常与当世名士坐而论道，谈论遁世的隐逸之妙；他对佛学也很有兴趣，案牍劳形之余总是出入佛音袅袅的寺庙，与高僧一起谈论高深的佛学。可无论是老庄还是佛学，都无法化解他急躁的功利心，使他得到心灵上的宁静。他越是谈论这些出身脱俗的东西，对建功立业的渴盼就越强烈。有一个老僧就曾经在背后说他表面上有名士风度，实际上却是满腹峥嵘，戾气太盛。

庾亮并非天性暴烈冷酷之人，在私德方面他颇有古君子之风，如果没有飞黄腾达的特殊际遇，他可能会成为一个道德楷模。因为妹妹庾文君，他在政坛上崛起的速度太快了，连他本人也说自东晋开创十多年来，从来没有人有过像他这样快的升迁速度。他焦虑、抑郁，渴望通过建功立业来证明自己的才能足以与浩荡的国恩和高处不胜寒的职位相匹配。在沉重的压力和强烈的功名心的双重夹击下，他不知不觉地渐渐堕入了魔道，甚至不惜拿国家的命运作为证明自己的赌注。

相比之下，手段老辣的王导就聪明得多。他看到大船有触礁的危险，及时离开了副舵手的位置，把船毁人亡的锅留给庾亮一个人去背，同时他开始谋划为琅琊王家打造救生艇。

晋明帝在世期间一度重创琅琊王家，但还没有来得及彻底摧毁琅琊王家的势力网就猝然离世，这就为琅琊王家的东山再起创造了机会。晋明帝驾崩之后，眼见局势在庾亮的操控下日渐云谲波诡，王导一方面搜罗王敦旧部，收为己用，为元气大伤的琅琊王家扩充家底，同时还积极寻求外援，向江北的郗鉴示好。

郗鉴是消灭王敦叛军的功臣，也曾经和王导因为某些政治分歧而发生过激烈的争论，但只要有利于维护门户利益，王导宁愿忘记种种不愉快的过往。

庾亮的政治手段不像王导那样灵活多变，但他明白，要想推行一场旨在加强朝廷集权的大变革，必须有强大的军事力量作为改革的后盾，以震慑或者消灭阻挠改革的力量。王导的触手伸到了军方，庾亮也得到了一些军事力量，只是他们筹集武备的方式不一样——如果说王导更多地依靠的是人力的经营，那么庾亮更多地依靠的是运气。

咸和元年（326年）夏季，徐州刺史刘遐去世，借此机会，庾亮派遣一个叫郭默的心腹渡江北上，接管了刘遐的兵力。郭默原本是个流民帅，早年间在江北抗胡，与祖逖有过同袍之谊。祖逖去世之后，江北抗胡形势恶化，郭默弹尽粮绝，单枪匹马渡江南下，投奔东晋。由于流民帅的军队具有私兵性质，刘遐的部属并不欢迎郭默的到来，意图抗命不遵，拒绝朝廷的人事任命。不过这只是一个小插曲，郭默最终还是消灭了反抗者，成功地接管了刘遐的部属。

同年秋季，江州刺史应詹去世，庾亮急忙派遣温峤填补了这个空缺。应詹的部属是朝廷的兵力，所以温峤接管江州兵的过程比郭默顺利。

得到徐州和江州两地之后，庾亮信心大增。在此时的他看来，只需要再解决两个人，成功就指日可待了，即历阳内史苏峻和荆州刺史陶侃。正是在这个问题上，庾亮的决策出现了重大失误，加速了大风暴的来临。

20　大错铸成

太阿倒持的问题自东晋开国之日起就一直存在，朝廷实力微弱，权力分散于藩镇和门阀。解决这个问题需要具备刚柔并济的手段，更需要时间。庾亮没有一流的手段，更没有耐心，但他有勇气和信心——建立在过于顺利的仕途的引诱上的而非建立在丰富的经验和深思熟虑的考量上的勇气和信任。上苍过早地把他送上了巅峰，也给他挖了一个足够深的大坑。

咸和元年（326年）秋天，郗鉴因为公务回建康述职，在他启程返回江北的那一天，长期称病不上朝的王导却去给他送行。卞壶因此弹劾王导渎职，以私废公，并且抨击法纪部门有失明察，形同虚设。

碍于身份和资历，这一次王导依然没有受到什么处分。可经过卞壶的敲打，法纪部门绷紧了神经，再也不敢像以往那样玩忽职守。同年十月，他们提出了一个重磅弹劾，揭发司马宗企图谋反。庾亮未经幼帝允许，擅自出动禁军，下令捉拿司马宗归案。脾气火暴的司马宗拒绝锁链加身，而是召集家兵在府邸中与禁军展开械斗，最终被当场格杀，妻儿老小被流放，并且被革除姓氏，改司马氏为马氏。随后，首席顾命大臣司马羕被革职除名，虞胤被贬官。

庾亮弹指一挥，晋明帝苦心经营的宗室力量就烟消云散了。对于这个结果，庾亮还是比较满意的，因为宗室力量的存在是庾家专权的障碍，削弱宗室力量带来的好处是不言而喻的。几天之后，由于小皇帝的一句话，他却忽然意识到事情并没有自己想的那么简单。

在朝堂上，庾亮称妹妹庾文君为太后，庾文君对兄长则以官衔相称，在私下他们却不会这么正式地称呼对方。

司马宗死后的一天，庾亮入宫，与庾文君私下谈论了最近的一些政务和家务事。当时，小皇帝司马衍正在练字，大人聊天的时候，他忽然问道："白头公去哪里了？怎么好几天没有见到他？"庾亮答道："他企图谋反，被杀死了。"小皇帝放下手里的笔，潸然泪下："舅舅，你说白头公谋反就杀了他，如果别人说你谋反呢？"庾亮一时语塞，不知如何回答。庾文君怪儿子多嘴，拿起戒尺敲了一下他的头。小皇帝默然无言，只是生气而又委屈地瞪着她。

返回府邸的路上，庾亮久久不置一词。小外甥的话像轰鸣不息的炸雷，震得他的脑海嗡嗡作响。他万万没想到，一个乳臭未干的孩子竟能说出这么一针见血的话。

所谓谋反之罪，往往只是权力游戏中强者击垮弱者的必杀技。庾亮是强者，用这个技能消灭了弱小的宗室势力。可在整个东晋，他并不是最强者，手握雄兵的荆州刺史陶侃才是。既然他能给宗室势力扣上谋反的帽子，陶侃又何尝不能以屠戮宗室为名给他扣上谋反的帽子呢?

庾亮与陶侃不和，这在东晋不是什么秘密，前任江州刺史应詹去世之前还曾经致信陶侃，劝诫他以大局为重。应詹是一片好心，只是劝错了人；或者说他更应该劝偏执的庾亮，而不是劝通情达理的陶侃。

因为顾命大臣的人选安排，自从晋明帝驾崩，陶侃就一直对庾亮颇为不满，认为庾亮篡改了遗诏。如果说这话的是别人，庾亮或许并不会当一回事，可从陶侃口中说出这些话，他就得格外留心。

从东晋开国直到亡国的一百零三年里，荆州一直是一个很敏感的地方，谁占据荆州，谁就拥有顺流而下压制建康的优势。晋明帝把荆州交给陶侃掌管，说明他对陶侃的忠诚是相当认可的，庾亮上台后却把晋明帝信任的陶侃当成了假想敌。

庾亮想把陶侃拿下，在荆州安插信得过的人，这种考量有权力上的算计，但是可以理解，毕竟谁当政都想在重要的地方安排心腹。如果手段高明，能够实现权力的平稳转移，不显山不露水地把荆州从陶侃手里拿回来，倒是未尝不可。

庾亮是怎么做的呢？还没有拿下陶侃的把握，他就把自己与陶侃之间的矛盾搞得沸沸扬扬，即使在大庭广众之下，他也不掩饰对陶侃的厌恶和反感。除了在舆论上刺激陶侃，他还重新修建了石头城，以防备陶侃突然顺江而下。

不具备拿下陶侃的实力，却在舆论和实际行动上刺激陶侃，进一步激化彼此之间的矛盾，这是庾亮犯下的一个大错。接下来，他将犯下第二个错误，也是致命的错误——刺激苏峻。

苏峻是个暴徒，但与一般的暴徒不同的是他有文化，他的头脑和身手一样灵活而敏捷。这种人就像没有把手的神兵利器，有大用，却不好用。天资神武的晋明帝能镇住他，用起来得心应手，但自从晋明帝驾崩，就没有人能镇住他了。

苏峻早年间在江北抗胡，率领残部走海路南下时兵力至多也就千余人；后来王敦的叛军二次东进，进攻建康，他率领流民军入卫建康，兵力也不过几千人；镇守历阳期间，他的兵力却扩充到了万余人。他的兵是怎么来的呢？主要是靠招纳亡命之徒和无业流民。无论在外面犯了什么罪，只要加入苏家军，就再与朝廷的律法没有关系；如果在外面活不下去，只要加入苏家军，就有一口饭吃。随着兵力的扩充，粮源吃紧，苏峻动辄请朝廷调拨军用物资，稍有不如意就大发雷霆。

苏峻不老实，有劣迹，可这跟有谋反意图是两回事。事实上，苏峻本人对朝廷比较顾忌，轻易不敢或者不愿与朝廷为敌。如果庾亮能意识到这一点，并非完全没有和平解决问题的可能，但他没有耐心，想快刀斩乱麻，毕其功于一役，简单粗暴地一口咬定苏峻狼子野心。他的执政策略和执政愿景，就像他在一份奏章中所说的那样——犹如以烈日蒸腾露珠，以沧海浇灌燎火，建功立业，易如反掌。

庾亮对付苏峻的方式，与对付陶侃的方式如出一辙，都是毫不掩饰，公然提上议事日程，好像苏峻谋反是板上钉钉。自然，这一切都传到了苏峻的耳朵里。

陶侃对庾亮不满，但是尽量隐忍；苏峻不一样，庾亮打他一拳，他就要回敬庾亮一脚。就在彼此的关系剑拔弩张的时候，庾亮派遣禁军杀死了司马宗，司马宗的余党和一些宗室亲王逃到了历阳，请求苏峻给予政治庇护。庾亮派人到历阳，要苏峻交出司马宗的余党，苏峻一口否决，说根本没有窝藏钦犯这回事。

庾亮诛杀司马宗的时候，给司马宗安的罪名就是勾结苏峻，企图谋反。人在家中坐，祸从天上来，苏峻当然很生气。他只是骄横、不守规矩，怎么就成反贼了呢？所以，他这时候回击庾亮很大程度上是赌气，针对的只是庾亮本人，而不是朝廷，不见得有谋反之意；而且，赌气归赌气，他也没有把事情做绝，还留有余地，朝廷需要的时候，他还是愿意帮忙的。

这一年（326年）冬天，后赵南侵，镇守豫州的祖约抵挡不住，请朝廷派遣援军，战略中心放在内部的庾亮却拒绝派兵赴援。直到边关死伤五千多人的消息传到建康，朝野一片哗然，庾亮才派遣王导出师，然而这只是象征性的抵抗，最终还是苏峻出手击退了后赵。

其后，在庾亮的主持下，朝廷召开边防会议，打算加强北部防线。加强边防没有错，可这道防线位于祖约的根据地的后方。在祖约看来，朝廷如此安排，就是想把他当成弃子。

先是招惹陶侃，继而激怒苏峻，这一次顺带着得罪了祖约，庾亮几乎是步步走错。

苏峻击退后赵的侵略，既立了大功，也向朝廷展示了效力的心意。按理说，庾亮应该抓住这次机会，缓和矛盾。可他一意孤行，继续刺激苏峻，打算征召苏峻到建康供职。不愿意蹚浑水的王导这时候也坐不住了，亲自出面调停，劝诫庾亮不要咄咄逼人，可庾亮一意孤行。

在几天后的一次朝会上，庾亮再次将征调苏峻入朝一事提上议程。他疾言厉色地说："苏峻狼子野心，留之必酿大祸。现在征调他入朝，即使他起兵作乱，也翻腾不起多大的风浪。如果再拖延几年，等他养成气候，就一切都晚了。"

卞壶说："苏峻手握重兵，无须一日即可兵临建康，一旦有半分差错，后果谁都担负不起，还是谨慎从事为好。"

庾亮冷哼，不置一词。

卞壶曾经两次弹劾王导，王导因此对卞壶怀恨在心，但在征调苏峻入朝这件事上，两人的观点却是一致的。会议结束后，两人经过一番商议，决定由卞壶执笔，致信温峤，请他劝说庾亮。

温峤好赌。当年在建康供职的时候，有一次他在赌坊输得两手空空，欠下一大笔赌债，是庾亮交付赎金，才把他赎出来，可以说他跟庾亮是无话不说的好朋友。可朋友之情并不能软化庾亮急躁的功利心，接到卞壶的书信，温峤急忙传信给庾亮。一连写了好几封信，奈何庾亮铁了心要拿下苏峻，谁说话他都不听。

面对走火入魔一般的庾亮，苏峻明白，历阳是待不下去了。可他也不愿意到建康供职，害怕遭到庾亮的暗算，于是他主动派人到建康传话，刚中带柔地说："征讨外敌，无论远近，我都听从调令。至于到朝中任职，恐怕我这种粗人是做不来的。"

此时的苏峻依然保持着克制，他传到朝廷的话没有什么问题——我知道你对我有意见，那你就派我到江北抗胡吧。眼不见心不烦，为何要咄咄逼人，非得让我到步步杀机的建康呢？

庾亮依然拒绝，不但否决了苏峻的请求，还命令郭默和弟弟庾冰整兵备战，防备苏峻发动突袭。

庾冰比庾亮有头脑，认为兄长的举动有些过火，所以他以朝廷的名义下了一道诏书，做了一定的让步，请苏峻入朝担任大司农，安排苏峻的弟弟苏逸镇守历阳。

苏峻上表称："昔日先帝在位，曾经拉着臣的手说，要把北伐的大任交托于臣。如今中原未定，臣岂敢贪图安逸？望朝廷在青州划拨一荒郡，臣愿为朝廷效鹰犬之用。"

庾亮的答复一如从前——休想！

苏峻没有退路，只好准备到建康上任，毕竟自己原先的职务将由弟弟苏逸接任，无论如何，这对庾亮也是个牵制。

就在心事重重的苏峻准备启程的时候，他的一个谋士说了这样一句话：“将军请求北上青州荒郡都不被容许，朝廷显然是欲置你于死地。生路已绝，不如拥兵自守。”苏峻入朝的决心本来就不坚定，听闻此言，深以为然，决定抗命不遵，不去杀机四伏的建康。

山雨欲来风满楼，大风暴来临之前，庾亮真的察觉不到危险迫近的气息吗？

从庾亮公开发表的一些言谈当中可知，他对后果的确估计不足，但他不可能不知道把苏峻逼急了会引发内战。内战的代价巨大而惨重，谁都不敢轻易拔剑相向，在政坛中央飞鹰逐鹿的各位大佬都对此有共识，即使是苏峻这么骄横狂暴的人，面对庾亮三番五次的步步紧逼，也一再忍让。为了避开咄咄逼人的庾亮，他甚至表示愿意离开旋涡中心，到江北抗击胡人，为国效力。事后来看，这何尝不是最好的解决办法？

看不惯苏峻，大可把他扔到江北，为何非得把矛盾激化到无法调和的地步呢？庾亮为什么宁可以内战为代价，也要把苏峻拿下呢？归根结底，他是盯上了苏峻手里的兵，意图抢夺苏峻的兵力，然后用来对付陶侃。作为一个流民帅，兵力是安身立命的根本，苏峻当然不愿意把兵力拱手相让。

在庾亮的计划里，陶侃是大鱼，苏峻是泥鳅，他想先钓泥鳅，再用泥鳅钓大鱼。但他没料到，这是一条凶暴而庞大的泥鳅，还没有来得及钓大鱼，他就被泥鳅拖到了水里。

21 苏峻叛乱

冬天来了，绿意褪尽，建康城瘦了一大圈，像面黄肌瘦的病人。

一个阴云低沉的日子里，一个来自江州的信使来到了秦淮河南岸。自从朱雀桥在王敦叛乱期间被温峤摧毁，朝廷就没有再重新修建此桥，而是以一座浮桥取而代之。信使纵马奔过浮桥，再穿过南北向的御街，停在了庾亮的理政公署前。

论私，温峤是庾亮的好朋友；论公，温峤是藩镇重臣。听闻朝中发生剧变，温峤唯恐苏峻突然引兵进攻建康，于是打算派兵入卫建康，以防不测。可这是国家大事，他不敢自作主张，所以派来信使，请庾亮以朝廷的名义颁布诏书，允许他自江州发兵。

庾亮给温峤的回复是一个短短的手札，只有两句话——我对陶侃的忧虑更甚于苏峻，足下勿越雷池一步。

温峤镇守的江州上游是荆州的陶侃，下游是历阳的苏峻。雷池在江州东部，因注入长江的雷水在此积水成池，而被称为雷池。苏峻磨刀霍霍，偏执的庾亮却依然把陶侃当成最危险的敌人。

兵戎相见之前，庾亮又派使者去历阳，做了最后一次无用的努力，希望把苏峻诓骗到建康。苏峻的回复很直白，杀气腾腾：“庾亮诬我图谋作乱，我入建康，岂能活命？我宁可在山头望监狱，也不愿在狱中望山头。往昔国家危如累卵，若非我出手相助，只怕大势已去。狡兔死尽，走狗当烹。我只有一死，以报始作俑者庾亮。”

其后，苏峻的使者奔赴豫州，来到了祖约的军营，请求与祖约结盟，共同讨伐庾亮。

祖约是祖逖的弟弟，除了相貌上的某些相似，两人再无共同点——祖逖轻财好义，祖约贪财吝啬；祖逖神威凛凛，祖约昏聩猥琐；祖逖矢志北伐，祖约贪权恋栈。

祖逖在世的时候，率领几百人慷慨悲歌，渡江北上，用了将近十年，呕心沥血，把战线推进到了黄河南岸。他去世之后，祖约无法推锋越河，又不能维持现状，只好退守淮河流域。即使如此，他还自以为劳苦功高，可以跻身于顾命大臣之列。由于愿望落空，他早就对庾亮怀恨在心，庾亮前段时间又招惹了他，他对庾亮更是恨之入骨。因此，他热情地接待了苏峻的使者，并于随后派出先遣部队抵达历阳，以示合作诚意。

扬州境内以三吴地区最为富庶，听闻苏峻即将举兵向阙，三吴地区的一些门阀大族自发组建义军，请求入卫建康，却被庾亮驳回。

浩浩荡荡的长江在建康的西部拐了个大弯，折向东北，然后东流归海。准确地说，位于长江北岸的历阳应该是在建康的西北方。

既然兵戎相见避免不了，那就考虑一下怎么打吧。

有的人认为，朝廷应该主动出击，先声夺人，渡过长江，占领江北重要的渡口，防止苏峻和祖约的叛军渡江突袭。王导认为这个计策是可行的，但庾亮认为这是一步臭棋，一口否决。如果他有更好的作战方案，否决此议未尝不可，但问题是，他否决了这个作战方案，却没有更好的提议。

不能主动出击也罢，至少应该加强南岸的警备吧，比如设立烽火台、派出斥候。可悲的是，庾亮连最基本的警备措施都没有设立。

咸和二年（327年）十二月初一上午，长江南岸的于湖一如往昔，农人收拾土地，商人出摊卖货，官吏入衙办公，妇女准备餐饭，孩子嬉戏街头，并没有什么兆头预示着这里即将发生一场惨剧。大概在午后时分，西方的地平线上忽然烟尘滚滚，大地微微震颤，好像将死之人的脉搏。随后，烟雾中出现了几个若隐若现的黑点，这些黑点逐渐连成了一条线，又渐渐蔓延成了一大片，其中还有一些闪烁着金属色泽的东西……灾难来临了，于湖的百姓事先没有接到任何预警，毫无防备，在杀气腾腾的叛军面前，等待他们的只有死路一条。片刻之后，叛军冲入城中，见人就杀，无论男女老幼，一概手起刀落，如同一群闯入羊群的恶狼。

当天黄昏，建康接到消息——今日清晨，叛军的前锋突然渡江，占领姑孰，其后又占领于湖，并犯下了骇人听闻的屠城罪行。庾亮闻讯大惊失色，这才后悔当初应该主动出击，扼守北岸渡口。次日，几个宗室亲王悄悄离开建康，奔往苏峻的大本营历阳。

从王敦叛乱之后，苏家军的军用物资一向仰仗于朝廷，如今反目成仇，朝廷当然会掐断物资供给。在没有充足的军用物资的前提下，贸然大举过江，一旦局势僵持不下，军队就会陷入内乱，苏峻很清楚这一点，因此他派遣前锋占领了姑孰和于湖之后，没有立刻向建康挺进，而是就地大肆搜刮粮草，为主力渡江做准备。

从十二月初二到初九，叛军的前锋在离建康不足百里的地方明火执仗地掠夺物资，近在咫尺的庾亮却寂然无声。直到初十，活活把人急死的庾亮才有所动作。

当天，朝廷宣布全城戒严，任命庾亮为讨逆军总指挥，废除苏峻的历阳内史一职，派遣司马流率领前锋进驻慈湖，并命令庾翼（庾亮的弟弟）统领数百人镇守石头城。同时，一个叫桓彝的官员也自行组建义军，加入了讨伐苏峻的队伍。这个叫桓彝的官员，就是东晋历史上大名鼎鼎的桓温的父亲。

东晋的门阀士族喜欢炫耀家族史，崛起年代早的老派门阀总是看不起门阀新贵，认为他们是粗鄙的暴发户。琅琊王家之所以成为东晋的头号门阀，除了王导、王敦的苦心经营，另一个主要原因就是这个家族发迹早，资格老。可如果真正拼资历的话，龙亢（安徽怀远）桓家真不知道比琅琊王家高了几个档次。

琅琊王家发迹于东汉末年，而龙亢桓家早在东汉初年就是名门望族，如果相信古老的历史记载，那么这个家族的辉煌历史可以追溯到春秋战国时代。魏晋易代之际，由于桓家忠于曹家而惨遭司马氏刑戮，子孙飘零，他们为了荣誉和人身安全起见而不敢认祖归宗，家门由此不显，走向没落。

供职于东晋朝廷的这些年里，桓彝并非一线高官，但凭借坚定不移的忠诚和高于同侪的实务能力，朝廷已经注意到了他的存在。叛军前锋占领姑孰和于湖之后，周边郡县或者避战不出，或者望风而降，谋士建议按兵不动，桓彝严词拒绝，认为国家有倾覆之危，绝无隔岸观火之理，于是出动义军，进驻芜湖，与驻守慈湖的司马流互为掎角，对叛军的前锋形成了南北夹击之势。

当时的桓温只是个十五岁的少年，对于战局毫无影响，仅仅是个毫不起眼的旁观者。当他的父亲为征募义军而汗流浃背地四处奔走，在誓师大会上慷慨激昂地发表演说的时候，我们不知道这个少年究竟有何感想。然而，几十年之后，当桓温有机会改朝换代，却在皇位前踟蹰不前的时候，我们似乎可以说，桓彝的忠义应该在桓温的心底烙下了模糊而深刻的印迹。

面对桓彝和司马流的南北夹击，叛军前锋率先向桓彝发动猛攻，摧毁了芜湖的义军，继而狂飙突进，跟在桓彝身后穷追猛打。桓彝无力抗敌，连连败退，据守慈湖的司马流却畏战不出。

徐州的郗鉴听闻苏峻的前锋已经渡江，请求亲自率军入卫建康，庾亮再一次否决了他的提议，理由是需要他在江北抗胡，不便南下。郗鉴不好再坚持，只能派遣三千人南下，供庾亮调遣。

拒绝温峤是第一次，拒绝三吴士族是第二次，拒绝郗鉴是第三次。庾亮为什么要接二连三地拒绝各路势力的入援之请呢？原因大概有两个：其一，建康的兵力占据优势，缺乏阵仗经验的庾亮误以为作战就是数字的比拼；其二，急躁的功利心和脆弱的自尊心作祟，他太急于建功立业，堵塞悠悠之口——你们怕苏峻，我庾亮偏偏不信这个邪！你们不是都反对我刺激苏峻吗？我偏偏要刺激他，还要独力击败他，让你们看看我的手段！

仅仅是叛军的前锋，就把东晋打得无力招架，如果叛军主力过江，那还了得？

咸和三年（328年）正月，温峤失去了旁观的耐心，率军东流而下，把大本营设在了离雷池一百多里外的寻阳（今湖北黄梅），以防局势突然恶化到无法收拾的地步。

攻破桓彝的营垒之后，叛军前锋掉头北上，如同扑向兔子的苍鹰，张开锋利的鹰爪，刺向驻守慈湖的司马流。大战之前，司马流紧张得魂不附体，吃肉的时候居然不知道自己的嘴在哪里。用这样的人做指挥官，战斗的结果可想而知——朝廷的前锋一触即溃，司马流兵败身死。这时候庾亮有些害怕了，急忙调遣禁军开赴前线，阻止叛军主力渡江。

正月二十八日，苏峻率领两万主力从采石矶渡江，与前锋会师，不费吹灰之力就打垮了南岸的敌人。

苏峻曾经是个饱读诗书的书生，腹有文墨，但长年累月的军旅生涯早已磨光了他的书生气。一般而言，只有与朝廷互通书信的时候，他才会雕琢词句，在日常军旅生活中，他更喜欢用粗鄙的言语。虽然不雅，但是直接明了，而且，用这种语言与士兵打交道更有利于增进感情，不会像那些文绉绉的士大夫那样，使士兵们觉得难以接近。走在军营当中，苏峻一边用粗俗但易懂的俚语与士兵打招呼，一边默默盘算着下一步的走向。虽说初战告捷，前锋已经掠夺了一些军用物资，但他并没有太多的喜悦之情。因为目前的军用物资只够维持十几天，而且他不是很熟悉建康周围的地形以及布防情况。时间拖得越久，一则粮草不继，二则容易陷入被包围的局面，肯定得速战速决，但他还没有想好应该怎么达到目的。事情走到这一步，他只能把希望寄托于庾亮的傲慢和无知。

针对叛军将从何处发动进攻这个问题，庾亮召开了一次紧急军事会议。有些战将认为，石头城易守难攻，苏峻必然不会走水路而来，十有八九会走陆路，绕到建康北部，所以应该加强北部的防御，派兵埋伏在山道两侧。如果叛军果真走陆路，就有一战擒获苏峻的可能。然而庾亮否决了这个提议，他固执地以为叛军必然会顺江而下。

二月初一清晨，一匹快马奔向宫城，紧急通报军情——昨夜，叛军趁夜行军，走陆路绕到了建康北部，由于不熟悉地形，叛军甚至出现了长时间的混乱，后来抓获了一个当地人为向导，才找到正确的行军路线。此时的庾亮又是后悔不迭。除了与叛军硬碰硬，他已经没有别的选择了。

不久之前，苏峻对庾亮说过："我宁可在山头望监狱，也不愿在狱中望山头。"二月初一，苏峻站在建康北部的覆舟山上，想起不久前说过的这句话，他心潮澎湃。俯瞰着嘈杂慌乱的建康，他的心里只有一个愿望——当日庾亮让他所受的，他要一桩桩、一件件地还回去，不惜一切代价。

叛军兵临城下，事实上对庾亮来说是个机会，只是这个机会太凶险，像在万丈悬崖上走钢丝，如果镇守建康的是桓温、刘裕这样的雄才，击败苏峻就是东晋的救世主，可以一战成名，可惜镇守建康的是庾亮，他一直渴望建功立业，杜绝世人的非议，但没有与功名心相匹配的能力，等待他的只能是千夫所指。

遥望覆舟山迎风飘扬的叛军军旗，面临着真正的战争考验的庾亮颁布诏书，命令卞壸率军出城迎战。

这一年的正月，卞壸背生毒疮，难以披甲。虽然他对庾亮颇为不满，但是接到诏书之后没有丝毫犹豫，当即点齐兵马，出城而去，与叛军展开了激战。

当年消灭王敦的时候，苏峻近距离地观察过禁军的战斗力。站在覆舟山上，他几乎是怀着兴致索然的心态，冷漠地观看了这场毫无悬念的战争。战斗过程如同狂风扫飞灰，战斗力惊人的苏家军用时不久就轻轻松松地杀伤禁军数千人。卞壸眼见大势已去，只好率领残部撤退。

从二月初二到二月初六，建康城内人心惶惶，高官纷纷将家眷送往城外。很多官员的田产家业都在富庶的三吴，他们本人只是常年在建康供职，即使叛军打进来损失也是有限的。下层百姓不一样，他们的身家性命都在建康，如果一走了之，所有的财产可能就会在一夜之间化为乌有。所以，他们只能死守在城里，默默向上天和列祖列宗祷告，祈求叛军有严明的军纪，不会打砸抢烧。

二月初七，叛军大举攻城，大多数官员奔往城外指挥作战，宫城里只留下了一部分官员。由于一个颇有影响力的官员说过，看叛军这架势，肯定会攻占宫城，到时候穿军装的都得死，穿常服的不一定有什么事，所以留守宫中的官员衣着不齐，有的穿戎服，有的穿常服。在留守官员的陪同下，小皇帝司马衍端坐于正殿，懵懵懂懂地看着殿下服色不一的官员。他太小了，只有八岁，并不清楚外面究竟发生了什么，只知道舅舅庾亮正在宫外和恶徒作战。

东西走向的秦淮河穿城而过，将建康城一分为二，北岸是宫城区，南岸是平民区。建康的东部，是南北向的青溪。

叛军是从东北方攻来，大战当天，庾亮亲自镇守宫城南门宣阳门，派遣丹阳尹羊曼镇守宫城东门云龙门，又派遣卞壶打头阵，开赴青溪，希望能够御敌于城门之外。

大致来说，禁军的防御阵型是三角形的；相比较而言，苏峻的进攻策略就比较简单——集中优势兵力，各个击破。

最先与叛军交锋的是卞壶。这场战斗打得惨烈而迅速，似乎没有过程，只有结果，就像卵石相击，胜负只在瞬间。

卞壶这一年四十七岁，不算很老，可是因为常年为国事操劳，他有些早衰，鬓发苍白，看起来像六七十岁。当溪水变红的时候，他深深地呼了一口气。空气中有些凉意，也有一股浓烈的血腥味，尸横遍地的原野上白雾腾腾，不知道是正在厮杀的士兵口鼻中喷出的白雾，还是尸体上的鲜血蒸腾的热气。身后的建康即将迎来什么，他已然心知肚明，除了为国捐躯，他不知道自己还能为摇摇欲坠的国家做些什么。做了一辈子文官，他从来没有想到自己的最终宿命居然是作为一个战士，马革裹尸。随着叛军的逼近，他看了一眼跟在身边的两个儿子和左右护卫，艰难而释然地拔出了象征着指挥官身份的佩剑，他挥动手臂的时候，后背传来一阵剧烈的疼痛，他知道，这是疮口迸裂了……

青溪的战场上渐渐安静下来了，叛军如同一股席卷旷原的狂风，呼啸而过，摧枯拉朽，直奔云龙门而去。在他们身后的战场上，是一地被践踏得七零八落的残骸。

与青溪之战的过程和结果一样，云龙门之战结束得也很快，丹阳尹羊曼奋战到最后一刻，以身殉国。叛军从云龙门一拥而入，烧杀抢掠，顺风纵火，宫城区内很快火光四起。

卞壶和羊曼败了，但虽败犹荣，他们都尽了最大程度的努力，而且都不是最终的决策制定者。庾亮酿成了滔天大祸，这暂时不用说，如今叛军打到了眼皮底下，他最起码应该及早列队布阵，做好接应青溪和云龙门的准备吧。然而，他连最基本的准备都没有做，直到云龙门被攻破，叛军涌入宫城，他才在宣阳门下匆忙列队布阵，可这时候又有几个士兵愿意坚守呢？一人逃、十人逃、百人逃……恐慌像瘟疫一样迅速蔓延到了全军，乱哄哄的士兵在刺鼻的烟雾和炙人的大火中往来奔突，任庾亮百般恫吓、劝阻，都无法阻止住全军的溃逃。

风助火势，火借风威。渐渐地，青色的烟雾越来越浓，平日里身份上的高低贵贱之分荡然无存，大多数人心中只剩下逃生的欲望，宣阳门下到处都是惊慌失措的人群。庾亮想喊，然而无声，想哭，然而无泪，一股浓烈的青烟扑面而来，盔甲凌乱的他剧烈地咳嗽了几声，双眼刺痛，眼眶中终于有了一些湿润的感觉，先前那种盲目的自信顷刻间荡然无存，取而代之的是一种夹杂着愤怒、无奈、失落和恐惧的眩晕感。当他在随从的劝离声中渐渐恢复神智的时候，不远处的滚滚青烟中已经出现了敌军的身影，被浓烟熏得面目黧黑的他环顾左右，只看到了几个不怕死的将官在拼命呼喊着，徒劳无功地命令士兵阻击敌军。他们声嘶力竭，像是在号啕大哭。在强烈的求生欲念驱使下，庾亮放弃了抵抗的念头，打算趁叛军到来之前逃离，他对身边的一个决意坚守的官员说：“往后的事情就靠你了。”这个官员气愤地说：“局势如此，是谁之过？”庾亮不耐烦地说：“事已至此，以前的事就不要说了，你等着我回来收拾残局吧。”

奔出宣阳门，庾亮带着随从径直跑到秦淮河边，登上小船，命令船夫赶快开船。这时候，追兵已经来到了岸边，庾亮急忙命令随从放箭拒敌。众人惊慌失措，不知道是谁居然一箭射死了船夫。

小船划到安全的地方，庾亮开了一个不合时宜而且缺乏同情心的玩笑：“射死船夫的这种射箭手法，怎么能射中贼寇呢？”一船沉寂，无人发笑。船桨僵硬而有节奏地拍打着水面，噼噼啪啪，像大火燃烧时迸溅火星的声音。

天色已近黄昏，沉默的小船缓缓逆流而上，离帝都越来越远，鼎沸的嘶喊声渐渐杳不可闻。庾亮茫然地望着建康，一声不吭。

伴随着船桨击水的声音，天黑了。吞噬一切的黑暗里，建康的上空笼罩着一层半黄半红的颜色，灿烂，明亮，那是冲天大火。

22 陶侃东进救危局

东晋初年，由于立国匆忙，缺乏修缮经费，皇宫的建设普遍比较简陋，但对于流民军，眼前所见已足以让他们眼花缭乱。攻破皇城之后，叛军如入无人之境，边走边杀——主要是杀穿军装的人——直奔正殿而来。大多数官员一哄而散，只有少数人留在正殿，陪伴在小皇帝左右，王导就在其中。

要说王导是绝对的道义上的忠臣，在保护小皇帝这件事上，他确实比庾亮尽责。

叛军闯入正殿之后，似乎有掳走小皇帝的企图。他们大呼小叫，呵斥殿上的官员闪开。一个对皇帝忠心耿耿的官员怒喝："苏峻来觐见陛下，尔等岂敢胡作非为！"

估计苏峻是在战前下达过不得伤害小皇帝的命令，叛军一看那个官员正气凛然，气势上先输了几分，谁也不敢上殿抢夺小皇帝，纷纷掉头出殿，争先恐后地跑到后宫里掳掠，就连皇太后庾文君的侍女都遭到了非人的对待。

王导的堂弟王彬当时也在宫中，叛军攻入皇城的这夜，他们强迫百官充当苦役，运输物资。这个五十岁的老人也被强迫出力，屡次遭到毒打。除了洗劫国库，叛军连衣物也不放过，在运送物资出宫的路上，王彬看到了许多赤身裸体的男男女女用席子或苫草遮羞，没有草席的人就躺在地上，把泥土覆盖在身上，整座城中哀号哭叫的声音不绝于耳。

二月初八，苏峻进入皇城，胁迫小皇帝颁布诏书，大赦天下，唯独不赦庾亮兄弟几人。祖约远在豫州，未能到场，被封为太尉，苏峻自封录尚书事，又安排亲信担任丹阳尹、禁军统领等要职。此前曾遭到庾亮打击的宗王首领司马羕见庾亮被赶跑了，也来投奔苏峻。苏峻大为高兴，让他官复原职。王导是两朝元老，名头太响，苏峻不敢招惹，只能好好供着，官职不变。

建康沦陷，坐镇一方的藩镇将领不能坐视不理。所谓藩镇将领，主要指的是陶侃、郗鉴、温峤。对于收复建康，他们的态度却并不一致。

最为热心的是温峤。

温峤是老顽童，平时“为老不尊”，早年在建康供职时，有一次他在走廊里看见庾亮的孩子迎面而来，就躲在暗处想做个恶作剧，吓这个孩子一跳。这个孩子的性格像庾亮，举止庄重，不苟言笑。温峤突然从暗处跳出来的时候，他只是稍微愣了一下，然后正经八百地下跪行礼，严肃地说：“叔叔为何如此？”温峤的“奸计”未能得逞，反而有些尴尬。

建康沦陷的消息传到寻阳，温峤号啕大哭。作为朝廷重臣，他是为国家的灾难而哭；作为庾亮的朋友，他也是为庾亮和庾亮的家人而哭，因为建康与寻阳的联系已经被切断，他还不知道庾家人的下落。没过几天，一脸仓皇的庾亮来到了寻阳。温峤悲喜交加，悲的是只来了庾亮一个——当日他朝着做恶作剧的那个孩子已经死在了建康；喜的是庾亮好歹是平平安安地来了。

庾亮一来到寻阳，先以皇太后庾文君的名义下了一道诏书，给温峤加官进爵。温峤当即拒绝：“我们应该先消灭叛贼，怎么能还没有立功就先行赏？这让天下人怎么看？”

庾亮这样做有自己的考虑，他以败军之将的身份孤身而来，是客；温峤手握重兵，是主。闯出了弥天大祸，庾亮何尝不知道自己的声望降到了冰点，由于不确定是否能调动温峤入京勤王，所以他以皇太后的名义颁布了这份诏书。可温峤是他的铁杆朋友，他连温峤的为人都不了解，还心存提防，狐假虎威地祭出诏书，就未免有些小人之心。

反观温峤，他对庾亮可是掏心掏肺。庾亮狼狈不堪而来，他没有因此傲慢无礼，仍然像从前那样敬重庾亮，还分出一部分兵力交给庾亮掌管，积极谋划反攻建康。不过温峤也有问题——他和庾亮一样，对陶侃不是很信任，没有及早向陶侃求援。

温峤也是士族出身，只是门第不高，受世风影响，温峤向来对陶侃有些轻视，私下称陶侃为“奚狗”。一些历史学家认为，“奚狗”说明陶侃是溪族人，曾经有一段时期，这几乎是定论，近代历史学家陈寅恪就认为陶侃是奚人。后来有人提出疑问，否定了陈寅恪的说法。陶侃究竟是汉人还是奚人？至今众说纷纭，但他出身卑微是毋庸置疑的。

叛军攻入建康时，陶侃的一个儿子就在城里，遭到了叛军的屠戮。于私于公，陶侃都有引兵东进的可能，但是陶侃这个老头儿很倔，与庾亮积怨已深，庾亮和温峤也没有及时意识到联合他的重要性。

郗鉴从一开始就有入卫建康的打算，庾亮以需要他在江北抗胡为由，驳回了他的请求。郗鉴无奈，派遣三千人南下，供庾亮调遣。这三千人还在行军路上的时候，建康就沦陷了，他们只好原路返回。庾亮逃到寻阳之后，惊魂甫定，赶快派人奔赴徐州，请郗鉴尽快率军渡江南下，消灭乱贼。因为不知道叛军的势力到底有多强，也不清楚叛军在建康周边的布防情况，使者赶回来之前，温峤和庾亮只能一边整军备战，一边等待郗鉴传回消息。

三月的一天，一个精通医学和围棋的官员逃出建康，来到了寻阳。正是通过这个官员，温峤和庾亮才知道过去这一个多月里建康发生了什么。这个官员说，叛军入京之后政令不一，贪婪凶暴，已经露出败亡的迹象，表面上看起来很强大，实则外强中干，应该抓住机会，迅速出兵讨贼。

就在当月，陷入叛军之手的庾文君因为忧惧而暴病身亡了，只是不知道此事发生在这个官员抵达寻阳之前还是之后。由于刚愎自用，政策激进，庾亮间接害死了自己的儿子和妹妹，家破人亡，教训可谓惨痛。那个逃到寻阳的官员提供了一个重要的信息——眼下的建康很混乱。对于温峤和庾亮，这无疑是一种鼓励，可那个官员不清楚叛军的兵力和布防情况。所以，温峤和庾亮依然没有轻举妄动。

三月，就这样在看似剑拔弩张实则僵持不下的气氛中悄悄过去了。

如果是在太平岁月，从寻阳赶到徐州，快马加鞭的话，十天半月就能走个来回。然而这是战时，温峤和庾亮派遣的使者得乔装打扮，秘密行进，避开敌占区的重重岗哨和盘查，如果心思不够机敏，不但任务难以完成，连性命都保不住。幸运的是，这个没有在历史上留下姓名的使者出色地完成了任务，把消息带到了徐州。

庾亮当初以需要防御胡人南下为理由，阻止郗鉴入京，当使者赶到徐州的时候，胡人真的来了。但这并不能说明庾亮有先见之明，因为正是东晋内战给予了胡人南下的机会。

此时的中国北方，势力最为强大的政权是后赵，这个政权的首脑是羯人石勒。大致而言，东晋北部边境从西到东依次为陶侃驻防的荆州、祖约驻防的豫州、郗鉴驻防的徐州。陶侃和郗鉴的防御很严密，石勒在荆州和徐州的防线上撕不开裂口；相对于陶侃和郗鉴，祖约的军事才能本来就比较弱，被石勒打得鼻青脸肿，他分出一部分兵力随同苏峻渡江打内战之后，石勒迅速做出反应，出动大军南下，挺进豫州，对豫州左右的陶侃和郗鉴也带来了很大的威胁。

自从苏峻叛乱，建康对徐州的军用物资供应就突然被切断了，如今胡人在侧，郗鉴的部下更是人心惶惶，军营当中处处弥漫着暗淡沮丧的气息。郗鉴固然有勤王之志，但此时却难以渡江南下，他必须先加强边防，然后才能分兵渡江。

陶侃按兵不动，郗鉴想动却暂时动不了，这样等下去，如果叛军在建康站稳脚跟，再想动手就难了。

温峤和庾亮久久等不到郗鉴回音，决定先出兵东进。但他们两个围绕谁来担任讨逆军盟主的问题上产生了一些小小的分歧，互相推让。这时候，一个谋士不失时机地说：“荆州的陶侃兵力最强，两位应该共推他为讨逆军盟主。”

庾亮对这个提议很不满意，但事已至此，岌岌可危的局势已经由不得他的个人好恶了。于是，温峤写了一封信，派人奔赴荆州，请陶侃引兵东进。

陶侃的一个儿子死在了建康，自从噩耗传来，陶侃的夫人每天哭哭啼啼，要陶侃率军东下，给儿子报仇。陶侃不是没有大局观的人，可他就是咽不下那口气，对庾亮当日的种种作为难以释怀。见到温峤派来的使者，他说："我只是镇守边疆的外臣，不敢插手朝廷的事。"使者无奈，打道回府，据实禀报。温峤不甘心，又派人来劝，陶侃依然拒绝，温峤再次派人来，陶侃还是拒绝……来来回回好几次，温峤不耐烦了，派使者带了个口信给陶侃——那你慢慢想着，我们先走了。

陶侃确实有不着急的资本。当时，叛军的兵力多达两万人，温峤的兵力只有七千，而陶侃的兵力至少有四万；叛军攻占建康之后，徐州和江州的物资补给被切断，郗鉴和温峤都面临着物资吃紧的问题，陶侃却不慌不忙，因为他镇守荆州的许多年里，荆州本土的经济发展得不错，军用物资和民用物资都很充足。

温峤麾下有一个叫毛宝的将军，由于有任务在身当时不在军营。使者走后的第三天，毛宝回来了，他一听说温峤给陶侃送了一个带着怨气的口信，赶快来找温峤："成就天下大事，必须天下人共同参与，要想击败强敌，必须以和为贵，不可内有怨隙。即使内心有疑，也不能让外敌知道，何况是主动让敌人知道我们内部不和呢？应该赶快追上使者，让他再劝陶侃，如果追不上，就得另派一个新使。"

温峤一点就透，闻言深以为然，火速派人星夜兼程，追到使者，更改了口信内容，再次恳请陶侃出兵相助。

果然如毛宝所料，这一次陶侃一口应允，派遣前锋将军率领一部分人马先抵达寻阳，以示合作诚意，并约定将于五月上旬率领主力参战。温峤吃了一颗定心丸，于是广发檄文，宣布祖约、苏峻的罪状，号召忠于王室之士一起讨伐逆贼。可没过多久，陶侃却派来使者，要求召回前锋。

这又是为什么呢？因为在这份讨逆檄文中，温峤没有明确说明陶侃是讨逆军盟主。按照先前的约定，讨逆之事唯陶侃马首是瞻，檄文自然应该由陶侃发布。温峤急于出师，却一不小心又得罪了陶侃，幸好他反应快，知道问题出在哪里。

几天之后，陶侃又接到了温峤的一份亲笔信。

信文一开头，温峤单刀直入，承认了陶侃的讨逆军盟主的地位。然后，他以惶恐的语气说，自从上次约定出师日期，各路义军整装待发，就等您一声令下，如今您突然召回前锋，大家都未免有些疑惑。紧接着，他婉转而有技巧地说，前几天之所以急于东进，并非目无长上，而是在为您充当先锋，向天下人展示讨逆的决心。随后，他晓以大义——如果放任叛军不理，一旦他们坐大之后向西挺进，荆州就会陷入胡人与叛军的夹击。为国，东进平乱可以成就不世之功；为私，消灭苏峻可以报杀子之仇。

这些大道理其实陶侃都懂，他想要的只是温峤的态度。看到书信，他心里的疙瘩解开了，当即换上戎装，率领三万多人扬帆启程，连儿子的葬礼都没有参加。

在陶侃所率的舰队赶赴寻阳的路上，郗鉴在徐州举办了一场气势撼人的誓师大会。大会当天，徐州军宰杀了一匹白马，歃血立誓。郗鉴登上高坛，发表誓师演说，声讨苏峻和祖约的罪状，将他们比作周末的犬戎和汉末的董卓，号召三军为国效力，诛灭逆贼，不成功就决不罢休。最后，他以“有违此誓，神明不容”为结语，结束了誓师演说。

南下之前，郗鉴派人到建康打探过消息，大致摸清了叛军的动向。史书没有明确的记载，但是他为人谨慎，必然是部署好了防止胡人南掠徐州的边防措施之后才举办誓师大会的。大军出发的时候，他还向寻阳派遣使者，报告了自己的讨逆方案。

扬州境内以三吴地区最为富庶，而三吴地区又以会稽郡最为富庶。根据斥候的回报，建康粮草不继，叛军似乎有意裹挟小皇帝奔往会稽郡。郗鉴不打算与叛军打硬仗，他的讨逆方案是渡江之后占据京口（今江苏镇江），坚壁清野，围住敌军，静待敌军不战自乱。

在东晋历史上，京口是一座重要的军事重镇，既是防卫建康的门户，也是北伐的重要出兵地之一。京口由一座边关荒城变为军事要塞，就是发端于郗鉴之手。郗鉴为什么认为占据京口就能迫使敌军自乱阵脚呢？因为建康的粮草需要三吴提供，而京口是物资运输通道的咽喉。对于郗鉴的提议，温峤也是极为赞同的。

赶赴寻阳的路上，陶侃放出风声——所有的祸事皆因庾亮而起，必须杀了庾亮向苏峻谢罪。

话说得很凶，但庾亮是皇亲国戚、顾命大臣，谁敢杀他？陶侃其实没有真杀庾亮的念头，这样说只是恶作剧。庾亮却真的被吓住了，逃跑？逃到哪里？见面？又害怕被杀。随着陶侃的临近，庾亮惶惶不可终日，温峤说："你不用怕，我了解陶侃，我给你担保，你只管去见他就可以。"

五月，陶侃抵达寻阳。温峤和庾亮前去迎接，一看到陶侃，庾亮远远地就伏地叩拜。

陶侃比庾亮大三十岁，当年他在东晋政坛上呼风唤雨的时候，庾亮才刚刚学会走路。但过去很多年，陶侃一直是边将，没去过建康，这应该是他和庾亮第一次见面。

或许在庾亮的想象中，陶侃是个粗野蛮横的武夫，如今见面，他才知道陶侃并不是很像武人。仅看形象，与其说陶侃是藩镇统帅，不如说他更像一个富家翁，可他身上所具备的那种沉稳而迫人的气质，却绝非富家翁所能比。庾亮英俊倜傥，这在东晋尽人皆知，或许在陶侃的想象中，庾亮只是个外强中干的绣花枕头，如今见面，他才知道，庾亮或许的确外强中干，但是他的姿容仪表足以让人忽略他的缺陷。

一见庾亮叩拜，陶侃反而有些尴尬，他急忙扶起庾亮："庾元规居然拜我陶士行？"庾亮惶恐不安，引咎自责，反省过去的种种错误，请陶侃原谅。

几年以前，庾亮曾经凭借姿容风度使王敦在不知不觉中移席，这一次，他这一张脸又赢得了陶侃的谅解，不过不是完全谅解。迎接活动结束时，陶侃忍不住开了一句玩笑："当日你修筑石头城防备我，今日居然反过来有求于我。"抵达大本营之后，温峤布置接风宴给陶侃洗尘，吃薤菜的时候，庾亮把薤白都剩下了，陶侃问为何如此，庾亮说薤白还可以种，陶侃大笑："元规不但姿容风流，还有治世之才啊！”看起来像夸奖，实际上可能只是明褒暗贬，讽刺庾亮顾小不顾大——庾亮的为人确实如此。但在宴会当天，这只是一些无关紧要的小插曲，无论如何，战略合作毕竟是达成了。

江风鼓荡，在温峤和庾亮的陪同下，陶侃登上战船，率领四万多人顺江而下，旌旗飘飘，战鼓如雷，开赴建康。据史官记载，讨逆军的旌旗绵延长达七百多里，战鼓之声响彻百里，声势颇为壮观。

23 乱局

不占领建康东部富庶的三吴地区，叛军的军用物资用不了多久就会枯竭，苏峻并非意识不到这一点，他也有裹挟皇帝窜入三吴的打算，然而从建康沦陷到盟军东进的三个多月里，他却一直在建康西部活动。因为不肃清这里的反抗者，他和祖约之间的联系就会被切断。

陶侃率领讨逆军顺流东进时，苏峻正在姑孰。苏家军擅长陆战，如果在陆上开仗，他有信心碾压对手，如果是打水战，他就没那么有信心了。为了确保万无一失，他在建康西部的据点里留下了一部分兵力，然后亲自率领主力撤到了石头城。

五月十八日，大雨。

苏峻亲赴建康，逼迫小皇帝移驾石头城，王导极力劝谏，认为不可。苏峻不喜欢老头子王导的啰唆，但他对王导有些说不清道不明的敬畏，只是以冰冷而不失礼貌的态度婉拒了对方的谏言。王导无奈，只好和几个大臣带着哭哭啼啼的小皇帝仓促移驾。

雨水很大，道路泥泞，赶往石头城的路上，跟着小皇帝车驾步行的几个官员很是狼狈。苏峻于心不忍，分出几匹马给他们骑，这几个官员却一口回绝，声明与他势不两立。苏峻闻言很不痛快，但他不敢轻易诛杀这几个大臣，只能命令士兵严加监视，防止他们通敌。此外，他还强迫秦淮河南岸的居民集体迁移到宫城区，并命令心腹率军把守。

叛乱爆发初期，三吴地区的一些士族就自行组建义军，准备开赴建康平乱。

或许是担忧有的人打着勤王的旗号趁机扩充私兵，庾亮宣称随意起兵者杀无赦，所以三吴义军迟迟不敢有所动作。苏峻因此产生了侥幸心理，以为有跟他们合作的可能，于是利用紧握在手里的小皇帝，派遣了一个官员到三吴地区以朝廷的名义活动，希望兵不血刃地把三吴收入囊中，壮大自己的势力，并将这里的粮草物资收为己用。

这个官员走了，临走前他意味深长地看了王导一眼，但苏峻并没有注意到这个细微的动作。

出了石头城，这个官员马不停蹄地来到了三吴，但他并非代表苏峻而来——就像他事先和王导暗中约定的那样，他发布了另外一道谕令，敦促三吴义军赶快入京消灭苏峻。短短几天里，三吴义军一万多人迅速集结，推举王舒为最高统帅，开赴建康，并向郗鉴的徐州军输送了一批军用物资。

王舒原先是湘州刺史，庾亮执意征召苏峻入朝的时候，政治嗅觉灵敏的王导意识到庾亮要惹大祸，为了给朝廷和琅琊王家留下后路，他请求朝廷改任王舒为会稽内史。王舒的嗅觉不太灵敏，没看到王导的用意，认为会稽的地名与他的父亲王会的名字相冲，到会稽上任是对父亲在天之灵的一种亵渎，拒绝了朝廷的任命。朝廷认为这个理由靠不住——会稽之会读“快”，王会之会读“惠”，这怎么能算对亡者的不敬呢？可王舒执意不肯上任，王导都要让他气笑了，只好以朝廷的名义，更改会稽为“郐稽”，王舒才走马上任。

苏峻发动叛乱之后，为了拉拢琅琊王家，加封王舒为扬州刺史。王导传来指示之前，王舒接受了苏峻的册封，等到使者赶来，命令三吴义军入京平乱，他知道这是王导的意思，这才调度各路义军向建康挺进。

当时，庾亮的弟弟庾冰在会稽郡避难，苏峻不知道发生在三吴的一切是王导在幕后操纵，以为是庾冰促成的，于是发布诏书，宣布赦免庾亮的几个弟弟，企图与义军握手言和。当然，这毫无用处。

前文已述，郗鉴所率的徐州军南下之后驻扎在京口，苏峻要想在三吴逞威风，首先得过郗鉴这一关。然而，当他的军队向三吴挺进时，郗鉴的徐州军却离开了京口。

当初为了说服陶侃助阵，温峤欺骗陶侃，说陶侃率领荆州兵到建康压场就行，不需要上阵杀敌，叛军暴虐无道，天怒人怨，只要讨逆军挥戈东进，老百姓肯定箪食壶浆，忠臣良将肯定云集响应，军用物资肯定源源不断，消灭叛军肯定易如反掌。陶侃信以为真，以为叛军已成强弩之末，再发动一场合围性的大决战就万事大吉，所以在东进途中派遣使者奔赴京口，约定会师日期，请郗鉴自京口启程，到茄子浦（今长江南京段的一个小岛，又叫茄子州）会师。

郗鉴一走，就等于为苏峻的军队敞开了挺进三吴的大门。

盟军即将兵临城下，苏峻为了应付三吴战事又分出去了一部分兵力，此时他面临的局势很不乐观，盟友祖约的态度也让他惴惴不安。

祖约有个很要命的毛病——贪财。喜欢钱财不是什么错误，但是祖约对财物的喜爱有些病态，数钱在他的生活中就是一种娱乐活动。如果有人开出令人心动的筹码，谁也不敢保证他不会变换阵营。为了巩固同盟，防止祖约临阵倒戈，也为了解决祖家军军粮匮乏的问题，苏峻给祖约运送了万斛军粮，并且事先告诉了祖约一声，让他派人接应。经过商议，祖约跟苏峻把接头地点定在了茄子浦附近，而当时盟军的舰队就停靠在茄子浦。

祖约的运输队在北岸大摇大摆地运送军粮时，盟军将士摩拳擦掌。温峤唯恐初战不利，影响士气，于是通告全军——随意上岸者杀无赦。毛宝对此很不满意，认为不是所有的军令都得遵从，哪有敌军在眼前大摇大摆，却任由其放肆的道理？所以他擅自率领一个千人队悄悄登陆，向祖约发起勇猛的突袭，截获了敌人的军粮，并杀伤了一万多人。

不遵将令有罪，但如此辉煌的战果已足以抵消抗命不遵之过。温峤不是死板的人，所以没有处罚毛宝，还给予重赏。

五月下旬，郗鉴抵达茄子浦，与盟军主力会师，一起开赴石头城。

长江上战鼓咚咚，万千旌旗在风中猎猎飞扬的声音聚集在一起，像成千上万的箭镞划破长空时的尖啸。登上烽火台俯瞰，只见江上的敌船密密麻麻，苏峻不禁脱口而出："我早就知道温峤能得人心啊！"

回望身后长龙般的船队，本该意气风发的温峤却是另外一番心情，面对陶侃时，他甚至有些心虚。

陶侃是老江湖，站在巨舰上远眺石头城，他马上发现有些不对头：叛军严阵以待，士气高昂，哪里像温峤所说的那样不堪一击！但他对叛军的情况不是很了解，以为敌人高昂的战意是困兽临死前的凶猛挣扎，不可力敌，只能智取，于是命令全军不要轻举妄动，等想好破敌之策再出手。

陶侃不出手，三吴的王舒可就倒霉了。自从郗鉴离开京口，苏峻的军队长驱直入，接二连三地挫败义军，攻城略地。王舒的作战意志很坚决，可指挥能力不是很好，致使三吴局势岌岌可危。幸运的是，他有一个厉害的儿子——王允之，就是当年在王敦的军府里装醉避祸的那个聪明孩子。

王允之这一年二十五岁，此前没有打过仗，不知道他从哪里学会的作战技能，一登场就出手不凡，率领精兵发动突袭，打得敌军措手不及。但这只是战术上的胜利，战略颓势并没有被扭转，占据优势的还是叛军及其追随者。

陶侃不了解具体情况，以为这是最后的决战，还在慢慢想计策。温峤和庾亮深知形势的险恶，明白这是持久战，越这样一天天按兵不动，就对敌人越有利。

盟军到达石头城附近之后没过几天，急于讨逆的庾亮主动出兵，率军离船登陆，向苏峻发动了攻击，结果连败两次。庾亮觉得丢人，把象征天子威仪的符节上交给陶侃以示谢罪。盟军擅长打水战，叛军擅长打陆战，陶侃认为战败不全是庾亮的过错，拒绝接受符节："古代的大将连败三次才上交符节，君侯才败了两次，不必如此。"紧跟着，他又加了一句让庾亮有些难堪的话："可如今事态严峻，不能再败第三次了。"

前哨战失利，陶侃看出了一个问题——必须在岸上建立营垒。如此一来，进可攻，退可守，否则一旦交战不利，就得被敌军追着杀到水里。

营垒该建在哪里呢？陶侃的问题一抛出来，船舱上的指挥部里七嘴八舌，有的人认为应该建在秦淮河南岸，有的人认为应该建在石头城北部。选择前者的好处，是能够以秦淮河为屏障，建垒的时候不必担心遭到袭扰，建成之后难以遭到攻击，坏处是渡河的时候有可能遭到敌军的攻击；选择后者的好处，是可以凭借石头城北部的山势建立一座易守难攻的堡垒，便于出兵，能够近距离地威胁敌军，坏处是建垒的时候容易遭到袭扰。

几经商议，陶侃选择了后者，把建造营垒的任务交给了老成持重的郗鉴。郗鉴趁夜上岸，命令全军抢工，一夜之间就在石头城北部修建了可以容纳几千人的白石垒。

平明时分，叛军看到一夜间拔地而起的白石垒，大为惊慌。这一天清晨，苏峻正打算向三吴派遣援军，接到城头哨兵的回报后，命令守军擂响战鼓，越响越好。盟军刚刚进驻白石垒，就听到鼓声，大惊失色，唯恐在立足未稳之际遭到叛军攻击。一个聪明的谋士却通过风向判断出苏峻是在虚张声势，让大家无须惊慌。他认为苏峻要想进攻白石垒，必定会选择刮东北风的天气，因为在此情况下盟军的舰队逆风而行，难以及时救援白石垒的驻军，而今日晴朗无风，苏峻定然不会出兵。

苏峻在烽火台上观望很久，见白石垒的敌军并没有弃营而逃的迹象，知道自己的计策被识破了，便下令停止击鼓。

长江上舳舻千里，白石垒里枪戟如林。陶侃、郗鉴、温峤、庾亮这四大巨头披坚执锐，在城外紧锣密鼓地筹划着破城之策，在如此危险的局势下，苏峻却做出了分兵的大胆决定——一部分兵力向东挺进，占领三吴，夺取粮草；一部分兵力向西挺进，消灭桓彝，打通与祖约之间的来往通道。

自从苏峻起兵叛乱，桓彝就自行组建义军对抗叛军。建康沦陷之后，周边郡县纷纷倒向叛军，桓彝的谋士建议假装投降，苏峻也派来劝降使者，桓彝却严词拒绝，苦守泾县（今安徽泾县）。

泾县位于建康与祖约的大本营之间，如果不占领这里，苏峻与祖约之间的联系通道就有被切断的危险。随着局势的日益紧张，苏峻失去了劝说桓彝的耐心，终于出动大军发动了志在必得的猛攻。泾县县令江播眼见叛军来势汹汹，便暗中勾结叛军，出卖了桓彝。六月，即盟军东进的次月，泾县被攻破，桓彝兵败被杀，江播满脸堆欢，欢迎叛军入城，鞍前马后地奔走，一脸令人不齿的谄媚。一个不起眼的角落里，一个十五岁的少年哭得双眼流血，正在愤恨地盯着江播，江播害死了这个少年的父亲，而在三年后，这个叫桓温的少年将让江播绝后。

消灭桓彝之后，苏峻调动西线的军队奔赴东线，加强了对三吴的攻势，王舒承受不了巨大的压力，屡屡向陶侃告急。陶侃这才明白把郗鉴从京口召来是个错误的决定，于是又赶快派郗鉴北上京口，改派庾亮镇守白石垒。

郗鉴回到京口，筑造了三座壁垒——庱亭（今江苏常州）、曲阿（今江苏丹阳）、大业（今江苏句容），分兵把守，掐断了三吴叛军与建康之间的通道。叛军唯恐陷入腹背受敌的绝境，于是一部分兵力继续向南推进，另外一部分兵力则掉头北上，直扑京口的门户大业。如此一来，东线战场就分裂成了南线和北线两部分。

叛军兵分两路之后，南线的三吴义军承受的压力稍有减缓，在王允之的指挥下打了一个漂亮的翻身仗，斩杀敌军千余人，招降两千人，遏制住了敌军的攻势，并且开始向北线推进。

东线的讨逆战事刚刚有所好转，西线却忽然发生剧变——温峤的大本营寻阳，遭到了祖约的攻击。

为什么祖约早不出手晚不出手，偏偏在这时候动手呢？因为他被后赵打得招架不住了，祖家军当中的一些高层武官暗中联络后赵，企图北逃，一个高层武官甚至发动了一次小规模的兵变，意图捉拿祖约，作为投奔后赵的投名状。祖约吓破了胆，派遣大部队南下，图谋鸠占鹊巢，占领温峤的大本营。不过，并不是祖约麾下所有的高层武官都想投奔后赵，有一个武官看出祖约是自取灭亡，在祖家军主力南下之前率部离开，驻扎在寻阳附近的马头山，准备投奔盟军。

荆州在寻阳上游，一旦寻阳失守，陶侃的处境也会很危险。听闻祖约奔袭寻阳，陶侃大吃一惊，打算亲自率军回援。毛宝认为，陶侃是盟军主帅，需要坐镇前线，不能轻易离开，因此毛遂自荐，请求率领一部分兵力回救寻阳。

南下途中，经过马头山时，祖约的主力看到那个武官驻扎在山上，于是大举进攻。那个武官独力难支，向毛宝求救。毛宝怀疑其中有诈，不敢做出回应，直到那个武官派出儿子求救，毛宝这才相信。他率领的主力走的是水路，离马头山还比较远，为了及时援救友军，他率领轻骑上岸先行，快马加鞭，奔向马头山，让主力尽快随后跟进。

毛宝赶到马头山下的时候，战斗已经开始了。毛宝所率的只是兵力单薄的前锋，祖约的军队人多势众，毛宝的军队看到背后出现敌人，立刻一哄而上。毛宝还没有来得及在包围圈上撕开一个裂口，他的部下就在刀光闪烁的大阵之中消失得无影无踪，他的大腿上也中了一箭，被钉到了马鞍上。等他奋力杀出敌军大阵，天已经黑了，战靴里全是黏稠的血。他让随从按住马鞍，拔出腿上的箭，简单包扎了一下，就亲自率领主力，星夜兼程赶路，又奔向马头山。

幸运的是，祖约的主力这时候还没有攻下山头。毛宝的军事才能也远在祖约之上，在他的指挥下，全军浴血奋战，没有耗费太多时间就接连摧垮敌人的两个大营，断绝了祖约侵占寻阳的念头。

七月，后赵大举南下，祖家军发生大分裂，一部分将领充当内应，抓捕了祖约的家人投奔后赵，祖约仓皇逃奔历阳，祖逖一生的心血一夕间付之东流。

24　瞬间：苏峻暴死

天色阴暗而闷热，祖约失败的消息像积雨云一般压在石头城上空，苏峻的大本营里气氛紧张，几个面色严峻的将官围着铺开的地图指指点点，讨论着下一步的走向。

祖约的无能导致西线局势已经难以挽回，只有猛攻富庶的三吴才有扭转乾坤的机会。对于这一点，苏峻与诸将的看法是相同的；对于如何处理内部问题，他的意见却与众将相反。众将认为，祖约落到如此狼狈的田地，就是因为内部不稳，鉴于前车之覆，应该诛杀王导等朝廷老臣，防止他们暗中作梗。苏峻却认为王导德高望重，杀之不妥。

会议结束了，苏峻疲惫而焦躁地叹了口气。夜幕里，众将打着火把各回住所，当大多数火把四散而去的时候，几个火把却渐渐靠近了……

太阳照常升起。

苏峻离开大本营，来到了城东北的一个仓库里。他要去上朝。

自从小皇帝被裹挟到石头城，这个原先储藏军械的仓库就成了驻跸之地。仓库里的布置很简陋，小皇帝的膳食也很粗疏，不久之前，苏峻送过一些慰问品，被小皇帝身边的几个大臣拒绝了。他们每天都寸步不离地陪伴着小皇帝，逐字逐句地给小皇帝讲解古老的《论语》和《孝经》。看到苏峻进仓，他们只是礼貌而冷漠地停顿了一下，小皇帝却有些害怕，毕竟这只是个孩子，在他心里，苏峻粗声粗气，放肆粗野，像噩梦里恐怖的怪物。

苏峻每天都来“上朝”，不过没有什么事，他只是以这种行为来表示自己的身份是臣，而非叛贼。每当看到小皇帝案头的《论语》和《孝经》，他的心里就有些异样的感觉。作为一个曾经的读书人，他对这些典籍很熟悉，只是现在想想，那像是上辈子的事，太遥远。

例行完公事后，苏峻急匆匆地离开了，大步流星地赶回最需要他的地方——大本营。当他的身影在仓库入口那一束晃眼的阳光里渐渐消失的时候，王导示意一个叫袁耽的官员到他身边。王导已经五十二岁了，是个老人，虽然听力和视力有些迟钝，但他在官场上屹立这么多年而不倒，依靠的从来都不是头上的眼睛和耳朵，他真正的眼睛和耳朵是会走路的，无处不在，无孔不入。他知道苏峻召开了一次军事会议，与几个战将产生了一些分歧。

袁耽以心思机敏而闻名，但有些吊儿郎当，是一个赌术极精的著名赌徒，在建康城的赌博圈里是一个类似于赌神一般的存在。少年时代的桓温喜欢赌博，有一次他赌得两手空空，负债累累，袁耽当时正在服孝，桓温被债主逼得走投无路，抱着试一试的心态向袁耽求助。袁耽一听桓温说明来由，就换下丧服，把孝帽卷起来藏在怀里跟着桓温来到了赌场。债主听说过他的名气，但是没有见过，一看桓温请来的帮手有些高手的架势，还开了一句玩笑："你不会就是袁耽吧？"等到赌局开始，袁耽每一局都下注十万，每一次扔下骰子都大呼小叫，旁若无人，跟跳大神一样，但每一次都能赢。赢到百万，估计桓温的赌债已经清了，他得意地把孝帽掏出来，一把摔到地上，"这一下你认识袁耽了吧！"

袁耽走到王导身边，王导低声交代了几句，他会心地点了点头。这是一个重要的任务，需要见微知著的推断能力和准确拿捏时机的洞察力，把这样一个任务交给精通赌术的袁耽，王导很放心。

石头城里，没有烽烟的战争开始了；石头城外，看得见烽烟的战争依然在继续。

为了扫清西线的敌军，苏峻发动了凶猛的反扑；同时，为了吞并富庶的三吴，他还派遣援军奔赴东线，以志在必得之势向郗鉴发动了狂暴的进攻。

对于苏峻来说，东线最危险的障碍是白石垒。郗鉴回驻京口之后，白石垒由庾亮率领两千人镇守。苏峻出动步兵和骑兵一万多人发动了一次铁壁合围式的攻击。壁垒里的许多人见敌军从四面八方涌来，不由像热锅里不安地跳动的豆子般颤抖着。此情此景，不由让庾亮回想起了出逃建康的那一天，但他知道，自己已没有脸再逃跑了。他害怕，怕得要命；他在嘈杂的营垒里四处奔走，跑得腿都要断了；他声嘶力竭地呐喊，喊得嗓子火辣辣地疼，有那么几个瞬间，他觉得今天就是自己的死期，但他这一次总算不辱使命，费力地击退了敌人。

攻占白石垒的计划失败之后，苏峻不再对这里死缠烂打，而是改变策略，以劫掠物资为主，屡次出兵袭扰敌人。在整个东线战场，盟军在战略上占据优势，但苏家军屡屡出兵袭扰，几乎次次不落空，在战术上更为主动。

讨逆之战打了快半年了，石头城依然难以撼动分毫。一些官员认为苏峻狡黠而有胆略，部下骁勇善战，如果看天意的话，叛军终将有灭亡的一天，如果看人力，短时间内并没有消灭叛军的可能。对于这种论调，温峤起初很愤怒，说这是灭自己志气，可是经过一次又一次的挫败，连他自己都有些心里没底，因为军粮也要见底了。

当初盟军东进，各自带着各自的军粮，温峤的军粮没了，但陶侃还有，于是温峤打起了陶侃的主意。陶侃不愿意借给温峤，说自己也没粮了，并且当场大怒："东进的时候你信口开河，说只让我当盟主压场，良将和军粮多的是，如今连战连败，军粮哪里有？良将又在哪里？荆州北有胡人，西有成汉，要是我不在的时候他们突然入侵，麻烦就大了。我不能一直在这里耗着，要是你没有军粮，我就先回去了，以后再慢慢想办法。"

温峤向来伶牙俐齿，但这一次他被陶侃呛住了，没有发挥出正常水平，话说得有些颠三倒四。诓骗陶侃的事他丝毫不提，张口就讲了一通团结就是力量的大道理，说苏峻罪恶滔天，挣扎不了多久了，只要再鼓一把劲就能把他彻底消灭，我们怎么能在成功即将到来之际前功尽弃呢？紧接着，他又说，我们都是朝廷重臣，应当与朝廷同进退，讨平逆贼，如果失败，我们就应该粉身碎骨以报国——刚才还说再加把劲就能轻而易举地消灭苏峻，这会儿又说可能会失败。然后，他反过来将了陶侃一军，说现在骑虎难下，你留下还好说，要是你执意要走，你就是背叛我们的共同目标，我们盟军就要掉过头来打你。

温峤的嘴跟连弩似的说了一大堆道理，陶侃的回复只有一句话——我也没粮了，我要走。

温峤没有办法，只好垂头丧气地回营。这一次救场的还是毛宝，他给温峤做了保证，说能让陶侃留下。

毛宝的说辞前半部分可以归结为一句话——事已至此，有进无退；真正打动陶侃的应该是后半部分——敌军骁勇强悍，但并非人人不怕死，你再让我试一次，如果我失败了你再离开也不晚。前不久毛宝曾经回援寻阳，短短几天里就摧毁了祖约的两个营垒，这给陶侃留下了很好的印象，所以他勉强答应了毛宝的请求。

一百多年前，曹操与袁绍在官渡相持不下，曹操派奇兵偷袭乌巢，烧毁了敌人的军用物资，为夺取最后的胜利奠定了基础。与曹操获胜的手法相似，毛宝没有一味与敌军硬拼，而是蛇打七寸，发起突袭，烧毁了敌军两个大粮仓。陶侃看到了成功的希望，打消了班师回营的念头，还分给了温峤五万石军粮。

西线遭到重挫，苏峻怒火攻心，急令东线的军队加强攻势，全力夺取京口。

郗鉴在京口附近建造的三座营垒中，以郭默镇守的大业垒最为重要。为了攻占此地，敌军采取了围攻战术，断绝了大业垒的水源。当时京口一带很荒凉，土质坚实，难以开凿，为了防备盗墓贼，很多人把这里选择为葬地。守军水源被截断，不得不饮用粪水解渴。郭默唯恐营垒被攻破，就派遣一部分士兵出垒发动攻击，吸引敌人的注意力，命令另外的士兵坚守，自己则悄悄从南门逃走了。九月初三，石头城也发生了一起出逃事件——经过袁耽的暗中活动，苏峻麾下的几个战将追随王导潜逃出城，投奔白石垒。

石头城出逃事件虽然使苏峻很不愉快，但这没有对苏家军造成多大的影响；郭默出逃事件则不然，引发了轩然大波。消息传到京口，守军人心惶惶，一个高参认为，不如暂时撤退到江北的广陵再做打算。郗鉴大怒，痛斥这个高参动摇军心。可是发脾气无济于事，问题终归是要解决的，郗鉴也没办法，只能向陶侃求援。

如果大业失守，京口被攻破，富庶的三吴落到叛军手里，盟军好不容易才在西线夺取的优势也就没有什么意义了。陶侃清楚大业的得失意味着什么，打算派军救援，然而一个参谋极力劝阻，认为盟军不善陆战，如果救援不利，不但损兵折将，甚至会影响西线的局势，不如采用围魏救赵之计，猛攻石头城，以解大业之围。

九月二十六日，盟军全军出动，发起大决战。

温峤在岸边建立临时太庙，举行祭拜仪式，登坛发表誓师演说，慷慨激昂，声泪俱下，他再一次发挥了出色的鼓动能力，成功地调动起了全军的士气。

烈日当空，尘土飞扬。誓师大会结束之后，陶侃指挥主力结阵，开往石头城西侧，庾亮和温峤指挥一万多人结阵，自白石垒启程，开往石头城北侧。虽然天气炎热，但在生死只在一线间的战场上，所有的人都不敢有丝毫疏忽，都穿戴上了护具，同时尽可能地把武器打磨得锃亮而锋利。从高空俯瞰，这两支结阵缓行的军队像两架制作精密的战争机器，每一个反射着金属光泽的部件，都与整体保持着严丝合缝的协作。

温峤和庾亮指挥的军队当中，有两个此前一直默默无闻的将官，一个叫彭世，另一个叫李千。他们的武器是长矛，这种武器的特点是可以将敌人刺杀在安全距离之外，穿透力强，缺点是一旦敌人进入安全距离，难以进行近身搏击。由于苏家军骑兵强悍，彭世和李千所率的两个长矛队被排在大阵的前方，肩负的任务是利用长矛结成刺猬一样的战阵，在敌军的骑兵发动冲锋时刺敌于马下，为后面的步兵发动近身搏击战扫除障碍。

此前深沟高垒的敌人主动寻求大决战，苏峻正求之不得，但他知道苏家军兵力有限，并不打算在石头城外两线开战。大决战当天，他大开宴席，犒赏三军，斥候传回军情之后，他决定各个击破，先派出八千人，猛攻兵力比较少的温峤和庾亮，再集中所有兵力攻击陶侃。

尽管温峤和庾亮在前锋当中部署了相应的兵种，可在敌军发起突袭的那一刻，弓箭兵、枪兵、骑兵、步兵……就像一堵堵颓败的墙壁一样被依次冲开缺口。对于盟军的将士来说，在这种情况下，等级分明的军衔都成了多余的东西，往日里指挥官与士兵泾渭分明的界限变得全无意义，什么正与邪、忠与逆都失去了存在的价值，剩下的只有强烈的求生欲望。严丝合缝的战争机器仍然在运转，但只能在遮天蔽日的烽烟中发出溃败的哀鸣，像一辆在沟里摔得四脚朝天的战车，车轮依然在转动，但已经无法进入常规作战状态。彭世和李千只是被冲垮的战争机器上的一个小部件，在嘈杂混乱的战场上，他们并不清楚队伍究竟是怎么被冲垮的，此时此刻只能在求生欲望的驱使下边战边退。

目睹自己的军队像强劲的弩箭一样一层又一层地射穿了敌军的阵型，在高处督战的苏峻忽然产生了一种古怪的嫉妒感，因为他认为这样一场碾压式的战斗如果换成自己去打，肯定会打得更漂亮。这时候的他已经有些醉意，在酒劲的驱动下，他命令随从牵来战马，只率领了几个骑兵策马奔向乱军之中。

“连我的一个部将都能如此，难道我还不如他们吗？”——这是苏峻上阵前留下的最后一句话。

突入战场之后，苏峻在阵中冲杀一番，酒劲下去了几分，这才意识到自己作为主帅不应该以身犯险。敌军虽然濒临大溃败状态，但依然有些垂死挣扎的反弹力，于是他匆忙调转马头，打算撤离战场。坐骑没有冲刺多远，忽然脚下一个趔趄，苏峻猝不及防，差一点摔下马背。而这一幕同时被彭世和李千看在眼中，刹那之间，他们不约而同地用尽全力，投掷出了手里的长矛。苏峻还没有来得及在马背上坐稳，身体就被锐利的长矛刺穿了。在疼痛感和长矛惯性的刺激下，他下意识地松开马缰，重重摔落在地上，砸起了一股烟尘。紧接着，他的眼睛被刺痛了，不是日光，是寒光烁烁的刀剑，几个正好在他身边的敌军士兵争先恐后地挥下了锋利的兵器，身首分离之后，苏峻的肢体甚至连抽搐的时间都没有就被砍成了好几块……

“万岁！”

“万岁！”

“万岁！”

……

以苏峻的碎尸为中心，喜悦的呼喊声像涟漪一样一圈圈荡开，扩散到了整个战场，战局在刹那之间发生了惊人的逆转。失去主帅的叛军无心再战，纷纷化作鸟兽散，声势复振的盟军随之展开了猛烈的追击。彭世和李千瞠目结舌地看着这戏剧性的一幕，不敢相信自己的眼睛。此时的他们并没有意识到，投掷出长矛的那一刻，居然是一个改变历史走向的节点。

25 内战余波

如果苏峻当天不死，战局会发展到哪一步呢？我们假设一番。

石头城大决战，直接影响着京口战事的成败。如果苏峻不死，在大决战当中击败盟军，京口的郗鉴显然没办法再坚守多久；如果苏峻和盟军势均力敌，相持不下，京口的处境同样也很危险。

无论苏峻获胜还是与盟军打成平手，京口都面临着失守的可能。一旦京口沦陷，叛军主力进入富庶的三吴，这场战争什么时候才能结束，恐怕只有天知道。

在当时的中国北方，后赵与前赵的厮杀已接近尾声，羯人石勒很快就会成为北方的主宰。如果南方的战争进入持久状态，长年累月攻伐不休，石勒趁机南下，东晋的命运可就大大不妙了。

幸好，当历史的长河左冲右撞而不知何去何从的时候，两支长矛扎开了泄洪的通道。

苏峻死后，苏家军残部逃回石头城，推举苏峻的弟弟苏逸为首领，避战不出。京口一带的叛军听闻主帅殒命，主力匆忙回援石头城，余部继续进攻郗鉴。

咸和四年（329年）正月，镇守建康宫城区的叛军被策反。随后，盟军出师攻打盘踞在历阳的祖约，正月二十五日夜里，祖约仓皇出逃，投奔后赵，结果被石勒杀死，只有祖逖的小儿子侥幸躲过一劫。

为了夺回宫城区，苏逸亲自率军向建康挺进，在出师前诛杀了几个计划带着小皇帝出逃的官员。当时镇守宫城的是毛宝，争夺宫城的过程中，叛军再次纵火，焚毁了皇城，战斗虽然打得很惨烈，但毛宝终究守住了皇城。

二月十三日，盟军发动总攻，阵斩苏逸，小皇帝被趁乱救出，送到了盟军战船上。温峤、陶侃以及其他官员登船觐见天子，痛哭流涕，请小皇帝降罪。

司马睿在世的时候，曾经赐给过王导一个符节，王导一直视若珍宝。几个月前，逃离石头城的那一天，因为走得匆忙，保命要紧，他没有来得及带走。在二月十三日这一天，盟军占领石头城之后，他赶快派人进入石头城，找到符节，然后带着它来到了小皇帝所在的战船上。

为什么要带着符节呢？王导这个人有个毛病——倚老卖老。比如他与同僚闲聊的时候，总是喜欢说自己在前朝的时候有多么风光，曾经与哪些大人物谈笑风生。有一次，一个人就听不下去了："说来说去就是想让大家夸夸你，翻来覆去地说都让人听烦了。"王导这一次带着符节而来，估计也就是为了装点门面，显示自己是两朝元老，高人一等。可陶侃却开了一个不太友善的玩笑，他端详了一会儿符节，话里有话地说："苏武的符节好像没你这个好。"这是在讽刺王导身为重臣，却没有尽到重臣的责任与义务，当初仓皇逃离石头城，连小皇帝也不管。王导羞愧得面红耳赤。

虽然被陶侃夹枪带棒地嘲弄了一番，但王导至多只是有些难堪，相比较而言，庾亮的心情无疑要复杂得多。

当初很多人劝庾亮不要刺激苏峻，他闭目塞听，拒绝接受意见。结果，内战爆发，他的儿子死了，妹妹死了，父母的坟墓也被叛军刨了，挫骨扬灰。虽说他平乱有功，可祸事也是因他而起，那一点点功绩远远无法抵消祸国殃民之过。

二月二十三日当天，庾亮叩首谢罪，泣不成声，小皇帝忙于接见群臣，只是简单安慰了他几句。第二天，庾亮把泥土擦在额头上，再次面圣，请求去官归隐。小皇帝司马衍下了一个手诏，说这是国家的灾祸，并非舅舅的过错。庾亮不肯接受，上了一道奏章，说我罪孽深重，大祸皆因我而起，把我千刀万剐也不足以平息民愤，我还有什么脸面跻身朝堂？陛下留我性命，就是莫大的恩德，自此以后，就让我归隐山林，自生自灭吧。

奏章呈上，小皇帝依然不许，庾亮于是有技巧地放出消息，声称自己将退出政坛，为了使这个举动看起来更逼真，他还在渡口准备了一艘小船。小皇帝“无意中”得知这个消息，急忙派人扣留小船，庾亮这才“勉强”答应留下。

随着苏逸的死亡，建康附近的战事基本上就平息了，剩下的只有京口附近的叛军余部。二月下旬，王允之大破叛军余部，随后郗鉴派军追击，将其剿灭。至此，苏峻叛乱结束，但事情并没有到此为止。

接下来，我们来说一个枯燥的问题——苏峻叛乱产生了什么影响？

如前所说，东晋内部的权力是分散的，皇帝、流民军、门阀、藩镇都或多或少拥有一定的权力，很多问题上难以形成统一的看法。王敦两次叛乱是这样，苏峻叛乱也是如此。

有问题当然需要解决，但是总不能每一次都这样谈不拢就打，尤其是此次苏峻叛乱，差一点一脚踢翻东晋，为祸甚烈，教训尤深。经历了这么大的劫难，各方势力都认识到了一点——有话好好说。所以，自苏峻叛乱之后，东晋一连半个多世纪都没有发生过内战，内部相对比较稳定，遇到问题大家首先想到的解决办法是坐下来谈判，而不是拔出刀剑砍杀。

半个多世纪没有内战，这是苏峻之乱造成的第一个影响。

第二个影响，是东晋产生了一个新的军事重镇——京口。京口北部的长江宽达四十多里，是一道天然的屏障，在东晋以及此后的南北朝时期，每当北方政权南下或者南方政权北伐，一般是由长江中游的采石矶或下游的江乘渡口出兵。京口不在南北接触的要津地带，每逢南北大冲撞，与别处相比，这里要安全一些，但在三吴与建康之间的通道上，它却具有重要的战略意义——苏峻叛乱期间，镇守京口的郗鉴已经证明了此地的军事价值。

作为豪门大族的聚居地，三吴地区的政治形势向来比较特殊。王敦发动两次叛乱，三吴豪族就接连发生两次分裂，有人追随王敦，有人追随朝廷，苏峻叛乱的情况与此相同。东晋每发生一次内战，三吴豪族就会紧跟着打一次局部内战。三次叛乱中，都是勤王派压倒了倒王派，可如果未来再打一次内战的话，倒王派压倒了勤王派呢？所以，必须加强对三吴豪族的控制，防患于未然。具体的办法，就是在京口设立军事防区，如此一来，既可以保证建康与三吴之间运粮通道的安全，也可以震慑三吴的一些敌对势力。

朝廷当时设立京口防区的主要目的是控制三吴，然而随着京口重镇的形成和时局的演变，京口还衍生出了两个重要的职能，即震慑上游图谋不轨的强藩，以及演变为北伐的军事基地。

王敦和苏峻叛乱，每一次都能以破竹之势拿下建康，很重要的一个原因，就是朝廷缺乏兵力，遇到突发情况往往只能寄希望于三吴豪族，而三吴豪族内部又存在分歧，急切间难以提供强有力的支援。设立京口军事防区之后，这种局面悄悄地发生了变化，上游强藩再想拥兵犯禁，就得掂量一下京口的分量。所以我们可以看到，苏峻叛乱之后，东晋的上下游之间再发生战争，得胜的就不再总是上游强藩，有时候也会出现下游逆袭上游的情况，比如刘裕反杀桓玄。

京口演变成北伐的军事基地是怎么一回事呢？这个问题就比较容易解答了。如前所说，永嘉之乱过后，聚居在晋陵郡的基本上都是中下等士族，他们不像那些南迁的豪门大族融入当地后忘记了家国沦亡之痛，而是念念不忘始终在北方的故土，梦想有朝一日重回家乡，北伐意愿比较强烈，所以战斗力强悍的北府兵后来诞生在这里，而不是别处。而且，晋陵郡邻近三吴，三吴充裕的粮草可以给京口军北伐提供足够的军用物资。

苏峻之乱产生的第三个影响，是清洗了朝廷内部的流民军势力。

晋明帝当初为了消灭王敦而借力于流民军，先是郗鉴被引入中枢，郗鉴接着推荐了苏峻和刘遐，祖约在荡灭王敦残部的时候也插了一杠。之后，在江北抗胡失败的郭默也来投奔朝廷。不过这几个人的情况不一样。

郗鉴的部下虽然是流民军，但郗鉴本人偏向于士大夫，是朝廷信任的对象；刘遐来到江东之后，没过多久就去世了，他的部下被划拨到了郭默麾下；苏峻自不用说，这时候他已经死了，苏家军也已经分崩离析；祖约死在了后赵，他的部下在内战中几乎全军覆灭；郭默来江东的时候是个光杆司令，虽说接管了刘遐的部下，但作为一个空降司令，他与刘遐旧部的关系并不紧密，在朝中也没有很大的分量。

可见，苏峻叛乱结束后，纯粹的流民军势力已被排除在中枢之外了。当然，朝廷还是需要他们的，但只需要他们在边疆出力，不会再像晋明帝那样在朝堂上给他们留下一席之地。

苏峻之乱产生的第四个影响，是改变了颍川庾氏一家独大的格局，取而代之的是陶侃、郗鉴、温峤、王导、庾亮五巨头互相制衡的局面。

作为平定苏峻之乱出力最多的人，陶侃得到的奖赏最多，他原先掌管四个州——雍州、荆州、益州、梁州。战后，湘州被并入荆州，交州、广州、宁州也被划拨到了他名下，一个人就掌管了东晋的七个州。同时，他还被任命为太尉。

郗鉴在战时被任命为扬州刺史，战争结束之后，他的临时性职务被解除，依然掌管徐州，屯驻京口，并担任司空。

朝廷起初打算留下温峤在建康辅政，但温峤拒绝了，执意要回江州。朝廷留不住，只好答应他的请求，任命他为骠骑将军、开府仪同三司，加封食邑三千户。

庾亮惹出了这么大的祸，不好意思再在朝廷里待着，请求外镇豫州，到前线为国家效力。朝廷于是任命他为豫州刺史，并分割出扬州北部的一些郡县交给他掌管。

王导，不升不降，依然是扬州刺史。

26 江州之变

小皇帝司马衍还小，重新划分权力版图这么大的事，他是主持不了的，“一超四强”的战后格局显然是五巨头共同商议的结果。虽然并非每个人都满意，但既然大家都接受了，说明彼此至少在一个关键问题上达成了共识——这个结果有利于维持平衡。

然而，平衡的局面没有持续多久，为了争夺对朝廷的控制权，庾、王又展开了新一轮纷争。发生纷争的契机，是温峤的突然离世。

由于遭受战火的洗劫，建康残破不堪，物资奇缺，以至于朝中出现了迁都之议。温峤是晋明帝司马绍的好朋友，按照辈分，小皇帝司马衍算是他的侄儿。对少不更事的小皇帝，温峤尽心尽力，他跟叛军打了这么久，军用物资早就耗光了，依靠陶侃的接济才渡过难关。即使如此，他又厚着脸皮四处借了一番，尽可能多地给朝廷留下物资，这才启程返回江州。

舰队路过采石矶的时候，温峤听说水下有怪物，派人点燃犀角到水下看，看到了一些奇形怪状的东西，以及一个穿红衣乘马车的人。当晚，温峤做了一个怪梦，那个红衣怪人愤怒地说：“你我幽明有别，为何来惊扰我？”温峤有牙疼病，此前拔了一颗牙，他在梦中醒来以后忽然中风，一病不起，回到江州不久就去世了。《晋书》多有荒诞不经之处，水下有怪的故事或许只是当时以讹传讹的谣言，但可以肯定，温峤是因为牙疼中风去世的。

简单回顾一下温峤的一生吧。

温峤，字太真，十八岁追随刘琨抗胡，与胡人奋战十一年，二十九岁辗转千里，带着劝进表南下，四十一岁于江州去世，居留江东的时间只有十二年，但他对东晋产生的影响很深远。

提到东晋，我们往往会联想到南宋，因为这两个政权都是偏居一隅，可二者的外交政策有很大的区别。总体而言，南宋的对外政策比较软弱，经常向北方政权低头，东晋不一样，被敌人打得头破血流也不服软，敌人主动示好也不接受，软硬不吃——虽然除了民族自尊心，也有现实方面的衡量——用史官的话来说，东晋的对外政策是“不与刘、石通使”。刘，指匈奴人刘渊创建的汉赵王朝；石，指羯人石勒创立的后赵王朝。

虽然跟匈奴政权和羯人政权死磕到底，但东晋与拓跋鲜卑、段氏鲜卑却在相当长的时间里保持着友好关系。因为鲜卑人曾经联合刘琨抗击匈、羯，并曾在司马睿称帝之前参与过劝进。所以，东晋外交政策的形成与温峤①有很大的关系。

温峤对东晋的第二个重要影响，是在东晋初年的历次动乱中一次次为朝廷保驾护航，尤其是苏峻叛乱，他为组建盟军鞍前马后地奔走，甚至可以说他对东晋有再造之功。

温峤有缺点，比如好面子，因为他出身于次等士族，每当听到别人品评门第高低他就有些难堪；比如好赌，有时候赌得连裤子都没了；比如“为老不尊”，几十岁的人了还跟十几岁的孩子搞恶作剧；比如“巧舌如簧”，给陶侃挖坑，让陶侃往里跳；比如不讲究礼节，跟人说话的时候总是口无遮拦，言谈随意……但这种种有烟火气的缺点反而增加了他的亲和力。

温峤弥留之际，给陶侃写了一封信，勉励他恪尽职守，为国效力。人之将死，其言也善，此前固然闹过一些不愉快，但接到这封言辞恳切的书信，陶侃往日的种种恩怨烟消云散，回想起有些烦人但是也热心肠的温峤，陶侃也是百般感慨，将这封书信“藏之箧笥，时时省视，每一思述，未尝不中夜拊膺，临饭酸噎”。

① 温峤早年是刘琨的智囊，必然会影响到刘琨联合鲜卑以抗刘、石的战略。

此外，温峤临终还推荐刘胤接任他的职务。

刘胤是什么人？温峤为何会推荐他接管江州呢？

十几年前，晋室崩坏时，除了刘琨，江北还有一股以邵续为首的抗胡势力。温峤追随刘琨，刘胤追随邵续，而且两人南下江东的时间也大致相同。后来，温峤出镇江州，刘胤被任命为温峤的高参，温峤东征苏峻期间，留守江州的就是刘胤。大部分时间里，他们的配合还是很顺利的。温峤把江州交托给刘胤，一方面是因为彼此经历相似，另一方面应该与江州特殊的地缘政治需求有关。

江州位于上游的荆州与下游的扬州之间，上下游之间但凡发生冲突，这里就是缓冲地带，如果江州偏向上游，那么无疑会为上游欺压下游造成可乘之机。所以，镇守江州的人必须得有胆色，不畏强权，唯有如此，江州才能成为捍卫帝室的盾牌，而刘胤恰好是这样一个人。

接到温峤去世的消息，天性纯良的小皇帝司马衍痛惜不已，下诏令为温峤修建陵墓，墓址就在晋元帝司马睿和晋明帝司马绍的陵墓旁。陶侃认为国家新经大乱，用度紧张，如此破费，温峤九泉之下若是有知，“岂乐今日劳费之事，愿陛下慈恩，停其移葬，使峤棺柩无风波之危，魂灵安于后土”。于是温峤的灵柩暂时葬到了江州，几年之后才迁到建康。

人的欲望是阴影，权力是午后西斜的太阳，随着太阳的西沉阴影被越拉越长。温峤没有选错人，因为他选的是他所了解的刘胤；温峤选错了人，因为他没有预料到权力对欲望的助长。

温峤的棺椁被送到了暗无天日的地底，刘胤仰望着湛蓝如洗的晴空，夕阳西下，金黄色的阳光笼罩着江州，如同铺天盖地的黄金倾泻而下。在那个时代，如果仅仅是敛财，倒也算不上大罪，像陶侃这种有清廉之名的人也是发家致富的高手，可刘胤的胃口实在是太大，为了敛财他不惜荒废政务。朝廷安排他镇守江州，本意是让他防备上游的陶侃，结果他敛财敛得连陶侃都看不下去，请求朝廷更换江州刺史。镇守中枢的王导却不同意，声称温峤给他托梦，说不能撤掉刘胤。

王导为什么不同意呢？这实际上可以顺便回答一个问题——为什么王敦垮台之后，琅琊王家还能屹立不倒？

我们来看看王导这些年里做了什么：王敦垮台之后，王导在朝中斡旋，极力招揽王敦旧部；苏峻败亡之后，王导又花大力气包庇苏峻旧部，将其收为爪牙。琅琊王家这么多年里稳坐钓鱼台，很大程度上就是得益于王导收揽的这一批武人。这一次，王导不同意撤掉刘胤，意图依然一如从前，无非是为了拉拢刘胤。

陶侃的弹劾呈交给朝廷之后，京口的郗鉴和豫州的庾亮也紧跟着向朝廷上书，恳请朝廷另选他人。三巨头同时施压，王导感觉事情有些棘手，不敢再推托，把朝廷的评议送到了江州，但刘胤拒绝认罪，声称自己清清白白。王导本来就不愿意拿下刘胤，于是顺水推舟地跟刘胤玩文书游戏，搞得雷声大雨点小——大家都知道刘胤跟朝廷闹矛盾，却迟迟不见朝廷有什么真正的动静，只看见一份份信函在江州和建康之间飞来飞去。

江州和朝廷做表面文章，无意之中激发了另外一个人的野心，这个人就是郭默。

苏峻叛乱期间，郭默随同郗鉴镇守京口，因难以抵挡叛军的攻势，郭默弃城而逃，或许是因为早年间在江北抗胡的时候与刘胤有过交集，所以他逃到了江州寻求庇护。战乱结束后，朝廷征召他回京担任禁军将领，他不愿意到朝中任职，请求刘胤代为说情，让朝廷把他安排到边疆抗胡。

今时不同往日，刘胤是一方大员，哪里有闲工夫管这一摊子烂事，他冷冰冰地回了郭默一句："这事我可管不了。"郭默说那你借我一点儿路费吧。刘胤的回答依然冷漠，没有。郭默准备好了船只，却没有启程的路费，只好带着随从住在停泊在江边的船上。

咸和四年（329年）十二月初八，是一年一度的腊祭节。这一天，家家户户都要准备酒肉祭祀列祖列宗，还要举行驱傩仪式，驱逐疫鬼，祈求上苍的护佑。作为对已成丧家犬的郭默的恩赐，刘胤派人送去了一只小猪和一坛酒。郭默毫不领情，将馈赠的物品扔到了江里。

不识抬举的郭默固然令人不快，但这没有影响到刘胤过节的好心情。当晚，他没有到正室的卧房安寝，而是来到了小妾的住处。有美酒佳肴，有如花美眷，有金山银山，刘胤这一夜睡得很香。凌晨时分，窗外的夜幕里忽然传来了刀剑交鸣声，他悚然一惊，接着又听到了一声怒喝："我受诏讨伐逆贼，敢反抗的人诛灭三族。"

伴随着小妾的尖叫，卧房的门被踢开了，借着朦胧的月色，刘胤认出门口的黑影是郭默的，在这个黑影的手里，还有一道流线型的弧光。危险突如其来，以至于刘胤失去了反抗的意识，当他的身体再次有感觉的时候，是被从榻上拖到地上的摔落感，紧随其后是利刃刺透胸腔的疼痛感。

不到一炷香的时间，小规模的动乱结束，刘胤的几个亲信被诛杀，小妾和几个女儿被郭默掳到了江边的船上。一起被掳走的，还有他镇守江州期间积攒的金银财宝。

船上多了几个人，多了很多财宝，吃水线下降了不少，像郭默沉重的心情。他对刘胤下手，与其说是出于周密谋划，不如说是临时起意，图一时痛快。如今人也杀了，钱也抢了，下一步该怎么做呢？

船舱里是几个女人的哭泣声，凌晨的江边寒风阵阵，东方的天空一丝丝变亮了，江上的大雾像刘胤那颗完全失血的人头，惨白得有些瘆人。郭默狠了狠心，决定不管三七二十一，先到建康上任再说。小船还没有起锚，他又改变主意，和部下带着战利品返回寻阳城，来到刘胤的府邸，鸠占鹊巢，做了这里的主人，并派人奔赴朝廷通报刘胤的死讯，要求让他担任江州刺史。

既然可以把刘胤作为拉拢对象，郭默又有何不可呢？王导依然采取怀柔的策略，纵容江州变乱。

咸和五年（330年）正月初一，朝廷举行了隆重的元会。因宫城在苏峻叛乱期间被焚毁，这一年的元会在建平园举行。虽然地方比较简陋，但元会的气氛依然隆重。这一天早晨，王导很早就来到建平园主持元会大典。他穿着皂色的朝服，腰间左侧佩戴着玉柄木剑；右侧挂着一个绣有虎头的皮囊，装着象征他身份的金印，印上系着一条紫色的绶带。他的手里拿着一个紫色的皮套，装着一个制作精美的玉笏，与玉笏配套的，是一支别在耳朵上的白笔，如果小皇帝有重要的事情要交代，他就取下白笔记在玉笏上。他左侧的肩膀上还有一个外缀的紫色夹囊，如果事先备有奏折，折子就放在这个夹囊里。

元会开始之前，礼仪官在大殿里为百官准备了一些简易座位，以及鼓乐仪仗队。清点人数之后，确认百官到齐，侍卫点燃了大殿正中的几个大火盆，然后是鼓乐仪仗队奏乐，小皇帝出殿，百官叩拜。

如果是在往日里，小皇帝是坐在殿上听政。这一天，御座被移到了殿前，穿着衮服的小皇帝是在大殿最前方接见百官——这被称为临轩，而所谓的衮服是一种与上下一体的袍服不同的服装，具体形制为上衣下裳，上面刺有日、月、星辰、山、龙、华虫、火、粉米等十二物象。

鼓乐停后，王导带着备好的贺礼，先到殿前献礼贺拜，然后是百官按照品级高低依次上前献礼。献礼仪式结束，小皇帝离开御座，到殿后休息，御膳房开始送上酒菜，准备宴席。酒席准备完毕，鼓乐再起，小皇帝再次临轩，王导将面前的两个酒爵斟满，一个酒爵由侍中送到小皇帝面前，王导恭恭敬敬地端起自留的一爵酒，一饮而尽。

“臣王导奉觞再拜，上千万岁寿。”

侍中代小皇帝答：“觞已上。”

之后是百官按照品级高低献酒，礼仪如王导，轮到谁，谁就说“臣某某奉觞再拜，上千万岁寿”，侍中答：“觞已上。”

小皇帝年幼，不能喝酒，每逢大臣献寿酒，只是举杯示意，这么多寿酒献完，他的胳膊也有些酸麻。行毕寿酒礼，小皇帝奶声奶气地宣布宴席正式开始，然后是歌舞伎入殿，君臣欢宴。

元会结束的时候，已经是午后时分，在王导意味深长的注视下，小皇帝颁布了咸和五年的第一道诏书，宣布大赦天下，任命郭默为江州刺史，把刘胤的首级挂在朱雀桥的牌楼上示众。

早在朝廷得知江州发生动乱之前，陶侃就通过自己的消息渠道知道了刘、郭火拼的消息，并且不经朝廷允许，就派遣前锋顺流而下，开赴江州。郭默接到朝廷的委任状，急忙派人带着美女、绢帛，以及抄写的委任状副本逆流而上，请陶侃罢兵。

刺杀刘胤当晚，郭默诈称自己所奉的是朝廷的命令，鸠占鹊巢之后，他对外也是这般宣称。陶侃擅自进军，是因为他认为这其中必然有诈，事情绝不会这么简单。他走到半路上，郭默的使者来了。

看到使者携带的委任状副本，陶侃的部下有些犹豫："如果没有朝廷的命令，郭默怎么敢做这么大的事？我们不如先通报朝廷，别急着进军。"陶侃冷笑："陛下年幼，朝廷的诏令岂是陛下之意？刘胤有罪，罪不至死，郭默骁勇专横，他不过是想趁大乱方定、法令难行之际趁火打劫。"

几天之后，王导接到了陶侃的一封亲笔信。拆开信函，王导看到了言辞激烈的一句话——"郭默杀江州刺史，你就任命他为江州刺史；如果他杀了宰相你，是不是就该任命他为宰相呢？"

27 大时代里的小人物

接到陶侃的信函，王导赶快回信，说我对郭默包涵隐忍，并非姑息养奸，而是欲擒故纵。实际上我在暗中筹备讨贼大计，只要足下大军出动，我自然会继之而起。陶侃接信哑然失笑——哪里是欲擒故纵，韬光养贼还差不多。

听闻江州有变，陶侃顺流而下。豫州的庾亮急于吞并江州，上书请求讨伐郭默，奏议被批准后，他率军两万，风急火燎地直奔江州而去。

郭默本打算放弃寻阳，撤退到豫章（今江西南昌），可刚出城就被陶侃当头打了一棒，只好退回城里。

咸和五年（330年）三月，庾亮与陶侃会师，把寻阳围得水泄不通。

郭默是祖逖的老战友，当年在江北抗胡的时候也是一个响当当的人物。这个人骁勇好斗，但是怕死，一到关键时刻就左摇右摆，拿不定主意。陶侃怜惜他的勇武，派人入城劝降，他也有开城投降的打算，可是他的部将不答应。

五月十九日，郭默的部将见破围无望，发动兵变，将郭默生擒，开城投降。陶侃下令将郭默斩首，并处死了他的四十多个部将。

郭默死了，江州该交给谁呢？陶侃，还是庾亮？经过一番秘密商议，江州落到了陶侃手里，条件是陶侃交出广州和交州。广州很荒凉，交州更是蛮荒之地，用这两个穷地方交换富庶的江州，陶侃很乐意。

得知朝廷把江州交给了陶侃，庾亮表示自己不愿接受任何封赏。

同样平乱有功，一人得赏，另一人高风亮节，这算怎么一回事！陶侃有些尴尬，劝说庾亮接受赏赐，庾亮却义正词严地说自己为朝廷办事是理所应当，不敢求赏。当然，这只是目的未能得逞的一种变相发泄。

那么，把江州交给陶侃是谁的主意呢？应该是王导的决策。他同意让陶侃接管江州，是因为怕陶侃；他怕陶侃，是因为陶侃有废掉他的意图。

陶侃是个做事一板一眼的人，凡事都得归置得条条有理，很少打马虎眼。王导相反，凡事面子上过得去就行，睁一只眼闭一只眼，在他的打理下，建康的朝廷表面上一片祥和，实际上藏污纳垢。到处都是王导的党羽，与其说那是司马氏的朝廷，不如说是琅琊王家的朝廷。因此，江州动乱平息之后，陶侃计划顺势而为，一鼓作气，利用郭默事件废除王导的执政之位。

这么大的事，陶侃一个人说了不算，必须征询庾亮和郗鉴的意见。

王导垮台，庾亮求之不得，但因为没有得到江州，他正跟陶侃闹别扭，而且他所在的豫州是江州的近邻，位居上游的陶侃固然使王导芒刺在背，但同时也使他如坐针毡，所以这一次他站到了王导这边。

我们此前说过，王敦、苏峻败亡之后，他们麾下的一部分武将被王导吸收了。不过，这些人只是朝廷内部的爪牙，王导还需要一个强有力的藩镇为外援，这个外援就是京口的郗鉴。

早在王敦败亡之后，王导就对郗鉴百般示好，苦心营造这张关系网。郗鉴老成持重，喜欢搞平衡。出于公心，他不愿意看到陶侃的势力太大；出于私心，他也不愿意看到王导被废，所以这一次他也支持王导。

庾亮和郗鉴不同意，陶侃不能硬来，只好打消废王导的念头。

此时的中国北方，羯人石勒创立的后赵，已经消灭了匈奴人刘渊创立的前赵，统治了中国北方大部分地区。盘踞河西走廊的张氏政权，以及盘踞辽东的慕容氏政权，虽然没有完全臣服，但是难以对后赵构成太大的威胁。南北之间的大冲撞，如箭在弦。

北方政权向南方用兵，此前一般都是强行渡江，石勒比较有创意，走的是海路。江州动乱平定的当月，他派军走海路南下，在三吴地区登陆，发动了一次小规模的突击。事发突然，东晋被打了个措手不及，但后赵兵力不多，不敢贸然向内陆挺进，在沿海地区袭扰一番就赶快撤走了。

郭默被诛之后，陶侃把军府由巴陵（今湖南岳阳）迁到了武昌（今湖北鄂州）。巴陵和武昌都在长江以南，巴陵离长江比较远，而武昌就在长江南岸，靠近后赵。苏峻叛乱期间，陶侃的一个儿子被叛军杀死，凶手后来逃到了后赵。根据史书记载，听闻郭默被杀，石勒畏惧陶侃的威势，杀了凶手。结合事态的后续发展来看，与其说石勒这样做是为了示好，不如说是为了麻痹陶侃。因为就在同年九月，石勒忽然再次派兵南下，不过不是走海路，而是以樊城（今湖北襄阳樊城区）为前线据点，气势汹汹地扑向襄阳。

樊城和襄阳之间，是长江的支流汉水，樊城在水北，襄阳在水南。一百二十一年前的曹操和四十九年前的司马炎曾经发动过两次灭吴之战，所走的路线都是先占领长江中游的襄阳，然后顺流而下，直捣建康。

石勒先在三吴地区劫掠一番，又向陶侃示好，好像真的要走海路南下，这时候却忽然走曹操和司马炎的老路，突然攻打襄阳，又打得东晋手忙脚乱。襄阳的将领畏惧敌军势大，不敢硬拼，弃城而逃。唇亡则齿寒，以襄阳为屏障的石城难以坚守，城中军民被迫投降。

事实上，后赵的南征军兵力不多，这一次只是依靠虚张声势的手段，连打带吓地占了一些意料之外的便宜。得到战利品之后，他们捣毁坚城襄阳，撤往汉水北部的樊城，陶侃则赶快修葺襄阳，重新派遣驻军，与后赵隔着汉水遥遥对峙。

脑洞大开的石勒走海路打了一次三吴，把东晋东线搅得鸡犬不宁，又走传统的南下路线打了一次襄阳，把东晋西线搞得人心惶惶。咸和六年（331年）正月，石勒再次走海路入侵三吴。这一次的动静比较大，险些截断三吴与建康之间的运粮通道，朝廷慌忙命令京口的郗鉴督导海防，好不容易才击退来犯者。

朝廷设立京口之初，主要目的是控制三吴，威慑上游强藩，从而拱卫建康。那时候还没有意识到北方政权可以泛海南下，从东部边境发动进攻。因为后赵的袭扰，京口由此又肩负起了一个新的任务，那就是抵御海寇。所以，许多年之后，当京口的职能逐渐完备的时候，驻守此处的刘裕可以左右开弓，既可以反杀上游的强藩桓玄，又可以消灭海上巨寇孙恩。刘裕得以崛起于京口，开创出一个政权，追根溯源，郗鉴功不可没。

咸和六年年底，辽东慕容氏政权的首领慕容廆派遣使者抵达武昌，给陶侃送来了一封书信，请求陶侃出师北伐，南北夹击，共同消灭后赵，并请求朝廷册封他为燕王。兹事体大，陶侃给朝廷上了一道奏折，可是奏折一去如泥牛入海，杳无音信。

咸和五年和咸和六年，就这样波澜壮阔而悄无声息地过去了。

这两年里，主要发生了这么几件大事：第一，陶侃诛灭郭默；第二，后赵入侵东晋；第三，慕容廆上表请求北伐；第四，由于苏峻叛乱期间京城的宫城区被焚毁，朝廷重新修建宫城区。此外，还有一件小事——桓温为父报仇，单枪匹马手刃三仇敌。

苏峻叛乱期间，桓温的父亲桓彝被一个名叫江播的县官出卖，死于叛军之手。当时的桓温只是个少年，为了给父亲报仇，在守孝的三年里，他枕戈而眠，时刻提醒自己不忘血海深仇。守孝期满，当他带着利刃来到江家复仇时，江播已经去世了，他的三个儿子正在守孝。由于害怕桓温来报仇，他们各自制作了一把杖中剑，昼夜带在身边。桓温假装是来凭吊的客人，混入江家，进入丧庐之后手起刀落，先斩杀了江播的长子江彪。另外两人见状大惊，拔腿就跑，桓温紧追而上，干脆利落地结果了他们的性命。

桓温，就这样在血色复仇事件中登场了。

此刻，在遥远的辽东，慕容廆正在逗弄坐在膝头上的一个孩子，他叫慕容霸，比桓温小十四岁，是慕容廆的孙子。多年以后，这个孩子将成为桓温一生中最为强大的敌人，但那时候他已经不叫慕容霸了，而是叫慕容垂。三十八年后，他们将相遇于枋头，共同走向命运设定好的悲剧终场。

新星还在冉冉升起，我们暂且把目光收回，来看看旧人的落幕吧。

咸和七年（332年）春季，东晋的东线军队主动出击，攻占了后赵设立在江北的马头坞（今安徽怀远附近）。一个多月后，西线的后赵军队再次南下，占领襄阳。这一次他们没有在得到战利品之后草草收场，而是留下了一部分守军。陶侃采取围魏救赵的战术，占领了敌军背后的樊城。后赵军队唯恐陷入包围，匆忙拔营撤退，在撤退的路上又被陶侃暴揍一顿，襄阳重新回归东晋。

如果正当春秋鼎盛之年，石勒或许不会畏惧眼下的失败，但他老了，病入膏肓。太子石弘文弱，王座旁有凶暴蛮横的石虎磨牙吮血。石勒害怕了，怕东晋在他死后发动报复性的反击，在咸和八年（333年）他派遣使者带着厚礼南下，请求议和。建康的新宫殿此时已经建好，坐在墙壁上还散发着潮气的宫殿里，少年皇帝司马衍郑重表态——焚毁后赵的国礼，绝不与敌国往来。

同年夏季，慕容廆和石勒先后离世，为了争夺王位，两国几乎同时发生血亲相残的悲剧。凉州的张氏政权也被卷入其中，中国北方再一次陷入烽火连城的局面。

世道扰攘，杀伐不休，大人物在历史的舞台上上演了一幕幕叱咤风云的大剧。相比之下，小人物的故事并不是那么波澜壮阔，在历史的犄角旮旯里才能发现他们的身影。

在这里我们来讲述三个小人物的故事，事情发生在河西走廊的前凉。

十六国当中，前凉政权是个另类，前几任国主一直宣称是晋室的臣属。石勒消灭汉赵之后，派了一个趾高气扬的使者到前凉劝降，让前凉国主张骏俯首称臣。张骏断然拒绝，派了一个叫张淳的使者到建康重申臣服之意。

张淳是个走两步路就气喘吁吁的大胖子。看起来，把使命交给这样一个虚弱的胖子好像不靠谱，但这个胖子有一个伟岸的灵魂。

由于后赵封锁陆上通道，严禁前凉使者入境，张淳只能绕远路，经由成汉进入东晋。见到成汉国主李雄之后，张淳希望成汉与前凉联手，共同驱除盘踞在中原的羯人，为恢复晋室而效力。李雄很不高兴，但没有当场发作，想趁张淳过江的时候，在荒无人烟的地方悄悄把他弄死，扔到江里。

得知此事，张淳镇定自如地来到李雄的大殿，说你非得弄死我的话，就把我拉到闹市里砍脑袋吧，这样可以成全我的名节，让世人知道我是为晋室效忠而死，在荒郊野外弄死我算怎么一回事？李雄羞惭不堪，说哪有这样的事，我放你回凉州吧，不然你就留下为我效力。张淳说："晋室蒙尘，胡人驰骋中原，国耻未雪，我既然接受了命令，就绝不会回头。"李雄说："凉州地势险要，兵力雄厚，贵国国主英名远播，为什么不称孤道寡而自得其乐呢？"张淳说："我们凉州国主世代忠良，一心精忠报国，乐从何来？"李雄对他杀不得，留不得，只好放行。

虽然张淳这一路上多有波折，但是与耿访相比，他的情况还算比较顺利。

永嘉五年（311年），西晋发生永嘉之乱，司马氏退避长安，凉州刺史仍然奉其为国主，礼节不废。建兴四年（316年），一个叫耿访的敦煌小吏受凉州刺史的委托出使长安。不久，匈奴人攻占长安，西晋灭亡，耿访无法回到凉州，也不愿向匈奴人投降，于是取道汉中，经由汉水进入长江，辗转三年多来到了建康。

与战火燎原的北方相比，此时的南方还算比较稳定，在建康的朝廷里谋个差事，浑浑噩噩地度过下半生未尝不是一个选择。但是耿访不愿意这样做，他自告奋勇充当向导，请朝廷派人出使凉州，告诉凉州上下，汉人政权没有灭亡，江东还有火种。当时的东晋朝廷刚刚创立，诸事繁杂，朝廷没有把这当一回事。耿访没有灰心，一次又一次地呈交奏折，终于使朝廷正视此事，给他调拨了十几个随从，让他回凉州传递消息。

终于要回凉州了，耿访兴冲冲地踏上了归程。然而，当他到达襄阳的时候，却发现归路被后赵封锁，成汉也严守关隘，禁止晋人入关。耿访无奈，只好暂留襄阳，这一留就是七年。或许是因为年纪大了，走不动了，到了第七个年头，耿访把回到凉州的任务交给了随从贾陵。其后，贾陵装扮成商人，历尽千辛万苦，费尽周折，终于在咸和八年（333年）来到凉州，替耿访完成了使命，此时距离耿访离开长安已经过去了十八年。自此开始，凉州与东晋之间遣使往来，年年不绝。

烈日当空，流金铄石，在凉州苍茫的戈壁滩上，张淳、耿访、贾陵的身影在历史上只是一闪而过，但他们的足迹亘古不灭，这是一种精神，一种比任何物质都更有价值的精神。

28 东晋五巨头退场

咸和九年（334年），东晋头号重臣陶侃去世。加上此前已经离世的温峤，五巨头已去其二。

陶侃去世之后，接替他掌管长江中上游诸州的是庾亮。史书对权力易手过程的记载不是非常明确，不过可以基本确定，推荐庾亮掌管中上游诸州的正是陶侃本人。陶侃和庾亮有矛盾，既然如此，陶侃为什么在临终之际举荐庾亮呢？

陶侃的儿子虽多，但没有成器的，几乎个个冥顽不灵，把长江中上游诸州交给他们，对家门和朝廷都不利。父母之爱子，则为之计深远。陶侃没有把这几个活宝放到显要的位置上，可谓用心良苦。

陶侃与琅琊王家积怨已深，他认为王导祸乱朝政，因此不会把中上游诸州交给仇敌。郗鉴镇守京口，分身乏术，难以东西兼顾，而且他是王导的盟友，难以让人放心。剩下的，就只有庾亮了。其一，庾亮和王导是老冤家，虽说陶、庾有矛盾，但与陶、王矛盾比起来，只是小巫见大巫。趁着还能安排身后事，陶侃主动与庾亮修好，把长江中上游诸州交给庾亮，怎么也比交给王导好很多——王导已然控制中枢，又有东线的郗鉴为强援，再把西线的重镇交给他，那还了得！其二，陶侃有北伐的志向，庾亮也有，从这个角度来看，可以说庾亮是继承陶侃志向最好的人选。

陶侃去世的第十六天，朝廷发布人事任命，正式承认庾亮对长江中上游的接管。随后，踌躇满志的庾亮离开豫州，把军府迁至武昌。

庾亮来到武昌不久的一个晚上，明月皎洁，星汉灿烂，正在武昌的王羲之和陶侃的几个僚佐登上南楼一同赏月，因为没有上司在场，大家都放得很开，气氛很活跃。忽然，楼下传来了脚步声，大家知道这是威严而稳重的庾亮来了，纷纷离席起身，打算避开。庾亮听到楼上慌乱的脚步声，远远说道：“大家别走，不妨同乐。”庾亮形象好，但是缺乏亲和力，更重要的是，他是上司，这时候来真是令人扫兴。这一天晚上，庾亮却表现得很随和，与众人相谈甚欢。

不久，王羲之回到建康，对王导说及此事。王导知道庾亮这是在收买人心，酸酸地问道：“元规当时的姿态应该很低吧？”王羲之说：“谈论山水之乐的时候，庾公才是庾公。”意思是说，庾亮的姿态确实放得很低。

庭院里，秋风半寒半暖，裹挟着半黄半绿的树叶掠过庭院，飞出建康城，吹到了历阳，也吹到了京口。

几个月之后，十四岁的司马衍举行成人礼，正式临朝理政，改元咸康（335年）。其后，王导以患病为由，不再参加朝会。小皇帝不敢冷落他，亲自率领群臣到他的府邸拜会，不但拜会王导本人，还得拜会他的妻子。一个官员认为天子拜会大臣于礼不合，上表请小皇帝注意自己的身份，并且暗示小皇帝应该政由己出，不可假手他人。王导很不高兴，打算对这个官员做降职处理，此人也受够了王导的颐指气使，一怒之下干脆辞职。

这时候，历阳的袁耽送来紧急公文，说历阳出现了后赵的游骑兵。一时间，建康风声鹤唳，王导不失时机地迅速做出反应，请朝廷出师讨伐。四月中旬，王导被任命为讨贼军总指挥，十六日，晋成帝司马衍下令出师。与此同时，京口的郗鉴也派军入援建康。

事实上，后赵的游骑兵只有十几个，但袁耽的公文写得含含糊糊，没有说具体数目。朝廷搞清楚后赵游骑兵的数目后，旋即解除戒严令，但是派出去的兵却没有因为戒严令的解除而调回。

庾亮接替陶侃掌管长江中上游诸州之前，统辖的地盘是豫州以及扬州北部的部分地区。在此次事件中，王导以抵御外寇为由，占领了庾亮原先的地盘，并交给族中才俊、建武将军王允之掌管。郗鉴所派的军队也没有回归京口，就此留驻京城，划拨到了王导手里。事后，因传达军情有误的袁耽受到了一些小小的处分，但很快东山再起，得到了王导的重用。其中的玄机显而易见——王导与袁耽、郗鉴唱了一出双簧戏，目的无非是为了从庾亮嘴里抢肉吃。

就这么被王导摆了一道，庾亮憋了一肚子气，于是给京口的郗鉴写了一封信，希望在郗鉴的支持下废除王导的执政之位，就像陶侃当年所做的那样，但是郗鉴不同意。

说了这么多，或许大家会有疑问——郗鉴早年间不是对朝廷很忠诚吗？怎么后来屡次护着王导呢？

此一时彼一时。早年间，王敦叛乱的时候，郗鉴的身份是江北的流民帅，属于权力游戏的边缘人，要想在朝廷里立足，得到一个正式的名分，他就得抱粗腿，正好那时候坐在朝堂上的是雄才大略的晋明帝司马绍，他只需要忠于司马绍，就有跻身中枢的机会。可惜，天不假年，晋明帝早逝，一度有复兴迹象的皇权再次衰落，继位的小皇帝司马衍无力处理朝政，致使皇权旁落，门阀政治的格局日渐稳固，郗鉴失去了可以依附的皇帝，就只能托身于门阀。

庾亮没有意识到郗鉴的力量，长袖善舞的王导却捷足先登，抢先一步与郗鉴结为姻亲，把郗鉴变成了琅琊王家的强大外援。晚年的王导贪权恋栈，为政粗放。对于王导这些祸国乱政的行径，郗鉴颇为不满，甚至疾言厉色地劝阻过，但王导打马虎眼，左耳朵进右耳朵出，通过姻亲这条纽带把郗鉴绑架了。再者，王导一旦垮台，就会出现庾亮一手遮天的局面，这也是郗鉴不愿意看到的。

郗鉴不答应，庾亮就自己想办法。事实证明，庾亮有办法，高明得很，只是没有用对地方。

庾亮是怎么做的呢？倡议北伐。

自东晋开国至今，占据长江中上游的强藩依次为王敦、陶侃、庾亮。陶侃进入高层的时间太短，既缺乏北伐的时机，又掣肘颇多，壮志未酬。王敦有北伐的机会和实力，但只会窝里横，压根没有北伐的念头。庾亮和王敦一样，也想控制朝廷，但他比王敦高明。王敦是通过内斗的方式来揽权，结果把自己搞得臭名昭著，千夫所指；而庾亮是通过外斗的方式来揽权，既让东晋面上有光，也壮大了庾家的声势。

庾家的势力范围在长江中上游，王家的势力范围在下游的扬州和豫州。筹备北伐的过程中，庾亮的布局非常精妙，步步为营，机关算尽，利用北伐的旗号成功地扳回一局，不但巩固了庾家固有的势力范围，还把触手伸到了下游的豫州和扬州境内，给了王导一个下马威，出了一口恶气。

我们先来说说庾亮在中上游的布局。

在长江中上游，有两股势力让庾亮很不放心。

祖约叛乱期间，祖家军的一部分兵力不愿意参与叛乱，在毛宝的协助下弃暗投明，投靠陶侃。这一支兵力能打，战斗力强悍，陶侃当初能从凶悍的羯人手里夺回襄阳，依靠的就是他们。其后，镇守襄阳的也是这一支虎狼之师。襄阳地处南北政权的交接地带，是北伐的出兵地和东晋的国门，也是盘踞在长江中上游的庾家的大门。自己家的大门，却交给一支流民军驻守，庾亮很不放心，想把襄阳驻军换成自家人。但是吃一堑长一智，有苏峻的教训在先，他知道这一次不能再像以前那样蛮干，于是以北伐需要统一安排为由，一方面对襄阳的流民军采取怀柔政策；一方面安排两个弟弟庾怿、庾翼分别屯驻在襄阳的西侧和东侧，防止流民军发生异动。

另外一股让庾亮放心不下的势力，是陶侃诸子。陶侃去世之后，尸骨未寒，他的儿子们就自相残杀，其中以凶暴的陶称的势力最大。以北伐为旗号，庾亮传召陶称前来会师，然后一一历数他的罪状，命令刀斧手把他拖出去斩首。

如此一来，庾家固有的长江中上游的地盘就基本上稳固了。接着说庾亮在下游对王导的反击。

王导当初唱了一出空城计，夺了庾亮辖下的豫州。这一次，庾亮唱着北伐的高调，任命毛宝为豫州刺史。豫州的治所是芜湖，此时在王允之手里。如果非得进驻芜湖，可能就会跟王导打起来，所以，庾亮安排毛宝屯驻邾城（在今湖北武汉）。邾城在江北，处于抗胡一线，把毛宝安排到这里，既避开了与王导的争端，又摆足了北伐的架势，可以说庾亮这一手还是挺漂亮的。

就在此时，庾怿的部下忽然发生了一起叛逃事件，一个中层将领率领几百个士兵逃奔后赵。王导立刻以朝廷的名义颁布诏书，征调庾怿回朝，想借此机会削弱庾家在中上游的势力。庾亮看穿了王导的用意，回绝了朝廷的人事安排，说庾怿担负北伐大任，不可轻动。可没过几天，他忽然改变主意，派遣庾怿顺流而下，挺进江州，另派亲信接替了庾怿原先的位置。

为什么突然间发生这么大的变化呢？史书上没有记载，我们只能结合其他的蛛丝马迹来推断。从相关记载来看，庾亮忽然派遣庾怿挺进江州，是因为王导命不久矣，中枢即将发生重大变故，而江州就在豫州附近。因此，他让庾怿进驻江州，目的应该是等王导死后，趁琅琊王家群龙无首之际，迅速占据豫州。

庾怿走后，庾亮向朝廷递交奏折，请求率军十万驻守石城，进击后赵。石城在襄阳南部，襄阳东西两侧都是庾亮的人，庾亮以发动北伐为名，请求进驻石城，主要用意依然是为了堵死襄阳的流民军，进而得到襄阳。

奏折送到京城，朝堂上一片哗然。庾亮认为可以北伐，理由很简单——石勒死了。然而，百足之虫死而不僵，尽管石勒死后的后赵大不如前，石虎暴虐，天怒人怨，但是后赵的实力还是有的。石虎也是能征善战之辈，哪能说打就打？

经过一番商议，朝廷决定驳回庾亮的北伐之议。不过这事不能由王导出头，因为庾、王矛盾已深，由王导出头很容易招来公报私仇的嫌疑。所以，最终由郗鉴代表朝廷否决了庾亮的提议。

不久，王导去世，紧随其后，郗鉴去世。

随着老朋友和老对手的先后离世，庾亮旧事重提，再一次把进驻石城的议案送到了朝廷。然而，就在他雄心勃勃地准备大干一场时，一个噩耗传到了他的军府——邾城失守。

邾城是江北的一座孤城，后赵和东晋都没有在这里派驻守军。陶侃在世时，谋士建议在此地派遣驻军。陶侃认为，邾城孤悬江北，周边都是后赵的领地，难守易攻。如果入驻此地，就必须配备强大的后援，然而以东晋的实力而言，这是难以做到的。

果不其然，毛宝率军来到邾城后，石虎迅速反应，派遣大军气势汹汹而来。其统帅为石闵——也就是很多人津津乐道的冉闵。毛宝兵力不济，派人面见庾亮，请求尽快派遣援军。但庾亮忙着从王导手里接盘，居然无动于衷，没有派遣一兵一卒。

毫不意外，邾城守军死伤惨重，后赵大军在邾城附近左冲右突，烧杀抢掠，如入无人之境。毛宝好不容易突围到江边，却因无人接应而陷入绝境，最后投江自尽。

惹出这么大的祸，庾亮上奏朝廷，请求自贬三级，降为安西将军。他也不好意思再提进驻石城了，北伐就此草草收场。

客观地说，北伐并非毫无斩获，但是所获少得可怜。部署北伐初期，庾亮曾经派军进攻成汉，在成汉边境得到了一些小小的胜利。但与所失相比，这点寒碜的所得几乎可以忽略不计。从头到尾，北伐只是庾亮争权夺利的幌子，他关注的焦点始终在于经营家族。

几个月之后，羞愤交加的庾亮去世。

至此，东晋五巨头——温峤、陶侃、王导、郗鉴、庾亮先后谢幕退场。一个时代结束了。

当五巨头的面容随着夕阳渐渐沉没的时候，一个英姿勃勃的年轻人正站在长江边，望着江北的辽阔大地。对于逝去的五巨头，别人或许会顶礼膜拜，将他们视为难以企及的人生巅峰和永久的传奇。但这个年轻人不会，他有信心超越他们。

他在江边默默地站着，耳听涛声如雷，眼见乱石穿空。当第一缕阳光洒在他肩头的时候，他在心里告诉自己："我叫桓温，龙亢人，我要改变时代。"

第三章

龙亢桓氏：皇权的挑战者

29　桓温：三十而立

桓温是个什么样的人呢？男人。

或许有人说了，这不是废话吗？我们当然知道桓温是个男人，还用你说？

魏晋时代，男子以阴柔为美，喜欢熏香、擦粉，有的人甚至喜欢穿女装，走路扭扭捏捏，被自己的影子迷得神魂颠倒。在那个时代，形容一个男子好看，用的往往是女性化的形容词，比如“美姿仪”“面至白”“有姿容”“容貌整丽”“不堪罗绮”“面若凝脂”“如春月柳”……说句不好听的，时代审美风气如此，不被崇尚武力的胡人撵着脚后跟打才怪。

桓温的仪表是什么样的呢？关于他的状貌，《晋书》桓温本传一开头就不厌其烦地接连提到了三次。

当年，温峤有一次到桓彝家做客，见到了襁褓里的桓温，于是对桓彝说：“这个孩子骨相不一般，你让他哭一声我听听。”桓彝很配合，让孩子哭了一声，温峤说：

> 真英物也。

桓温名字里的“温”字，取的就是温峤的姓。这是第一次。

> （桓）温豪爽有风概，姿貌甚伟。

这是第二次。

（刘）惔尝称之曰："温眼如紫石棱，须作猬毛磔。

这是第三次。

综合起来看，桓温的形象是这样的：中气足，声音洪亮，性格豪爽，身材魁伟，眼睛的线条棱角分明，炯炯有神，胡须刚硬。

见过刘琨和王敦的人，说桓温长得像他们，但桓温不喜欢别人说他像王敦，更愿意听人说他像刘琨。

设想一下，把这样一个散发着雄性荷尔蒙气息的人，放到一大堆以阴柔为美的男人堆里是什么感觉？当然，相貌有男人味不算男人，性格是男人才是真男人。除了刚才说过的豪爽，桓温的性格还有哪些特点呢？

《晋书》在桓温本传中一开场，就说到了桓温那起轰动东晋的复仇事件，不过这是桓温二十岁时的事。复仇事件之前的桓温是什么样的，传中没有多说，不过在其他人的传记中，我们可以找到复仇事件之前的桓温。

《晋书·袁耽传》里记载：

桓温少时游于博徒，资产俱尽，尚有负进，思自振之方，莫知所出，欲求济于耽，而耽在艰，试以告焉。耽略无难色，遂变服怀布帽，随温与债主戏。耽素有艺名，债者闻之而不相识，谓之曰："卿当不办作袁彦道也。"遂就局十万一掷，直上百万。耽投马绝叫，探布帽掷地，曰："竟识袁彦道不？"

这个故事前文已述。当时桓彝还没有为国捐躯，桓温十四五岁，玩心重，喜欢赌博，有一次输得两手空空，被债主逼得无路可走，找赌神袁耽帮忙。

《晋书·殷浩传》里记载：

（桓）温语人曰："少时吾与（殷）浩共骑竹马，我弃去，浩辄取之，故当出我下也。"

殷浩是桓温的发小，长大后成了桓温的敌人，两个人小时候就经常争强斗胜。桓温成名之后，回忆起童年趣事，说我跟殷浩小时候玩骑竹马，我不要的殷浩就捡起来，总是玩我剩下的，所以他不如我。《晋书·桓冲传》记载：

初，（桓）彝亡后，冲兄弟并少，家贫，母患，须羊以解，无由得之，温乃以冲为质。

桓彝死后，桓家贫寒。有一次桓温的母亲病了，需要以羊肉为药引，桓温以弟弟桓冲为人质，与牧羊人交换。《晋书·庾翼传》记载：

（庾翼）见桓温总角之中，便期之以远略。

庾翼是庾亮的弟弟，比桓温大七岁。古代的孩子常见的发型是头发从中分开，在头顶两边各扎一个结，像两只羊角。为什么桓温只有十多岁，庾翼就说这个孩子以后了不起呢？可能是因为桓温从小特别聪明，也可能是他从小就喜欢谈论超出年龄段的东西，比如国家大事、行军打仗。

然后是名噪一时的复仇事件。

（桓）彝为韩晃所害，泾令江播豫焉。温时年十五，枕戈泣血，志在复仇。至年十八，会（江）播已终，子（江）彪兄弟三人居丧，置刃杖中，以为温备。温诡称吊宾，得进，刃彪于庐中，并追二弟杀之。

综合起来看，少年时代的桓温有这么几个特点：争强好胜；有赌徒心理，敢拚；孝敬；有抱负；刚强而不鲁莽，心思周密，下手稳、准、狠。

根据《晋书》桓温本传的记载，刺杀事件过后，桓温——

> 选尚南康长公主，拜驸马都尉，袭爵万宁男，除琅邪太守，累迁徐州刺史。

桓温迎娶了南康长公主司马兴男（晋成帝的姐姐），官拜驸马都尉，承袭了父亲桓彝的爵位，又被封为琅琊太守、徐州刺史。

这个记载太简略，好像刺杀事件过后，桓温的仕途顺风顺水，不费吹灰之力就平步青云。事实上，桓温真实的发迹史，比这几句语焉不详的记载复杂得多，从迎娶司马兴男（334年）到出任徐州刺史（343年），这中间的时间跨度有九年。

东晋门阀喜欢谈论祖上的荣光，琅琊王家在东汉末年就颇有声望，但是与龙亢桓家比起来，琅琊王家无疑会相形见绌，因为龙亢桓家早在东汉前期就已经具有很大的影响力。

龙亢桓家崛起的首功归于桓荣。桓荣是东汉前期的大儒，做过汉明帝的老师，他就是桓一代。桓荣的儿子桓郁做过汉章帝、汉和帝的老师，这是桓二代。桓郁的儿子桓焉做过汉安帝、汉顺帝的老师，这是桓三代。三代都是帝王师，可见这个家族的声望有多大。到了桓四代和桓五代，桓家在儒林的地位有所下降，但是家族子弟当中的后起之秀因建立军功而被封侯，依然能维持家族声望于不坠。到了桓六代，桓家族谱忽然出现了空白，既没有记名讳，也没有履历记载。桓七代和桓八代却是登记在册的，只是声名不显。桓九代，就是桓彝。桓十代，就是桓温。

桓六代为什么在家谱中被除名呢？历史学家田余庆在《东晋门阀政治》一书当中做过缜密的考证，认为桓六代极有可能就是桓范，桓温的直系先祖不是桓范本人就是桓范的兄弟。

当初，司马懿发动高平陵政变，清洗曹家，桓范与司马氏为敌，遭到了残酷的屠杀，被灭三族，并被定性为反贼。为了逃避朝廷的捕杀和反贼后裔的污名，桓家宗族飘零，残余子孙不敢认祖归宗，所以桓七代和桓八代声名不显，直到永嘉之乱过后，党禁松弛，皇室南迁，桓彝才在江东政坛上小心翼翼地露面。此时，尽管离桓范被杀已过去了几十年，但桓家的反贼帽子还没有被摘掉，桓彝因此不敢表明自己的家世。

因为没有门阀背景可用，桓彝在东晋立足主要依靠建功立业。王敦叛乱，他追随朝廷，积极平乱；苏峻叛乱，他热心组建义军，为国捐躯。在流行清谈而鄙视务实的东晋官场上，富有生命激情的桓温自少年时代就有强烈的进取心，后来热心于建功立业，鄙视华而不实的务虚之辈，未尝不是受到了父亲桓彝的影响。

苏峻叛乱平息之后，朝廷论功行赏，桓温承袭了父亲的爵位，被任命为琅琊王文学。琅琊王文学是文教领域的一个六品小官，可见桓彝的牺牲对桓温的仕途并没有太大的助益，但也算给桓温推开了仕途的大门。穿过这一道仅可容身的大门，桓温看到了一个云顶天宫般的奇妙世界。天宫的宝座上，年轻的晋成帝司马衍保持沉默，一言不发，像一件装饰品；陶侃、郗鉴、温峤、庾亮、王导五巨头正襟危坐，庞大的身影笼罩着天庭，时而谈笑风生，时而横眉冷目，翻手为云，覆手为雨；在他们的影子里，无数扮相阴柔的男人衣着华贵，油头粉面，谈论着老庄、圣人、佛祖、禅与玄之类的东西。新世界如此之近，桓温可以清楚地看到其中发生的一切，却又如此之远，因为他没有进入其中的资格，只能站在大门口远远地看着。

司马兴男是晋明帝司马绍和皇后庾文君的女儿。她性子烈，脾气大，是典型的千金大小姐，跟一般人很难合得来，跟雄性气息爆棚的桓温倒是挺合适。桓温自少年时代就和庾翼是好朋友，庾翼比桓温大七岁，比司马兴男也大不了太多。按照辈分，庾翼是司马兴男的舅舅，有他从中牵线搭桥，这桩婚事就十拿九稳了。庾翼愿意促成这桩婚事，一方面是因为他跟桓温私交甚笃，一方面是因为当时琅琊王家与颍川庾家争斗很凶，都在招揽才俊。通过联姻的手段，好朋友变成了姻亲，又为庾家拉来了一匹千里马，何乐而不为呢？

咸和九年（334年），二十三岁的桓温与司马兴男成婚，官拜驸马都尉。

“赌神”袁耽有两个妹妹，一个嫁给了殷浩，一个嫁给了谢安的堂兄谢尚。眼看着桓温成了别人家的乘龙快婿，袁耽颇为失落，说可惜自己只有两个妹妹，不然你小子就是我的家人了。

次年，桓温官拜琅琊内史，由六品官升为五品官，品级依然不高。对此时的桓温来说，品级已经没有太大的意义了。他是庾家的女婿，即使品级不高，别人也得给他几分面子。换作别人，可能会对这种生活很满意，对于桓温，这种生活却让他有些压抑，他要成为一棵参天大树，建康城里纸醉金迷的空气对他来说太过沉闷。

这一年，庾亮派遣殷浩东下，来建康城出差。殷浩擅长谈玄，名声在外。王导也是此道高手，所以亲自迎接，并邀请了几个人陪聊，其中就包括桓温。这是一次长谈，聊到三更半夜才结束。殷浩和王导你一言我一语，相谈甚欢，桓温坐了大半夜，竟然一句话都没有插进去。

谈玄是上流人士的标配，为了和上流人士谈笑风生，桓温私下做了很多努力，写过不少清谈诗，但他毕竟不是务虚的料，打心底排斥那些神神道道的东西，花费再大的工夫也难有进步。每当跟风流名士谈玄，他的内心是自卑的，这种自卑感反过来又催生了他另外一种情感——自负。所以，很多年之后，当他通过军功真正地跻身上层社会，谈玄对他已经完全失去价值的时候，他就毫不掩饰地表露出了对谈玄的厌恶和痛恨，认为正是那些坐而论道的风流名士造成了神州陆沉的大祸。

这一次长谈之后，桓温的人生履历出现了长达六年的空白，直到咸康七年（341年）他才再次露面。这六年恰好是王家与庾家的权力斗争最为激烈的时刻，作为庾家的女婿，桓温坐了这么长时间的冷板凳，或许就是充当了王、庾之争的牺牲品，一直被琅琊王家压制着出不了头。

其间，王导邀请郗鉴助拳，和庾亮斯斗不休。咸康五年（339年）秋天，王导、郗鉴先后去世，次年正月，庾亮病逝，一个官员在庾亮墓前感叹了一句：“可惜了，这么帅的一个人，就要被埋到土里了。”算是对庾亮一生的总结——没记住庾亮别的优点，就记住了他的英俊。

在生命最后的时光里，气息奄奄的王导和自知时日无多的庾亮达成妥协，共同举荐何充取代王导，担任主政。何充的母亲是王导的姨妈，妻子是庾亮的妹妹，跟王、庾两家都有姻亲关系，让他在建康主持朝政，两方斡旋，王导和庾亮都是比较放心的。

何充主政，这是在朝廷中枢的安排，此外还得考虑部署藩镇作为外援。在这个问题上，庾家更加具有优势。

王导去世时，他的兄弟辈几乎已经全部离世，后辈当中只有侄儿王允之是个干才，所以他把引藩镇为外援的任务托付给了王允之。庾亮则不然，他有三个弟弟——庾翼、庾冰、庾怿。论才能，庾怿或许不如他，但庾翼和庾冰的能力都在他之上。他在世的时候，庾冰和庾翼凡事得听长兄的，有才没处用。庾亮一死，庾翼和庾冰反而得到了施展才能的空间。

自西向东，沿着长江一线，东晋诸州依次为荆州、江州、豫州、扬州。

王导离世前夕，庾亮调动庾怿离开北伐前线，自荆州启程，迅速顺流东下，挺进江州，准备夺回当初被王导用诡计占领的豫州，以及扬州北部地区。王导去世之后，庾亮的目的达到了，但收之东隅，失之桑榆，庾亮死后，王允之忽然绕到庾怿背后，占据了原先属于庾家的江州，正好与庾怿的地盘对调了一下。

按照庾家的谋划，如果占据豫州和扬州北部地区，庾家的战略布局即可沿着长江一线铺开，使荆、江、豫、扬四州一体化。王允之横插一刀，占据江州，庾家的战略链条就被从中腰斩了。

何充虽说与王、庾两家都是亲戚，但他更偏向于琅琊王家。有他在朝中做内应，王允之与庾家周旋的时候，就能得到所需的政治支持。因此，为了挤压王允之的活动空间，大概在咸康六年（340年）春季，荆州的庾翼把庾冰派到建康，与何充共同执政。

如此一来，无论是在朝廷内部还是在藩镇，庾家的风头就压倒了王家。随着庾冰的到来和王、庾两家实力的变化，作为庾家的女婿，一连坐了好几年冷板凳的桓温，终于迎来了抬头的机会。于是，在咸康七年（341年），他由原先的五品升为三品，官拜辅国将军，率军出镇金城，开设军府。

金城在石头城附近，来到这里以后，桓温做了两件事：第一件事是邀请了一个叫袁乔的人担任参谋，几年以后，他们将消灭成汉；另外一件事是种了一棵有故事的柳树。

这一年，桓温正好三十岁，而立之年，不早也不晚。

30　英雄的崛起

桓温出镇金城的第二年，东晋高层掀起了一股险恶的政治风波。事情的整个经过如下：

为了夺回江州，庾怿以礼尚往来的名义，送给了王允之一坛好酒。王允之感觉事有蹊跷，倒了一些喂狗，试出是毒酒，就把这件事禀报给了朝廷。晋成帝司马衍大怒："大舅已经把天下祸害了一回（指庾亮逼反了苏峻），小舅还想再闯祸吗？"

庾怿闻讯，魂不附体。王允之趁机多方活动，施加压力。庾翼和庾冰有心保人，无奈庾怿惹出的祸太大，朝野上下指指点点，为了维护家门名声，他们只好丢车保帅。庾怿无路可逃，服毒自尽。

不久，庾冰以朝廷的名义颁布诏书，将王恬安插到江州的豫章郡。紧随其后，王允之上书说王恬是前丞相王导之子，应该优待，怎么能安排到边城荒郡？如果非得把他外调，就让他接替我掌管江州吧。

醉翁之意不在酒，庾冰外调王恬，只是虚晃一枪。对于王允之的回复，他表示很抱歉，说我没有考虑那么周详，以至于人事安排有误，我这就在扬州找一个富庶的郡来安插王恬。另外，既然你有意让出江州，那就遂了你的心愿吧，你去扬州出任会稽内史，兼任卫将军。

王允之说让出江州是以退为进，庾冰则顺水推舟。王允之明白其中的底细，坚决辞让会稽内史和卫将军的职务，无奈家族势力有限，他只达到了一半目的——辞了会稽内史，但必须到京城担任卫将军。会稽内史虽不如江州刺史的权力大，好歹是个实缺，卫将军则只是个虚衔。可以说，王允之在这一轮交手中败得一塌糊涂。

在赶往京城的路上，王允之忽然离世，与庾怿的死亡时间只差了短短几个月。从历史记载来看，王允之的死因并没有什么蹊跷，但联系到王、庾之间的权力争斗，他的猝然离世似乎又有一些隐情。

王允之死后，琅琊王家在东晋的影响力江河日下。

按常理来说，王允之死了，江州就应该落到庾家手里。但人算不如天算，庾家准备接管江州的时候，晋成帝司马衍驾崩，时年二十一岁。庾家当初能够成功上位，走的是与皇族联姻的路子，庾冰主张立晋成帝的亲弟弟司马岳为帝——舅舅还是舅舅，只是换了一个外甥。为了削弱庾家，何充主张立晋成帝的儿子为帝。如此一来，庾家与皇帝的血缘关系就隔了一代。

围绕着皇位继承人的问题，庾冰与何充展开了激烈的斗争，最终庾冰获胜，二十一岁的司马岳继位，即晋康帝，立褚蒜子为皇后。随着褚蒜子的上位，老外戚庾家之后，又出现了新外戚。褚蒜子的父亲褚裒夹在中间左右难做人，惹不过庾家，也惹不过何充，他请求外调，出任江州刺史。何充见留在中枢难有作为，也请求外驻京口，意图利用这个军事重镇制衡庾家。

庾家好不容易拿下了王允之，到头来却被褚裒捡了漏，自然不能善罢甘休。

建元元年（343年），荆州的庾翼倡议北伐，中枢的庾冰请求外调江州，为庾翼充当后援。何充看穿了庾冰的用意，知道他的真实目的是得到江州，就说庾冰身份尊贵，应该留在中枢执掌朝政，不能外调。但是此议被驳回，朝廷把褚裒调回中枢，改派庾冰出镇江州。同年七月，朝廷任命桓温为前锋小督，响应庾翼北伐；十月，何充被征调回朝，担任扬州刺史，桓温取代他接管徐州，镇守京口。

庾家兄弟三下五除二就得到了江州，在京口也换上了自己人，把褚裒和何充死死地堵到了京城。可这离他们的预期还差一步，那就是得到襄阳。

庾亮当年为了得到襄阳机关算尽，最后因为北伐惨败，梦想落空。在这一次北伐中，庾翼和庾冰联手，实现了他的遗愿，以北伐为名，调动流民军离开镇守多年的襄阳，并且对流民军高层换血，把流民军变成了自己的兵力。

公正地说，无论是内务还是外务，庾翼和庾冰的才能都在庾亮之上。这一次北伐的功绩也是显著的，前凉张氏和辽东的慕容氏都参与其中，表示愿意与东晋联手，铁壁合围，绞死后赵，声势比庾亮主持的那次北伐浩大得多。但庾家兄弟关注的重点依然在内部。

此次北伐之后，长江一线的荆、江、豫、扬四州连为一体，颍川庾氏的实力达到了前所未有的巅峰状态，全盛时期的王敦和陶侃也不能与之相提并论。

依然是那句老话——人算不如天算。老天似乎见不得庾氏一家独大，庾家兄弟苦心经营，好不容易圆了梦，晋康帝却在这时候忽然驾崩，这个短命皇帝在位时间只有短短一年多。

如果立晋康帝的儿子为帝，褚蒜子就得临朝听政，成为皇太后。这样一来，庾家的外戚地位就会受到冲击。因此，庾家兄弟故技重施，企图立晋明帝司马绍的弟弟、会稽王司马昱为帝。何充则针锋相对地进行抵制，主张拥立晋康帝的儿子登基。经过一番明争暗斗，何充胜出。还没有学会走路的司马聃（dān）被褚蒜子抱上皇位，这就是晋穆帝。

对于庾家，这只是第一次失败；短短几个月后，庾冰病逝，庾家又遭到了第二次重创。庾冰的棺材板还没有钉上，朝廷就发动反击，派遣谢安的堂兄谢尚出任江州刺史，只是因为庾翼的强力抵制而未能成功。但这时候的庾家只有一个人在战斗，庾翼精力有限，心力交瘁。永和元年（345年），庾翼病逝。

从出镇金城到庾翼去世，桓温的人生历程又不知不觉地过去了四年。表面上看，他在这四年里最值得一说的事迹，是响应庾翼北伐。但这并不是他最大的收获，他学到的最重要的东西是怎么做人。

在桓温的仕途上，庾翼是领路人。短短四年，皇帝换了三个，外戚换了两茬。按照常理，当庾翼成为众矢之的的时候，寄身于庾家屋檐下的桓温难免要受到影响。然而，在这股翻腾了四年的政治风浪中，三十岁出头的桓温老练机敏，一次次避开了旋涡和礁石，既跟庾家保持着友好关系，又跟庾家的政敌打得火热。

这里需要说明的是，因为桓温是个干才，所以他才能成为庾家及其政敌都极力拉拢的对象。他的才能是本，长袖善舞是末，我们千万不要以为桓温是钻营投机之辈，那样理解的话就本末倒置了。反过来说，是庾家及其政敌利用桓温，还是桓温在利用他们，这得两说。

庾翼病逝之后，江州和豫州回归朝廷，褚裒被任命为徐州刺史，镇守京口。长江一线诸州当中，就只有上游的荆州还在庾家手里。为了瓦解庾家，何充主张派遣桓温取代庾家接管荆州。

庾翼弥留之际有遗命，推荐儿子庾爰之接管荆州。据当时的人说，庾爰之颇有庾翼之风，可见他还是一个挺有手段的人。如果派遣桓温接管荆州，他们会不会掐起来呢？这是一个不得不考虑的问题。

何充很有信心，觉得桓温此去，定能不负所托。清谈家、与桓温同为晋明帝驸马的刘惔说了一句很有预见性的话，说桓温的能力确实没有什么问题，可就怕这是放虎归山，难保他一去不复返，不如派司马昱出镇荆州，但何充不听。刘惔又说，既然如此，那就让我接管荆州吧。何充又拒绝，执意把荆州交给桓温，不过为了保险起见，他把刘惔安插到了桓温身边。

自此，三十四岁的桓温接管荆州，成为东晋强藩。龙亢桓家随之逐渐成为继琅琊王家、颍川庾家之后的第三个大门阀。

在桓温奔赴荆州的路上，庾翼旧部发生了一次小规模的叛乱，不过在桓温到任之前，这次叛乱就平息了。到任之后，不知道桓温用了什么手段，成功地迫使庾爰之下野，让出了荆州刺史的职位。

这只是个开始，庾家经营荆州将近十年，盘根错节的势力网哪能那么容易就被摧毁？对于桓温，这似乎不是个问题，他只用了短短一年多的时间，就瓦解了庾家的势力。

庾翼治理荆州，推行法家的治政理念，桓温反其道而行之，推行宽和之政。

有一个小吏因为犯法而受杖刑，他受刑时大杖只是擦衣而过。桓温的三子桓歆看到这一幕，跟桓温开玩笑，说你这大杖上打天，下打地，就是不打人。桓温说，就这我还嫌打得太重。

东晋建国初期，王导就是用宽和之政化解了南北门阀之间的矛盾。桓温用的这一套方法和王导的手法有些相似，但他比王导高明的地方在于，王导是把祸水下引，只要大门阀之间相安无事，他们祸害百姓也无关痛痒。而桓温在化解内部矛盾的同时，还做到了政通人和，百姓安居乐业。

除了施政措施得当，桓温能够迅速扎根荆州，另外两个因素也起到了很大的作用。

首先是庾翼的赏识。庾翼曾经向朝廷推荐过桓温，建议晋成帝予以重用。庾翼的旧部应该都知道他与桓温的交情很不一般，这就有利于他们在心理上接纳桓温。其次是桓温的性格。庾家家风甚严，宗族子弟是出了名的严肃庄重，不苟言笑。桓温少年时代混迹市井，不拘形迹，草根气比较重。他的性格随和豪爽，容易跟别人打成一片，这无疑是个有利于增加个人魅力的加分项。

永和二年（346年），何充病逝。临终之际他指定会稽王司马昱为继承人，执掌朝政。

何充执政期间，长江沿线的江州、豫州、扬州安然无事，强藩唯有荆州的桓温和京口的褚裒。经过庾氏兄弟的两次北伐，朝廷算是看清了这些门阀的意图，为了防备桓温照葫芦画瓢，打着北伐的旗号扩充势力，朝廷把对外军务全权委托给了褚裒。

司马昱没有经世方略，是个清谈家。如果说他与常见的清谈家有什么区别，那就是他是个货真价实的清谈家，而不是把清谈作为仕途的敲门砖。这也就决定了他的执政理念——满足于做个守成者，继承何充制定的路线，不做任何改动。他有个怪癖，喜欢看小老鼠的脚印，觉得其中蕴含着一种难以言喻的美感。还没有担任执政的时候，他为了便于欣赏小老鼠的脚印，甚至不允许侍从擦掉卧榻上的灰尘，闲来无事的时候，他就悄悄地坐在卧室里提升“美学”修养。他是个慢性子，批阅公文慢慢腾腾，好像不是在看内容，而是在仔细研究每个字的构造。他担任执政之后，政务繁忙，每天忙得不可开交，连欣赏小脚印的时间都挤不出来，心情颇为郁闷。不过，与不久之后发生的那件事比起来，欣赏不了老鼠脚印就变成不值一提的小事了。

永和二年冬天，荆州的使者忽然来到朝廷，呈上了桓温的奏折——请朝廷下令伐蜀，消灭成汉。

在司马昱的主持下，百官纷纷来到正殿，参加御前会议。入殿之前，百官得脱掉鞋，只有重臣才有穿鞋入殿的特权。地上虽然铺了席子，但寒气依然嗖嗖地往上蹿。大殿之上，褚蒜子抱着小皇帝坐在白纱帐里，一言不发。当司马昱当众宣布桓温请求伐蜀，请大家共同商议此事是否可行的时候，百官瑟瑟发抖，因为寒冷，也因为恐惧。

31 远征成汉

荆州处于上游，是相对于东晋而言；相对于整个东晋，成汉占据的巴蜀则处于上游。

成汉东侧是东晋，北部是后赵，三个政权的关系像三国时期的魏、蜀、吴。当年西晋统一天下，走的路子就是先消灭蜀国，再顺流而下，拿下吴国。成汉在上游，固然威胁到了东晋的安全，可也能牵制后赵。这是其一。荆州是东晋的西大门，如果抽调兵力讨伐成汉，后赵忽然南下，乘虚而入，出了事谁负责？这是其二。东晋的对外征战权在褚裒手里，桓温不安分守己，逾越本分，到底是什么居心？这是其三。成汉盘踞巴蜀多年，羽翼已丰，哪是说灭就能灭的？这是其四。

建康的宫廷里，百官几乎众口一词地认为消灭成汉的可能性微乎其微。

荆州，清角吹寒。

永和二年（346年）十一月，战鼓擂响，百舸争流，穿行在长江上的茫茫大雾中，船队浩浩荡荡地逆江而上。不等朝廷表态，桓温就自作主张，发动了灭蜀之战。

出兵之前，一个大雪纷飞的日子里，桓温路过刘惔家门口。刘惔平时和桓温开玩笑习惯了，见桓温一身戎装，随口开了一个玩笑——老贼为何穿成这样？老贼，是老朋友之间的戏称。桓温也不老，这一年他才三十四岁。当时的风流名士瞧不起军人，在他们眼里，穿军装的人都是下贱的。所以，刘惔的这个玩笑有点恶意。桓温的回答掷地有声——如果没有我，你们这些人哪能坐而论道？这是老朋友之间的戏谑，也是一个预言。

桓温有英雄主义情结，但并非莽撞的个人主义英雄。远征军开拔之前，他与军中司马袁乔做了周密的谋划。最为理想的结果，自然是速战速决，在后赵做出反应之前，就消灭成汉。但为了稳妥起见，远征军开拔之前，也在荆州留下了重兵把守，防备后赵乘虚而入。

关于远征军的兵力，历史记载不一，大多数记载是万人左右，《旧唐书》说是数万人。综合来看，《旧唐书》的记载略有夸张，远征军的兵力应该是一万多人，其中两千人为前锋，由袁乔率领。

接到远征军出动的消息，建康方面连吃两惊，一是桓温先斩后奏，二是远征军兵力太少。事实上，荆州官场上的一些人对此次远征也持悲观态度，刘惔却坚信桓温必定大胜而归。理由是桓温好赌，赌博的时候没有把握就不下注，由他的赌品可知他定有胜算。

庾氏兄弟当政期间，先后两次发动北伐，攻占了成汉的一部分领土。从永和二年（346年）的十一月到永和三年（347年）的二月，远征军就这样悄无声息地开往成汉边境。由于保密措施得当，这三个多月的时间里，他们并没有遇到敌情，成汉也不知道敌人正在悄悄靠近。

如果对桓温这三个多月的漂流经历设定一个主题，那应该是家国。

船队路过白帝城时，桓温及随从在甲板上看到长江北岸矗立着一些石堆，排为八行，每行间距两丈。这是诸葛亮当年在此铺设的八阵图遗址，目睹此景，桓温脱口而出，此乃八阵图之一，常山蛇之阵。

回想起百余年前诸葛武侯的往事，桓温感慨万千，诗兴大发，在凛冽的江风中赋诗一首："望古识其真，临渊爱往迹。恐君遗事节，聊下南山石。"对于武侯的未竟大业，他深表遗憾，也隐约流露出以武侯自比之意。

船队进入三峡以后，靠岸休整，一个僚佐捉住了一只小猿猴，带在船上随行。母猿悲痛欲绝，沿着江岸追了一百多里地，趁船队靠岸的时候跳到了船上。奔跑这么久，它的气力已经耗尽，刚到船上就气绝毙命。僚佐好奇，于是剖开母猿的肚子检查死因，只见肝肠寸断。桓温被甲板上的动静惊动，过来看发生了什么事，一见肚腹被剖开的母猿和悲声惨呼的小猿，大怒，将那个僚佐革职除名。

我们应该还记得前文提到的王敦。西晋末年，王敦到以炫富著称的大臣石崇家里做客，石崇命令侍女敬酒，如果客人不喝，就处死侍女。王敦明知如此，却无视他人生死，以残害人命为乐，桓温则因猿猴之死而大发雷霆，心生怜悯。一个心肠冷酷，狂傲残忍，一个有恻隐之心，富有人情味，且不说功绩是否具有可比性，仅秉性而言，王敦跟桓温也不能相提并论。

三峡两岸壁立千仞，风飞浪翻，稍有闪失就面临着船毁人亡的危险。在三峡峭壁下，桓温留下了一句名留青史的话——既然做了忠臣，又怎么奢望再成为孝子呢？西汉年间，琅琊王家的始祖王吉被任命为益州刺史，入川途中见蜀道难行，于是辞官而去，说身体发肤受之父母，不能以身犯险。后来，王尊出任益州刺史，路过王吉畏难而退的险道时，说王吉做了孝子，忠臣就由我来做吧。这就是忠臣孝子的典故，桓温说这句话的意思是，已经准备为国效命，就不再以家事为念。

后世一些历史学家认为，桓温伐蜀是为了篡权。在我们看来，这是倒果为因的诛心之论。晚年的桓温确实有颠覆晋室的念头，可那是几十年以后的事。可是此时的桓温仰慕诸葛武侯、为母猿之死动怒、不畏险途而甘愿为国捐躯，如果说连这样的人都是居心叵测的乱臣，那什么样的人才能算是良臣呢？

永和三年（347年）二月下旬，先后经过长江、岷江、青衣水的远征军，在青衣（今四川雅安附近）弃船登陆。得知敌军入境，成汉皇帝李势慌忙派兵迎击。但是主帅头昏脑涨，既搞不清本国的山川地理，又不知道敌军的动向。按照朝廷的指令，他应该率军挡在敌人面前，可他七绕八绕，居然跑到了桓温背后，而此时的桓温已经占领了距离成都不到二百里的彭模（今四川眉山彭山区附近）。

占领彭模之后，远征军内部产生了一些分歧。一部分谋士主张分兵而行，分散敌人的兵力；袁乔则认为应该集中主力，星夜兼程，直捣成都。桓温采纳了袁乔的建议，把辎重留在彭模，留下一部分兵力坚守，然后率领精锐向成都挺进。

桓温背后的那一部分敌军听闻彭模失守，主帅慌忙派遣先锋奔袭彭模，企图截断敌军的后路。驻守彭模的晋军深入敌国腹地，如果战败或者逃跑，就只有死路一条，所以他们背水一战，击溃敌军前锋。那个不识路的成汉主帅见前锋惨败，又听说桓温所率的主力已经抵达成都附近，索性带着后援不战而逃。

成汉皇帝李势不喜欢处理政务，常年躲在深宫内苑不见臣僚。随着敌军的临近，他才带着一身脂粉气，匆匆忙忙地从后宫跑出来过问军情，并再次派兵迎击敌军，可是派出去的军队连战连败。

三月中旬，桓温抵达成都西南方的笮桥，这里离成都只有短短四五里地。从离开彭模开始，桓温轻装急进，势如破竹，似乎没有遇到什么值得一说的障碍就来到了笮桥。至少根据现有的历史记载，我们只能得出这个结论。

成汉再不济也是一个国家，桓温率领的这一万人怎么这么快打到笮桥了呢？李势暴虐，众叛亲离，这是一个原因；此外，在去年冬天，也就是桓温伐蜀之前，成汉发生了一次大规模动乱。当桓温率军出征时，成汉内部很不稳定。由此，我们也就可以理解为什么桓温等不及朝廷回复，就急忙踏上征程——一旦成汉内部安定下来，再想动手就难了。

面临亡国危机，李势孤注一掷，把所有兵力都投入到了笮桥。虽然刘惔说桓温是个做事很稳的人，没有把握不会出手，但在笮桥激战的这一天，我们有理由相信桓温其实并没有必胜的把握。在人力所能为的范围内，他做出了最大的努力，超出人力所能为的，他只能交给命运和天意去裁决。

桓温军在笮桥南端，李势军在笮桥北端，长长的笮桥是连接他们命运的绳索。伴随着阵阵鼓点，战斗开始了。

首轮交手对桓温方面很不利。李势大军发动凶猛的反扑，击溃了远征军前锋，并且阵斩了一个中级将官。远征军主力军心震恐，随即出现了溃败迹象。混乱的战场上飞矢如雨，有的箭镞甚至射到了桓温和袁乔的坐骑附近，如此情况下几乎没有人相信桓温还有胜利的希望。

桓温很清楚，如果伐蜀失败，自己面对的将是贬谪、嘲笑，或者死亡。然而兵败如山倒，他只能命令全军撤退。接下来，荒诞而不可思议的一幕发生了——不知道是传令手误解了主帅的指令，还是被吓得魂不附体，桓温让他鸣金收兵，他却打成了进军鼓。濒临崩溃的远征军不明所以，一脸茫然。成汉军队打了这么久，蛮劲已经快用光了，他们不知道敌军底细，以为敌人还有后援，打进军鼓就是发动总攻的信号，士气迅速溃散。桓温与袁乔喜出望外，赶快督促全军穷追猛打，一鼓作气，占领成都。李势连收拾金银细软的时间都没有，就匆忙逃跑出城。

三月十七日，李势送来降表，请求投降。桓温接受，派人将他作为战利品送往建康。

四十三年前，八王厮杀进行到最高潮的时候，賨人割据巴蜀，建立成汉；四十三年后，因为桓温的征伐，巴蜀结束割据状态，被并入东晋版图。桓温起初的用意无非是建功立业，为国效力，但具有讽刺意味的是，由于已成惊弓之鸟的门阀的阻挠和猜忌，伐蜀反而成了他命运的拐点，一步步把他变成了他不想成为的人。如果他最初的愿望是成为诸葛武侯，那么，成为曹操就是他始料未及的命运终点。

占领巴蜀之后，桓温留下一部分守军，一手安抚，一手威慑。他本人在成都停留了一个多月就回到了荆州。

昔我往矣，雨雪霏霏，今我来兮，杨柳依依。当桓温回到荆州的时候，冬天已经结束，刘惔出城几十里迎接，依然是风流名士的装扮，飘飘然如神仙，与一身风尘的桓温大为不同。

桓温跳下马背，打量着刘惔："垂长衣，谈玄言，灭蜀是谁之功？"

刘惔手持麈尾，打量着桓温："国家洪福而已，哪里是你的功劳？"

刘惔的嘴上功夫厉害，但桓温用时一个多月，就消灭了盘踞巴蜀四十三年的成汉，这个战果是无法质疑的。对于这个结果，桓温相当满意，但离家越近，他却越有些惶恐，因为家有妒妻，他在伐蜀期间收了李势的女儿做小妾[1]。

回城之后，桓温怕引起家庭纠纷，把李氏藏到了书斋。但纸包不住火，司马兴男还是听到了一些风声，于是趁桓温外出时，带着几个侍女，拿着武器冲到书斋，要拿李氏问罪。李氏是个美女，司马兴男闯进来的时候，她正在梳妆，波澜不惊地说："亡国之身，无心至此，如能杀我，正合我意。"司马兴男被李氏的容貌和风度所慑，马上把问罪的事抛到了九霄云外。她扔下手里的武器，对李氏左看右看，百般爱怜："连我都被你打动了，何况是那个老东西。"

鼓手的意外表现，解决了战争问题；司马兴男的意外表现，解决了家庭问题。当然，这两次意外带给桓温的是惊喜。可是，当第三次意外发生的时候，带给他的却是忧虑，还有那么一丝愤怒。

桓温失败，朝廷自然不高兴；桓温胜利，朝廷同样不愉快。

没办法，上游太敏感，谁到上游谁就和朝廷的关系很紧张，王敦、陶侃、庾亮、庾翼无一例外。这一次，轮到桓温了。

① 也有的记载说，桓温收的这个小妾是李势的妹妹。

32　错失北伐良机

自东晋立国三十多年来，消灭成汉是前所未有的大捷，朝廷却很不愉快。

永和三年（347年）七月，蝉鸣聒噪，一辆牛车缓缓穿过街道，驶向秦淮河北岸的宫城区。

四个月以前，即桓温消灭成汉当月，殷浩接到司马昱的征召。这并非他第一次接到征召，在司马昱之前，就有别人多次请他出仕，但他闭门高卧，一概峻拒。由于他这种高冷的姿态，许多人将他比作江左管仲、诸葛亮。有一个名士甚至说，殷浩不出，苍生何济？

此次接到征召时，殷浩是拒绝的，奈何司马昱一再恳求，他才结束隐士生涯，出任扬州刺史。

曾经有人问殷浩，为什么将要做官的时候会梦见棺材，将要发财的时候会梦见大粪？殷浩说，官位腐臭如死尸，钱财污浊如粪土。不知道殷浩在启程前往建康前，有没有梦到棺材。

在恳请殷浩出山的一份书信中，司马昱说："时危世艰，幸好阁下有匡时救世之能，所以我不必再另求他人。如果阁下肯出山相助，皇室有幸，天下有幸；如果阁下执意闭门高卧，只怕天下危矣。一旦国家衰微，朝纲不振，我等将死无葬地。阁下一人，关乎时代兴废，社稷存亡，望阁下长思静算，明辨得失，入居中枢，以顺天意，应人望。"

局势有司马昱说得这么可怕吗？永和初年，庾氏兄弟先后离世，颍川庾氏一家独大的局面结束。上游的桓温羽翼未丰，中游的江州和豫州在朝廷手里，上下游之间的冲突还没有激起。在江北的后赵王朝，凶暴的石虎残虐无道，国内局势不稳；盘踞在东晋上游的成汉灭亡，东晋的版图扩充了差不多四分之一。无论是内部，还是外部，此时的东晋都没有什么大问题，可以说这是立国以来最好的光景。

司马昱为什么把局势描述得危如累卵呢？显而易见，他说的是桓温。

殷浩入居中枢之后，司马昱利用他在士族当中的影响力，吸收了一大批名士，遥遥牵制上游的桓温。这看起来不可思议，难道司马昱和殷浩召集一大帮人天天谈论老庄，就能牵制桓温？这些名士中的很多人都有门阀背景，所以司马昱和殷浩召集他们谈玄的真实目的，是为了赢得门阀的支持。

桓温消灭成汉，受益最大的却是没有尺寸之功的殷浩；为了国家，桓温连命都不要，穿过风波险恶的三峡，率领孤军突入敌国腹地，朝廷却把他当成最危险的敌人。

说到清谈，殷浩至少可以打九十分，至于政治，他连及格都难。要达到牵制桓温的目的，他大可暗地里操作，不显山不露水。但殷浩就像武侠片里蹩脚的刺客，还没有出手，就先大喊一声接招，搞得朝野上下沸沸扬扬，都知道朝廷和桓温有嫌隙。就连一向对政治不是很热心的王羲之也看不下去了，劝殷浩不要搞这么大的动静。

桓温伐蜀，疾如奔雷飞星，迅速摧毁成汉中枢，但没有彻底铲除李势的根基。他班师回营不久，李势旧部发动了猛烈的反扑。桓温自小和殷浩一起长大，知道殷浩难成气候，一半是出于藐视，一半是因为军务倥偬，分身无术。所以，面对聒噪不休的殷浩，桓温的态度相当克制，避免发生无谓的冲突。

永和四年（348年）八月，朝廷忽然加封桓温为征西大将军、开府仪同三司。桓温有功，自然应该给予赏赐，问题是，此时距离成汉灭亡已经过去了一年五个月，为什么朝廷时隔一年多才想起来封赏呢？促使朝廷赏赐桓温的动机，极有可能是交州的动乱。

交州在巴蜀南部，成汉灭亡后，巴蜀地区陷入动荡状态，桓温派驻的守军疲于奔命，四处扑火。交州境内的一个野心家趁火打劫，意图自立为王，于永和四年的春季发动了一场骇人听闻的大屠杀。或许就是为了利用桓温平乱，朝廷这时候才想起来予以封赏。

桓温不会不知道朝廷这是临时抱佛脚，他不是圣人，朝廷此前对他百般打压，他肯定有个人情绪，但这没有影响他对国家大事的态度，巴蜀地区的叛乱还没有平息，他就派军南下，进入交州平乱。

不久，中国北方发生了一件大事——石虎驾崩，后赵大乱。如果时间倒流两三年，或许桓温不经朝廷允许，就会出师北伐。经过这两年多的磨炼，他明白了一个道理：为国效力自然是好的，同时也必须顾及朝廷的面子。这一次他做了两手准备，先向朝廷请示；然后在同年六月屯兵安陆（今湖北安陆），枕戈待旦，准备挥师北伐。

北伐？哪里轮得到你桓温？接到请求北伐的奏文，司马昱和殷浩随手把它丢到了废纸堆里，就当从来没有见过，然后任命太后褚蒜子的父亲褚裒为北伐军统帅。

笔者无意把桓温塑造成一个鹤立鸡群的英雄，好像除了他别人都是苟且偷生的废物。褚裒其实不算特别差，至少有北伐的念头，早在桓温屯兵安陆之前，他就上表请求北伐，并派遣前锋渡江北上，向淮河流域挺进，可他比桓温少一样东西——实战能力。缺少这样东西的后果，是贪功冒进。朝廷认为，褚裒应该静镇京口，不可孤军深入。褚裒不听，执意出兵。同年七月，他率军三万，渡江北上，开赴彭城。

石虎死后，后赵展开夺嫡乱战，国内形势混乱不堪，南方边境因此出现了一些缺口，北方的汉人大举南迁。当时，鲁郡（今山东曲阜附近）五百多家人聚众起兵，冲破后赵守军的重重封锁，艰难地向东晋前进，请求褚裒支援。褚裒派遣三千精锐北上，予以接应。但这三千精锐在途中被后赵骑兵歼灭了。那五百多家人怎么样了呢？没有记载，可能是被打散了，也可能是全军覆没了。

在褚裒的设想里，趁着后赵局势动荡，北伐犹如探囊取物，弹指一挥即可大获成功。经过这一次惨败，他认清现实，再也不提北伐的事了，他率领主力撤退，向朝廷上书，请求贬职。朝廷只是给予了他隔靴搔痒式的惩罚，解除了他的北伐军统帅职务，依然让他镇守京口。

七月开始，八月结束，闹剧一样的北伐，只持续了一个多月，就灰头灰脸地落幕了。

褚裒回到京口之后，后赵的内讧更为剧烈，边境线上的缺口越来越大。二十多万衣衫褴褛的百姓渡过黄河，直奔东晋而来，再一次请朝廷派遣王师予以接应。朝廷却如同活死人，一声不吭。在后赵追兵的屠刀下，二十多万人被屠杀殆尽，东晋举国震惊，骂声一片，褚裒无颜见人，羞愤而死。

金字塔的顶端，司马昱和殷浩无动于衷，悠然自得地谈论着高雅的玄学。他们的位置太高，在他们眼里，草民就像卑贱的小蚂蚁，死多死少无关紧要。

褚裒北伐结束同月，关中大乱，三秦豪杰邀请东晋北伐。梁州刺史司马勋挥师北上，短短几十天就攻占了三十多座营垒，聚众五万多人，把兵锋推进到离长安不到二百里的地方，却终因孤军深入，难以抵挡后赵的援军，只能匆匆撤军。

司马勋是司马懿弟弟的玄孙，西晋灭亡之后被匈奴人俘虏，因勇力过人而被前赵的一个将军收为养子，长大之后逃奔东晋，几经升迁，在庾翼的推荐下被任命为梁州刺史。

由于司马勋的失败，一些历史学家认为，桓温屯兵安陆只是故作姿态，其实并没有北伐意愿，否则他就应该出兵接应司马勋。说到底，他只是想利用这种姿态迫使朝廷北伐，削弱朝廷的兵力。

后来的桓温确实有利用北伐的旗号剪除政敌的嫌疑，但是中国北方刚刚陷入大乱的时候，他应该还没有想到这一点。司马勋挺进关中的时候，他不是不想响应，而是不敢。经过伐蜀的那一次教训，朝廷不放话，他怎么敢轻举妄动？不然，又是一顶帽子从天而降。

倡议北伐时，桓温写过一篇檄文，后来被作为檄文的典范。原文气势磅礴，如贯日白虹，摘录如下：

> 胡贼石勒，暴肆华夏，齐民涂炭，煎困仇孽，至使六合殊风，九鼎乖越。每惟国难，不遑启处，抚剑北顾，慨叹盈怀。寡人不德，忝荷戎重，师次安陆，经营旧邑，瞻望华夏，暂成楚越。登丘凄览，征夫愤慨。
>
> 昔叔孙绝粒，义不同恶；龚生守节，耻存莽朝。历纪逋僭，一朝荡定，拯抚黎民，即安本土。训之以德礼，润之以玄泽，信感荒外，武扬八极。先顺者获赏，后伏者前诛，德刑既明，随才攸序。此之风范，想所闻也。

我们可以看到桓温是一个壮怀激烈的报国者，他为神州陆沉而悲叹，为遗民泪尽而忧愤，为请缨报国而呐喊。为了北伐，他枕戈待旦，以当年报家恨的态度来对待国仇。檄文末尾，他甚至乐观地畅想收复中原之后的美好远景。

荆州靠近关中，如果朝廷允许桓温北伐，趁着后赵大乱的机会和近水楼台的便利，桓温未尝不能收复关中。可是，因为朝廷的阻挠，氐人苻健打着为东晋效力的名义，迅速控制关中，把这里变成了独立政权。

收复关中的机会，就这样瞬间即逝，不过收复中原的机会还是有的。

当后赵的夺嫡之战进行到最高潮的时候，石虎的养孙冉闵忽然杀出来，把石家的子孙一锅端了。冉闵的军事能力很强，但政治水平太低。砸了石家的锅之后，他甚至不愿意像苻健那样先走个过场，向东晋称臣，而是迫不及待地登基称帝，建立冉魏政权。然后派人告诉东晋，快派兵来和我一起赶走胡人打天下吧！

对于这个消息，东晋朝廷目瞪口呆，这可把他们难住了——打的是哪门子天下？是你冉魏的天下，还是我东晋的天下？

东晋没有反应，冉闵就自己打，把冉魏周边大大小小的割据政权打了个遍。那段时间里，中原地区伏尸千里，血流盈野。几个手下看冉闵成不了大事，于是据城投降，宣布与冉魏决裂，请东晋迅速派兵北上。他们献上的这些城池当中，就包括已经脱离晋室四十年的故都洛阳。

中原的局势云谲波诡，瞬息万变，变化之剧烈令东晋朝廷瞠目结舌。就像一个官员所说的那样，除非是大英雄、真豪杰，否则驾驭不了这种诡异的局势。

今天有冉闵把中原搞得天翻地覆，还有乘虚而入的机会，一旦冉魏政权被灭，中原的局势稳定下来，再想北伐，谈何容易！桓温按捺不住了，再次启动北伐之议，奏请朝廷赶快北上，入驻洛阳，先在中原站住脚跟，再图谋中兴大计，但朝廷依然装聋作哑。

墙外，一个披坚执锐的斗士请缨出战。墙里，羽衣鹤氅的名士却关上了报国之门。

如果说桓温一生中，有一个由能臣变成奸雄的节点，那么这个节点就是在这时候到来的。好吧，既然你们玩阴的，那就玩阴的吧。报国之门被关上的那一刻，也是桓温心门关上的时候。因此，发生了接下来的这一幕——永和七年（351年）十二月，桓温上表请求北伐，不等朝廷回复，他就率领四万多人离开荆州，顺流而下，开赴武昌。

不是不愿意北伐吗？那就逼迫你北伐。

33　泥淖中的北伐

上游起风了，建康的池塘里，惊起蛙声一片。

桓温为什么擅自出兵？如果说他打算北伐，为什么不北上，反而东进，难道说他想开启内战？如果说他想打内战，为什么又在武昌按兵不动？因为不明白桓温的目的，朝廷如临大敌。

号称江东管仲、诸葛亮的殷浩害怕了，把辞呈送到司马昱的案头。王导的侄子、吏部尚书王彪之对司马昱说：殷浩这是为自己着想，没有考虑到你，你不能让他辞职。我看桓温是打算兴师问罪，北伐失败的责任必须有人来担。殷浩一走，北伐失败的责任就得你一个人来背。

王彪之转过头又来拜访吓得哆哆嗦嗦的殷浩，对他说："如果桓温此来是兴师问罪，肯定会唯你是问。你与桓温积怨已深，辞职也无济于事。你暂时别慌，先让会稽王给桓温写一封信，劝他回师，如果他不听，那就让陛下再给他写信。如果他还不听，那他的反贼罪名就坐实了。到时候，我们就能出动王师攻打他，你何必自乱阵脚呢？"

几天之后，桓温接到了司马昱的一封信，信文内容比较长，大致内容如下：

北伐势在必行，除了你还有谁能担此大任？朝廷迟迟没有回复你的北伐之议，主要是因为北伐是国家大计，必须以雄厚的财力、物力为支撑，不能鲁莽草率。近来你忽然顺流而下，进驻武昌，京都鸡飞狗跳，谣言蜂起，想必你也有耳闻。我明白你是一片好心，意在为国效力，我并不怪你。但人言可畏，一旦阋墙于内，局势将会如何，恐怕不是你我所能控制的。我反思了一下，产生流言的问题在于我，我错在德不足以服人。你我职责有内外之分，但目标都是安定国家，保卫陛下。我们应该先安内再攘外，共同辅佐陛下，昌隆王业，弘扬道义，这也是我对你的希望。

针对司马昱阴阳怪气的质问，桓温上书自陈心志，回复内容大致如下：

接到您的来信，我着实吃惊，我出兵是为了北伐，京都怎么会有人怀疑我的用心？我把您的信看了一遍又一遍，也不知道谣言是怎么产生的。我才能一般，但是为国效力的志向还是有的，如今正是北伐的好时机，即使匹夫也想光复河山，难道我连个匹夫都不如吗？我已经请求北伐好几年了，我心里是怎么想的，天人共鉴，岂容宵小之辈搬弄是非？当今主上圣明，我与亡父服侍三朝[①]，毫无二心，却不料遭遇谗间，委实令人痛心。一旦谗言流布，阻碍大事，使贼人得喘息之机，悔之晚矣！

派往建康的信使刚刚离开，桓温就拔营启程，返回荆州。

司马昱在长信中说，北伐大任唯有桓温才能担当，但他并没有按照他所说的那样做，而是把北伐的任务交给了殷浩。

由此来看，桓温被司马昱戏弄了。然而，表面上的输家其实是赢家，表面上的赢家其实是输家。因为通过变相地施加压力，桓温迫使朝廷表了态——北伐势在必行。对于桓温而言，有这个保证就够了，至于能不能主持北伐——别着急，慢慢来，好戏在后头。

司马昱给桓温做出了必定北伐的保证，就不能再拖延。再拖延下去的话，他可不能保证桓温不会再变着办法施压。所以，他必须把北伐的承诺落地。

永和八年（352年）正月初一，日食，桓温与殷浩怀着充满期待的心情，迎来了新的一年。桓温了解殷浩，等待着殷浩走向深渊；殷浩不了解自己，等待着再造乾坤。

对于殷浩出任北伐军统帅的任命，桓温没有发表任何看法；而在朝廷内部，

① 明帝、成帝、康帝。

却产生了反对的声音。一个官员语重心长地告诉殷浩，作为当朝政要，应该各司其职，擅长处理内务就坐镇中枢，擅长行军作战就奔走疆场，内外齐心方可创立大功，各怀异志则功业难成。话说得很委婉，意思很显然——你殷浩不是打仗的料，就安心处理朝政吧，北伐还是交给桓温为好。

几个月前，桓温虚晃一枪，殷浩就吓得魂不附体。然而，此时的殷浩忘记了当日的窘态，铁了心要主持北伐。小时候玩过家家，他就喜欢跟桓温较劲，如今又怎么会轻易地把这么一个立大功的好机会让给桓温呢？

永和八年春季，殷浩正式启动北伐，在长江北岸开垦千顷良田，以供应军粮，并派遣谢安的堂兄谢尚进驻淮河流域的寿春。

当意气风发的殷浩对着山川地理图指点江山的时候，中国北方的局势又发生了惊人的变化。

氐人苻健当初打着为东晋效力的旗号占据关中，局势略定之后，却一脚把东晋踢开，建立了前秦王朝；中原的冉魏依然存在；辽东的慕容鲜卑挥师南下，意图问鼎中原；羌人姚氏流动作战，趁火打劫；羯人石氏的残部垂死挣扎，妄想扭转乾坤。

在这几股势力的交互冲突中，北方大地如同一个巨大的炮烙场，每天都有数不清的尸体被烧得灰飞烟灭。

我们之前说过，冉闵建立冉魏之后，穷兵黩武，国内大乱。几个高层将领看他难成气候，于是据城自守，割据洛阳、许昌，请东晋派兵接应。殷浩派遣谢尚进驻寿春，就是让他接应冉魏降将，收复许昌和洛阳。

谢尚的气质偏向阴柔，是个音乐家、书法家、神射手、多情种，但他也是个蹩脚的政客、失败的将军。殷浩对他寄予厚望，是想让他博个头彩，鼓舞士气。从冉魏降将手里接管许昌和洛阳并不难，又不是让你去打仗，对人家态度好一些，顺顺当当接盘就行。但谢尚刚跟人家接头就闹得很不愉快，冉魏降将被激怒，一气之下抛弃东晋，转而投向前秦。事先说好送给东晋的许昌、洛阳也随之落到了前秦手里。

如同多米诺骨牌的连锁坍塌，谢尚的失败开了一个头，继而导致与羌人姚氏合作的失败。

羌姚的首领原先是姚弋仲，石虎去世之初，姚弋仲打算占领关中，但他不是氐人苻氏的对手，只好率军在中原一带游荡，寻觅夺取关中的机会。不久，姚弋仲病重，临终之际，他把族人首领的地位传给了儿子姚襄。见夺取关中无望，他命令姚襄南下，归顺东晋，不要再对关中有非分之想。

姚弋仲死后，姚襄把他的指示抛之脑后，率领族人直奔关中而去，在途中遭到了羯人残部的重创。屋漏偏遭连夜雨，船破又遇打头风，就在这时候，接应冉魏降将的前秦军队抵达中原，再次痛击姚襄。一连吃两记当头闷棍，姚襄清醒了，明白在中原很难站住脚，夺回关中更是痴人说梦，他匆忙率领余部南下，投奔驻守寿春的谢尚。

因为冉魏降将反水，谢尚正困坐愁城，姚襄的到来使他喜出望外。随后，他向朝廷上奏，禀报这桩天大的喜讯，兴高采烈地与姚襄联袂携手，策谋击败冉魏降将。

与此同时，北方再次发生大变——慕容氏在廉台（今河北定州附近）与冉魏展开激战，生擒冉闵，将其斩杀。由此开始，鲜卑人迈出了问鼎中原的重要一步，并于不久之后大举南下，围攻由冉魏太子冉智和大将军蒋干镇守的邺城。

这次围城战极为惨烈，邺城守军内外无援，弹尽粮绝，不得不吃人充饥，当初被暴虐的石虎掳掠到宫里的几万个宫女，就这样惨死了。

冉闵兵败之后，谢尚和姚襄率军直击许昌，殷浩入驻寿春，充当他们的后援。听到东晋大军的马蹄声，前秦火速出动两万精锐发动阻击，阵斩东晋将士一万五千多人。谢尚在乱军中踏着同袍的尸骨匆忙南逃，在姚襄的护卫下，好不容易才保住性命。一万五千多人，就这样变成了他乡之鬼。然而，由于太后褚蒜子是谢尚的外甥女，谢尚只是受到了一些象征性的处罚。

由于承受不了慕容氏的军事压力，冉智和蒋干在这时候派人潜出城外，向谢尚求援。谢尚的答复是，派遣援军可以，条件是交出传国玉玺。

几十年前，发生永嘉之乱的时候，晋室仓皇南渡，传国玉玺在战乱中丢失，东晋天子一直无玺可用，被戏称为“白板天子”，所以谢尚把玉玺看得很重。为了得到传国玉玺，他再次派遣使者对冉智和蒋干说，你们先把玉玺交给我保管，我再转告陛下。陛下看到你们的诚意，自然会派兵前来解围。冉智和蒋干信以为真，把玉玺交给了使者，谢尚悄悄派人把玉玺送到了建康。自此，东晋天子终于拥有了传国玉玺，至于冉智和蒋干，就让他们自寻出路，各安天命吧！

永和八年（352年）八月，邺城失守，蒋干逃跑，冉智被俘，冉魏政权灭亡。

随着冉魏的灭亡，混乱不堪的北方逐渐走向稳定，出现了前凉张氏、前燕慕容氏、前秦苻氏三足鼎立的局面。在此情况下，即使北伐仍有机会，但难度无疑越来越大。就是在这样的背景下，殷浩于九月进驻泗口（今江苏淮安附近），再次发动北伐。

东晋的皇权很弱，由此而衍生的一个后果是门阀富得流油，朝廷穷得叮当响。门阀吃大鱼大肉都没胃口，皇帝吃一顿肉跟过年一样——这并非夸张，实情就是如此。我们不知道谢尚北伐的时候，殷浩给了他多大的支持，但可以肯定，谢尚南逃时抛弃的那些辎重必然不是小数目。为了解决军用物资问题，殷浩甚至裁撤太学，用文教经费来填补北伐经费不足的窟窿。

前秦刚刚立国，根基还不稳固，暂时只能把注意力集中在关中。接纳冉魏降将之后，他们迅速把降将以及许昌、洛阳的平民百姓迁到关中，留守许昌的兵力相当有限。殷浩看到了这个机会，于是在十月派兵北上，赶走前秦军队，夺回许昌，打通了北伐的大通道。

就总体能力而言，殷浩不如桓温，但他并不是一无是处，至少他对局势的判断能力还是有的，明白在前燕、前秦、前凉三足鼎立的局面日渐形成的情况下，不能一味依靠强攻猛打。占领许昌之后，在操办军政工作的同时，他针对前秦建立了一个谍报网络，收买线人，唆使他们刺杀苻健，意图通过这种成本最低的方式摧毁前秦。

永和九年（353年），三月三日，会稽山阴的兰亭，茂林修竹，曲水流觞，四十二个名士齐聚此处，举办了一次大集会，并诞生了流传千古的《兰亭集序》。这四十二个人的来路不一，东晋的名门望族基本上都有参与，比如高平郗家、琅琊王家、颍川庾家、陈郡谢家、龙亢桓家等。

由于参会者的身份特殊，而且多是名门子弟，他们济济一堂，有的历史学家认为这次集会很不一般，表面上是谈玄论道，事实上背后隐藏着不可告人的政治阴谋。

这是不是一次阴谋集会呢？笔者认为不太可能，参会的大多数人虽然有门阀背景，但他们本人并非政要，还没有达到可以左右政局的地步。可要是说这次集会完全与政治无关，那也不太可能，毕竟参会者都是搞政治的。所以，三月三日这一天，他们应该谈到了政治，但是算不上在策划什么阴谋。

那么，他们谈论了什么呢？必然谈到了永和九年的头等大事——殷浩北伐。

朝廷担心桓温立功之后难以制约，会再次引发激烈的上下游之争，因此，起初宁可选择殷浩也不支持桓温北伐。谢尚失败之后，朝廷里的一些人对殷浩的态度发生了变化，他们主张据江自守，反对再次北伐。理由是北伐耗费国力，一旦失败就容易给北方政权造成南下的可乘之机。作为兰亭集会的重要参与者之一，王羲之的政见就是如此。

站在朝廷的立场上来看，停止北伐虽然丢人，但可以保留实力，防备北方政权南下，还能以保留下来的实力牵制桓温。但问题是，此时想停止北伐也停不下来了，因为桓温的北伐态度很坚决。假如停止北伐，桓温和朝廷就会掐架，桓温会用强硬手段抢到北伐的旗帜；或者朝廷主动把北伐大权委托给桓温。

不言而喻，对朝廷来说，到头来都会受制于桓温。骑虎之势已成，朝廷无路可走，只能冒险一试，硬着头皮让殷浩主持北伐，盼望他收复北地，让桓温无话可说。可殷浩没有阵仗经验，能有多大的取胜把握呢？所以，朝廷里大多数人对北伐持悲观态度。

三月三日是东晋的节假日，《兰亭集序》诞生在这样一个把酒言欢的日子里，它所传达的意味却是压抑、悲哀而令人不安的，这与勘破生死的谈玄论道有关，更与东晋当时的内外环境有关。

细细品味《兰亭集序》，或许当天的场景是这样的——聚会开场，四十二人谈玄论道，相谈甚欢。随着话题的铺开和深入，气氛逐渐转向悲凉，借着微醺的酒意和蒙眬的醉眼，他们似乎看到了殷浩北伐失败、北方政权发动南下战役、江东战火连天……于是，念及内讧不断而外有强敌，面临覆巢之危的他们悲从中来，难以自已……

除了谈论殷浩北伐，参会诸人当天应该还谈到了殷浩与桓温之间的矛盾。笔者做出这种推测的理由是桓温的儿子桓伟当天也在场，而大家谈到殷、桓矛盾的目的，无非是希望桓伟能从中周旋，劝桓温以国事为重，不要因为意气之争而危及江山社稷。

桓伟有没有答应充当调停者呢？这不重要，即使他有居中斡旋之心，也没有发挥作用的时间了，因为此时的殷浩距离败落之日已经没有几天了。

兰亭集会过后一个多月，前凉张氏南下，讨伐前秦苻氏，并且向东晋上奏，请求东晋发动北伐，南北夹击，共同消灭前秦。同时，三秦豪杰也纷纷派来使者，传达了一个重要的消息——苻健遇刺身亡，请朝廷迅速出兵，协助三秦豪杰收复关中。

苻健遇刺，与那几个冉魏降将有关。那几个冉魏降将及其部属被迁到长安之后，苻健有一次在大庭广众之下侮辱了他们，所以他们暗中联络三秦豪杰，约定了起事日期，打算刺杀苻健，占领关中。实施刺杀计划当天，由于一些临时性的变故，内应未能及时打开宫门，冉魏降将所率的暗杀团却按时到了宫门外，苻健惊闻事态有变，急忙出动宫廷武卫消灭暗杀团。三秦豪杰不知道内应已经倒在宫门外的血泊里，以为苻健已死，纷纷起兵，宣布脱离前秦，请东晋予以接应。

殷浩不敢轻举妄动，向长安的线人发出指示，请他们确定消息的真假。殷浩自以为收买了线人，却不知道线人早就把真实情况告知了苻健。长期以来，线人之所以保持着跟殷浩的联系，其实只是听从苻健的命令而虚与委蛇。在苻健的指示下，他们对殷浩做出回应——苻健已死，速速出兵，我等将为内应。

殷浩大喜，致信司马昱，请求进讨前秦。王彪之隐约察觉到线人提供的情报有误，请司马昱阻止殷浩北伐，但是司马昱不听。永和九年十月，殷浩亲率七万大军，任命姚襄为前锋，发动了令人心惊肉跳的北伐。

姚襄托身东晋只是权宜之计，他真正的打算是割据一方，创立自己的基业。殷浩看穿了他的用意，早就想把他拿下，甚至派遣杀手刺杀过他，只是失败了，姚襄把仇恨埋藏在心里。殷浩此次北伐，让他充当前锋，一方面是确实需要借助他的兵力，一方面则是为了坐山观虎斗，让他和前秦互相厮杀，然后伺机而动，一举吞并这两大劲敌。

接到殷浩的指示，姚襄不动声色，表示愿意听从调遣，当即率军启程。没走多远，他让军队埋伏在山道两侧，然后派人告诉殷浩，说他的军队夜行时受惊溃散，请出动主力予以接应。殷浩信以为真，率领主力全速推进，当他进入圈套之后，潜伏在黑暗里的姚襄发出了全军出击的命令……

殷浩大败，仓皇逃跑，北伐军的辎重被掠夺一空，死伤一万多人。

没有辎重，那还谈什么北伐？损兵折将一万多人，脸面往哪里搁？撤退到安全地带之后，殷浩收拢溃军，重整旗鼓，发动了猛烈的反扑，结果依然是惨败而归。

北伐完了，仕途完了，漆黑的长夜里，殷浩脸色煞白，万念俱灰，欲哭无泪。

在长江上游的荆州，桓温仰望长空，表情复杂，亦喜亦悲。他得到了想得到的，只是过程太波折，代价太惨重。

34 逗留灞上

永和十年（354年）正月，即殷浩北伐失败一个多月后，桓温上书弹劾殷浩。恨铁不成钢的朝廷听从其议，贬殷浩为庶人。心力疲惫的殷浩收拾行装，在人们的白眼和嘘声中登上车驾，郁郁寡欢地驶过清冷萧瑟的长街，永远离开了建康，如同深秋时节里飘离枝头的一片枯叶，再也不会回来。

一败涂地的北伐，不但使朝廷丢尽颜面，还严重损耗了兵力和物力，使朝廷丧失了与桓温抗衡的资本。

当初从庾翼手里接盘的时候，桓温接管的是荆、宁、益、梁、司、雍六州。其中，除了荆州，另外五州是有名无实的侨州郡，并没有实土。成汉灭亡之后，宁、益、梁三州有了货真价实的土地。此后，桓温又平定了交州的叛乱，或许是为了安抚他，朝廷把广州也划拨到了他的管辖范围内。

就是说，桓温一个人掌管了八个州——荆、宁、益、梁、交、广、司、雍。除了司州和雍州，另外六州都有实土。这些州加起来，总面积占东晋版图的二分之一，甚至更多。而且，与朝廷的关系闹僵以后，桓温拒绝朝廷插手八州事务。无论是人力还是物力，朝廷休想过问。

朝廷勒紧腰带北伐，桓温却隔岸观火，从这个角度来说，他需要为北伐失败承担一定的责任，不过，朝廷承担的责任或许要更多一点。彼此的过失叠加在一起，共同导致的后果是错过了北伐的最佳时机。朝廷主持北伐的时候，还有“趁火打劫”的可能，而桓温接过北伐大旗的时候，北方的混乱局势尘埃落定，就只能硬碰硬了。

永和十年二月十一日，桓温率领四万步骑自江陵出发，踏上了北伐的征程。这一年，他四十三岁。为了这一天，他等待了五年。

军队逶迤如长龙，桓温骑马走在队伍前列，兴致颇为不错，他与随从谈论着关中的风土人情和此次北伐的作战部署。作为一军之帅，他并没有官僚主义者矫揉造作的架子，与随从相处得比较愉快，他也不允许部下之间存在裂隙，哪怕裂隙很轻微——有一次，他举办了一个小型的私人宴会，一道菜做得黏了一些，一个僚佐因为嘲笑夹不起菜的同僚而遭到了他的责罚。在他看来，连夹菜这种细微的小事都不肯帮同僚，何况是在跨越生与死的战场上呢？在这种身先垂范的带动下，他的部属之间相处得也比较融洽。总体而言，他和他的僚佐与建康的朝廷是两个不一样的团体，前者比较务实、团结，后者偏向务虚、松散。

北伐军抵达襄阳之后，桓温亲率主力走陆路，经由淅川（今河南内乡）奔往武关；另派一部分兵力乘船沿汉水而上，取道均口（今湖北丹江口），进驻南乡（今湖北丹江口附近）；同时命令司马勋率三万步骑兵，经由子午谷直扑长安。

关于这三路兵力之间的关系，史书记载比较含糊。桓温亲自率领的主力肯定直接参与了北伐之战；司马勋所率的这一路兵力，所起的作用是配合主力军队，分散前秦的兵力，也直接参与了北伐。唯独南乡水军所起的作用很模糊。水军有没有直接参战呢？似乎没有。南乡在武关南部，接近前线，水军驻守南乡的目的，应该是负责后勤工作，保障补给线的畅通。

朝廷密切地关注着桓温的一举一动。关中的华山上，一个叫王猛的年轻人也在俯瞰着桓温的动向。

武关是进入前秦的南大门。北伐期间，这座雄关好像没有发生什么作用，就落到了北伐军手里。这可能是因为苻健当时正忙于扑灭冉魏降将引发的那次动乱的余波，主力集中在长安附近，武关的防守力量比较薄弱。

打开前秦的南大门之后，桓温分兵而行，派遣少量兵力西进，占领了前秦边境一个重要的商贸枢纽，即武关附近的丰阳。他本人亲自率领主力继续推锋向北，攻占青泥（今陕西蓝田东南）。

大概就在这时候，司马勋所率的偏锋在长安西部的地平线上露面了；同时，“倒戈将军”王擢也参与到了关中激战当中。

王擢本为后赵战将，后赵覆亡后投奔东晋，继而投奔前燕，转而又投奔前凉，被前凉国主安排在南部边疆。北伐军打入关中之后，王擢向前凉传回消息，说桓温善于用兵，此次北伐的目的尚不明确，可能是为了消灭前秦，也可能会在消灭前秦之后顺带解决前凉。前凉国主惶恐不安，担心王擢再次倒戈，于是派遣杀手行刺。王擢一怒之下再次倒戈，向前秦发动猛攻，并且与司马勋取得了联络。司马勋骁勇善战，弓马娴熟，左右手都可以开弓射箭，为人阴毒，动不动就杀人，还有喜欢亲手行刑的残忍嗜好，但他与“倒戈将军”王擢倒是意气相投。两人会师之后，在长安西部游动作战，给苻健增加了不少烦恼。

亡国危机在即，苻健打起了十二分的精神。青泥失守之后，他出兵五万，进驻峣柳（今陕西蓝田附近），打算在这里重挫北伐军。

四月二十二日，会战打响。

一望无垠的大平原上，十几个整齐有序的方阵分别在南北铺开，北部是前秦军，南部是东晋北伐军。

桓温的临时指挥所设立在一个地势较高的小土丘上，从小土丘上远眺，敌军的诸多将领当中，有三个人引起了他的注意——两个年轻人，一个中年人。

第一个年轻人的个人特点并不是很明显，至少通过外貌看不出他有什么明显的性格特点，从围绕在他周围的护卫人数来看，他必定是太子苻苌。

第二个年轻人身材魁伟，戴着一个眼罩，举止有些躁动，像一张绷紧的弓，连他的战马都有些不安，他叫苻生，是太子苻苌的弟弟，勇力过人，可以扛鼎搏兽，但性格狂躁。他还是个孩子的时候，有一次长辈嘲笑他眇一目，问他独眼之人哭泣时是否只有一只眼流泪。他抽出佩刀割破肌肤，指着鲜血说这就是独眼人的泪。他的长辈既惊又怒，认为这个孩子残暴狂野，日后必成大害，差一点将他杀死。

剩下的那个中年人看上去很低调，像一截平平无奇的树桩，但奇特之处在于，他的低调气质不是那种可以被忽略的低调，而是低调得很惹眼。桓温知道，他是前秦国主苻健的弟弟苻雄，也是苻健的心腹和臂膀。在前秦王朝，他是仅次于苻健的第二号人物。

苻苌、苻生、苻雄也看到了桓温。看到桓温的那一刻，他们的看法是相同的——敌军的主帅是个危险人物。大战在即，他们没有时间过多地交流对桓温的私人看法，简单交换了一下关于此次战役的一些意见之后，他们下达进军令，指挥全军缓缓进入交战距离，会战开始了……

这一年，苻坚十六岁。四月二十二日这一天，他留在距离战场几十里地之外的长安城里。与一般的喜欢骑马射箭的氐人贵族子弟不同，苻坚喜欢读书，手不释卷，志向高远，小小年纪就很有气度。但在进行会战的这一天，他毫无读书的心情，弥漫在他心间的全都是负面情绪，忐忑、惶恐、气愤、焦虑、烦躁。虽然离战场有几十里地，但他恍惚中似乎听到了战场上的声音，隆隆的战鼓和喧嚣的厮杀震得他的脑袋生疼。

天色擦黑的时候，城门开了，许多火把涌入沉寂得令人心悸的长安。城里到处都是脚步声、马蹄声、哀号声、斥骂声。

苻苌情绪低落，默然无语。苻生浑身是血，不过受的是轻微的皮外伤，没有大碍。士兵们都说他今天很英勇，单枪匹马突入敌阵，冲杀了好几个来回，杀了晋军十几个将官。苻雄也回来了，安然无恙，但苻坚一看父亲的脸色，就知道秦军败了。事实的确如此，在白天的战役中，苻生虽然作战勇猛，但他的个人英雄主义并不能挽回整体的败局。苻雄在白鹿原也遭到了桓温弟弟桓冲的重击。

顷刻之间，苻坚白日里所有的负面情绪都汇合成了一种情绪——恐惧。这只是开始，在随后的几天里，苻坚将继续受到这种情绪的折磨。即使在多年之后他调动几十万大军发动淝水之战时，因为桓温而造成的恐惧依然如同幽灵般游荡在苻坚心间。

长安城的夜一片死寂，苻坚夜不能寐；华山的夜里怪枭长鸣，王猛也辗转难眠。他们都在思考自己的人生和纷乱的时局，使他们的命运产生交集的桓温，此时正在白鹿原上的临时指挥所里谋划着明天的军事行动。

四月二十三日，北伐军向长安挺进。

我军正在向长安进发，但敌军兵力依然庞大，估计有七万人——在发往建康的一封书信中，桓温意气风发地禀报了关中战事的进展，也透露了对即将到来的大决战的些许忧虑。

四月二十五日，北伐军开抵长安东部的灞上。苻健留下五千多个老弱残兵镇守长安，把精锐派到了城外。为了避免腹背受敌的危险，他把精锐分成了两部分，一部分在太子苻苌的率领下驻守长安城南，其余的兵力被派到城西，在丞相苻雄的率领下去围剿司马勋。

风闻晋军进驻灞上，长安附近的郡县望风而降。桓温发布安民告示，关中百姓大悦，争先恐后地牵牛担酒来犒军，晋军所及之处，男女老少无不夹道欢迎。

当北伐军来到灞上的时候，距离关中沦陷已经过去了三十七年。年轻一代并不知道这究竟意味着什么，他们从小在异族统治下长大，对晋、正统、王师几乎没有什么概念。对年过半百的人来说，发生在眼前的这一切却是另一番滋味，三十七年前，他们还是少年或者孩子。异族人来了，在异族统治下，他们活了三十七年。如今，本族的军队来了，血脉同源的天然认同感再一次被激活，很多老人见到北伐军泪如雨下："没想到有生之年还能见到王师。"

渡过灞水，就是近在咫尺的长安。

盯着地图上的灞水，苻健的心剧烈地跳动着。就在这时候，斥候传回情报——敌军停驻灞上，似乎并没有发动总攻的意图。

桓温到底想做什么？苻健皱起眉头。

王猛也想知道答案。

五月的一天，二十九岁的王猛来到北伐军大营，与桓温见面。

王猛不修边幅，衣衫褴褛，身上散发着一股浓烈的臭气，不时能看到跳蚤在他那布满污垢的皮肉上爬行，而且他姿态傲慢，并不因为坐在对面的是北伐军统帅而注重礼节，大大咧咧地捕捉着身上的跳蚤。

王猛当时还没有什么名气。桓温接见他，是不是求贤若渴不好说，但可以肯定的是，王猛的身份很不一般，他是作为三秦豪族的代表而来的。

东晋也有很多名士像王猛这样不拘形迹，邋里邋遢，桓温见怪不怪，丝毫不以为意。简单寒暄几句之后，他问道："我奉天子之命，统率十万精兵来吊民伐罪，三秦豪杰为何至今不来归附？"

王猛用一种意味深长的口气答道："你不远千里而来，深入敌国腹地。如今长安近在咫尺，你却按兵不动。三秦豪杰不明白你的心思，所以不来。"

桓温沉默很久，终于出声："江东没人能跟你相比。"

因为这一席对谈，许多历史学家认为桓温根本没有消灭前秦的意思，北伐关中只是为了挟功自重，以便于在与朝廷的对抗中抢夺更多的话语权。

桓温的真实想法究竟是什么，为什么在灞上按兵不动呢？

35 功亏一篑

前秦的兵力为七万人，桓温亲自统领的东路军，加上司马勋的西路军，总兵力六万多。从兵力上来说，双方的实力差不了太多，但问题出在西路军这一边。

峣柳之战过后，桓温率领东路军向长安挺进途中，为了避免陷入腹背受敌的局面，苻健命令苻雄击溃司马勋的西路军，打乱了北伐军东西夹击的战略部署，也使原本势均力敌的态势变成了敌众我寡。

兵力上的对比，是第一个不利因素。

第二个不利因素是地理形势。桓温要想进击长安，必须渡过灞水。背水一战不是不可以，可风险系数太高，要是带兵的是韩信那种极其罕见的军事家，可能带着兵就过去了。桓温的军事能力跟韩信相比，差距还是很大的。且不说渡河的时候有没有半渡遇袭的危险，就算过河了，打赢了还好说，要是打输了，就只能被敌人追着往河里赶。

第三个不利因素是粮草匮乏。桓温入关中的时候带的粮草不多，苻健退守长安之后坚壁清野，截断了桓温的粮草来源。

正如刘惔所说，桓温好赌、敢赌，但他只赌赢面大的局。伐蜀是这样，北伐关中也是如此。伐蜀的背景，是成汉局势混乱；北伐关中的背景，是冉魏降将作乱，致使关中动荡。在这两次豪赌中，开场的时候，桓温的赢面都比较大，然而成汉之乱与前秦之乱是不一样的——成汉之乱，是朝廷和地方都乱，前秦之乱，是乱在地方，朝廷不乱；成汉皇帝李势是个昏君，而苻健是个有为之君。所以，在伐蜀的过程中，即使有计划不周的地方，也有转危为安的可能，而在北伐关中时，如果一着不慎，局面就会发生逆转。狂飙突进的闪电战可以迅速打垮李势，但对苻健却不是很有效果。

简而言之，桓温在灞上踟蹰不前，一方面是受制于客观形势的变动，一方面是因为北伐计划本身并不周密。

三秦豪族为什么不来投靠桓温呢？由于那几个冉魏降将，三秦豪族发动过一次动乱，北伐军进入关中的时候，动乱刚刚平息，他们元气大伤，局势没有彻底明朗之前，他们不会轻易表态。他们在等桓温发动总攻，桓温却不具备发起大决战的条件。

王猛拜访桓温，目的绝不仅仅是求官这么简单，至少不是主要目的。他的主要目的，应该是受三秦豪族的委托来敦促桓温发动决战。如果桓温孤注一掷，三秦豪族可能会云集响应，但是这样做太冒险。更为雪上加霜的是，这时候又发生了两件大事。

第一件大事，是王猛拜访桓温之后没过几天，苻雄在白鹿原杀伤晋军一万多人。至此，桓温所能调动的兵力就只有两万多人了，兵力越发落到了下风。

第二件大事，是江北的一部分流民军哗变，挟持地方官投靠姚襄。姚襄当初击败殷浩之后，在淮河流域停留了一段时间，投靠了前燕。这一次，哗变的流民军所处的位置与建康近在咫尺，东晋朝廷大为震骇，宣布京师戒严。

或许就是在这种种原因的迫使下，桓温放弃总攻，仓促回国，王猛也随之放弃了为桓温效力的念头。

王猛是一把玄铁重剑，威力太大，能驾驭他的人必须对他言听计从。后来的苻坚做到了这一点，但苻坚能做到的，桓温难以做到。

其一，苻坚是皇帝，可以为王猛发挥才能大开方便之门；桓温是臣，受制于人，他自己尚且屡遭掣肘，又怎么能奢望他为王猛开辟用武之地？

其二，东晋的政体是门阀政治，桓温在用人这一方面比较开明，但难以改变这一政体。王猛出身寒庶，在东晋的上升空间并不会很大。北方的胡人政权虽然部分延续了士族制度，但限制比较宽松，寒庶的上升渠道比较宽。王猛这种大才，怎么可能追随桓温南下，去做门阀政治的牺牲品？

总而言之，桓温放弃攻打长安应该不是为了炫耀武力，震慑朝廷，而是种种不利因素决定了他无法彻底消灭前秦。如果真是为了震慑朝廷，那他消灭前秦岂不是能拥有更多的资本与朝廷抗衡？

六月一日，桓温带着关中三千多户百姓撤退，随行的还有三秦大族呼延毒率领的残余势力一万多人。前秦太子苻苌随即发动追击，杀伤晋军万余人；苻雄再次进攻司马勋与王擢，司马勋溃退，王擢向前秦投降。但在这两次追击战中，苻苌身受重伤，不久之后去世，苻雄也因劳累过度病逝。

此次北伐，长安差一点被攻破，前秦太子、丞相先后因战事离世，难怪几十年后苻坚提起这件事依然后怕。

北伐归来之后，桓温在很长时间里情绪都很低落，一方面是由于北伐的结局不理想，另一方面是因为北伐归来不久，他的母亲孔氏去世了。

桓彝是北人，孔氏也是北人，按照古老的丧葬观，逝者应该回归故土。由于南北分裂，桓彝和孔氏的遗体却只能安葬在江东。树高百丈，叶落归根，人死了，却远离故土，埋骨他乡。四野萧索，风急天高，枯瘦的树枝在风中摇摆着，如泣如诉。长跪在双亲的坟茔前，桓温心头一片悲凉，为不能回归故土的双亲，也为偏安半壁的朝廷。

安葬母亲之后，桓温奏请朝廷第二次北伐，修复皇陵，迁都洛阳。

奏折送到朝廷，衣冠楚楚的士族瞠目结舌。迁都？这离衣冠南渡多少年了，大家早在江东置办了庞大的家业，江北的故土是什么样，大家早就忘了，回不回故土还有什么关系，如今你桓温居然提议迁都，到底是何居心？

对此，朝廷的答复是，迁都是大事，不可轻动。

桓温不依不饶，被驳回一次就上奏一次，一连给建康发了十几道奏折。朝廷被他的偏执搞怕了，只好任命他为征讨大将军，主持第二次北伐——走一步看一步吧，反正洛阳还没有打下来，等打下来再说。

永和十二年（356年）七月，桓温从江陵启程，开始第二次北伐。

第二次北伐的目的有两个：收拾姚襄，收复洛阳。

36 虎头蛇尾的第二次北伐

姚襄坑过殷浩一次，之后投靠前燕王朝。所谓投靠，只是通过书信达成一个表面上的协议，姚襄本人和他的军队并没有进入前燕王朝的领地，仍然驻扎在淮河流域。

桓温第一次北伐期间，江北的一部分流民军哗变，向姚襄投降，东晋朝廷闻讯大惊，唯恐姚襄南下，进攻建康。事实上，朝廷的担心是多余的，姚襄不但不敢渡江，反而害怕东晋朝廷来找他的麻烦。当初他坑过殷浩一次，朝廷知道殷浩被算计了，但是无力回击。此次吸收哗变的流民军后，姚襄害怕东晋新仇旧恨一起算，赶快挥师北上，进击洛阳。

此时驻军洛阳的是周成。周成原先是冉魏将领，冉魏灭亡前夕，他改换阵营，投靠东晋。后来他看到东晋对黄河流域的控制很弱，于是据守洛阳，自成一派。姚襄攻打此地的目的，无非是先找个落脚的地方，再缓图创业大计。

永和十二年（356年）八月，桓温率领北伐军主力抵达洛阳南部的伊水。

姚襄此时还没有打下洛阳，依然在城外望着城头叹气，听闻桓温前来，他故技重施，如同当初给殷浩设套那样，把精兵埋伏在桓温的必经之路上，然后派人送来降表，表示愿意为王师效力，请桓温速速进军，主持受降仪式。

同样的把戏用两次？桓温要被姚襄的伎俩逗笑了。他没有揭穿姚襄的把戏，而是顺水推舟，对姚襄的使者说："我是来收复故都的，不关姚襄的事，他要投降的话就赶快来当面谈，不要再派人来了。"

姚襄知道甩出去的鱼钩放空了，于是把伏兵调出来，在伊水北岸结阵。桓温亲自上阵，指挥北伐军强渡，姚襄惨败，落荒而逃。观战的周成一看北伐军势头正劲，放弃抵抗的念头，献城投降。

沦陷四十五年的洛阳，重新回归晋室。

洛阳皇宫南门外有两个一丈高的铜驼，其所在的这条街因此得名铜驼街。在西晋全盛时代，铜驼街曾是繁华的商业区。八王之乱前夕，一个官员预料到天下即将大乱，有一次他对着铜驼感伤地说，你们以后必定会淹没在荆棘之中。不久，八王之乱愈演愈烈，继而爆发永嘉之乱，经过四十五年的风风雨雨和一连串战火的洗劫，这条大街已经残破不堪。

宫门外荒烟蔓草，苔痕斑斑的铜驼默默地蹲伏在草丛中，似乎在诉说着四十五年里的血泪过往。回想起以王衍为首的那些空谈误国的清谈名士，桓温感慨万千。

铜驼俯视桓温，桓温仰望铜驼，彼此有千言万语，却悄然无声。

进入宫城之后，桓温率领北伐军来到了太极殿。晋武帝当年在这里驾崩，杨骏在这里篡改遗诏，贾南风在这里剪除政敌，司马伦在这里篡位……太极殿里阴气森森，一个个命丧于此的幽魂在看不见的地方徘徊着。他们曾经权倾天下，翻云覆雨，最终却在狂暴的风雨中被权力吞噬。

阴气森森的太极殿里，桓温想了很多，关于那些幽魂，关于自己。

在太极殿略作盘桓，桓温来到了洛阳西北部的金镛城。这也是一个有故事的地方，贾南风在这里被迫饮毒酒自尽，功败垂成的司马乂在这里被带到火场烤死。八月的金镛城上空云气翻腾，一幕幕血腥的往事在云海中若隐若现。虽然贾南风权欲熏心，打击政敌的手段很残酷，但她主政的那几年里，西晋也曾有过四海晏然的局面。如果真让司马衷主政，他能比贾南风做得好吗？八王当中，以长沙王司马乂的下场最为令人惋惜，这个可怜的年轻人对王室很忠诚，付出了生命的代价，但他一心捍卫的那个王室真的值得捍卫吗？世事悠悠，白云苍狗，千载之下，后人将会如何看待他们呢？

走出金镛城，在随从的陪同下，桓温凭吊了西晋诸皇的陵墓。为了篡夺曹魏的天下，司马氏机关算尽，司马懿、司马昭、司马师穷尽一生之力，终于把司马炎送到了皇位上。可皇位只传承了一代，就发生了神州陆沉的大祸。司马炎在位期间，曾经让一个星象师占卜国运，得出的结果是帝位一世而终，后来也确实如此。这到底是天命难违还是人为所致？漫步在破败皇陵的松柏长草当中，仰望深渊一般的苍天，桓温感受到了一种难以言喻的恐惧感与无力感。

故都收复了，王室列祖列宗的陵墓被桓温修缮了，那些清谈名士终于能到老家看一看了。可是朝廷却一点儿都高兴不起来。当初派桓温发动二次北伐只是虚与委蛇，省得他那么烦人，谁能料到他这么快就收复故都了呢？

朝廷不开心，很不开心，因为拿下洛阳之后，桓温旧事重提，再次提议迁都。当然，不是所有人都反感桓温，至少王羲之不是。

近代历史学家吕思勉在《两晋南北朝史》中，痛责王羲之“性最怯软”，理由是王羲之反对北伐，苟且偷生。我们不知道吕思勉是怎么得出这个结论的，但从历史记载来看，王羲之并不是“怯软”之人。他的确反对过殷浩北伐，但他反对的并非北伐本身，而是由殷浩主持的北伐。如果北伐的主导者有合适的人选，其实王羲之对北伐还是比较支持的。

桓温出兵进攻成汉之前，曾经向朝廷上奏，朝堂里的绝大多数人持悲观态度，反对桓温北伐，王羲之却大喜。他在给友人的一封书信中兴高采烈地说，赶快给我送战袍来，我也要去跟着桓温打一仗。成汉灭亡之后，王羲之又给桓温的僚佐写信，推荐巴蜀一带的名人贤士，让他们为桓温效力。桓温第一次北伐期间，王羲之致信桓温，积极献计献策，并请桓温注意粮草匮乏的问题。桓温第二次北伐期间，王羲之虽然已经称病辞官，但他对前方战事极为关注。接到故都收复的消息，他兴奋至极，写下了著名的《破羌帖》，并在给友人的书信中再三提及此事，将桓温比作东晋的周公，同时也表达了对北伐军粮草不继的忧虑。

桓温第二次北伐动用的是他自己的兵力，从王羲之书信中一些简略的记载来看，粮草是由朝廷供应的。联系到朝廷不愿意迁都的事实，我们很难说王羲之所说的“运迟可忧”不是朝廷阻挠迁都的一种手段。

眼看朝廷百般推托，不愿意迁回故都，桓温上了一道奏文，请求调动豫州刺史谢尚北上，镇守故都。

据《晋书》记载，桓温消灭成汉之后就把持了内外大权，这个记载是错误的。当时的桓温只是控制了上游诸州，中下游的江州、豫州、徐州还不是他能说了算的。如果谢尚北上，豫州刺史的位置就出现了空缺，桓温就会因此得到插手下游事务的机会。

或许是看穿了桓温的用意，谢尚称病，拒绝北上洛阳。桓温只好留下少量守军驻守洛阳，率领主力军班师南归。

皇宫南门外，夕阳山外山，铜驼怅然，桓温亦然。

“你走了？”

桓温无言。

“还回来吗？”

桓温沉默，铜驼叹息。

不久，鲜卑人大举南下，黄河以南的大片领土被慕容鲜卑吞并。因为权力倾轧和钩心斗角，桓温第二次北伐的成果沦为权力斗争的祭品。

说到这里，我们来回顾一下祖逖北伐吧。当年，祖逖北伐的时候，朝廷没有拨一兵一卒，只是提供了一些少得可怜的物资。就是在这样艰苦的条件下，祖逖渡过长江，率领自行招募的几百人推锋北上，像滚雪球一样把战线推进到了黄河南部。

用几百个人就能一路打到黄河流域，说这是奇迹并不为过。祖逖是一个英雄，一个具有神性的英雄，他不计个人成败得失，支持他北伐的动力是光复河山的信念，而他之后的屡次北伐却变成了权力游戏的点缀。

桓温第二次北伐结束之后，产生了起用殷浩的念头。

殷浩本人的历史作用微乎其微，本来不值得多说，但是作为东晋风流名士的代表，我们不妨在这里谈谈这个人。殷浩的特点是矫情做作，没有济世之才，只是依靠隐居这一终南捷径欺世盗名，被誉为江左管仲、诸葛亮，进而得以入居中枢，执掌政权，浪费了北伐的最佳时机。

桓温曾经问他，你我相比谁更高一筹？殷浩说，我与你周旋这么多年，我还是宁愿做我自己。由于这句话，殷浩看起来似乎还有那么几分骨气，被废黜之后，他一副安居世外的样子，自家人也看不出他有丝毫悲伤。然而，这一切只是伪装，事实上，他还是盼望着能复出。有一次，他送一个官员到京城上任，念及当年门前车水马龙而今门可罗雀的凄惨，当场潸然泪下。

接到桓温的书信，得知自己即将再次进入仕途，他喜出望外，欢喜得乱了方寸。为了给桓温回信，他把信写了改、改了写，反反复复几十次，最后忙中出错，居然寄给了桓温一张大白纸。桓温见信颇为不快，以为他还是端着名士怪诞狂傲的架子，于是与他绝交。几个月之后，殷浩去世。

殷浩，就是那个时代风流名士的缩影，了解了殷浩，我们也就基本上了解了风流名士。平时谈玄论道，仙风道骨，出尘脱俗，实际上都挖空心思想做官，轻则尸位素餐，重则祸国殃民，明明就是吃白食的大仙，还鄙视干活出力的。就是这样一帮蛀虫，一千多年后居然成了一个时代的象征、艺术与美学的化身，并且赢得了无数拥趸，而真正维护了政权稳定和文明传承的功臣却变成了奸臣乱贼。

经过第二次北伐，桓温明白了，他的敌人在江北，更在江东。江东的敌人比江北的敌人更难对付，不消灭江东之敌，荡灭江北敌寇就无从谈起。对付江北的敌人，可以用刀剑，但在江东不能这样做。

37 山雨欲来风满楼

第二次北伐结束次年（357年），十四岁的晋穆帝行加冠礼，开始主持朝政，改年号永和为升平。

《世说新语》里的许多逸闻趣事发生在永和年间（345—356年），这不是巧合，而是因为在东晋历史上，永和年间是一段太平光景，为风流名士提供了闲情逸致的环境。

后赵的嗜血暴君石虎死后，中国北方战乱不断，大大小小的割据政权忙于争夺领地，没有挥师南下的余暇，东晋承受的外患压力大为缓解，这是永和年间出现太平光景的外部环境。然而，外部压力的缓解，不见得完全是好事，当胡人无暇南下时，国内的强藩却发动内战了。

永和元年（345年），桓温出镇荆州；永和三年（347年），桓温消灭成汉，逐渐成为东晋势力最强大的藩镇。王敦当年发动内战的时候，东晋承受的外部压力何其之大，即使在这么危险的环境中，王敦还是发动了两次内战。桓温的实力强于王敦，永和年间的外部压力则远远小于王敦所处的年代。永和年间，桓温与朝廷的关系并不融洽，时常发生摩擦，但他并没有激化与朝廷的矛盾，像跋扈残忍的王敦那样发动内战。

用武力解决内部问题的代价太大，作为当权者之一，桓温没有发动内战，必然有这方面的考虑。此外，他不打内战可能还有一个原因——他是个骄傲的人，要脸面，知道打内战是可耻的。

大英雄必有流氓气，大流氓必有豪杰气。桓温不是纯粹的正人君子，在某些方面来说，他很有城府，相当狡诈，但他的生命底色是英雄豪杰。这是一个有底线的人，不像残虐的王敦那样胡作非为，明白什么是大是大非，有自我设定的一条红线。

十几年前一个下大雪的天气里，桓温劲装出行。连襟刘惔问他："老贼为何穿成这样？"桓温答："如果没有我，你们这些人哪能坐而论道？"

这是一个掷地有声的回答，也是一个豪情万丈的承诺。因为桓温一方面开疆拓土，捍卫边疆，一方面对朝廷的态度很克制，缓和方镇问题，上下游之间没有发生战争冲突，所以永和年间的清谈名士才得以寄情山水间，优游林泉下，挥麈谈老庄，留下那么多逸闻趣事。

第二次北伐结束之后，桓温把战略重心放到内部。如前所言，此时的他控制的是长江中上游诸州，以及南方的交州和广州。如果他想在朝廷当中拥有更多的话语权，就必须控制下游的江州、豫州、扬州、徐州。

江州刺史原先是王允之，之后是褚裒、庾冰、王羲之、徐宁，再然后是桓温的弟弟桓云。桓云出任江州刺史的时间，是为母亲服丧期满之后。桓温的母亲去世于永和十一年（355年），由此推断，桓云出任江州刺史的时间至少也在升平二年（358年）。

站在朝廷的立场上，当然不能轻易地把江州交给桓云。在让出江州的过程中必然会跟桓温明争暗斗，桓云能得到江州，其中定当另有玄机。这种玄机是什么呢？没有明确的史料记载，只能根据相关记载来推测。

在我们看来，朝廷肯让出江州，应该是因为进入升平元年之后，北方的慕容氏大规模扩军备战，表露出南下意图。为了便于将来借助桓温的力量抵抗外寇，朝廷不得不适当妥协，让出江州，以此"收买"桓温。相比之下，桓温得到豫州就没有这么顺利，直到十一年之后，豫州才落到他手里。

豫州原先在庾家手里，庾家兄弟先后离世之后，豫州落到了谢尚手里。第二次北伐期间，桓温动过控制豫州的心思，因谢尚的抵制未能如愿。谢尚去世之后，朝廷安排谢安的兄长谢奕接管豫州，可是谢奕到任后没多久就去世了。此后，朝廷一度有过将豫州并入江州的打算，可是考虑到桓家的势力，此议最终被否决，豫州落到了谢安的弟弟谢万手里。

谢万是个举止轻浮怪诞的狂徒，喜欢穿羽毛编织的衣服，曾经当着访客的面撒尿，最看不起军人，但在清谈名士当中享有很高的声誉。王羲之颇为担忧，认为这样一个人并非经国之器，请桓温代为出面，劝说朝廷撤换谢万，可这事哪是桓温说了算的。

很快，朝廷为这个错误的人事任命付出了惨重的代价。

升平二年，前燕放出风声，宣称将于来年出兵一百五十万南下灭晋。东晋闻讯大惊，急忙命令豫州刺史谢万和徐州刺史郗昙（郗鉴的儿子）挥师北伐。

其实，桓温第二次北伐结束后，东晋与前燕的冲突就一直没有中断过。只是桓温置身事外，坐观朝廷的嫡系与前燕厮打，借机消耗朝廷的兵力。

升平三年（359年），为了争夺战略缓冲区，便于在将来与前燕作战，谢万与郗昙率军北上，主动进击敌人。郗昙为前锋，谢万为后援。

谢万死性不改，统兵期间不恤士卒，经常侮辱将士，当面称他们为老兵（兵、卒当时是骂人的话）。谢安唯恐他坏了大事，亲自到前线劳军，劝说谢万放低姿态，召开一次军事会议，安抚军中将领。因此，谢万把将领召集到了中军大帐，但诸位将领来到会场后，他却拿起案头的玉如意，指着诸将说，你们这些人都是老兵。

再说郗昙这一头。郗昙走到半路上，因为身体不适，于是把北伐大事扔到一边，擅自决定退兵。谢万不明所以，误以为郗昙退兵是吃了败仗，前燕大军很快就要杀到了，吓得魂不附体，急忙下令撤退，致使北伐军突然之间不战而溃。诸将大怒，打算趁着混乱了结谢万的性命，幸亏有谢安力保，诸将才没有下手。

战后，郗昙被贬职，徐州被移交给范汪，谢万被废黜，豫州被划拨到了桓云名下。但只过了短短几个月，桓云就去世了。在此之后的两年多，历史记载没有说明豫州刺史是谁，但肯定没有落到桓温手里。

升平四年（360年）年初，前燕国主慕容儁驾崩，南下之议搁浅，东晋有惊无险地躲过一劫。慕容儁驾崩之后，慕容暐继位，此人是个昏君，在他手里，前燕国势开始转衰。但他继位初期，还有开国元老慕容恪、慕容垂救场，前燕并没有江河日下，对东晋的威胁依然很大。

升平五年（361年），前燕发生了一次小规模的动乱。四月，桓温派兵北上，攻占许昌，这就等于在前燕的势力范围内建了一个桥头堡，打通了北伐的大通道。五月，晋穆帝驾崩，他的堂兄司马丕继位，改元隆和，是为晋哀帝。晋哀帝登基不久，桓温倡议北伐，并与徐州刺史范汗约好了出兵日期。

醉翁之意不在酒，北伐是幌子，桓温盯上了徐州刺史的位置是真的。

约定出师的那一天，不知道怎么搞的，范汪没有按照原计划行动。正愁没有借口的桓温迅速出手，弹劾范汪失期。贻误军机是大事，朝廷不敢在这种事上跟桓温斗气，废范汪为庶人。但是不等桓温插手徐州，朝廷就抢先一步任命庾希为徐州刺史、袁真为豫州刺史。

庾希是庾冰的儿子，袁真是庾家的旧部。朝廷的意图，是希望利用颍川庾家制约桓温。如果说桓温是在跟朝廷下棋，那么这一局是和棋——桓温废黜范汪，杀了对手一颗子，却没有得到豫州和徐州；朝廷丢了一颗子，却依然牢牢掌握着豫州和徐州。不过主动权却一直在桓温手里，因为桓温有两张王牌——北伐和迁都，不管朝廷的路数怎么变，他只需要交替打好这两张王牌就可以。

隆和元年（362年）五月，桓温旧事重提，敦促朝廷北伐。尽管朝廷的北伐意愿不强，可是为了控制北伐主导权，压制桓温，只能硬着头皮上。当月，徐州刺史庾希率军开赴洛阳。

紧随其后，桓温打出第二张王牌，敦促朝廷迁都，并提议将永嘉之乱以来南迁的北人全部迁到江北。

且不说迁都有多难，单说外来户南迁的问题，东晋的豪门大族活得那么滋润，主要就是靠吸吮外来户的血汗，把外来户都迁走的话，他们还靠什么活呢？所以，桓温的提议激起了门阀大族的集体反对，毕竟这一刀切的蛋糕太大了。

经过一番窃窃私语，朝廷驳回桓温的提议，反过来将他一军，将并州、司州、冀州交给他掌管，并要求他让出交州和广州。交州和广州很贫瘠，但那是实土，并、司、冀三州在鲜卑人手里，是虚的。所以，桓温强硬地一口回绝，朝廷生怕刺激到他，转而做出妥协，任命他为都督中外诸军事、录尚书事。

桓温与朝廷不和是公开的秘密，庙堂上的百官紧张地观察着局势的走向，市井草民也紧张地看着这一幕大戏。有一首童谣唱道：

升平不满斗，隆和那得久！桓公入石头，陛下徒跣走。

升、斗是计量单位，一斗等于十升。童谣的意思是，升平年号只用了不到十年，隆和年号岂能长久？一旦桓温来到石头城，皇帝就得下台。童谣传到朝堂上，晋哀帝司马丕有些犯嘀咕，认为这是谶纬之言，就改年号为兴宁，可是一首新童谣又跟着出来了：

虽复改兴宁，亦复无聊生。

改了年号也没用，一样不得安宁。

虽然是童谣，但它至少反映了一个事实——在桓温与朝廷的斗争中，桓温处于强势地位。

从第二次北伐结束到兴宁元年（363年），不知不觉中，过去了七年。虽说还没有完全控制内外大权，但目前的实力已足以支持桓温发起一场大变革了。

38 孤独的变革者

兴宁二年（364年）三月初一，在桓温主持下，东晋朝廷发布了一道重磅诏令，宣布将在全国范围内进行土断。

按照古老的历法，这一年的初一是庚戌日，此次土断因此也被称为“庚戌土断”。土断的目的，主要是清查户籍，解决朝廷财政吃紧的问题。

此次土断具有承上启下的作用，有效解决了东晋的历史遗留问题，又对此后东晋乃至南朝的国运产生了长远的影响。

以永嘉之乱为起点，中国北方的汉人大量南下，此后的两百多年里，每当北方陷入动荡，边境出现缺口，就会出现移民狂潮。据历史学家统计，北方平均每八个人当中，就有一个人南迁。

南迁的北人如此之多，以至于在东晋立国初期，怎么安置流民成了一个非常棘手的问题。如果不加以管束，让流民到处流徙，轻则与南方本地居民产生冲突，重则难免会演变成起义。于是，侨民安置地产生了。

举个例子，比如你原先是河北人，河北被胡人占了，你和老乡一起迁到了江苏，为了防止你们成为盲流，朝廷就在江苏划一块方圆几十里或者几百里的土地，专门安置你们。划出来的这块地依然叫河北，这就是侨民安置地。

一般来说，侨民安置地内只能安置侨民，南方土著不得在其中居住。是否设立侨民安置地，得视人数多少而定。比如从河北迁来的人多，就设立一个新的河北省，从山西迁来的人少，就没有必要再设立新的山西省。

当时的行政区域划分为州、郡、县，侨民安置地也相应地有侨州、侨郡、侨县之分。这种区域划分方式本来已经够乱了，门阀世家还来添乱。当时的门阀喜欢标榜家世地望，比如琅琊王家，琅琊就是王家的招牌，如果入乡随俗，把琅琊王家改成丹徒王家或者会稽王家，他们指定不乐意，所以他们就向朝廷提要求，让朝廷也给他们划一块地，命名为琅琊。

这种划分方式导致的结果是，行政区域的架构叠床架屋，纷乱复杂。比如在江苏省内置了一个新的河北省，那应该是江苏管河北，还是河北管江苏？在新的河北省内部为琅琊王家设置了一个新的琅琊郡，那应该是琅琊管河北，还是河北管琅琊？更有甚者，有时候还会出现一地隶属于多地的情况，“昨属荆、豫，今隶司、兖，朝为零（零陵郡）、桂（桂林郡）之士，夕为庐（庐江郡）、九（九江郡）之民”，“故魏邦而有韩地，齐县而有赵民”。

传统的农业社会，人口是第一生产力。永嘉之乱过后，为了吸引北人南迁，东晋朝廷颁布了一些优待政策，不征收移民的赋税。对于初来乍到的北方老百姓来说，这好像是好事，可实际操作起来，问题就出来了。什么问题？土地兼并。这是封建社会的顽疾，即使强势的朝廷也对此头疼脑袋大，何况是东晋这种皇权衰弱的病秧子朝廷。

历朝历代都有土地兼并，东晋的土地兼并尤其严重，土无一日不并，地无一日不兼。所以，南迁的北人并没有因为惠民政策而受益太多。在门阀士族的压榨下，他们很快就落到了赤贫阶层，变成了门阀士族的附庸和超级廉价劳动力。

如果任由门阀士族毫无节制地兼并土地，吸附人口，朝廷迟早有一天会落到山穷水尽的境地。朝廷也意识到了这个问题，早在“庚戌土断”之前就进行过两次土断。

第一次是在咸和年间（326—334年），历史记载只是随口提了一下，没有说具体过程，也没有说有什么效果。

第二次是在咸康七年（341年），取消了流寓郡县，把老百姓的户籍简化成了两种，一种户籍是黄色的，用来登记南方本地人，另一种户籍是白色的，用来登记侨民。取消流寓郡县的同时，朝廷也一并取消了对侨民的优待政策，开始对侨民和南方土著一视同仁，侨民也得承担各种赋税。在某些方面来说，这是对的，北人南人都是人，不能优待这一方，把所有的负担都让南人承担。

朝廷的用意当然是为了增加财政来源和兵源，然而事与愿违，在具体实行的过程中，这一政策变成了恶政。

有优待政策的时候，侨民生活得还这么艰难，如今可好，优待政策取消了，真的是活不下去了。许多老百姓因此纷纷托身于门阀，来逃避朝廷的种种摊派，变成了黑户。门阀世家盘剥老百姓的尺度有多大呢？没有这方面的具体数据，难以回答，但是从老百姓宁可寄门阀篱下也不愿投向朝廷怀抱这一点来看，朝廷的摊派标准似乎比门阀更苛刻。

归根结底，朝廷直接控制的人口越来越少的根源在于自身的软弱，不敢对特权阶层开刀，只是在社会下层身上薅羊毛，结果必然是竹篮打水一场空，反而使门阀成了最大的受益者。

兴宁二年（364年）的三月庚戌日，暴风雨来了。以强大的武力为后盾，桓温强制性地发动了东晋开国以来火力最为猛烈的一次土断。

推行土断政策之前，在桓温的主持下，朝廷再次颁布了一道减轻赋税的诏令，将田租由原先的一亩收三升降到了一亩收二升。

没有妥协，不留情面，手段刚猛迅捷，过程雷厉风行，凡是隐匿人口的一律交出，凡是阻碍土断的一律严惩。此时的桓温人不在建康，而是在遥远的江陵，他知道门阀士族在背地里戳他脊梁骨，但雄狮捕猎不会因为嗡嗡乱叫的蚊子而停止脚步。他决心已定，不论阻力来自何处，也无论阻力有多大，他都要以泰山压顶之势碾碎它们。

整体而言，此次土断确实达到了桓温预期的目的。仅会稽郡这一个地方，就搜检出了隐户三万多人，门阀士族的特权被削弱了，朝廷的财源和兵源也增加了，积贫不振的局面就此终于有所改观。几年之后，简文帝主政时期，曾经因为物资存储过多，命令各地暂停向京都运送物资，并且询问各大藩镇是否有物资紧缺的情况，不够就问朝廷要。换作从前，这是难以想象的。简文帝的腰杆挺得这么直，底气就是从桓温土断这里来的。

几十年之后，回忆起桓温主导的此次土断，刘裕感慨地说：

> 及至大司马桓温，以民无定本，伤治为深，庚戌土断，以一其业，于时财阜国丰，实由于此。

土断同年，桓温还推行了一次旨在提高行政效率的大改革。

东晋年间官场的一大特色是门阀当道，这与入仕的九品中正制有关。其实，九品中正制诞生的初衷是好的，并不是说它刚出现的时候就是为士族服务，只是随着时间的流逝，这条阶层流动渠道固化了，渐渐沦为门阀士族把持朝政的工具。如果你的出身够好，那你生下来就是做官的命，否则，能不能进入仕途，那得看你的命。

当时的门阀那么多，数不清的世家子弟都得做官，哪个也不能怠慢。由此而导致的问题，就是人浮于事，机构臃肿，一个人能做的岗位，得安排好几个人来做。如果在分工细化的基础上，人的行政效率能加快未尝不可，但当时盛行玄学清谈，世家子弟往往鄙薄实干者，以无案牍之劳形为荣。比如，你是一个地方官，你管辖的地区今年遭旱灾了，需要朝廷拨付救济物资，你给朝廷上了一个奏折。接下来，你就慢慢等着吧，等到你的辖区遭水灾了，旱灾的救济物资也不一定能下来。丞相司马昱就是这样一个慢性子，一件公文能处理半年，桓温对此就相当不满。

机构臃肿，行政效率低下，干不好还乱来，有的人明明不是干事的料，却想干大事。晋成帝在位时期，有一个门阀子弟怀疑本辖区内的百姓通匪，不问青红皂白，上手就是严刑拷打，滥杀无辜，先后杀死两百多人，流放一百多人，连襁褓里的孩子都不放过。晋成帝大怒，气得浑身打哆嗦："从古到今，没有听说过这么令人发指的事，是可忍，孰不可忍！"法纪部门念及此人有门阀背景，建议从宽处理，晋成帝气愤地说："这有什么好说的，给他点儿面子，让他自尽吧！”

兴宁二年（364年）五月，即桓温推行土断的第三个月，门阀士族坐不住了，共同决议把富庶的扬州交给桓温掌管，并要求桓温入朝参政。

这是一个杀气充盈的邀请，遥望潜伏在建康暗处的烁烁刀光，桓温拒绝了对方的请求，他在《辞参朝政疏》当中直言不讳地回复道：建康有危险，我就不去了。那些对我图谋不轨的人，就不能与我同舟共济、共同扫灭外敌吗？我是个老兵，军旅生活过惯了，建康优裕闲适的生活不适合我。如今外患未除，大家还是想点儿正经事，就别动歪脑筋了吧。

同时，桓温也再次显示了他性格当中务实和狡黠的一面。虽然拒绝入朝，但他同意接管扬州。门阀士族不肯善罢甘休，再次敦促他入朝，这一回他答应了，但他是带着全副武装的军队来的。对手傻眼了，急忙派人让他停下，暂时不用入朝。请神容易送神难，桓温既然来了，就不打算再回去。在离建康二百多里的赭圻（今安徽芜湖繁昌区），他命令全军就地停下，设立了临时军府，以便于近距离地观察建康的政治动态。

在这两轮交手中，门阀士族丢了扬州，还使自己落到了桓温的可控范围内，真是偷鸡不成蚀把米。此时的他们不知道的是，在桓温的计划中，土断以及在赭圻设立临时军府只是两个前期步骤，更大的暴风雨还在后头。

在改革的道路上，桓温注定是孤独的。驻军赭圻当月，他向朝廷呈交《上疏陈便宜七事》，提出了七点政改建议：

第一，打击结交朋党，提倡节俭，杜绝豪奢攀比的不正之风；第二，简化行政机构，裁汰冗官，不得害民扰民；第三，提高行政效率，大事可以宽延，常行公务应该限定日期；第四，明长幼之礼，不能放浪形骸，奖忠公之吏，嘉奖务实者；第五，严明赏罚，一旦犯错，不能因为出身门阀就网开一面；第六，重视教育，复兴儒学；第七，选拔史官，编修《晋书》。

桓温到底要做到什么程度才肯罢手呢？难道他真要赶尽杀绝？门阀士族的头面人物在晋哀帝的寝宫外焦躁地讨论着。寝宫内的丹炉里青烟袅袅，晋哀帝似瞑而非瞑，苦苦思索着长生不老之道——尽管这一年他才二十四岁。由于他已经好几天没有进食，只是依靠丹药勉强维持生理机能的运作，他的脸色有些苍白，但他丝毫不以为意，反而以为这是迈向长生之道的必经之路。至于宫外的政治风波，这不是他关心的事。因为他明白，自己只需要等待，等外面的人商量好，自然会有人来告诉他圣旨如何拟。到时候，自己只需要写一道圣旨，加盖玉玺就可以了。

如果桓温的政改建议能全部不折不扣地实行，东晋门阀政治的格局或许就会因此寿终正寝，但历史进程难以抗拒。东晋中期正值门阀政治格局的巩固期，而桓温的政改在推行过程中实际上是缩了水的，并未达到桓温预期的目的，实效远远不如土断。而且，此次政改依靠的是桓温的强力推进，在他去世之后，人亡政息，这些政改措施很快就被荒废了。但他为后来的刘裕树立了一个典范，到那时候，刘裕将以大火燎原之势，向门阀发出更为凶猛的一击。

39 觊觎北府兵

兴宁二年（364年），江东没有发生战乱，只有政治斗争。

如果说暗流涌动的江东是“幽咽泉流冰下难”，那么同年的江北大地就是“铁骑突出刀枪鸣”。

当桓温在江东推行土断和政改的时候，鲜卑人将宗庙从冰天雪地的东北大平原，迁到了中原腹心地带的邺城，显示了入主中原的决心，并攻占了洛阳周边的军事重镇，一步步地向洛阳发动了战略包围。对此，桓温曾派遣庾希北上，但庾希兵力不济，指挥不力，退守淮河，致使黄河一线的城池接连失守。

洛阳孤悬北地，然而在名义上来说，它是东晋不忘故土的象征；晋哀帝司马丕是虚君，然而在名义上来说，它是东晋皇权的象征。兴宁三年（365年）的春天，当洛阳在斜阳里摇摇欲坠的时候，因服食丹药过度的晋哀帝也到了奄奄一息的时刻。

新年刚过，桓温军府的所在地赭圻忽然发生了一场大火。

在与朝廷暗中较劲的过程中，桓温无疑占据优势。但他的内心其实还是有些惶恐的，因为朝廷手里依然掌握着一定的兵力——强悍的北府兵以及袁真统率的豫州兵。驻守赭圻这段时间里，有一天晚上群鸟惊飞，山林震荡，桓温的军队以为是朝廷派兵来袭，突然之间大乱，幸而很快查明因由，没有酿成大溃逃事件。

赭圻失火之后，对朝廷心存忌惮的桓温做了一个大胆的决定，他将长江中上游的军事防务交给三弟桓豁和五弟桓冲打理，然后把军府迁到了更为靠近建康的姑孰。他如此安排，或许是因为晋哀帝病危，朝廷内政混乱，意图借机控制朝廷。

桓温离建康近在咫尺，鲜卑人离洛阳也仅剩一步之遥。洛阳守军只有两千多人，主将眼见鲜卑人的旌旗漫山遍野，以援救许昌为名，率领主力弃城而逃，将守城的任务交给了只有五百多兵力的沈劲。得知洛阳主将弃城逃跑，执政的司马昱大惊，急忙逆流而上，与桓温进行军事会谈，商议援救洛阳。可谋划刚刚敲定，晋哀帝驾崩了，因为突如其来的国丧，援救洛阳一事只好暂时搁置。

三月，慕容恪、慕容垂率领鲜卑大军抵达洛阳城下，这是两个以智谋闻名的战将，由于守军兵力太少，他们丝毫没有用计的兴趣，命令部下猛攻即可。

沈劲是沈充的儿子。当年沈充追随王敦叛乱，在王敦败亡之后，他逃到了故将吴儒家中，吴儒贪图重赏，杀了沈充邀功。沈劲长大之后，手刃吴儒，为沈充报了大仇，但他是叛贼后人，迟迟难以进入仕途，费了许多周折他才来到洛阳当了一个中级将官。当时的洛阳城池将破，别人避之唯恐不及，沈劲之所以毛遂自荐，执意坚守洛阳，是因为他死意已决，决心为国捐躯，洗刷沈充给沈家带来的耻辱。

如他所愿。当骁勇的鲜卑人顺着云梯和残破的城门涌入洛阳的时候，他战斗到最后一刻，被敌军捉拿到了慕容恪的中军大帐。慕容恪颇有怜才之心，有意将他收为已用，他一口拒绝，甘愿赴死。自此，沈家由凶逆之族变为忠义之门。

兴宁三年（365年）的秋冬之际，参与过第一次北伐的司马勋趁桓温远在姑孰，发动了一次大规模叛乱，意图割据巴蜀，自立为王。桓温迅速做出反应，派兵向巴蜀地区挺进。司马勋为人凶残，没有争取到巴蜀土著势力的支持，叛乱没有持续多久就平息了，但是此战引出了继沈劲之后的又一个传奇人物——朱序。

平乱期间，代表桓温节制前线军队的朱序崭露头角，表现出了杰出的军事才能。这只是一个开始，许多年后的淝水战场才是他大放光华的地方。

太和元年（366年）七月，即司马勋叛乱被平息的第三个月，前秦天王苻坚派兵南下，进攻荆州北部边境，统领大军的正是当初与桓温有过一面之缘的王猛。桓豁旋即率军北上抗敌。但前秦南下的目的，似乎只是为了试探一下东晋的虚实，当桓豁抵达前线的时候，王猛已经裹挟着掳掠而来的一万多户百姓班师回朝了。

前秦的军队刚走，前燕的军队又来了。这一年年底，南阳守军发动叛乱，投靠前燕，次年春季，前燕大军南下，以南阳为跳板，向荆州的北大门襄阳发动猛攻。桓豁主动出击，连战连捷，打败横扫中原无敌手的鲜卑人，夺回南阳。

随着内乱的平息和外患的消弭，桓温开始越来越多地思考自己的存在对东晋的意义。

天气晴好的日子里，他会带着随从出游。王敦的墓地就在姑孰附近，有一次，他来到王敦的墓地前盘桓很久，婉转地表达了对王敦的好感。许多年前，桓温还是个年轻人的时候他不喜欢王敦，甚至有几分反感，而今他老了，拥有比当年的王敦更为强盛的实力，建立了王敦望尘莫及的功勋，可这时候他居然对王敦的飞扬跋扈产生了几分理解和羡慕。在心底最深处，他也想像王敦那样肆无忌惮一番，只是每每念及自幼所受的儒家教育和亡父的在天英灵，他怵然生畏。

危险的念头隐秘、强烈、难以启齿，像一股找不到出口的地底暗流，在桓温心里翻腾着。作为一个爱好历史的人，他在史官的记载中寻求过答案，可经由史官修饰过的历史让他难以找到满意的参照。有一次，他读到一个不慕荣华的高士拒绝权力诱惑的故事，他将书扔到一边，愤愤不平地说，哪有对待自己这么苛刻的人呢？

太和二年（367年）正月，桓温免去庾希徐州刺史的职务，理由是庾希北伐不力，对洛阳的失守负有不可推卸的责任。徐州是北府兵所在地，桓温将庾希免职，是不是盯上了北府兵呢？朝廷的目光狐疑不定。

庾希被免职之后，桓温让郗鉴的儿子郗愔填补空缺。从郗鉴去世到太和二年的这二十多年里，徐州刺史的位置曾经易手数次。由于郗鉴是北府兵的创始人，北府兵多多少少带有私兵的性质，所以无论谁掌管北府兵，都得拉拢郗家。桓温举荐郗愔接管北府兵的理由，是郗家在北府兵中有很大的影响力。这个理由是正当的，看不出他有什么私心。

北府兵是朝廷与桓温抗衡的臂膀，郗愔能力有限，绝非经国之器，但他对朝廷比较忠诚。因此，朝廷对于这个结果还是比较满意的。可是郗愔的儿子郗超察觉到这个人事安排是个圈套，只是他暂时还不能完全肯定自己的猜想，需要再观察一段时日。

郗超自小以心思机敏而闻名，少年时代就进入桓温的军府充当参谋。郗愔接管北府兵的这一年，他追随桓温已将近二十年。郗愔接任北府兵统帅的那一天，很多人到郗家道贺，经桓温允许，郗超也从姑孰赶回京口。一个来宾认为郗愔并非将帅之才，当众说道："应变将略，非其所长。"客人走后，郗愔的另一个儿子说："父亲今日拜官，那人却出言不逊，委实气人。"郗超说："这句话是陈寿对诸葛武侯的评语，人家把父亲比作诸葛武侯，你有什么不高兴的？"话虽如此，可郗超心里很明白，北府兵统帅的职务是个烫手的山芋，必须尽快转手。

郗超字嘉宾，素与太原王家的王坦之（字文度）齐名，都在桓温的军府任职，当时有一句话叫"盛德绝伦郗嘉宾，江东独步王文度"。当郗超为保全家门而烦恼的时候，王坦之也遇到了一些小麻烦，同样是因为桓温。

任命郗愔接管徐州的这一年，桓温向王家提亲，打算让自己的儿子迎娶王坦之的女儿。王坦之不喜欢桓温，可他畏惧桓温的权势，就说自己做不了主，需要回建康请示父亲王述。为此，他特意回家探了一次亲。王述一听他说明来意就勃然大怒："你是害怕桓温吗？怎么能让女儿嫁给一个老兵的儿子？"回到姑孰，王坦之说："真是对不起桓公，我的女儿已经跟别人订了亲。"桓温马上猜到了其中的曲折，明白这其实是王述的意思，不过联姻之事没有就此告吹，后来他把自己的女儿嫁给了王坦之的儿子。

王坦之的烦心事算是有了结果，郗超却依然活在焦虑之中，难以猜测桓温将会如何处置他的父亲郗愔。他打心里瞧不起行尸走肉一般的朝廷，认为这个衰弱的政权不值得辅佐。在这一点上，他和桓温的看法是相似的，也正是因此，桓温向来将他视为心腹之人。

设法套取桓温的口风，然后告诉郗愔，让他做出符合桓温心思的举动，这何尝不是解决问题的一种方式。可是郗超不敢这样做，因为桓温口风很严，讨厌传话的人。郗超不敢询问桓温的意见，也不敢旁敲侧击地打探消息，唯恐引起桓温的不快，只能平时留意观察桓温的举动。

关于如何从郗愔手中夺取北府兵，桓温已经酝酿了一个初步方案，只是他的口风很严，从来没有在郗超面前透露过一星半点，但这并不影响他对郗超的信任。军府与各地的来往信件、公文，他往往都是先交给郗超处理，然后再亲自做出最终批示。

太和三年（368年）夏天，来自北部边镇的书信忽然多了起来。这些书信零散、密集、不成片段，需要做大量的分析和比对。经过细致整合，郗超和军府的其他参谋给桓温递交了一份完整的军务报告——今年五月，前燕辅政大臣慕容恪去世，他临终时推荐的慕容垂遭到打压，辅政大臣慕容评祸乱朝政，前秦在边境集结兵力，似乎有进攻前燕的迹象。

因此，北伐再次被提上议事日程。在桓温的主持下，军府参谋多次召开军事会议，商议北伐大计。每天进进出出军府的来往信件更多了。除了北方边镇传回的情报，军府与朝廷的来往公文也突然多了起来。

太和四年（369年）春天，朝廷批准了桓温的北伐之请。同年三月，桓温再次上书，请徐州刺史郗愔、豫州刺史袁真、江州刺史桓冲协助他出师北伐，朝廷批准。

郗超大惊，事到如今，他终于明白了桓温的用意。

40　功未成，万骨枯

太和四年（369年）三月，第三次北伐正式启动。袁真统领的豫州军与郗愔统领的北府兵作为配合性的力量，接受桓温的统一指挥。

启动北伐的诏书送到姑孰，郗超恍然大悟。

与朝廷明争暗斗这许多年里，桓温打击重要政敌的手法有个固定模式，他想打击谁，就调动谁去北伐，然后以北伐不力为由将其剪除，让朝廷和被打击者无话可说。谢万、庾希、郗昙就是被他用这种方式拉下马的。

假如郗愔够精明，最好抢在北伐之前主动卸任，离开这浑水。可他嗅觉迟钝，没有及时察觉到危险。得知即将参与北伐，他给桓温写了一封信，表示自己将鼎力相助，协助桓温消灭前燕。

郗超人在姑孰，不知道郗愔会做出什么抉择，但他留了个心眼，每天接到各地往来的书信，都要细心检查一番，看看其中有没有来自京口的信件。终于，郗愔的书信来了。他悄悄打开一看，大惊失色，慌忙把这封信毁掉，然后以郗愔的口吻伪造了一封信，神不知鬼不觉地放到了桓温的案头。

在这封书信中，“郗愔”说自己不是将帅之才，年老体弱，恐怕扛不起北伐的大旗，请桓温代为接管徐州以及北府兵。

桓温常常说京口有两样好东西，酒好，兵好。接管强悍的北府兵是他长期以来的愿望，接到“郗愔”的回复，他喜出望外，随即派人奔赴建康，接管北府兵，在富庶的三吴给郗愔安排了一个油水丰厚的职位。

豫州与徐州分别在建康的左右两侧，失去徐州等于斩了朝廷的一条臂膀。

太和四年四月，桓温率领五万大军，发动了他人生中最后一次北伐。百官集体出动，到姑孰为他饯行。

《晋书》编纂者言之凿凿地说，“金城泣柳”的故事发生在桓温第二次北伐期间，其实这个记载是错误的。第二次北伐时，桓温的军府在长江上游的江陵，而金城在下游的建康附近，桓温绝不会先从江陵绕一个大弯到金城，然后再率军北上。因此，“金城泣柳”的故事应该是发生在第三次北伐途中。

这一年，桓温五十八岁。二十八年前，正当而立之年的他在金城栽了一棵柳树。光阴荏苒，当年的小树开枝散叶，长成了一棵大树。站在树荫下，面对阔别多年的“老朋友”，摩挲着粗糙的树皮，回忆起波澜壮阔的往昔，桓温百感交集。

如今的他是东晋最有权势的人，登高望远，呼风唤雨，回想起当年那个亲手栽种柳树的年轻人，他却不知道如今的自己还是不是当年的自己。栽树的年轻人豪迈爽朗，志气昂扬，梦想着乘风破浪，建功立业；如今站在树下的这个老人已经没有太多当年的风采，而是敏感、多疑、工于心计，不是担心落进别人的圈套，就是想着怎么给别人设套。

树还是当年的树，人却不再是当年的人。风移影动，树影婆娑，泪眼也婆娑。随从有些尴尬，不知道在桓温哭泣的时候该说什么才好。

“树犹如此，人何以堪。”留下这句话，桓温踏上征程。

长江、淮河、黄河这三条大河之间，有许多沟通彼此的支流。桓温此次北伐的计划，是先沿着长江与淮河之间的水道进入淮河，再走淮河与黄河之间的水道开赴黄河南岸。

长江与淮河之间的水运情况相对好一些，因为淮河以南的航道比较通畅。相对而言，黄、淮之间的水运情况就比较差，因为淮河以北的土地长期在胡人的统治下。自石虎死后，北方长期战乱，有的航道由于长期没有疏通，已经淤塞了。

淮河与黄河之间，最为主要的航道是泗水，泗水与淮河的交汇处名为泗口，位于淮河下游。大军出征之前，郗超提醒过桓温，说黄、淮之间的航道常年淤塞，恐怕会影响物资运输。因此，进入淮河之后，在泗口稍作休整，桓温率领主力军队继续沿着泗水北上，派遣袁真另率一路兵力逆淮河而上，然后沿着淮河上游的睢水推锋北进，占领位于黄河南岸的石门（今河南荥阳附近），引黄河入睢水。这样做的目的，一是保护主力军队侧翼的安全，二是增加睢水的流量，开辟维持物资供应的第二通道。

站在楼船上，遥望人烟荒凉的中原，回想起几十年前那些空谈误国的名士，桓温慨然说道："神州陆沉，中原沦陷，这都是王衍那些人的过错啊！"

一个参谋轻率地说："国运有兴衰起落，哪里是王衍的过错？"

桓温冷笑，目光缓缓扫过诸位僚佐，讲了一个意味深长的故事。

"诸位知道刘表吧？当年他养了一头牛，重达千斤，食量是普通牛的十倍，干活的时候却连一头羸弱的母牛都不如。后来，曹孟德进占荆州，干的第一件事就是宰了这头大牛犒军，闻者无不拍手称快。"

气氛陡然降到了冰点，僚佐噤若寒蝉，没人敢再多言。

同年六月，桓温所率的主力军在泗水北端的金乡（今山东金乡）停下了。在这里，北伐军需要中转航道，从泗水进入连通黄河的清水。由于这一年北方大旱，水位下降，外加航道淤塞，清水已经无法通航。

泗水和清水之间有一个大湖，名为巨野泽。巨野泽与泗水之间原先有一条长达三百里的航道，但已废弃多年。桓温先调集人手，重新疏浚这条三百里的航道，继而在巨野泽东北角新开一条航道，连通巨野泽和清水。如此一来，泗水、巨野泽、清水就连起来了。但桓温还是嫌清水水量不足，又引来清水附近的另外一条支流。之后，绵延百里的舰队由泗水进入巨野泽、清水，继而进入黄河。

黄河下游的水势平稳和缓，像一匹在微风中缓缓展开的黄绢。桓温站在船头，眯着眼睛，遥望黄河北岸，久久不置一词。这时候，郗超来到了他的身边。桓温纹丝未动。他与郗超共事多年，彼此早有默契，上下级之间所有的繁文缛节对他们来说都是多余的，这个沉默的姿态所传达的意味就是"有话请讲"。

"明公。"郗超开口了，口气中有几分忧虑，"从清水入黄河，航道曲折，粮运周折。如果运输不利，燕军拒绝交战，坚壁清野，恐怕……”

桓温依然沉默，等待着下文。他了解郗超的为人，郗超不是那种只会提出问题的人，当他抛出一个问题的时候，必然已有对策。

“在下愚见，计策有二。其一，尽快渡过黄河，在北岸登陆，不管其他地方，直捣燕国国都邺城，如果敌军弃城远逃，我军即可兵不血刃而得邺城；如果他们铤而走险，与我军决一死战，那他们定然不是对手；如果敌军避战不出，那我军即可在邺城周边就地征调军粮。”

桓温依然沉默不语。

“如果明公觉得这样做过于冒险，还有第二个计策——暂时在黄河南岸驻军，囤积粮草，等明年夏天再渡河北上。虽然这样做过于迟缓，但是可保万无一失。”

对于桓温未能采纳郗超的建议，史官表示很遗憾，认为三次北伐失败的主因，就是桓温没有采纳良策。事后来看，如果采纳郗超的计策，三次北伐的结果或许会大为不同，但桓温拒谏也不是完全没有道理。

郗超的第一个计策，是迅速登陆，以迅雷不及掩耳之势奔袭邺城。这样做的胜算大，风险也大——如果不能在旦夕之间拿下邺城，侧翼和背后的敌人就会四面合围。郗超的第二个计策，是先囤积军粮，明年再战，这样做很稳妥，但是难度大，因为拖到明年的话，前燕就得到了充足的战备时间。

因此，桓温坚持自己的观点——先在黄河北岸登陆，稳扎稳打，扫清进军通道上的所有障碍，步步为营，向邺城挺进。他身经百战，第一次北伐就吃过粮运不济的亏，知道物资通道不畅将会导致的后果，所以做了两手准备，即维持主力军运输通道的畅通，并派遣袁真开辟第二运输通道。

六月下旬，前哨站打响，北伐军攻占胡陆（今山东鱼台附近），生擒前燕宁东将军慕容忠。燕廷大惊，任命下邳王慕容历为征讨大都督，率领两万步骑发动反击。北伐军如贯日长虹，再挫强敌，慕容历单枪匹马逃回邺城，两万兵马全军覆没。

其后，桓温统领主力殿后，派遣朱序率领前锋向邺城挺进。前燕派遣傅末波率领八万人迎战，朱序一口气冲垮敌军的阵势，桓温率领主力随后发动总攻，再次大破强敌。

之后，慕容暐再次出兵，派遣皇兄慕容臧率军出击，又是一次惨败。

随着势如破竹的北伐军的推进，前燕迅速陷入混乱，许多郡县纷纷响应北伐军。

鲜卑人是一个骄傲的民族，他们也有骄傲的理由。这个民族曾经横扫黄沙漫漫的塞外、冰天雪地的辽东、要塞遍布的中原，就连以强悍闻名的石勒当年见到他们也得退避三舍。但在桓温所率的北伐军面前，他们真的害怕了。纵情声色的慕容暐再也顾不上渔猎女色，贪婪无度的慕容评再也顾不上搜刮民脂，他们屡次进行密谈，商议抛弃中原，回归关外的故都龙城（今辽宁朝阳附近）。

自从慕容恪死后，一直遭到打压的慕容垂这时候站出来了，说你们先别急着逃，让我去试一次再说。

朝堂上鸦雀无声，已经收拾好金银细软准备跑路的百官狐疑不定。慕容暐和慕容评交头接耳一番，答应了慕容垂的请求。他们都很厌恶慕容垂，可是一想到关外的苦寒，他们宁愿给慕容垂一次机会。为求稳妥，他们又派人奔赴关中，向前秦求援。

当年因为桓温的第一次北伐，前秦也面临过覆亡之危，对于前燕发生的一切，苻坚并不陌生，他很能体会慕容暐的心情。尽管前燕开出的求援价码很诱人，表示愿意割让虎牢关以西的大片领土，但他并不愿意帮助邻国渡过难关，因为前秦当年被桓温暴揍的时候，鲜卑人一直作壁上观。王猛的看法与此相反，他制定了一个卞庄刺虎的计策，认为应该共同抵抗桓温，然后顺手消灭国力严重损耗的前燕。苻坚斟酌一番，批准了这个提议，出师两万。

七月，桓温抵达距离邺城不到二百里的枋头（今河南淇县附近）。枋头附近有黄河的一条支流，名为淇水。建安九年（204年），曹操围攻袁家的残余势力，在淇水与黄河的交汇处用大枋木筑堤，枋头之名因此而来。在桓温的戎马生涯中，枋头是顶峰，也是断崖。在柳树下，他开始拥有；在枋头，他即将失去。

自北伐军在黄河北岸登陆之后，一路稳扎稳打，连战连捷，士气高昂。桓温本该趁此机会马不停蹄地向邺城推进，来到枋头之后，他却勒住马缰，逡巡不前。

出现这个问题，原因是多方面的。其一，对手换成了声名远扬的慕容垂，他难免有所顾忌；其二，随着战事的推进，补给线拉得越来越长，越来越脆弱，而奉命开辟另一条补给线的袁真，至今依然没有完成任务；其三，战略大后方的朝廷巴不得他北伐失败。朝廷虽然不能直接插手军务，但可以通过调整军用物资的供应时间来间接地予以掣肘。桓温不知道在自己远离朝廷的这段时间里，朝廷会不会突然使绊子，就像前燕的一个官员所说的那样，“晋人的朝廷不乐意看到桓温建立大功，必定会暗中阻挠以败其事……如果他们运粮失期，桓温必然不战而败”。

桓温按兵不动，慕容垂求之不得。他没有与桓温正面交过手，一开始只是派遣小股部队打了一次前哨战，试探了一下桓温的实力，接下来发动了一次规模比较大的攻击，斩杀了北伐军的一个战将。桓温本来就很小心，经过这两次战斗，他更加谨慎，不再轻易出手，小心翼翼地寻找着慕容垂的破绽。他们像两个斗剑的绝世高手，彼此心里都很清楚——对手强大，机会不多，但凡出击，必须命中。

压制住北伐军的士气之后，统领五万兵力的慕容垂兵行险招，派遣了一支一万五千人的骑兵奔向石门，加强对这里的防守，断绝了桓温开辟第二运输通道的构想；同时，他还派遣了一支五千多人的军队，绕到桓温背后，切断了北伐军主力的运输通道。布置好这一切，慕容垂开始与桓温正面交锋，利用佯败之计诱使北伐军主力进入包围圈，打了一个翻身仗，解除了邺城所面临的压力。其后，他又派遣大量斥候，在北伐军撤退必经之路上的河水里投毒。

正面战场的优势局面逐渐丧失；运输通道被截断；天气逐渐转凉，北伐军却没有应季的军服；前秦的援军正在赶来的路上；由于今年北方大旱，黄、淮之间的航道水位下降，已经没有走水路撤退的可能……考虑到这种种不利因素，桓温于同年九月决定撤退，留下精锐军队断后，命令全军焚毁船只，丢弃一切不利于急行军的辎重，火速走陆路南撤。

望着北伐军的身影在地平线上渐渐消失，慕容垂诡笑——真正的战争才刚刚开始。

撤退的过程是一次恐怖的死亡之旅。北伐军主力提心吊胆，不敢喝河水，只能就地掘井解渴，逶迤行进的队伍中每天都有人悄无声息地倒下，永远不再起来。

前燕的将领纷纷要求追击，慕容垂极力阻止，说桓温在撤退初期必定严加戒备，现在追击不见得有效，不如等桓温放松了戒备再说。当远离邺城七百多里的时候，桓温放松了警惕，以为已经到达安全地带。此时，危险来了。慕容垂出动八千骑兵迅速发动追击，而在此之前，他已经在北伐军撤退的必经之路上埋伏了一队四千多人的骑兵。

灾难来得如此突然，桓温几乎毫无防备。北伐军先遭到了敌军主力的猛攻，在溃逃的道路上又遭到伏兵的打击，好不容易逃出包围圈，又与前秦军队打了一次损失惨重的遭遇战。

第三次北伐之初，北伐军有五万多人，经过慕容垂和前秦的联手绞杀，四万多人埋骨他乡。

功未成，万骨枯。

41 篡位

太和四年（369年）十月二十二日，一支不足一万人的军队逶迤行进在淮河南岸秋风萧瑟的荒原上。

这是失败归来的北伐军。

队伍的气氛很消沉，士兵们面目黧黑，满面尘土，有的人行尸走肉一般走着，有的人默默哭泣着，有的互相搀扶着，有的人身上打着粗糙而实用的绷带，比起身体上的疲惫和伤痛，更为折磨他们的是心理创伤。近乡情更怯，此次北伐惨败而归，几乎每个人都有父兄子弟葬身北地，他们不知道回家之后该如何面对孤儿寡母的泪水。

建康北部三百多里的地方，有一个名为山阳（今江苏淮安）的小城。夕阳西下，克复中原的旗帜残破不堪，在秋风中痛苦地呻吟着。在山阳，桓温命令全军停下，就地扎营。

渡江南下之前，就此次北伐失败一事，他必须向朝廷做出书面说明。扪心自问，他知道自己也有过失，然而出于敏感而脆弱的自尊心，他在奏文中把北伐失败的责任推到袁真身上，说袁真未能占据石门是战败的主要原因，请求革除袁真的一切职务，贬为平民。

奏文被送到建康之前，朝廷就知道了北伐失败的消息。四万多北伐将士埋骨他乡，国家颜面扫地，朝廷却窃喜不已。在他们看来，桓温的失败就是自己的成功。然而，由于惧怕桓温在失败之后因为羞愤做出过激行为，他们批准了桓温的奏文，假装承认北伐失败是袁真的过失。几天后，袁真的奏文也送达建康，激烈抨击桓温的决策失误。朝廷很清楚，袁真不应该负全责，可为了避免刺激桓温，他们没有给予袁真回应。一气之下，袁真以寿春为据点发动叛乱，请前秦和前燕派兵接应。

当初为了得到前秦的支援，前燕国主慕容暐和首辅慕容评许诺，一旦击败桓温，将割让虎牢关以西的土地给前秦。等到桓温战败，他们出尔反尔，说都怪求援使者自作主张，夸下海口，前燕朝廷根本就没有这意思。苻坚暴怒，和王猛商议消灭慕容氏，只是碍于慕容垂的威名不敢轻举妄动。就在这时候，功高震主的慕容垂变成了权力斗争的牺牲品，为免遭慕容暐和慕容评的迫害而逃到前秦，请求给予政治庇护。苻坚大喜，授予王猛军事指挥权，命令他消灭前燕。与此同时，桓温也出兵北上，攻打据守寿春的袁真。

太和四年（369年）十一月二十五日，司马昱与桓温在涂中（今安徽全椒）会面，就军政问题展开商议，原本属于袁真的豫州，被划拨到桓温治下。至此，长江一线自西向东的巴蜀、荆州、江州、豫州、扬州、徐州全部落到了桓温手里。控制长江一线诸州曾经是琅琊王家的梦想，也是颍川庾家的目标，但他们没有做到，桓温做到了。

失之东隅，收之桑榆。在对外战争中一败涂地，在内部纷争中却大获全胜，只是我们不知道桓温在接管豫州这一刻的心情。

年底，桓温率部南撤，把军府迁到了江北的广陵，然后大兴土木，兴建广陵城，徭役繁重，百姓苦不堪言。不久，工地上蔓延开了一场瘟疫，死者过半，怨声载道。如果说第三次北伐的失败情有可原，后来的篡位之举也可以理解，如此挥霍民力可就说不过去了，无论如何这都是桓温的一个污点。究其根源，这样做不过是为了炫耀声威，弥补北伐失败而产生的挫败感和失落感。

当时有一个叫孙盛的史官，早年间在桓温军中效力，参与过第一次北伐和第二次北伐，因功被任命为长沙太守。此人有才情，但是贪腐成性。有一次，桓温派遣特使到地方巡查吏治，特使查出孙盛搜刮民脂民膏，可碍于他的声望不敢上报。孙盛颇为得意，给桓温写了一封措辞放肆的书信，阴阳怪气地说你派来的特使不行，即使我贪腐也不能把我怎么样。桓温见信起疑，派人再查，拿到真凭实据之后撤了孙盛的职，两人因此结下了梁子。

桓温兵败枋头之后，孙盛把枋头之战的经过记载到了《晋阳秋》中。桓温见书大怒，召见孙盛的儿子，说枋头之战确实败了，可何至于像令尊说得这么不堪呢！这可是关系到你全家老小的事！孙盛的儿子大为惊惧，回到家里跪求删改此书。孙盛嘴上强硬，执意不肯修改，实际上还是很害怕的，于是默许儿子做出删改，把修改过的书呈交给了桓温，原书则被他悄悄送到前燕国主慕容暐手里。直到十几年之后，晋孝武帝才在鲜卑人手里购买到原版《晋阳秋》[①]。

如果第三次北伐之前，朝廷对桓温的态度是畏惧，那么随着第三次北伐失败，以及失败之后在内部逞威风的行为，朝廷对他的态度就变得有些复杂了，除了原先的畏惧，还有新增的鄙薄。桓温对此很清楚，他迫切地需要通过一场战争来证明自己的能力，从洗刷枋头之耻。这场战争，就是消灭袁真。

太和五年（370年）正月，前秦攻占洛阳后，前燕扳回一局，在石门大破秦军。二月底，袁真病逝，叛军拥立他的儿子袁瑾为主，继续与桓温周旋。

寿春在前燕南部，如果前秦拿下寿春，就可以从西、南两个方向夹击前燕；为了摆脱两面受敌的局面，前燕自然不愿意看到寿春落到前秦手里。因此，本年春季，燕、秦两国几乎同时向袁瑾派出了援军。不知道为什么，秦军似乎中途有变，只有燕军到达了寿春附近。

桓温一面加派人手，猛攻寿春，一面派遣水军北上，击败燕军。六月，王猛亲率秦军出关，向前燕发动总攻。八月，桓温安排亲信驻守石头城，防备朝廷在背后作梗，然后亲率两万人向寿春进军，袁瑾再次向前燕求救。

王猛此次灭燕，统率的兵力为六万，前燕的兵力却多达三十万。慕容暐和慕容评以为敌军兵少，不足为惧，于是向袁瑾派出援军。出乎他们意料的是，王猛的作战能力远远超出了他们的预期，援军还没有抵达寿春，就接到了后方危急的

① 《晋阳秋》本名《晋春秋》，后来为避简文帝母亲郑阿春的名讳而改名。

消息，只好仓促撤退。

十一月，王猛进入邺城，前燕灭亡。

枋头之战过后，元气大伤的桓温为了保存实力，轻易不敢打硬仗，意图通过围而不攻的战术迫使袁瑾投降，所以此时他依然屯兵于坚城之下，未能攻占寿春。次年正月，秦军南下，援救袁瑾。桓温夜袭敌军前锋，继而大破秦军主力，又回过头来猛攻袁瑾，终于在正月十七攻占寿春，将袁瑾的党羽全部处死。

此战能洗刷枋头之败的耻辱吗？桓温就此征询了郗超的意见，郗超的回答很直接——不能。

桓温发动第三次北伐的意图，是打算获胜归来之后，堂堂正正地实现那个隐秘的愿望，但枋头之败让他的愿望落空了。如果再年轻二十岁，或者十岁，他或许还会卷土重来，再发动一次北伐。但他年纪大了，已经是个六十岁的老翁，没有再披坚执锐的精力。跟朝廷斗了这么多年，他厌倦了，既然寿春之战不能洗刷耻辱，又没有再次北伐的可能，他就只能硬着头皮走那条他最不愿意走的路，变成他最不愿意成为的人。在这种意念的驱动下，他说了一句意味深长的话："男子汉不能流芳百世，难道还不能遗臭万年吗？"

一天夜里，郗超在桓温的军府留宿。

夜半时分，猜到了桓温心思的郗超忽然开口："明公没有什么想说的吗？"

如同两个心思机敏的人猜哑谜，猜到了郗超心思的桓温反问："你有什么想说的？"

"明公一人，关系社稷安危，却在枋头功败垂成。为今之计，只有建立不世之功，方可堵塞悠悠众口。"

"依你之见，该当如何？"

郗超举了两个例子，夏朝的权臣伊尹放逐国君太甲，汉朝权臣霍光放逐昌邑王刘贺。

几天后，建康传出了一个爆炸性的消息：当今皇上司马奕有断袖之癖，皇子并非亲生，而是他的男宠秽乱后宫的孽种。消息是从哪里传出来的？是真还是假？这无所谓，对于市井百姓来说，重要的是它有传播的价值，可以当作茶余饭后的有趣谈资。

朝廷猜到了传言的源头，也隐隐约约察觉到传言只是弓弦，真正的箭可能随时会射过来。但他们无能为力，只能寄希望于侥幸，希望放箭的人不要那么决绝。

十一月初九，桓温离开广陵，把军府迁回姑孰。来到白石垒之后，他命令全军暂时停下，稍作休整。姑孰在白石垒西部，当全军再次启程的时候，桓温却命令他们向东部的建康挺进。十三日，桓温抵达建康。

出于女性特有的敏感，这一天的褚蒜子心神不宁。她正在烧香礼佛，佛堂内青烟袅袅，法号声声，宝相庄严的佛像看着跪在地上的女信徒，一脸悲悯，安静地聆听着她的无声祈祷。

紧急奏章送达的一刹那，褚蒜子有些心悸，急忙站起来到佛堂门口就地打开。刚看了几行字，她不由泪如雨下，对侍从说："我本来就怀疑是这样。"哭泣着看完奏章，她取来纸笔，在奏章上写道："生逢不幸，经历种种灾劫，念及逝者生者，心如刀绞。"

褚蒜子出身官宦世家，十八岁被晋康帝立为皇后，两年后，晋康帝去世，一岁多的晋穆帝继位，二十岁的孀妇褚蒜子被立为皇太后，临朝听政。晋穆帝成年之后，三十三岁的褚蒜子还政于晋穆帝，退居崇德宫。在她三十七岁那一年，晋穆帝因病驾崩，继位的晋哀帝[1]沉迷方术，梦想长生不老，经常服食丹药，登基一年多之后就染病卧床，三十八岁的褚蒜子只好再次临朝。两年多之后，晋哀帝去世，司马奕继位，褚蒜子继续垂帘听政。

虽然贵为太后，但这个女人一生屡经丧亲之痛，先后丧夫、丧子、丧侄，又屡次被各路政治势力摆布，每天活得心惊胆战，说起来也是个可怜人。或许只有在佛堂里，她才能找到一丝心理上的宁静。可是在桓温抵达建康的这一天，佛堂里也不安宁了。

① 褚蒜子的侄子。

等待在佛堂外的时候，桓温的表现如何呢？他并非志得意满，盛气凌人，而是战战兢兢，体若筛糠，在良心和道义的拷打中备受煎熬与折磨。客观地说，司马奕在位期间并没有什么值得一说的功绩，可他也没有什么过失，所谓断袖之癖，只是诬陷之辞。如果褚蒜子拒绝废帝之议，那么桓温就只能强行动手，如此一来，他就成了真正的乱臣贼子。虽然他说过不能流芳百世就遗臭万年，但这只是给自己壮胆，对于身后名，他其实非常在意。因此，接到褚蒜子的回复，他的情绪在瞬间发生了戏剧性的转变，欢喜得不能自已。

十一月十五，桓温在太极殿会见百官，宣布褚蒜子的口谕，下令废黜司马奕。百官惊惧交加，但碍于桓温的威势，谁也不敢出言阻止。等到正式举行废黜仪式的时候，桓温忽然愣住了，因为他事先没有想过仪式该怎么举行。其实这个仪式大可以略过，但掩耳盗铃的桓温要面子，非得走古老的正常流程。琅琊王家的王彪之见风使舵，决定及时攀附桓温，命令侍从取来《汉书》，照着霍光放逐昌邑王的旧事，照葫芦画瓢，一步一步地举办了废帝仪式。将司马奕贬为东海王，派遣一百多个武卫将他护送到了王府。

仪式过后，桓温率领百官到司马昱的府邸，迎接他入宫继位。当天，司马昱在太极殿登基，即简文帝，并改元咸安。

新帝登基之后，主持仪式的大臣应该向百官公布更换皇帝的理由。这个过程其实也可以略过，但死要面子活受罪的毛病差点再次让桓温下不了台。他事先准备了一份发言稿，打算等司马昱登上御座之后宣读。司马昱从离开府邸开始就一直哭，什么话都不说，登上御座还是哭。几十年前，还没有被派到荆州的时候，桓温和司马昱的私交不错，尽管这么多年里政见不合，但彼此在面子上还是过得去的。看着御座上哭哭啼啼的司马昱，桓温尴尬、羞愧又自责，对着发言稿面红耳赤，结结巴巴，半天也说不出一句话。百官既恐惧又好笑，如同观看惊悚喜剧，尽管其中不乏博通古今之士，也有许多见多识广之人，但这一天的他们不得不承认，把废帝大事搞出几分喜剧色彩的这种事当真是闻所未闻，桓温可谓千古第一人。

42 传奇落幕

咸安元年（371年）十一月十七日，即简文帝登基的第三天，有人举报司马奕的党羽企图谋反。简文帝哭而不语，桓温下令将所有涉案者打入大牢。

涉案者主要包括三方势力，首先是司马昱同父异母的哥哥司马晞，此人喜欢操练兵马，颇有才略；其次是颍川庾家，自从庾家三兄弟去世，颍川庾家的势力江河日下，长江一线诸州先后脱手，但庾家还掌握着南方的广州；最后是殷浩的儿子殷涓。与前两者相比，殷涓的势力比较弱，但因为早年的殷、桓之争，殷涓素来跟桓温不和，与司马晞和庾家走得很近。

十一月十九日，废帝司马奕的三个孩子及其母亲被处死。

十一月二十日，御史中丞奏请处死谋反者。简文帝保不了所有的人，但司马晞是他的哥哥，是他无论如何都要保护的人。因此，他驳回奏章，让他们仔细核实。

十一月二十一日，桓温入宫面圣，再次提请诛杀谋反者。面对咄咄逼人的桓温，司马昱含泪叹息："如果晋室可辅，请君侯辅之，不然，朕将退位让贤。"桓温汗流浃背，面色大变，不敢再发一言。

经过一番私下商议，桓温最终对司马晞做出了革职流放的处理。其他人没有这么幸运，只有寥寥几人躲过一劫，大多数人都被送上断头台。

十一月二十四日，桓温代朝廷下令，大赦天下，赈济孤寡。次日，朝廷诏令桓温留在建康辅政，桓温拒绝，当天启程回到白石垒，把郗超留在建康。

十一月二十七日，桓温回到姑孰军府。

在东晋王朝，一个士族能不能成为超级门阀，家族人丁兴旺是必备条件之一，琅琊王家、颍川庾家无不如此，但龙亢桓家是个例外。桓温有四个弟弟——桓云、桓豁、桓秘、桓冲，六个儿子——桓熙、桓济、桓歆、桓祎、桓伟、桓玄。

桓温的几个弟弟当中，桓云早逝，桓秘无能，只有桓豁、桓冲堪称干才，但这两个人对桓温的政治理念并不是很赞同，而且他们需要镇守长江中上游诸州，分身乏术，无法驻守在京城为桓温提供必要而及时的政治支持。桓温的几个儿子当中，只有最小的儿子桓玄后来有些作为，但桓玄最大的问题是他太小了，这时候刚刚学会走路。因此，桓温把郗超留在京城也是无奈之举。

咸安二年（372年）三月，朝廷征召桓温入朝辅政，桓温坚决推辞。六月，庾希在京口作乱，声称奉司马奕的号令讨伐桓温。由于兵微将寡，此次动乱只持续了一个多月就被平定了。紧随其后，京城忽然发生重大变故。

七月二十三日，称帝八个多月的司马昱暴病不起，一连下达了四道诏书，请桓温入朝辅政。

根据史官的记载，桓温立司马昱为帝的目的，是希望司马昱有朝一日能够禅位于他。而今，司马昱只是征召他入朝辅政，他自然不能答应。于是他拒绝入朝，上书推荐谢安、王坦之为辅政大臣。

谢安、王坦之没有什么大功，如果连他们都能担任辅政大臣，功高震主的桓温必然能得到更高的待遇。桓温这样做其实是走了以退为进的一步棋，也是对以王、谢为首的门阀士族的一种试探。或许在他看来，自己登上皇位十拿九稳。尽管有敌对势力存在，但他们手里没有兵，闹不出什么动静，自己只需要在姑孰军府安静地等待禅位诏书的到来即可。

桓温的这步棋走错了。

当年琅琊王家盛极一时的时候，长江上游的王敦控制军事，坐镇建康的王导控制政治；颍川庾家如日中天的时候，长江上游的庾翼控制军事，坐镇建康的庾冰控制政治。这两个大家族都是有人主外，有人主内，兄弟配合，如鱼得水。桓家人丁单薄，有军事实力，但没有稳固的政治实力。尤其是在朝廷内部，没有可以左右大局的政治强人，郗超勉强可以充当内应，但他说话没有一言九鼎的分量。正是在这个薄弱的环节上，桓温栽了个沉重的跟头，经历了政治上的“枋头之败”。

王坦之姓王，不过他不是琅琊王家的人，而是太原王家子弟。王导去世之后，琅琊王家雄风不再；颍川庾家遭到桓温的打击，一夕之间土崩瓦解。就是在这样的背景下，太原王家与陈郡谢家得以崭露头角。

王、谢是新出门户，政治号召力不是很强，桓温推荐谢安和王坦之担任辅政是另有所图，但在无形中提升了王、谢两家的声望。谢安和王坦之可不客气，顺水推舟，随即以辅政大臣的身份代为处理简文帝的身后事。

桓温拒绝入朝，简文帝的最后一口气就咽不下去，唯恐桓温兴兵作乱，又送去了第五道诏书，这也是他履行皇帝职责以来的最后一道诏书——遗诏。

遗诏当中，简文帝做出重大让步，给桓温提供了两个选择，先任命桓温为摄政，然后又说，如果新君可辅则辅之，不然，你就取而代之。

信使在送诏书出宫的路上，碰巧遇到了王坦之。王坦之一看遗诏，怒气大作，急匆匆地来到司马昱的病榻前，把遗诏撕得粉碎。

司马昱苦笑：“我能当上皇帝完全是非分之福，舍弃也不可惜，你有什么不满意的？”

王坦之说：“天下经由宣皇帝（司马懿）、元皇帝（司马睿）之手而来，陛下你有什么权力处置天下？”

王坦之与谢安商议之后，对诏书进行了一些改动，删掉了“君可取而代之”这一句话，把摄政改成了辅政。摄政与辅政只有一字之差，区别却很大。摄政无皇帝之名，而有皇帝之实，辅政则至多是个权臣而已，在一些关键性的事务上需要听取皇帝的意见。

经过这一番改动，桓温的愿望落空了，做不成皇帝，连摄政也做不了。但是机会没有完全丧失，他还有逆转局势的一线生机，那就是立一个听话的皇帝，再迫使新皇禅位。

国不可一日无主，简文帝驾崩后该让谁继承帝位呢？大多数官员在这个问题上不敢自作主张，几乎一致同意由桓温确立新皇人选，太后褚蒜子也认同此议。琅琊王家的王彪之早年间与桓温形同陌路，后来见桓温势大，赶快凑过来抱粗腿。这时候他见王坦之和谢安站到了桓温的对立面，立场再次改变，说立新皇是皇室的事，跟桓温没有什么关系，不必请示他的意见。就这样，桓温翻盘的最后一个机会被堵死了。

七月二十八日，简文帝驾崩，他的儿子司马曜继位，即晋孝武帝，改元宁康。

短短几天里，桓温一败再败。皇帝当不成，摄政做不了，立新皇也没有他什么事。留守建康的郗超势单力孤，只能眼睁睁地看着桓温被一步步排挤出局。

从司马奕被废到简文帝驾崩，再到桓温出局，前后将近一年。在东晋历史上，无论对于门阀，还是对于皇权，这都是具有转折意义的一个重要时间段。

东晋的实权自开国之日起就在门阀手里，皇权极为有限，但毕竟还是有一些。比如，王敦当年发动叛乱，司马睿低声下气，苦苦哀求，即使如此，他也还有确立明帝司马绍为继承人的权力。在桓温手里，这个局面变了，皇帝变成了纯粹的点缀，说废就废，如废黜司马奕，说立就立，如另立司马昱。

经过桓温的这一番教训，门阀明白了一个道理——为了维护门阀的利益，皇帝受到限制理所应当，但不能宰割太过，应该给予皇帝一定的权力，使他在不危及门阀利益的同时，也能对门阀形成一定的限制，以防再出现桓家这种难以制约的霸王门阀。

由于谢安与王坦之在简文帝弥留之际的谋划，挫败了桓温入主朝廷的图谋，陈郡谢家与太原王家一跃成为门阀新贵。鉴于桓温的教训，他们当政之后对皇权做出了一定的让步，所以东晋后期出现了皇权复兴的气象，随着双方实力的此消彼长，皇权与门阀之争也得以再次抬头。

司马曜登基后为安抚桓温，派谢安出使姑孰，请桓温入朝辅政。桓温心情颇为郁闷，礼貌而冰冷地拒绝了。

同年十一月，天师道教徒打着拥立司马奕复辟的旗号，自京口起兵，攻入宫城，但叛乱旋起旋灭，只持续了几天。

宁康元年（373年）二月，即天师道教徒叛乱之后的第三个月，桓温派遣使者入朝通报消息，说即将率军来建康，拜谒先皇陵墓。

二月二十四日，谢安与王坦之率领百官出城迎接。京城谣言流布，说桓温此来将诛杀谢安、王坦之，篡位称帝。

王、谢二人当中，谢安的才略更胜一筹。一年多以前，郗超代表桓温留守京城，权势熏天，门庭前每天都是车水马龙。有一次王、谢二人去拜访郗超，因来访者太多，等得太久，王坦之急躁不堪，想打道回府。谢安说来都来了，多等一会儿吧，你就这么急着送死吗？这一次迎接桓温，王坦之也有些失态，惶恐不安，手板拿颠倒了都不知道。谢安却神色自若，料定桓温不会行篡逆之事。

桓温抵达建康之后，大摆宴席，在屏风后布置了全副武装的士兵。王坦之惊魂不定，食不甘味，谢安却谈笑风生，暗讽桓温不应该埋伏士兵。桓温闻言大笑，随即令士兵退下。

如谢安所料，桓温此来确实不是为了篡位，只是想威慑一下朝廷、撒撒气而已。

来到建康后，桓温主要做了两件事，第一件事是追究天师道叛乱的责任人，以京城防务不利、玩忽职守为由处置了一批官员。在桓温与郗超确定的名单中，起初受到牵连的官员很多，由于谢安和王坦之的阻止，名单上的人被删掉了不少。第二件事是拜谒简文帝的陵墓。拜陵之后，桓温忽然染病，于三月七日启程，回归姑孰。此时的他距离生命终点只剩下短短四个多月。

他重病卧床的这段时间里，围绕着家族主导权之争，他的几个儿子大打出手，甚至意图对他下手。幸好有他的弟弟桓冲出面弹压，桓家才没有分崩离析。

曾经，桓温做过帝王梦，随着病情的加剧和家族内讧，病榻上的他不再对帝位抱有任何奢望。

帝王梦破灭了，一切回到了原点。桓温最后的梦想，只是希望自己在弥留之际得到为臣者所能得到的最高礼遇——加九锡。于是他给予朝廷暗示，希望在临终前得到那种虚幻而诱人的光荣。可惜，愿望无法实现了。过去的这么多年里，他得罪的门阀太多了，他们要让他死也不得安宁。他们知道他命不久矣，所以百般拖延，一次次说授予他九锡，又一次次让他等待。

桓温不知道这是政敌的拖延战术，还在为注定没有结果的期望等待着。

在病痛的折磨中，他一再陷入半昏迷状态。往事像快镜头一样一幕幕在他脑海中闪回，他似乎觉得自己仗剑河上，却不知道是黄河、长江，还是淮河；他似乎在冲锋陷阵，却不知道是巴蜀、关中，还是中原；他似乎听到了清角吹寒，却不知道是江陵、建康，还是洛阳；他似乎看到了几个人，却不知道是刘琨、温峤，还是父亲桓彝；他似乎又看到了自己，却不知道那是少年桓温、青年桓将军、中年桓征西，还会老年桓丞相……

在此时的建康，朝廷已经给他准备好了谥号——宣武，就等着他咽下最后一口气。

七月十四日，桓温去世，传奇落幕。

第四章
陈郡谢氏：皇权的复兴

43　对抗与妥协

桓温去世次月，前秦天王苻坚挥师南下，占领巴蜀的大部分地区。

二十七年前，桓温千里奔袭，消灭成汉，收服沦陷四十多年的巴蜀；二十七年后，成汉落入氐人之手，东晋版图基本上又回到了建国初期的状态。

桓温去世之后，东晋政坛上出现了四个主要人物：陈郡谢家的谢安、太原王家的王坦之、琅琊王家的王彪之、龙亢桓家的桓冲。前三人因为在桓温去世之前的活跃表现而异军突起，在朝堂上有政治声望，但缺乏军事实力；桓冲是桓温临终钦定的掌门人，在中枢势力单薄，但军事实力强大。经过一番暗中较量，谢安却逐一压过对手，把自己和陈郡谢家的声望推到了巅峰，他是怎么做到这一切的呢？

魏晋年间，谢家默默无闻，只是下级士族。永嘉之乱过后，在谢安伯父谢鲲的带领下，谢家背井离乡，迁居江东。

此时的江东玄学兴盛，儒学没落，谢鲲及时抓住机会，迈出了由儒入玄的重要一步，在清谈名士中混出了一些名气，与同样由儒入玄的桓彝等人组成了一个被称为“江左八达”的小团体。在这一点上，谢家与桓家有相似之处。但是仅仅会谈玄是不够的，这离成为一流门阀还差得很远。

要想成为一流门阀，必须具备雄厚的政治资本和军事资本，最好是能控制一个或者几个州。因此，相对于老派士族而言，桓、谢这种新兴士族更有进取精神。

谢鲲本人有建功立业的意愿，但是未能如愿以偿。他当过王敦的幕僚，后来见王敦日益骄横，于是与王敦划清界限。谢鲲去世之后被安葬在乱葬岗，可见陈郡谢家此时没有择地为茔的条件，依然属于下级士族。

咸康八年（342年），晋成帝去世，晋康帝继位，谢鲲之子谢尚的外甥女褚蒜子被立为皇后，陈郡谢家的机会终于来了。

一年多以后，颍川庾家的掌舵人庾冰去世，由庾冰掌控的长江中游诸州出现空缺，朝廷有意将江州交给谢尚，但坐镇荆州的庾翼捷足先登，抢先一步控制江州，朝廷只好任命谢尚为豫州刺史。由此开始，谢家才真正拥有跻身一流士族的资本。次年，庾翼去世，桓温被派往荆州，填补庾翼的空缺。

谢、桓两家同时由儒入玄，从发迹时间上来说，两家也大致相同。但从上升速度来说，桓家却快于谢家，这主要在于个人经营，桓彝的儿子技高一筹，才略远远胜于谢鲲的儿子。

在现在流行的古装偶像剧中，经常出现这样的桥段——一个游手好闲的贵公子起初不问世事，后来家门发生变故，不得不出面挑大梁，居然做得很好，令人刮目相看。现实中有没有这样的人呢？真有，谢安就是，不过他出山的时候已经是个四十岁的中年大叔，并不是什么翩翩浊世佳公子。

谢尚去世之后，他的堂弟谢奕、谢万先后接任豫州刺史，但他们并非经国之器，尤其是谢万，实务能力更是一塌糊涂。在此期间，随着桓温实力的膨胀，原本相安无事的桓、谢两家的关系日益紧张。就是在这种背景下，谢安不得不临危受命，担当起振兴家门的重任。

谢安，字安石。据《俗说》记载，由于久闻谢安的才名，慕容垂在七岁那一年托人送过谢安一双白狼眊（悬挂在兵器尖端的一种装饰品），当时谢安十三岁。我们难以考证这一条记载的可信度，但这从侧面说明谢安的名气不是一般大。

人生的前四十年，谢安与殷浩颇为相似，同样名声在外，同样征召不断，同样高卧不出。殷浩当年拒绝出山，大家说你不出来做官，怎么对得起苍生？谢安拒绝出仕，也有一句相同的话——安石不肯出，将如苍生何！

不同之处在于，殷浩不出山，是待价而沽，谢安不出山，是真的对做官没太大的兴趣，他就喜欢带着歌伎游山玩水。在此时的他看来，人生在世，贵在逍遥快活，何必沾染那红尘俗世的泥淖呢？至于家务事，自然有人操心，就不用自己去插手了。由于过于慵懒闲散，连他的妻子（刘惔之妹）也看不下去，说你看家里的男人都有事做，就你整天无所事事，谢安本人却不以为意。

不带贬义地说，前四十年的谢安就是一个吃软饭的纨绔。然而，随着桓、谢冲突的加剧，他闲适的纨绔生活被打破了。

在桓温沿着长江碾压建康的路上，谢家经营十多年的豫州是必须除掉的障碍。谢尚在世期间，桓、谢矛盾刚露出苗头；谢奕在世期间，矛盾开始升级；豫州传到谢万手里，矛盾趋于白热化。

升平三年（359年）秋季，桓温二次北伐，命令谢万配合主力作战。谢安很清楚，以谢万的能力，担负不起北伐的重任，一旦谢万失败，必然会被废黜。一旦谢万被废，豫州就会脱手，一旦豫州脱手，谢家的地位就会一落千丈。

事情到了这个节骨眼上，由不得谢安再继续逍遥快活。于是，他以私人身份来到谢万的军营充当幕僚，以便于随时为谢万出谋划策。可这没什么用，谢万依然我行我素，侮辱士卒，后来因为北伐失败差一点被将士在乱军中杀死，幸好谢安平时待将士甚厚，大家看他的面子才没有要谢万的脑袋。但谢万捅了这么大的娄子，豫州毕竟是保不住了。

失去了豫州，谢家走到了崩溃的边缘。谢安在庭院中徘徊一番，依依不舍地告别如画山水和如花歌姬，在谢万兵败的次年出山了。不过不是到朝廷任职，而是到桓温的军府充当幕僚。

与桓温搞好关系，缓和桓、谢两家的矛盾，是谢安出山的第一个任务。

他在桓温军府只待了一年多，第二年就以回家为谢万奔丧为由辞职了，但在这一年多的时间，他顺利地完成了任务，并深受桓温器重。桓温曾经对他下了这样一句评语：我的军府里从来没有过这么优秀的人。

料理完谢万的丧事，谢安来到建康任职。在朝廷与桓温之间周旋，使他们的矛盾不至于冲击到谢家。这是谢安面临的第二个任务。

事实证明，谢安圆满地达到了目的。此后的十几年里，桓温与朝廷的关系日益恶化，但谢家始终没有遭到冲击。

这种两面讨好的做法能持续多久，取决于桓温的态度，如果桓温走出最后一步，谢安就得有所抉择。步入晚年之后，桓温谨慎而惶恐地一步步走向帝位，谢安也随着形势的变动做出最终选择，决定站在朝廷的阵营。由于他和王坦之、王彪之的活跃表现，桓温功亏一篑。他在事后也得到了报偿，但这只是振兴谢家的一个重要步骤，接下来，他还有很长的路要走。

压制王坦之、王彪之、桓冲，使谢家在朝中牢牢站稳脚跟。这是谢安面临的第三个任务。

桓温去世不久，朝廷小心翼翼地邀请桓冲进行政治谈判，提议让出南方的交州、广州，换回桓家手里的徐州。

长江一线主要的州有五个，荆、江、豫、扬、徐。如果说五个州像左手五指，徐州就相当于拇指。五州在手，就有拿捏朝廷的可能，而一旦失去徐州，再想拿捏朝廷就不是那么方便了。南方交、广二州版图固然够大，但是荒凉，离朝廷太远。

朝廷没有料到，桓冲居然爽快地答应了，还把死刑复核权还给了朝廷。而桓温在世期间，是否处死刑徒由军府说了算，并不需要朝廷批示。当时，有人建议杀掉谢安、王坦之等人，桓冲也没有同意。

我们之前说过一个故事：桓温少年时代家贫，连给老母亲买羊肉做药引的钱都没有，不得不把一个弟弟卖给牧羊人，被当作人质的这个弟弟就是桓冲。这个故事还有后半部分：牧羊人被桓温的孝心打动，没有扣押桓冲，反而表示愿意收养他，但桓冲不愿手足离散，拒绝了对方的好意。就是这么一块羊肉，桓冲一直记在心间，长大以后他给了牧羊人一笔丰厚的报酬。

桓冲虽然身为强藩，可以影响东晋局势，但他为人质朴谦和，没有桓温那么大的欲望。他有大局观，明白前秦的苻坚有一统六合之心，不愿意在国难当头时引起内讧。经过桓温的失败，他也意识到建康士族的力量依然不容小觑。因此，他做出这么大的让步，既有现实方面的衡量，也是为了破冰，主动缓和桓家与朝廷积压多年的矛盾。

桓冲主动示好，朝廷自然不能毫无表示。不久，朝廷决定任命桓冲和谢安共同辅政。

通过观察桓冲的举动，谢安已经基本上摸清了桓冲的为人。当桓、谢共同辅政的提议进入讨论环节的时候，他胸有成竹地提请太后褚蒜子临朝听政。

司马曜当时十二岁，不具备理政能力，由褚蒜子临朝听政未尝不可。可问题是按辈分而言，司马曜与褚蒜子是叔嫂关系。小叔坐堂，寡嫂听政，这与礼制是冲突的。

桓冲有军事实力，谢安没有，如果二人共同辅政，谢安难免得唯桓冲马首是瞻，谢家的振兴也难免受到影响。褚蒜子出面的话，结果就不一样了。因为谢安是褚蒜子的舅舅，一旦褚蒜子临朝，朝中大小事务就必须在褚蒜子手里走一遭，褚蒜子则必然会请示谢安的意见。如此一来，若是看到桓冲在某事上的意见不合心意，谢安就可以以朝廷的名义将其驳回。

王彪之看到了谢安的意图，坚决予以反对，最终却未能拗过谢安；王坦之不置一词，三缄其口；桓冲则再一次做出让步，同意褚蒜子临朝。就这样，谢安巧妙地通过褚蒜子把持了朝政，压过王彪之、王坦之、桓冲，取得了压倒性的政治优势。但这还不够，因为谢家还没有军事实力。

插手藩镇，控制军权，为谢家夺取军事支持，这是谢安面临的第四个任务。

随后的一年多里，谢安通过朝廷这张王牌对桓冲施加了巨大的政治压力。当时郗超还在建康，但谢安任命王坦之为他的顶头上司，郗、王二人有过节，所以郗超很难在朝中为桓冲周旋。

宁康三年（375年），即桓温去世的第三年，桓冲承受不了谢安的政治攻势，被迫出镇徐州，把扬州让给了谢安。

徐州北部还有兖州，不过这是一个侨州，实土有限。按照东晋惯例，担任徐州刺史的人往往会兼管兖州，但这一次不同，谢安没有把兖州一并交给桓冲，而是交给了做过桓温部将的朱序。

同一年，已经基本统一北方的前秦发生剧变——王猛去世。王猛虽然把自己的才华献给了胡人政权，但是在内心深处，他对东晋怀有一种复杂的情感，临终之际告诫苻坚：江东朝廷是华夏正统，陛下万万不可对其有觊觎之心。可是王猛去世不久，苻坚就把他的话当成了耳旁风，雄心勃勃地制定统一天下的大计。

王猛去世次年，司马曜改年号为太元。同年，谢安再次针对桓冲进行人事调整，调动他离开徐州，镇守长江中游的江州和豫州，空出来的徐州刺史一职，由皇后王法慧的父亲王蕴接任。在写给王蕴的一封书信中，谢安说得很明白，让他掌管徐州只是权宜之计。作为对桓冲的一种安抚手段，谢安暂时没有更改朱序的职务，但是在他的谋划中，调走朱序只是一个时间问题。

太元二年（377年）七月，镇守荆州的桓豁去世。荆州是桓家的发祥地，不容有失，谢安同意由桓冲接管荆州，条件是让出中游的豫州。兄弟辈先后凋零，无人支撑门户，迫于现实压力，桓冲只能接受谢安的条件，于同年十月把军府迁至荆州。同样是在这个月，朱序的职务发生变动，谢玄接替朱序掌管兖州。次月，王彪之去世，谢安的政敌又少了一个。一年多之后，谢玄接替王蕴掌管徐州，并开始重建北府兵。

自此，谢家终于拥有了属于自家的州——扬州、徐州、兖州——和自家的兵。在谢安的运筹下，谢家兼具政治实力和军事实力，变成了真正的一流门阀。短短四年多的时间里，谢安就使谢家实现了质的飞跃，使东晋内部的上下游之间又恢复了均衡态势。

如果仅仅做到这一步，谢安充其量是个善于经营门户的政客，然而就像我们所知道的那样，谢安是个政治家，经营门户只是他的故事的开头。同时，我们还得给予另外一个人表示敬意，他就是历来没有受到重视的桓冲。

说到淝水之战，我们往往把目光锁定在383年的淝水战场上。事实上，淝水之战只是东晋与前秦总体军事冲突的大洪峰，自王猛去世之后，两国的军事摩擦就开始升级了。从375年到383年，这八年可以划分为两个阶段。

在第一阶段，谢安咄咄逼人，桓冲连连后退。但桓冲顾全大局，始终没有放松上游的边防，谢安在争取门户利益的同时，也不敢放松下游防线的戒备。

在第二阶段，桓、谢矛盾依然持续存在，但是并不激烈。一方面是由于谢安本人对门户利益的欲望有限，明白适可而止的道理，门户势力稳固之后就不再咄咄逼人；一方面是因为前秦造成的外部压力逐渐加强，桓冲与谢安都很克制，愿意捐弃前嫌，共御外侮。

44 前秦南下

太元二年（377年）十二月，郗超去世。

郗超的离世，对即将到来的淝水之战影响不大，但在铺陈淝水之战前，我们不妨岔开一笔，来说说这个很有意思的人，权当一个有趣的小插曲。

郗家能在东晋政坛上占据一席之地，极为重要的一个原因是郗家历来对朝廷比较忠诚。但在郗超看来，改朝换代跟吃饭喝水一样，是自然而然的事，没有什么大惊小怪的。桓温图谋改朝换代的过程中，他始终不遗余力，为之鞍前马后地奔走，深得桓温信任。

有一个成语叫“入幕之宾”，说的就是郗超的故事。

有一次，谢安与王坦之拜访桓温，桓温让郗超躲在幕帐后偷听。一阵风吹过，幕帐被卷起，谢安不经意间看到了郗超的脚，于是打趣道：“郗君真可谓入幕之宾。”郗超字嘉宾，谢安这句话其实是一语双关。成语“入幕之宾”的本意，是形容关系亲近的人或者参与机密的人，但是许多人望文生义，以讹传讹，所以如今这个词往往被用来错误地形容不正当的男女关系。

桓温在世期间，留守建康的郗超炙手可热，连谢安去拜访他都得排队。桓温去世之后，谢安入居中枢，受到排挤的郗超因此对谢家颇为不满。但这不影响公事，谢安推荐谢玄重建北府兵时，许多人认为谢玄年轻，恐怕担负不起重任，还有的人认为谢安起用谢玄是出于私心，郗超却以为谢玄定然不辱使命，谢安是举贤不避亲。

临终之际，郗超把一箱书信交给心腹，说如果我的父亲因为我死而形销骨立，你就把这一箱书信交给我的父亲，不然就把它烧掉。郗超死后，白发人送黑发人的郗愔茶饭不思，悲不自胜，随从于是把那一箱书信交给了他。郗愔发现这是郗超与桓温的来往信函，内容全是密谋颠覆东晋朝廷，不禁怒骂："这小子死得太晚了！"从此以后，他对郗超之死再也不提，健康状况也渐渐有所好转。

接下来切入正题——淝水之战。

太元三年（378年）二月，即郗超去世的第三个月，苻坚谨慎地迈出了征服东晋的第一步——进攻襄阳。在谢安的主持下，东晋推行了一系列与战争环境相配套的政策。

东晋盛行玄学，士人的忠君观念比较淡薄，对朝廷几乎没有什么向心力可言。谢安当政之后，自上而下地推行了一场旨在树立朝廷权威的文化运动，有针对性地淡化玄学，推崇儒学。

此外，他还对税制进行了相应的改革。在此之前，东晋的税制主要经历过两个阶段，第一个阶段是按丁征税，第二个阶段是按田征税。在谢安的主持下，东晋税制进入了第三个阶段，即按口征税。

按丁征税盛行于东晋初期。根据当时的律令，女子为丁的标准是看她是否出嫁，未嫁者以年满二十为丁，男子为丁的标准不详，应该是沿袭西晋的税制，以年满十三为丁。东晋年间的土地兼并问题极为严重，许多民户依附于门阀士族，变成了无须交税的"黑户"，所以这种税制对朝廷相当不利。庾亮主政时，变税制为按田征税。这种税制的特点，是不看人口，只看土地，毕竟人口可以藏匿，土地是难以藏匿的。在谢安的主持下，按田征税变成了按口征税。这种税制的特点是，除了王公和正在服役者外，不分贫富贵贱，不分男女老幼，只要是东晋臣民就得承担赋税。推行新税制的基础，是桓温当政时期主持的土断。正是由于桓温搜检出了大量托身于门阀士族的"黑户"，谢安才得以实行新税制。

经过谢安的调整，门阀士族变成了征税对象，底层百姓的经济负担无疑也加重了，尽管这只是一种战时经济政策，但也难免会激化内部的阶层矛盾。对此，谢安制定了对应的补救措施，即给予门阀士族一定的政策性补偿，比如加官进禄，并减免由底层百姓承担的与军国大事无关的其他徭役赋税。

除了文化领域和经济领域的调整，谢安还进行了一项军事改革，即重建北府兵。

既然说到了北府兵，在此顺便理一理它的来龙去脉。由于北府兵的大本营在京口，所以，北府往往和京口是等同的。北府兵的大本营起初不是在京口，而是在江淮之间的广陵。永嘉之乱过后，中原汉人大规模南迁，途中大致以宗族为派系，逐渐分化出了许多规模不一的流民军。如果任由流民军过江，不但会影响到江东的安定，当时还处于草创阶段的东晋朝廷也会受到冲击，所以朝廷在广陵设置了专门的军事管理机构。

广陵在建康北，北府之名由此而来。朝廷设置北府的目的，一方面是为了接应南迁的士族；一方面是为了统一管辖流民军，将其限制在江北，利用其抵御胡人政权。流民帅知道自己不受朝廷信任，宁愿徘徊在江淮之间，也不愿意脱离军队到建康任职。因此，在东晋初年，流民军和朝廷的关系并不紧密，只是名义上有隶属关系，有些流民帅甚至同时保持着与东晋和胡人政权的往来。

以王敦之乱为转折点，流民军的职能发生了变化。在晋明帝司马绍和郗鉴的谋划下，流民军成为平定叛乱的中坚力量。郗鉴本人出身士族，有可靠的门户背景，便于得到朝廷的信任，他本人作为流民帅之一，也便于得到其他流民帅的信任。所以，平乱之后，以他为首的一批流民帅进入朝廷，一部分流民军也得以渡江南下。

没过多久，苏峻发动叛乱，郗鉴掐断叛军窜入三吴的去路，与盟军主力合力剿灭了叛军。此时的江北，胡人政权内部比较稳定，汉人南迁的浪潮趋于平息，对于东晋而言，上下游之争已经取代南北之争而上升为主要矛盾，所以苏峻叛乱即将平息的时候，郗鉴把北府的治所迁移到了更靠近建康的京口。

经过苏峻之乱的冲击，朝廷意识到流民军的危险性，重新调整了与流民军的关系，再次严密地将其锁定在江淮之间，不过双方依然保持着密切的联系。在郗鉴的斡旋下，流民军逐渐被统一整合，变成了一支可以与上游强藩分庭抗礼的武装力量。陶侃、庾亮数次谋废王导而不可得，以及桓温在与朝廷抗衡的过程中谨小慎微，不敢急躁冒进，主要原因之一就在于对北府兵的忌惮。北府兵的兵力并不固定，随北府军帅的个人能力而定。

石虎死后，中原大乱，北府兵的主要职能再次发生变化，由原先的拱卫京师、抗衡上游，变为北伐中原、收复失地。随同北府兵一起行动的，还有西府兵。

西府，指的是位于建康左侧的豫州，与建康右侧的北府像两条臂膀，保卫着建康的安全。西府的形成，始于谢家经营豫州期间，但谢家的经营成果有限，没有在当地形成郗家那样的家族影响力和军事实力。

桓温控制豫州、徐州之前，朝廷多次主持北伐，西府兵和北府兵折损颇多。桓温控制豫、徐之后又数次北伐，两府兵力再次损耗，有的士兵战死沙场，有的随同主力撤退，另外一部分在战乱中被打散，与主力失去联系。

谢玄重建北府兵之前，谢安曾经将淮北的一部分流民军迁移到淮南落籍，以增加兵源，充实北府兵力；谢玄接管北府之后，联络到了与北府失去联系的一部分流民帅，再次将他们组建到了新军当中。原先为谢家的西府效力，后来在北伐期间与西府失去联系的刘牢之，就是在这时候重新回归，被谢玄任命为北府兵的高层将领的。

说到这里，我们也就明白了一个历史问题——重新组建的北府兵为什么能被迅速派上用场，在淝水大决战中大放异彩？主要就是因为流民军和流民帅在江北常年与胡人缠斗，锻造出了强悍的战斗力，重新编组成新军后基本上不需要进行军事操练就能投入战斗。

加强朝廷权威、增加财政收入、重新组建北府兵，这就是以谢安为首的建康朝廷在战前的准备工作。那么，上游的桓冲做了什么呢？

苻坚之所以拿襄阳开刀，主要是因为这里是荆州的北大门和北伐出兵地之一，如果攻占襄阳，再打通襄阳与巴蜀之间的通道，继而入侵荆州，使上游连成一片，就可以走当年西晋灭吴的老路，对下游的东晋构成地缘上的战略优势。

荆州的大部分地区在长江以南，少部分地区在江北。如果斤斤计较一城一地的得失，与前秦在江北展开决战，就得把上游驻军调遣到江北，前秦则有可能采取围点打援的战术一步步地蚕食敌军。因此，桓冲在前秦大军南下之前收缩战线，采取纵深防御策略，把军府迁到了江南的上明（今湖北松滋），在江北只留下了以襄阳为中心的几个重要据点，试图以此分流前秦兵力，各个击破。

苻坚摸透了桓冲的用意，知道对手无意在江北进行决战，他大胆派遣五路大军，总计十七万人，以长子苻丕为主帅，直扑襄阳而来。

沔水是长江北部的一条重要支流，襄阳在沔水南岸，此时襄阳的守将是朱序。大战一触即发，朱序却犯了一个致命的错误，他对军情的判断出现了严重失误，以为秦军没有战船，难以渡过沔水，事先几乎毫无防备。前秦先锋利用朱序的疏忽，冒险骑马渡河，一夕之间就来到了襄阳城下。朱序大惊，匆忙退守内城，并予以加固。随后，前秦先锋把战船运到沔水南岸，顺利地把主力接到了襄阳城下。

前秦大军多达十七万，襄阳守军只有一万多人。苻丕留下一部分兵力在襄阳城下，围而不攻，派遣慕容垂等人率领其余的兵力，陆续扫清了襄阳的外围据点，然后集结全军，发动了大规模攻城战。桓冲有心救援，奈何敌军的兵力过于强盛，一时间只能按兵不动。

谢安虽与桓冲有些不和，但国难当头之际，门户冲突已经不值一提了。为今之计，只有一条路可走——联袂携手，捐弃前嫌。接到上游传回的军情，谢安做出了两个重要决策：其一，运送军粮到荆州，供桓冲调配；其二，命令谢玄出动北府兵在江淮开辟东线战场，牵制秦军的一部分兵力，缓解桓冲所承受的压力。

苻坚见谢安开辟了第二战场，随机应变，也在江淮一带开辟了第二战场。同年七月，苻坚出动大军七万，向淮河流域的彭城、淮阴、盱眙、下邳等军事要塞发起猛攻。为了配合在前方游动作战的北府兵，东晋朝廷出动五万大军驻守姑孰，充当北府兵的后援。苻坚紧随其后，再次出师攻打襄阳西侧的军事要塞魏兴（今陕西安康），意图打通巴蜀与襄阳之间的通道。

如此一来，秦晋交锋的一线就出现了三个主要战区，即西线的魏兴、中线的襄阳、下游的江淮。三大战区当中，以处于秦军包围当中的朱序的处境最为艰难，因为他内外无援，需要凭借弹丸之地抵挡兵力十倍于已的强敌。他在战争初期犯了严重的错误，但当襄阳周边的据点被扫清，苻丕正式发动攻城战以后，他硬是凭借孤城一次次打退了猛攻的敌军。

同年十二月，长安的苻坚对攻占襄阳失去了耐心，派人给苻丕送了一把剑，说如果明年春天还不能占领襄阳，你就自我了断吧。苻丕惊惧不已，督促全军使出吃奶的力气攻城，却依然不能逾越城头一步。就在苻丕不知所措的时候，朱序的副将李伯护唯恐城破之后丧命，于太元四年（379年）二月秘密派遣使者出城，与苻丕商议了里应外合之计。李伯护在城里发动叛乱，生擒朱序，把他押送到了长安。

对于沦为阶下囚的朱序，苻坚并没有以囚徒视之，相反，他给予了这个顽强的对手极大的敬意，委以重任，把他安排到财政部门出任主管，并处死了出卖主帅的李伯护。

至此，以襄阳失守为标志，中线战役暂时结束，秦晋的第一轮交锋告一段落，苻坚胜出。

在第一轮交手过程中，占据攻势的始终是前秦。这个国家的实力太雄厚了，不费吹灰之力即可先后出动二十多万人，投入三大战场。反观东晋这一方，打得就有些吃力，兵员和物资都无法与前秦相提并论。大厦将倾之际，这个相对弱小的国家虽然迸发出了前所未有的凝聚力，桓冲与谢安的配合很默契，勉强抵挡住了前秦的第一轮攻击，但襄阳的失守毕竟是个重大损失，因为这意味着一线被撕开了一个裂口。

接下来，冲突将继续升温，战争将进入愈演愈烈的第二阶段。

45 鏖兵江淮

襄阳城头换上了前秦军旗，微风拂过，军旗缓缓飘扬。

此时，在遥远的长安，苻坚的眉头却紧皱着。对于他统一山河的梦想来说，占领襄阳只是征途上的一小步，况且得到襄阳的过程很不顺利，先后投入十七万人，用了十个多月才把它收入囊中。

望着山川地理图，苻坚的目光沿着长江来回逡巡，看到建康的时候，他瞬间心潮澎湃，目光热烈，像一个自小在山野长大的孩子忽然看到了热闹繁华的通衢大邑。他是氐人——晋人眼中的蛮夷，但他对本族粗粝质朴的文化并没有什么认同感，建康才是他魂牵梦绕的地方。在他心里，文人雅士云集的建康象征着高贵与典雅。许多年里，他记不清究竟有多少次曾经在梦中徜徉于秦淮河上、乌衣巷中，与江东的风雅之士兴高采烈地畅谈佛祖、老庄与孔孟。他相信自己能做一个圣贤的明君，也相信自己能开创一个物阜民丰、族群平等的大一统王朝，但实现这一切的前提是结束南北分裂，而统一南北的过程对他来说实在是一种煎熬。

他对奋战在东线战场和西线战场上的将士只有一个要求——快。

在东线的江淮战场上，淮河是东晋的第一防线，两岸主要有四个军事重镇，即淮北的彭城、下邳、淮阴，淮南的盱眙。

从去年秋初，东线战场的秦军就对这几个军事重镇发动了猛攻，但斩获甚微。中线战场取得突破的消息传来，东线秦军顿感压力，唯恐因作战不利受到责罚，更是加强了军事攻势。

除了东线秦军，同样在苻坚的压力下备受煎熬的还有谢玄。当秦军的战鼓在江淮之间的辽阔大地上像江涛一样滚滚涌来的时候，他正率军驻扎在泗口，准备救援彭城守军。

夜深人静时，在肃杀的军营里回忆起前半生，谢玄往往有一种人生错位的荒谬感。如果不是因为前秦大军压境，自己此时的人生是什么面貌呢？他很清楚自己没有太多的时间想这个问题，却总是忍不住去想，这个念头就像风浪里的一叶扁舟，经常在他的脑海里出没不定。

少年时代，谢玄受流行风尚沾染，喜欢精美的装饰物，尤其喜欢佩戴紫罗香囊。谢安担心他长大后缺少男儿气，又顾及他的自尊心，不愿当面戳破，在一次赌戏中赢了他的香囊，然后付之一炬。谢玄理解了叔叔的苦心，此后再也不佩戴香囊。其实，除了谢玄身上的一点儿阴柔之气，谢安对谢玄非常欣赏，因为这个侄儿和他太像了，同样才略出众，同样喜欢优游林下的闲散生活，对仕途缺乏热情。有一次，谢安问谢玄："你最喜欢《诗经》里的哪一句？"谢玄的回答颇为风雅："昔我往矣，杨柳依依；今我来思，雨雪霏霏。"谢安甚为赞同。

另有一次，谢安问济济一堂的子侄辈："我们谢家子弟并不需要参与政事，为什么却出了这么多才俊呢？"其他人一时语塞，不知道如何回答，谢玄答道："犹如芝兰玉树，生于庭院阶前。"他的意思是，闻达于诸侯何足道哉，装点家门未尝不是美事一桩。谢安闻言大悦。

芝兰玉树虽美，毕竟是弱不禁风之物，能在大厦将倾之际充当栋梁吗？朝野上下议论纷纷，很多人对谢玄的能力有所质疑。

谢玄喜欢钓鱼，《全晋文》收录了他的十篇文字，其中四篇他都在津津有味地谈论垂钓之乐，收获最丰的一天，他钓到了四十七条鲈鱼。他本人乐此不疲，还希望与别人共同分享乐趣，经常将鱼作为礼物赠予他人。

泗口，淮河北岸的一座小城，位于泗水与淮河交汇处。这里的水流平稳和缓，波平浪静，是个适合垂钓的好去处。来到这里之后，本年三十五岁的谢玄却丝毫没有垂钓的兴致。事实上，他确实是为钓鱼而来，只是这一次钓鱼的难度极大，稍有不慎就会被大鱼拖到水里，因为他要钓的是秦军。

以泗口为钓鱼台，谢玄凝视着江淮战场这个大鱼塘，思索着应该把钩甩在哪里。在泗口西部的江淮流域，兵力占据绝对优势的秦军，已经在彭城、下邳、淮阴、盱眙这四座重镇之间层层叠叠地铺开了。强穿秦军的重重封锁去援救彭城显然不是明智之举。思索一番，谢玄决定把鱼钩甩到留城（今江苏沛县附近）。

太元四年（379年）二月，即襄阳失守次月，东线秦军接到了晋军突袭留城的消息。

留城囤积着大量军用物资，留守兵力比较薄弱，秦军唯恐辎重落到晋军手里，急忙调动主力回援，只留下了少量兵力继续围攻彭城。然而，当他们赶到留城的时候，却惊讶地发现这里风平浪静，一点儿遇袭的迹象都没有。很显然，中计了。他们来不及休整，赶快掉头奔向彭城，到达目的地以后，果然看到了令人恼怒的一幕——留守兵力被消灭了。但令他们欣慰的是，晋军并没有坚守彭城，城中的守军已经全部撤走，而且在随后的几天里，战事顺利得出乎想象，淮阴、下邳相继被攻克。

至此，继夺取襄阳之后，苻坚再次在东线取得重大胜利，有待突破的就只有西线的魏兴战场了。

三月，为了分解魏兴战场承受的压力，镇守上明的桓冲出兵三万，逆流而上，向巴蜀地区的巴中（今重庆）发起进攻。蜀人随即组建义军，包围成都的秦军，与晋军遥相呼应。

战事起初还算顺利，但是，占领巴中之后，晋军在北进的路上，秦军发动了猛烈的反扑，在巴西（今四川阆中）杀伤晋军七千多人，并以破竹之势继续南下，消灭了成都城下的蜀人义军。遭到重创的晋军难以继续北上，退守巴东（今重庆奉节）。巴东位于四川盆地的入口处，晋军退到这里，其实就等于宣告援救魏兴的计划失败了。

四月，魏兴失守，西线战役结束，前秦打通了巴蜀与襄阳之间的通道。巴蜀、以襄阳为中心的荆州北部、淮北这三个战区也随之连成一片。战局发展到这一步，对苻坚非常有利，他已经具备了顺流而下、直捣建康的基本条件，离统一南北的梦想更近了。但他只是具备了基本条件，离梦想还差一步。因为淮南还在东晋手里，如果秦军贸然顺流东进，晋军还能以淮河南岸和长江南岸为依托夹击秦军。所以，魏兴战役结束当月，苻坚抽调了襄阳的一部分兵力向东进发，与淮河的秦军会师，然后一起向淮南挺进。五月，秦军在淮南取得重大进展，占领盱眙，并包围了三阿。

三阿距离广陵只有一百多里，如果这里失守，秦军就可以直接逼近京口，甚至可能渡江南下，占领富庶的三吴。

接到三阿被围的消息，建康人心惶惶。东晋朝廷下达诏令，宣布建康进入紧急警备状态，命令长江两岸的军队加强戒备，并另派两路军队分别进驻涂中和堂邑，责令他们配合谢玄援救三阿。但堂邑守军作战不力，刚与秦军交手就被打得落花流水。

这时候，驻守广陵的谢玄出手了。

谢玄的历史声望很高，历来被视为名将中的名将，但是从彭城救援战之后，淮河两岸的军事重镇接连失守，他却一直停留在广陵，迟迟没有什么动静。这难免让人有所疑问：难道这就是顶级名将的水平吗？

结合事态的后续发展来看，谢玄任由淮河两岸的重镇失守，应该是在放长线钓大鱼。因为在过去这段时间里，虽然敌军占据的城池越来越多，但兵力越来越分散；谢玄占据的城池虽然越来越少，但他及时接回淮北守军，力量越来越集中。他是在等待机会，一个发动反击的机会。在敌人一步一步进入圈套的过程中，他太能沉得住气了，沉静得让人以为他是胆怯、麻木。

五月下旬，谢玄从广陵启程，向三阿挺进，在三阿附近的白马塘与秦军打了一场遭遇战，大获全胜。五月二十五日，谢玄抵达三阿，救出了被围困在城里的守军，迫使秦军退守盱眙。六月七日，谢玄所率的北府兵与三阿守军一起攻占盱眙，秦军在淮河上架设浮桥，准备撤往北岸的淮阴。谢玄派遣水师悄悄渡过淮河，绕到秦军背后，焚毁浮桥，将敌人分割成了首尾不能相顾的两部分，先消灭北岸的敌人，继而向滞留在南岸的敌人发起围攻。秦军拼死一搏，好不容易冲出包围圈，沿着淮河南岸向西逃窜，谢玄穷追不舍，在盱眙北部的君川全歼敌军主力。

不到二十天的时间里，谢玄接二连三地重挫对手，成功收复淮南。前方大捷的消息传到建康，朝廷宣布解除战时状态，庙堂上一片欢腾。

虽然此时的主战场依然在长江上游，牵制苻坚主力的依然是桓冲，下游军队发挥的作用只是游动策应，但谢玄指挥的这几次硬仗振奋了士气，强化了北府兵的作战能力，为以后的主战场东移和进行最终的淝水大决战做了充分的准备。

对于东线将士的糟糕表现，苻坚大为光火，严厉地处罚了主帅。他认为东线惨败的根源在于中高层战将的文化素养不足，与东晋战将的差距太大，所以他选拔了一批精通兵法和阴阳术数的太学生，打算任命他们为文化教师，提升战将的理论修养。幸而有识之士进谏，指出只会纸上谈兵的人教导实战经验丰富的战将等于削足适履，苻坚及时醒悟，才没有把这个错误的决策付诸实践。

苻坚避开了这个险滩，但没有避开另外一个。恰恰是没有避开的这个，直接决定了他命运的悲剧基调，把他送到了令人惋惜的终点。

太元五年（380年）春季，前秦治下的辽东地区发生了一起大规模叛乱，卷入其中的人数多达十几万。前秦就像一头胃酸分泌失调的巨兽，吞下了太多的政权和民族，却无法及时分泌出足够的胃酸去消化它们，这太需要时间了，而且是漫长的时间，并非朝夕之功。之前，前秦发生了好几次叛乱，但是规模比较小，没有造成什么实质性的影响，而这一次叛乱的规模如此之大，卷入的人数如此之多，甚至连中原地区都受到了冲击。

苻坚正在一步步地实现统一南北的梦想，他需要的是一个强有力的后盾，内部的动荡是他绝对不愿意见到的。此次叛乱结束之后，他诏令将皇室子弟和本族人分散，迁到函谷关以东，分别镇守险要之地。

苻坚热爱推崇德治的中原文明，但在政治实践中总是过于理想化。他认为自己的善意和宽和足以感化对手，在统一北方的过程中无数次地赦免或收容了很多居心叵测的人。他们在苻坚面前卑躬屈膝，背地里却热切盼望着恩主的失败。本族人被迁走了，包藏祸心的异族人却留在了长安。氐人大举外迁的那一天，苻坚亲临灞桥为亲人和本族人送行，汹涌混乱的人潮中哭声此起彼伏，一个内侍唱道：陛下啊陛下，一旦有三长两短，你将怎么办？苻坚却不以为然。他何尝不知道留在身边的是什么人，但此刻的他依然保持着乐观的理想主义，以为自己的胸怀可以软化背地里所有的獠牙。

几年以后，前秦覆灭，当日在灞桥唱歌进谏的那个内侍落发为僧，遁入空门，当他有时回想起灞桥送别，他的意识有些恍惚。那是六月的一天，应该是炎热的，记忆里的那一天却流溢着末日气息，阴冷，压抑，令人绝望。

由于忙于平息内部叛乱和分派族人镇守关东，太元五年（380年）的苻坚没有对东晋用兵，直到第二年（381年）十二月，他才再次出兵南下，以襄阳为桥头堡，向桓冲发动了新一轮攻势，意图侵入荆州中南部。当月八日，桓冲出兵迎战，遏制住前秦军锋，二十七日再次趁胜北上，大破敌军。

次年夏季，驻守巴蜀的秦军大规模建造舰船，操练水师。桓冲嗅到了大决战即将到来的气息，赶快加强长江沿线的防守，迅速把这个消息送到了建康。但夏末发生的一件事，却让紧张的局势变得有几分扑朔迷离。这桩匪夷所思的怪事，是苻坚忽然出动十多万人开赴西域。

如果说苻坚确实有发动大决战的意图，他应该集中所有的兵力，可他为什么在表露出南征迹象的时候，忽然分出那么多兵力开赴西域呢？

促使苻坚发兵西域的动机，依然是他的圣王梦。太元七年（382年）夏末，西域两个弹丸小国的国王慕前秦强盛之名，不远千里来到了壮丽的长安。目睹长安城的繁华之后，他们拜倒在苻坚面前，请求苻坚效仿汉武帝，在西域设置都护府。尽管此事遭到了一些大臣的强烈反对，但苻坚力排众议，执意经略西域。在他看来，使西域受到王道教化是流芳千古的盛事。大军出征前，他还一再告诫主帅，经略西域的目的是展示上国之威，对西域的蛮人可以网开一面，只要他们表示臣服即可全部赦免，绝不能滥杀无辜。

同年十月，苻坚集结百官，召开御前军事会议，就大举南征一事咨询众人的意见。绝大多数人对此持反对意见，结合政治、经济、人才对比、内部凝聚力等多方面因素，众人坚决不同意伐晋，苻坚却把南征归结为兵力对比问题，鲜卑人慕容垂和羌人姚苌则不失时机地强化了他的偏见，使他以为灭晋乃顺天应人，易如泰山压卵。

滚烫的岩浆沸腾多年，终于喷到了火山口，江北铁蹄奔腾，江东舳舻千里，中古时代的中国规模最大的一次全面战争爆发在即。

46 扭转历史的密信

从太元七年（382年）秋季开始，怪异不祥的阴影悄无声息地笼罩了长安，家禽经常在夜半时分乱成一团，怪鸣不止，犬马总是在月到中天时惊叫不已。这本来只是动物正常的生理反应，国战前夕，这些不值一提的事却被附会上了很多神秘色彩。许多人说这是即将发生大动乱的前兆，有些负责看守兵器库的人甚至煞有介事地说，夜半无人的时候，武器库的兵器自己会叮当作响。

流言如同海潮，一浪又一浪地从四面八方冲击着如同礁石一般的宫城，透过城门的缝隙渐渐渗透到宫廷，流到了苻坚脚下。虽然这是市井消息，仔细琢磨一番，却也能从中捕捉到一些有价值的东西，至少能看到民众对国战的态度。然而在苻坚看来，这些荒诞不经之言只是笑料，只有没有见识的妇孺才会相信。

新年刚过，为了便于进行战前总动员，东晋朝廷颁布了一道大赦令。以此为铺垫，上游的桓冲和下游的谢安加快了征兵进程。

紧随其后，前秦也下达了征兵令，宣布征调全国所有的公私马匹，每十丁抽一丁参战。颁布征兵令的同时，苻坚还下达了一道充满了乐观主义情怀的诏令，期待着此战能有一个皆大欢喜的结局。他任命东晋皇帝司马曜为尚书左仆射、谢安为吏部尚书、桓冲为侍中，并且在长安为他们建造了豪华而舒适的官邸。

在前秦的庙堂上，桓冲和谢安的名字经常被提起，有的官员称他们为“江表伟人”。尽管他们从来没有见过面，但苻坚对这些人很仰慕，热切地希望有朝一日与他们把酒言欢，推心置腹，共同治理一个辽阔而安定的王朝。当然，这种憧憬只存在于战场以外的地方，在飞沙扬尘的战场上，今后或许可以成为朋友的人，如今还是剑拔弩张的敌人，私人感情并不会影响到苻坚的战略部署。

关于灭晋的战略规划，苻坚的计策与当年的西晋灭吴如出一辙，同样是由巴蜀顺江而下，直捣建康。此前他命令驻守巴蜀的秦军操练水师、修建舰船，用意即在于此。换言之，在灭晋的战略链条上，水师出巴蜀是第一个环节，秦晋对决的主战场此时依然在上游。

桓冲的兵力原先为七万，前秦下达征兵令之后，他尽最大的努力，把兵力扩充到了十万，于太元八年（383年）五月做出了兵分两路的决策：一路北上，进攻襄阳，封锁长江，防备秦军水师顺江而下；另一路西进，进占巴蜀，消灭秦军水师。这两个任务，其实是针对同一目标所做的两手准备——理想目标是消灭秦军水师，不然就把他们堵在巴蜀。

先来说北路军。秦晋交手初期，为了分散敌军的兵力，桓冲在江北设置了以襄阳为中心的几个军事堡垒；同时，为了避免在江北进行决战，他把军府迁到了江南的上明。由于朱序的疏忽和内奸的出卖，襄阳及其周边堡垒先后落到秦军手里。桓冲的部署被打乱，只好把防线收缩到江南，然而我们很难说夺取襄阳是秦军的胜利。因为秦军善于陆战，晋军善于水战。襄阳失守之后，晋军时不时渡江北上袭扰，秦军夺取了城池，但是背上了包袱，疲于奔命，不胜其烦。

此次北上，桓冲一改策略，游击战与攻坚战并行，指挥北路军在江北呈扇状分布，从不同方向共同向襄阳靠拢。

同年六月，慕容垂率军五万援救襄阳。七月，慕容垂抵达前线，命令每个士兵手持绑有十个火把的树枝在夜晚行军，光照几十里。桓冲中计，误以为敌军兵力庞大，急忙退回江南。

再来说西征军。西征军起初作战顺利，对正在巴蜀操练的秦军水师构成了直接威胁。苻坚唯恐巴蜀有失，命令羌人姚苌率军由斜谷入川。七月，几乎在北路军撤退同时，西征军也拔营东归。

表面上看，桓冲策划的这一次军事行动又是无功而返，但是荆州军的实力没有遭到削弱。如果苻坚能静下心来稳扎稳打，先彻底解除荆州军的威胁，稳定上游的形势，再调动巴蜀水师东出三峡，照着当年西晋灭吴的程序一步步走，结局多多少少也会有些不同。但他太着急，丧失了继续等待的耐心。八月上旬，他迫不及待地正式下达出兵令，命令浩浩荡荡的秦军开赴淮北。

淝水决战是以少胜多的著名战役，晋秦兵力对比悬殊是毋庸置疑的事实，但相差并非我们想象的那么大。

在去年那次商议灭晋大计的朝会上，苻坚明确说过，秦军举国兵力为九十七万人。为了经略西域，他分出去了七万人（另一说为十万），大军正式出征前夕，他又分出一部分兵力镇守长安。

长安守军兵力不详，加上出征西域的远征军，总体兵力应该在十五万左右。不过在出征之前，苻坚曾经鼓励长安的富家子弟参战，征调到了三万人。灭晋大军当中，以这三万人的装扮最为华丽，士气最为高昂，他们几乎是以参加凯旋仪式的心态开赴前线的。因为他们没有见识过真正的战争，以为大军一到，就能兵不血刃地迫使东晋投降。

减去西域远征军和长安守军，加上新征兵力，苻坚正式出征时的兵力为八十五万人。对此，历史记载很明确，二十五万人为前锋，由苻融、慕容垂等人率领，六十万人为主力，其中包括骑兵二十七万，由苻坚亲自统领。但当时的总兵力有没有八十五万呢?

八月初，苻融、慕容垂等人率领二十五万前锋开赴淮北，苻坚率领主力随后跟进。

二十五万先锋是现成的，这没有什么问题，但苻坚率领的六十万主力并没有全部到齐。这六十万人主要有四部分，即蜀军、关东军、凉州军、关中军。其中，只有关中军是现成的，所谓的六十万主力，指的是各路兵力在淮北会师之后才能达到的总兵力。

一般而言，主力的兵力比前锋多，既然苻坚让关中军充当主力，说明关中军的力量至少不少于二十五万。也就是说，当苻坚从长安启程的时候，他率领的关中军加上二十五万前锋，总兵力应该是五十多万，并不是八十五万。

东晋的兵力情况如何呢？上游荆州军的兵力大约为十万，下游的朝廷嫡系加上谢玄麾下的北府兵，兵力大约为八万。总兵力为十八万。

此时，秦晋兵力对比约为一比三。

秦军的前锋和主力刚走，桓冲再次向江北挺进。苻坚于是临时命令慕容垂离开前锋，赶回襄阳扑火。慕容垂就这样离开前线，回到了后方的荆州。

九月，苻坚抵达项城。这时候凉州军刚到咸阳，关东军才到彭城，蜀军依然被堵在四川盆地。凉州军、关东军未能及时赶到淮北，与苻坚所率的主力会师，情有可原，路途确实是太遥远了，但蜀军至今被堵在四川盆地却有些蹊跷。

蜀军的统领是羌人姚苌；负责在江北压制桓冲并保卫长江航道安全的是鲜卑人慕容垂。他们后来都是开创了一个政权的创业之君，论军事能力、才略绝不在桓冲之下。我们有理由相信，如果姚苌率领蜀军顺流而下，慕容垂压住荆州南部的桓冲，为蜀军保驾护航，使他们及时到达淮北，并不是什么太难的事。商议灭晋大计时，前秦庙堂上一片反对声，唯独他们极力撺掇苻坚南征，当苻坚真的发动南征之战时，他们却迟迟没有打开上游的局面。淝水大决战过后，苻坚一败涂地，慕容垂趁乱崛起，建立后燕，姚苌趁火打劫，建立后秦，并残忍地勒死了苻坚。联想到后来发生的这种种事情，我们难免得做一些恶意的揣测——太和八年（383年）的九月，姚襄和慕容垂没有打开上游的局面，其中固然有桓冲牵制的原因，但此外还应该发生了一些我们所不知道的事情。

桓冲可以退守江南，下游的建康朝廷却不能。因为建康在长江南岸，如果秦军突破长江防线，建康马上就会受到威胁。所以，晋廷必须争夺战略缓冲区，此前谢玄收复淮北的原因正在此处。

苻坚迫不及待地开赴淮北，一方面是考虑到东晋下游的兵力只有八万，另一方面则是算准了晋廷不能退守江南，必然会在江北进行决战。在他的设想中，一旦在江北消灭敌军，即可长驱直入，投鞭断流，跨江南下。

当苻坚抵达项城的时候，苻融驻扎在颍口（今安徽颍上），他率领的二十五万先锋已经与淮北留守的五万秦军会师，使兵力增加到了三十万人，并且向淮南军事重镇寿阳（今安徽寿县）发动了攻击。

颍口在淮河北岸，因位于淮河与支流颍水交汇处而得名。为了分散围攻寿阳的秦军，刘牢之派遣胡彬率领五千人渡淮北上，占领了颍口东北部的下蔡（今安徽凤台）。

刘牢之，北府兵猛将，他紫面虬髯，眼神锐利，寡言少语，能征善战。这个人一辈子做了两件大事，第一件事是在淝水之战中统领北府兵击破强秦，立下了赫赫战功；第二件事是提携过一个同样很能打仗的叫刘裕的人。

下游的恶战一触即发，桓冲急得要命，建康主政的谢安却一直没有派人向他通报过任何消息。他按捺不住，派人奔赴建康，请求派遣三千精兵入卫建康，但是被谢安拒绝，说物资和兵员都很充实，不需要帮忙。

桓冲提出这样的请求，是真心为了保卫建康，还是意图以入卫建康为名，趁机插手建康的内政呢?

不久之前，围绕着江州刺史的人选，桓冲与谢安闹过一次别扭。桓冲想安排自己人，谢安也有同样的打算，但谢安推荐的人选能力很差，所以桓冲知道自己的提议被驳回之后勃然大怒，干脆不经朝廷允许就接管了江州。我们不能说桓冲绝对没有私心，但他擅自接管江州的主要原因，在于唯恐江州防线有失。相比之下，谢安的私心无疑多一些。对于桓冲此次提议入卫建康，我们同样有理由相信他主要是为了大局着想，因为他一直对谢安的军事能力持怀疑态度。

谢安说不需要桓冲帮忙，看起来好像胸有成竹，事实是不是真的如此呢?

与桓冲的提议被拒的同时，在前线抗敌的谢玄星夜兼程，赶回建康，请谢安面授机宜，制定破敌之策。谢安的回复只有一句话——已另有打算。什么打算呢? 谢安不多说，谢玄不敢再问，只好请张玄代为出面，再次打探口风。谢安同样三缄其口，姿态高深莫测，只是带着张玄驾车出游，来到城外的山间别墅，与亲朋好友一起游山玩水，并且以别墅为赌注，与张玄对弈①。

此时的京城人心惶惶，愁云惨雾。张玄的棋艺在谢安之上，但他这一天心不在焉，大失水准。谢安则谈笑自如，直到晚上才回到建康，代表朝廷发布人事任

① 《晋书》和《资治通鉴》都没有明确说明是谢玄还是张玄，《续晋阳秋》则明确说是谢玄，但我认为应该是张玄。

命，任命弟弟谢石为征讨军统帅、侄儿谢玄为前锋都督，率领其子谢琰、龙亢桓家的桓伊等人开赴前线，并命令此时驻守下蔡的胡彬逆淮河而上，救援寿阳。

这就是谢安在淝水之战前的军事部署，此外再无其他。他只是安排了作战人选，至于这些人在前线如何临阵对敌，那不在他的考虑范围内。但尽人事，各安天命吧。说他完全没把握未免刻薄，不过充其量也就四成把握。当他以珍爱的别墅为赌注的时候，心理活动或许是这样的——如果前线打赢了，输一栋别墅算什么，大不了再造一个；如果打输了，只怕你张玄也无福消受。连国都没了，要这别墅还有何用？

谢安所做的部署传到上游，桓冲传唤众将召开了一次气氛沉重的军事会议。在会议上他引用了孔圣人的一句名言，悲观地说："谢安有高居庙堂的雅量，但不知阵仗险恶，大难临头还游山玩水，高谈阔论，只派几个不习将略的毛头小子去打仗，恐怕我等此后将成为胡人的臣民了。"

十月十八日，胡彬在溯淮而上的路上接到了寿阳失守的消息，于是掉头东进，退守硖石山。硖石山位于寿阳北部，淮河穿山峡而过，两岸山上各有一城，夹淮对峙，是防守淮河的重要堡垒。淮河南岸有一条名为洛水的支流，苻融包围了硖石山上的胡彬之后，另派一路兵力渡淮南下，在洛水西侧扎营，并在淮河下游的河面上筑造了一条栅栏。此时，在谢石、谢玄等人的率领下，晋军主力正驻扎在洛水东部。栅栏一建起来，不但胡彬东逃的水路被截断了，晋军主力也丧失了逆淮而上与胡彬会师的可能。有的战将提议强行渡过洛水，向敌人发动攻击，谢石畏惧敌军势大，拒绝了这个提议，但他也没有什么好计策，只能就这么耗着。

站在硖石山的山头俯瞰，只见山下层层叠叠的敌军越来越多，山上的军粮却越来越少。胡彬百般无奈，只好派人秘密潜往山下给谢石送信——粮尽，兵疲，若不救援，此生不能再见。

在下山途中，乔装打扮的信使被敌军生擒，密信随之落到了苻融手里。拆开信封一看，苻融大喜，马上派人给项城的苻坚送去好消息——敌少，易破，若主力迅速南下，可生擒晋军主帅。

由于这一封信，局势完全失控了，开始走向秦晋双方都始料未及的终点。

47 淝水之战

当初，苻坚提议南下，苻融声泪俱下地坚决反对。而今，连他这样的人都态度大变，苻坚当然喜出望外。

蜀军、关中军、关东军此时依然没有到达项城，苻坚所率的兵力，仍然是原先的三十多万人。

苻融在信中说得很明白，希望苻坚带领主力南下。对于苻融传回的情报，苻坚有两个选择：第一，继续等待，等其他方面的军队到达项城，集中六十万主力，一起南下；第二，率领现有的三十多万人赶赴前线。出人意料的是，兴奋过度的苻坚选择了极为不理智、我们也难以理解的第三条路——率领八千骑兵赶往寿阳，剩余的二十九万多人留守项城，原地待命。临行之前，苻坚一再告诫百官，谁敢透露他的行踪，拔舌灭族。

十月的夜里，明月在天，光照大荒，落叶聚还散，寒鸦栖复惊。

纵马疾驰在赶赴寿阳的路上，苻坚心潮澎湃，他仰望夜空，星汉灿烂，闪烁的星星像铠甲兵器上反射的点点光芒。在东南方的夜空里，有一颗璀璨夺目的星星，那是岁星（即木星），在古老神秘的华夏文化里，它象征着上苍的福泽与庇佑。去年商议灭晋大计，一个朝臣表示反对，所持的理由就是岁星在晋，东晋并非暴政衰亡之国，气数未绝，应该等东晋出现暴君的时候，再大举征讨。苻坚驳斥了这种看法，他援引上古时代的轩辕大帝为例，说轩辕大帝统一天下的时候，被消灭的那些国家难道都是暴政之国吗？那些不顺从的敌人不都被消灭了吗？

此时此刻，苻坚已经想好了统一南北之后的行程安排，他要到九嶷山拜谒舜帝的陵墓，到会稽郡探访大禹住过的石窟，对华夏圣王表达崇高的敬意；他还要泛舟于烟波浩渺的长江之上，然后东临乱石穿空的沧海。

这一天夜里的风很冷，但苻坚如同沐浴在和煦的春风里。在他看来，消灭东晋易如反掌，如同滚水泼雪，热油浇冰。

虽然没带主力来到前线是错误，但破敌的机会还是有的。此时，晋军主力依然驻扎在洛水东岸，眼睁睁地看着胡彬战败，不敢有丝毫动作。如果苻坚能集中前线的兵力迅速发动攻击，战局还是可以向着有利的方向发展。然而，不知道他是不愿再看到可怜的士卒伏尸沙场，还是以为胡彬战败之后的晋军再无战意，或者是不愿看到神往已久的江东遭到战火洗劫，来到寿阳之后，他的理想主义病发作了，打算不战而屈人之兵，意图通过不流血的手段解决问题，以这种方式来表达对晋人的善意和统一南北的诚意。因此，他向晋军主力派遣了一个说客——朱序。

朱序肩负的任务，是炫耀秦军的壮盛武力，迫使晋军弃械投降。见到谢石，朱序却一五一十地透露了秦军的虚实，他敦促谢石尽快出手，说苻坚此次来寿阳并没有率领主力。如果依然按兵不动，一旦秦军主力全部到达主战场，那可就真的无力回天了。

谢石年轻时因面部受伤感染，留下了一块白斑，人送绰号“谢白面”。此人的军事才能一般，敛财倒是一把好手。谢安不可能不知道这个宝贝弟弟是什么人，但他还是任命谢石为征讨军统帅，这也是我们之前说他其实并没有什么把握的原因。淝水大决战之前，一首广为流传的童谣唱道：“谁谓尔坚？石打碎！”谢安安排谢石出任高位，或许是想讨个彩头，求个心理安慰吧。

听闻苻坚忽然来到寿阳，谢石胆战心惊，但他认为秦军必然会因为苻坚的到来士气高涨，拒绝了朱序的提议。谢琰却同意朱序的意见，极力赞成出兵。

朱序此时的身份是前秦人，谁也不敢保证他此次来当说客是不是圈套。以此而言，谢石否决他的提议不是完全没有道理。谢琰支持朱序，某种程度上也是无奈，因为他没有更好的办法，只能把宝押到朱序身上，冒险赌一把。

如果我们的猜测没有错误，或许在朱序与晋军主力接头的这一天，淝水破敌的计划就基本敲定了。

晋人将战斗到底，绝不投降。朱序带回的这个消息，是苻坚来到前线后受到的第一个打击。接下来，即将发生在洛水东岸的一次战斗，将成为对他的第二个打击。

十一月，谢玄派遣刘牢之率领五千北府兵，横渡南北向的洛水，向西岸的两万（另一说为五万）秦军发动攻击。秦军早就防着敌人来这一手，在西岸设置了攻守有序的防线。但在刘牢之的指挥下，北府兵一鼓作气，击穿了敌军的层层战线，阵斩秦军主帅，俘获了敌方数名战将。秦军失去主心骨，兵败如山倒，四处逃窜。随后，刘牢之截断秦军退路，发动第二轮猛攻，杀伤敌军一万五千多人，缴获了所有的军用物资，史称此战为洛涧之战。

在洛水西部，还有一条同样南北向的淮河支流，即大名鼎鼎的淝水。苻坚所在的寿阳，在淝水西岸。寿阳北部四里开外的地方有一座山，即以“草木皆兵”的典故而闻名的八公山。洛涧之战过后，谢石率领晋军主力渡过洛水，来到了淝水东岸。苻坚登上寿阳城头远眺，只见晋军阵仗严整，又见八公山上似乎人影幢幢，他开始感觉有些不对劲了。他瞬间脸色大变，心情失落地对苻融说：“这是强敌啊，你怎么能说敌人不堪一击呢？”走下城头，忧上心头，苻坚在十一月的寒风里徘徊片刻，命令秦军在淝水西岸列阵，防备晋军强渡。

如果秦军一直在西岸列阵而不出击，形势将会对晋军非常不利，因为就像朱序所说的那样，一旦秦军主力陆续赶到主战场，将会在兵力上占据绝对性的优势。根据《十六国春秋》记载，淝水大决战之前，晋军发起过强渡行动，但是未能如愿。就是在这样的形势下，忧心如焚的谢玄派人来到西岸，请求约定日期，进行大决战。

我们只知道决战时间是十一月，却不知道具体是哪一天。

苻融原先所率的前锋为三十万，除了洛涧之战的兵力损失、其他常规性的兵力损失，以及留守在占领区的驻军，参与淝水大决战的兵力充其量为二十五万。

晋军兵力原先为八万，在大决战之前的一系列战斗中必定有所损耗，但是没有遭到太多的损失，参与大决战的兵力至少有七万。因此，在淝水大决战这一天，双方的兵力对比应该不到一比四，并不是百万大军对战兵力不到十万的弱军。

淝水流量不大，秋冬时节是枯水期，虽然无须借助战船，但渡过半人多深的河流也不是很容易。决战当天，天气很冷。在谢玄、刘牢之等人的率领下，晋军列好战阵，缓缓开抵淝水东岸。西岸，秦军早已摆好阵势。

既然决战之议由晋军发起，当然应该由晋军首先出击，强行渡河。双方摆好阵势之后，晋军却迟迟不见有出击的动静。苻坚正在疑惑的时候，只见对岸的战阵中冲出了一匹快马，马背上坐着一个背后插着代表信使身份旗帜的使者。在几十万双眼睛的注视下，使者涉过冰冷的淝水，直奔西岸而来。

晋军这是想做什么呢？苻坚皱着眉头，与同样一脸疑云的苻融对视一眼。

苻坚乘坐的是一辆饰有云母的豪华车辇，在离车辇几丈开外的地方，使者跳下马背，快跑几步，传达了谢玄的口信。

“你毕竟淝水列阵，我军无法渡河，这是长久相持之计，并非速战速决之策。如果贵军稍微后撤，让出决战之地，使我军得以渡河，你我在一旁松开马缰，从容观看，这难道不也是雅量高致吗？”

苻坚没有当场做出回答，他先令使者退下，然后与苻融以及其他战将在车辇旁商讨如何回应。诸将认为，我众敌寡，阻止晋军上岸是万全之策。苻坚却认为，趁敌军渡河将半之际，出动骑兵发起掩杀，破敌易如反掌，苻融对此颇为赞同。

计议敲定，苻坚传来晋军使者，让他回去报信。

目睹对岸发生的一切，谢玄的心剧烈地跳动着。恶战如箭在弦，此时却提出这么唐突的要求，对手能答应吗？他心里真是一点底都没有，如果苻坚否决此议，接下来的事可就麻烦了。当使者朝东岸奔来的时候，他的心几乎提到了嗓子眼，唯恐听到他最不愿意听到的消息。

出乎意料，使者带回的消息是苻坚同意后撤。

谢玄松了一口气，但心里的石头还没有落地。在整个计划里，这只是第一步，接下来，还得靠一个人——朱序。可是，朱序是真心助晋吗？对岸几十万人，黑压压一片，根本看不到朱序在哪里。

渡河行动开始了，晋军先派出了一个八千人的方阵，缓缓开往西岸。对谢玄来说，前锋渡河是一个试探，如果苻坚不守承诺，攻击他们，留在东岸的主力还有重整旗鼓的机会。

对于苻坚，八千人只是敌军兵力的十分之一，即使他们过了河，也不会对自己麾下的几十万大军造成什么威胁。在他的设想中，最为理想的结果，是趁敌军主力倾巢而出，被淝水分割成两部分的时候发动大决战。假如攻击那八千人，敌军主力就不会渡河，也就无法进行理想中的半渡而击了。所以，敌军前锋渡河的时候，他下令秦军开始后退。

如果苻坚同时派出传令兵，奔往各个军阵，下达整体性的后退命令，结局或许会有所不同。但是不知道为什么，苻坚没有这样做，只是命令前锋后撤，却没有把将令传达到全军。

如同针刺心脏，这个伤口虽小，但足以致命。淝水西岸，几十万秦军分成了许多战阵，左翼不知道右翼在做什么，后援不知道前锋在做什么。这个庞大的军阵精密而复杂，却也相当松散而脆弱，就像一架投石机，各个部件配合有序的情况下可以无坚不摧，而一旦某个部件错位，马上就会引起整体性的故障。

秦军前锋后退的那一刻，后方的军阵出现了一些骚动，有的士兵不明就里，以为前锋撤退是因为遭到了攻击。

此时的苻坚绝不会想到，敌军的八千前锋早在战前就接到了密令——一旦踏上对岸的土地，不用等待主力渡河，立刻猛攻敌军；他更不会想到，自己这一边还有一个危险的朱序。

位于战阵最后方的朱序深吸一口气，忽然发出一声大吼——苻坚败了！

朱序的这一声大吼固然起到了扰乱军心的作用，不过以他一个人的力量似乎也不会搞出太大的动静。在淝水大决战这一天，随同苻坚一起出征的，还有一些此前被他俘获而加以优容的人，比如前凉的亡国之君张天锡、原先为晋将的徐元喜。苻坚溃败之后，他们都随同朱序一起投奔到了东晋。这些人当天做了什么？有没有随同朱序一起在后方惑乱军心呢？史书没有记载，我们只能在空白处想象。

当后方陷入大混乱的时候，苻融焦急万分，急忙策马奔向后方，想控制乱局。可是天降横祸，由于马失前蹄，他没有奔出去多远就摔到了地上。这时候渡过淝水的晋军前锋已经发动了猛攻，他们随即一哄而上，在乱军当中刺死了苻融。

秦军前锋在后退的过程中遭到了晋军前锋的猛攻，根本来不及重新结阵拒敌，只能一窝蜂似的向后跑；中军的阵势被冲乱了，只能被败退的前锋裹挟着四处逃散；至于后军，在朱序等人的蛊惑下，早就跑得七零八落了。

赢了！赢了！谢玄控制住激动的心情，做了一个全军出击的手势。传令兵举起象征着主帅身份的军旗，用力向前一挥，晋军主力随即吼叫着全线出击，争先恐后地奔向淝水西岸，向混乱不堪的敌军发动总攻……

风声鹤唳的秦军丢盔弃甲，溃不成军，死伤十之七八……晋军乘胜追击，缴获了敌人的所有辎重，并一举攻占寿阳。

苻坚的圣王梦破灭了，他好不容易统一起来的中国北方，重新陷入四分五裂的局面，统一南北的进程，又推迟了两百多年。

淮北，某村庄。

苻坚在决战当天身中流矢，单骑脱离战场，奔往淮北，途中渐渐收拢了一些败兵，来到了一个小村庄。当地百姓送来米饭和猪肉，伤寒交加的他这才渐渐惊魂落定。为了表示对村民的谢意，他赏赐给了他们一些布匹，同情他悲惨遭遇的村民拒绝了。苻坚既羞又惭，泪如雨下：“我还有什么脸面统治百姓呢？”

江南，建康。

前线捷报传来的时候，谢安正在与客人下棋，看罢信文，他随手放到一边，面无表情地继续下棋。棋友问他何事，他慢条斯理地说：“小儿辈击破了强敌而已。”然而，此时的他内心其实欣喜若狂，以至于临走出门时，他连屐齿被门槛磕断了都没有察觉到。

48 大动荡

淝水之战如同冰山上的第一道裂缝，引发了前秦的雪崩式坍塌，中国北方再次陷入四分五裂的战乱局面。本书以东晋历史为主线，但前秦崩溃的过程不能一笔带过，为了避免叙述上的混乱，在接下来的篇幅中，我将尽量抓住主干略写。

从立国到如今，东晋朝廷延续了六十六个年头。在长达半个多世纪的时间里，这个以正统自居的王朝居然从没见过正宗的庙堂礼乐，直到淝水战后从前秦军中虏获了一些乐工，衣冠楚楚的士大夫才得以大开眼界，一窥雅乐全貌。经由“蛮夷”之手而聆听黄钟大吕，这不能不说是对正统王朝的一种讽刺。

淝水之战结束次月，惭恨交加的苻坚回到物是人非的长安，下令免除战死者家庭的赋税。此时的前秦还没有全盘崩溃，但已经落到四面楚歌的境地，各地的动乱正在酝酿之中。在这种内外交困的窘境中，免除赋税或许是苻坚对民众表达歉意和愧疚的唯一途径了。反观东晋则不然，表现简直令人作呕。

前秦大军南下之际，为了收买人心，以盘剥沉重而闻名的东晋减轻了对百姓的剥削。淝水之战刚刚结束，得意忘形的朝廷就故态复萌，下令加重赋税。更为过分的是，朝廷甚至没有及时对参与淝水之战的将士进行封赏，直到一年多后谢安去世，行赏一事才被提上议事日程。

过去的六十六年里，内斗已经成了这个暮气沉沉的小朝廷的痼疾。在它看来，既然苻坚已经被击退，接下来就应该把矛头对准谢安。防范尚且唯恐力度不够，再对谢安进行赏赐的话，谢家岂不是如同此前的琅琊王家、颍川庾家、龙亢桓家，又成了另外一个心腹大患？谢安是个聪明人，早就意识到了朝廷的猜忌，所以对封赏一事闭口不提。因为中枢的内讧而受到牵连的前线将士固然很委屈，但他无暇顾及，也无力顾及。

太元八年（383年）深冬，前秦的雪崩开始了。盘踞在陇西的鲜卑人乞伏部，在首领乞伏国仁的率领下，宣布脱离前秦；次年正月，慕容垂自称燕王，联合丁零人作乱于中原，围攻由苻坚的儿子苻丕镇守的东方军事重镇邺城。

在写给苻坚的一份书信中，慕容垂以成功者的口气炫耀自己的盛大武力，企图迫使苻坚说服苻丕放弃邺城。苻坚愤怒地回信一封，指责慕容垂老了是叛贼、活着是乱臣、死了是逆鬼，说你既然想大干一场，那就放手去做，何必要告诉我呢？我的儿子生死有命，随他去吧，只是可怜中原子民又要因为你遭受涂炭之灾。

淝水之战的胜利来得过于突然，过于出乎意料，对于东晋朝廷，能保住现有的胜利成果就于愿已足。战后初期，他们忙于内部的权力纷争，并没有乘胜北伐之意，直到慕容垂起兵作乱，他们才察觉到北伐的重要性。

太元九年（384年）二月，上游的桓冲派兵向关中挺进，下游的刘牢之率领北府兵向黄河进军。当月二十七日，桓冲去世。桓温去世之后，桓冲与谢安分别控制上下游，可谓东晋的两大柱石。谈到这段历史，我们往往只聚焦于谢安，事实上桓冲的功劳并不比谢安少。陈郡谢家能够异军突起，一定程度上就是受益于桓冲的克制，因为正是他顾全大局，对咄咄逼人的谢安一再退让，谢家才得以一步步成为门阀新贵；淝水之战期间，东晋能挫败强秦，也离不开桓冲在上游对前秦的牵制。

郗鉴、庾亮、庾翼临终时都曾经给朝廷上书，请求妥善安排他们的子女亲属。桓冲临终时只字未提，没有给宗亲求一官半职，只是遗憾未能完成兄长桓温的托付，将桓玄抚养成人。

怎么评价桓冲呢？或许，老百姓的反应是最好的评价吧——桓冲的灵柩离开江陵时，老百姓自发到江边来送他最后一程，临江哭泣，哀声不绝。

桓冲生前统领荆州和江州，他去世之后，有人建议由谢玄补缺。谢安担心权势过大容易成为众矢之的，拒绝了这个提议，但为了分解桓家雄踞上游的优势，他割裂了荆、江一体化的格局，任命桓豁的儿子桓石民为荆州刺史、桓石民的哥哥桓石虔为豫州刺史，位于荆、豫之间的江州，则由桓伊掌管。

逝者往矣，生者的苦难和灾劫依然在继续。

汉末的曹操在一首诗中写道："铠甲生虮虱，万姓以死亡。白骨露于野，千里无鸡鸣。生民百遗一，念之断人肠。"一百多年后，这惨绝人寰的一幕再次在神州大地上演了。

三月，慕容泓及其弟慕容冲，分别在华阴（今陕西渭南）和平阳（今山西临汾）发动暴乱；羌人姚苌在天水（今甘肃天水）聚众起事，自称大单于、万年秦王；东晋的荆州军兵锋北上，夺回襄阳。

五月，关中南部边境的一个地方官向东晋投降；晋军向巴蜀地区挺进；慕容垂的军队在中原翻江倒海。

六月，姚苌和慕容垂分别在关中和关东大破秦军；东晋收复洛阳。

八月，谢安奏请北伐，任命谢玄为主帅，率领桓石虔、刘牢之等人北上，收复彭城。

九月，谢玄率军推进到黄河附近，黄河南岸的郡县纷纷投降；慕容冲兵临长安城下。

十月，姚苌抵达距离长安不到三百里的新平（今陕西彬县）；谢玄率领北伐军开赴黄河北部；困守邺城的苻丕向谢玄求援。

十二月，长安城的鲜卑人密谋发动叛乱，杀死苻坚，因消息外泄而被秦军扑灭；东晋的荆州军收复汉中；谢玄派遣刘牢之率军两万援救邺城，并向苻丕输送军粮。

以上，即淝水之战引发的余波，也是前秦在太元九年（384年）走向崩溃的大致轮廓。

发生淝水之战的那一天，谁能想到这场战争居然会产生如此巨大而深远的影响呢？截至太元九年年底，曾经拥有万里河山的苻坚，所能掌握的就只有长安周边的几个郡县了。对如今的他来说，眼下最为强劲的敌人有两个——新平城下的姚苌、长安城外的慕容冲。

十几年前，新平城的百姓为了驱逐地方官，发动过一次民变。作为对当地人的惩罚和羞辱，苻坚摧毁了新平城墙的一角，新平人深以为耻。当踌躇满志的姚苌来到新平城下的时候，新平太守苟辅担心军民斗志不坚，打算投降，当地军民却推举代表前来会面，主张与叛军决一死战，洗刷前耻。苟辅于是痛下决心，率领军民与姚苌展开了惨烈的搏斗。姚苌在城外堆积攻城土山，苟辅就在城里堆积更高的守城土山；姚苌在城外挖地道往里钻，苟辅就在城里挖地道往外打。有那么一次，苟辅甚至差点些用诈降计杀死姚苌。在这座弹丸小城面前，姚苌简直要崩溃了，他实在是想不通：垂死挣扎的苻坚到底是哪里好，为什么有这么多人豁出命去帮他？

姚苌一筹莫展，慕容冲也是焦躁欲狂。

由于慕容冲的四面合围，此刻的长安城已经沦为人间炼狱，人吃人早就不是什么见不得人的事了。

十四年前，前秦消灭前燕，十二岁的慕容冲随同族人被迁到长安。因为容貌俊美，他成了苻坚的娈童，与姐姐清河公主一起受到苻坚的宠爱。当他在去年九月兵临长安城下的时候，苻坚派人送来一件锦袍，希望以往日的情义感化对手。慕容冲当着使者的面，刻薄地嘲笑了苻坚的天真，说自己志在天下，绝不会因为小恩小惠而动心。

太元十年（385年）的新年刚过，慕容冲在长安城外登基称帝，建立了西燕王朝。这个出身娈童的皇帝有一定的军事才能，但是算不上有多高明，在过去的这几个月里，他无数次地发动过攻城战，却一直未能将长安收入囊中。为了泄愤，他派遣军队四面出击，疯狂地屠杀、劫掠、奸淫、焚烧，致使一度人烟稠密的关中沦为千里无人烟的废墟。同年二月的一次战斗中，苻坚指挥秦军获得了一次规模比较大的胜利，俘虏了一万多个鲜卑士兵。一向仁厚的苻坚这一次没有心慈手软，命令秦军将鲜卑俘虏全部坑杀。但这只是一次战术上的胜利，并不能扭转战略上的颓势。

因为慕容冲的暴虐和杀掠，长安附近的三十多个坞堡主自发组建义军，多次猛攻敌人，向长安输送军粮，但是收效甚微，运输队十有八九都死在了途中，送到长安的粮食寥寥无几。苻坚于心不忍，派人秘密潜往城外，告诉这些坞堡主："我知道你们忠义，但如今敌寇锋芒正盛，你们何必枉送性命？为了国家，你们应该爱惜自己，不要再做无谓的牺牲。有德之人永远不会遭受厄运，我相信终有否极泰来的一天。"

当时有许多关中百姓被慕容冲掳掠到军中为奴，他们打算放火焚烧鲜卑人的军营，派出使者来到长安，请苻坚届时派兵接应。苻坚对使者说，百姓的忠诚使我感动而哀痛，可是敌军势大难制，一旦行动失败，只怕百姓又要遭到屠杀，我不忍心这样做。使者不同意，苦苦哀求，说即使行动失败，我等也绝无怨言。苻坚只好出动七百名骑兵前往接应。可是在行动当晚，风向忽然逆转，鲜卑人并没有遭到什么损失，绝大多数百姓反而葬身火海。苻坚闻讯，在长安城设坛遥祭忠魂，泣不成声。这个可怜的末路君主坚信天助有德者，上天却开了一个恶毒的玩笑，把好运气送给了厉鬼一般的暴徒。

关中，白骨遍地；关东，伏尸千里。

此时的慕容垂依然没有攻克邺城，为了解决军粮问题，他禁止百姓养蚕，以桑葚充当军粮，百姓饥饿难耐，只能以死尸为粮。四月，应苻丕的求援之请，刘牢之率军抵达邺城，击败慕容垂，迫使鲜卑人撤除对邺城的包围，并发动了追击。慕容垂装出狼狈不堪的假象，在撤退途中扔下了许多物资，晋军误以为敌人已不足以构成威胁，一拥而上，哄抢物资。慕容垂趁机反扑，晋军惨败，幸而苻丕及时派兵接应，刘牢之才脱离险境。其后，苻丕接受晋军的军粮，率众返往关中，作为一种报酬，临行前他把邺城让给了刘牢之。

自从慕容垂在中原作乱，东西消息传递不畅，通过断断续续的消息，苻丕只知道关中形势危急，却不清楚具体危急到了什么地步。当忧心如焚的他在西返的道路上奔驰的时候，苻坚正在走向生命的尽头。

太元十年的五月，慕容冲孤注一掷，发动总攻，长安城上空飞来遮天蔽日的食腐鸦群，如同积雨云一般覆盖在上空，苻坚身中数箭，血流如注。经过一番厮杀，敌军被击退了，但苻坚明白，长安城守不住了。于是，他把防守长安的军务交给太子苻宏，自己带着一部分兵力突围而出，意图前往陇上征调兵员，集聚粮草，再返回来为长安解围。

在距离长安不到三百里的新平，姚苌丧失了打攻坚战的耐心，派遣使者告诉苟辅："我要以道义取天下，绝不会仇恨忠臣，你只要率领城中军民到长安就可以，我只想得到新平城。"苟辅信以为真，率领城中军民出城，姚苌却忽然翻脸，下令将这五千多人全部活埋。据史书记载，只有一个人侥幸躲过一劫。

闰五月，留守长安的苻宏带着亲人弃城而去，投奔东晋。慕容冲进入长安，再度大肆屠杀，城里血如海，火如山。

七月，姚苌生擒苻坚。在成为俘虏的这一天，苻坚保留了最后的尊严，平静地接受了悲惨的结局。其后，他被押送到了新平，姚苌屡次索要传国玉玺，然而次次被拒。

八月二十二日，谢安去世。以此为标志，东晋北伐悄然结束。四天后，八月二十六日，姚苌以连自己的部下都不齿的方式，残忍地勒死苻坚。以此为标志，烜赫一时的前秦成为过眼云烟。

这一年，距离北方再次统一还有五十四年，距离东晋灭亡还有三十五年。

49 复活的皇权与相权

谢安的离世，在东晋历史上是一个具有划时代意义的节点，标志着陈郡谢家和门阀政治的双重衰落。在此之前，门阀是皇权的轮椅，离开门阀的支持，皇权寸步难行；在此之后，门阀变成了皇权的拐杖，虽然行走费力，但皇权毕竟可以蹒跚行走了。

皇权是怎么具备蹒跚行走能力的呢?

皇权和门阀是老冤家。为了维护自身的利益，门阀不愿意看到皇权振兴，但皇权过于衰弱对门阀也不是什么好事，这意味着超级门阀极有可能趁机改朝换代，所以皇权的范围应该有一个限度——不能危及门阀的总体利益，又能对超级门阀形成一定的限制。桓温晚年行废立之事，是东晋建国以来皇权最为衰弱的时刻，谢安经历过这一波风浪的冲击，对皇权过于衰弱所带来的风险有切身体会，在他主政之后做了一定的让步，跌落到低谷的皇权因此迎来了复苏的机会。

随后，秦晋发生军事摩擦，大战一触即发。谢安忙于对付前秦，晋孝武帝司马曜和弟弟司马道子趁机收回了一部分相权，只是他们这时候还需要仰仗谢安，不敢做得太过火。等到淝水之战结束，朝廷与陈郡谢家的矛盾迅速升温，前线将士未能及时得到封赏，即朝廷迂回打击谢家的一种手段。谢安奏请北伐的目的之一，也是为了离开建康，避开内部倾轧，把相权还给朝廷。这也是他刚刚去世，北伐就宣告停止的一个原因。

面对咄咄逼人的朝廷，谢安为什么没有给予回击呢？主要是因为他明白日昃月亏的道理。他当初出山的目的，就是为了光耀门楣，由于淝水之战的胜利，陈郡谢家的声望已然如日中天，无人可及，何必再贪得无厌呢？

谢安去世当月，司马道子出任录尚书事、都督中外诸军事，完全排除了谢安在中枢的影响。十月，朝廷下诏嘉奖参与淝水之战的有功将士。随着谢安的离世和出局，没有过多久，谢玄也离开军界，回到会稽郡，一年多以后因病去世。

说到这里，陈郡谢家的往事就基本上说完了。关于这个大家族，我们主要说了两个人，谢安和谢玄。谢家值得一说的人物其实有很多，但他们的政治影响力有限或者很小，个人成就主要集中在文艺领域，不像谢安和谢玄那样可以左右门阀政治的走向，所以对他们不再赘述。有一次，谢安教导宗族子弟时，说你们尽量不要参与政治。谢家给人的印象是姿态超脱、在文艺领域多有建树，原因或许就是在谢安的教导下，谢家子弟对功名并不是那么热衷，精力都用到了吟风弄月上了吧。

继陈郡谢家之后崛起的另一个门阀豪族是太原王家。与此前的超级门阀不同，太原王家并没有超越皇权的能力，只是皇权的依附，原因如刚才所说——朝廷在谢安去世之后收回了相权和军权。

虽然收回了主要权力，但腐朽的皇族并不具备与权力相配套的能力。所以，太原王家的结局只能是为司马氏政权送葬，它与皇族的搭配既是门阀政治向皇权政治过渡的重要一步，也是门阀政治的终场。

太原王家发迹于曹魏年间的王昶之手。曹魏末年，司马懿发动高平陵政变，诛杀曹爽集团，王昶更换门庭，投靠司马氏。他有三个儿子，王浑、王湛、王深，但王深这一支声名不彰。

西晋年间，王浑参加过平吴之战，因功成为重臣，他的儿子娶了晋武帝司马炎的姐姐，这一支的势力发展得很快，东晋建国之后却忽然没落了。

太原在并州，西晋年间的并州是匈奴人的聚居区，刘渊就是以并州为根据地建立了汉赵王朝。作为并州境内的大族，王浑和匈奴人走得很近，他本人与刘渊的关系颇为不错。八王之乱后期，成都王司马颖与匈奴人结为同盟，共同对抗东海王司马越，而江东政权的开创者司马睿，恰好是在司马越打下的基础上建立了东晋。这样一个政权，岂能为王浑这一脉留下容身之地？

王湛是个大鼻子，他的基因太强大，直系子孙基本上都继承了这个特点。东晋末年，王坦之的曾孙王慧龙为了避开刘裕的政治打击，投奔北魏，由于走得匆忙，没有带可以证明身份的信物，北人不敢轻易相信他的身份。崔浩一看他的鼻子，却马上断定他就是太原王家的子孙。

王湛本人对仕途并不是很热心，他为人低调，沉默寡言，晋武帝司马炎甚至说他是个傻子，所以他在西晋年间的处境远远不如王浑。由于不喜欢交际，他与匈奴人几乎也没有什么交集。然而，这一无心插柳之举却为后人的发展铺平了道路。王湛的儿子叫王承，八王之乱后期加入了司马越阵营，做过司马越儿子的老师，过江之后深受司马睿礼遇。尽管王承在江东立足依靠的是声望，并非实质性的功绩，但这为其子王述进入上层社会奠定了基础。王述的儿子，就是之前说过的王坦之。

除了王坦之这一脉，太原王家还有一支显贵于东晋，即王昶的侄儿王默的后人。如果再说王默的儿子是谁、孙子是谁，又是一大串人名，难免会让人晕头转向，因此不再赘述，我们只需要知道晋孝武帝的岳父王蕴是王默的直系子孙即可。

虽然王坦之和王蕴有血缘之亲，同为太原王家子孙，但因为政治立场不完全相同，这两支的关系并不是很和睦。王坦之的儿子王国宝是谢安的女婿，谢安厌恶其人轻浮浪荡，主政期间一直刻意加以贬抑，王国宝因此怀恨在心。晋孝武帝司马曜与司马道子排挤谢安期间，王国宝利用堂妹是司马道子的王妃这一层关系，紧紧抱住了司马道子的粗腿，而王蕴这一脉则始终站在晋孝武帝的阵营。在晋孝武帝与会稽王相安无事的前提下，太原王家内部就不会有什么矛盾，但一旦皇权与相权发生冲突，太原王家内部则必然会发生裂变。

淝水之战过后，北方群雄割据，在相当长的一段时间内没有出现足以威胁到东晋的政权，为东晋皇族收回权力创造了有利的外部条件；桓家的主心骨桓冲去世，谢安无心参与权力倾轧，主动让出政权和军权，成为皇族复兴的内部条件。

简文帝司马昱有七个儿子，但活下来的只有司马曜和司马道子。兄弟二人才能不及中人，担负不起终结门阀政治的使命，只是由于北方的动乱、桓冲的去世以及谢安的谦退，他们才误打误撞地粉墨登场，充当了荒腔走板的历史主角。

收回大权初期，司马曜和司马道子兄弟二人相处得还算不错，这不是因为他们手足情深，而是因为权力来得太顺利，他们还没有尝到其中的滋味。司马曜终日酗酒，不理朝政，与外界的接触比较少，反应慢一些；台前的司马道子把持朝政，抢先一步尝到了权力的甜头，但他的品行和能力太低劣，只知道拉帮结派，卖官鬻爵，把朝野上下搞得鸡飞狗跳。一个忧心忡忡的官员察觉到了相权膨胀可能会带来的祸患，奏请给予司马道子一定的限制。由此开始，兄弟二人的关系产生了裂痕，只是彼此的矛盾暂时没有激化。为了在主子面前表功，分别依附于司马曜和司马道子的太原王家的两个支脉的斗争，却有愈演愈烈之势，以至于当时的孩子们发明了一种叫“斗族”的游戏——类似于打弹珠，把两块铁片放在土里互相击打。

太元十四年（389年）六月，荆州刺史桓石民去世，司马道子调动王坦之之子、王国宝之兄、司马道子的追随者王忱填补了空缺。饯行的宴会上，王忱敬酒，太原王家的另一重臣、王忱的族侄、晋孝武帝皇后之兄且镇守京口的王恭不饮，王忱强敬，王恭再拒。因为这一杯酒，当天差一点发生了一场卷入数千人的群殴事件。

次年春季，镇守京口的司马恬去世。司马恬是王敦叛乱期间，为国捐躯的司马承的孙子。作为对骄横的司马道子的回击，司马曜派遣王恭填补了空缺。

随着王忱和王恭的先后离都外镇，东晋再次出现了上下游僵持不下的局面，但这一次并非强藩与朝廷之争，而是皇权与相权之争。

西上荆州的王忱与东去京口的王恭分别在上下游引发了一场摧枯拉朽的飓风。上游的王忱引出了桓玄；下游的王恭引出了刘牢之、孙恩、刘裕。

桓温晚年有过不臣之迹，废司马奕而改立司马昱，差一点颠覆晋室。作为皇族成员，司马曜和司马道子一直记着这一桩陈年旧事，未尝不想把桓温钉在乱臣贼子的耻辱柱上，但这个案子不能翻。桓温废黜司马奕的理由，是废昏立明，否定桓温所作所为的正当性，就等于认定简文帝司马昱的帝位来路不正。否定司马昱称帝的合理性，作为司马昱之子的司马曜、司马道子又将被置于何地呢？因此，司马曜和司马道子对桓温的态度比较暧昧，既有恨意，也有谢意。

桓温去世之后，四岁的桓玄继承了桓温的爵位，由叔叔桓冲抚养长大。由于父辈与朝廷的恩怨，他迟迟未能入仕，一直住在江陵。桓家经营荆州将近半个世纪，旧将故吏塞途盈野，虽然没有正式的官职在身，但桓玄在荆州本土的个人声望是不可低估的。直到王忱到来，心高气傲的桓玄才尝到碰钉子的味道。

王坦之是桓温的政敌，作为王坦之的儿子，王忱继承了其父对桓家的政治态度，来到荆州之后处处针对桓玄，丝毫不留情面。

太元十七年（392年），王忱去世，被他打压三年多的桓玄总算松了一口气。但桓玄很清楚，此时高兴未免为时过早，能不能真正松开紧皱的眉头，得看朝廷的人事任命。

围绕着对荆州的控制权，司马道子与司马曜的斗争再次开始了。

司马道子属意的人选是王国宝，司马曜属意的人选是与王国宝不和的王恭。无论由谁接管荆州，对于桓玄都是坏消息，因为王恭的父亲王蕴当年也受过桓温的打压。为了避免由政敌掌管荆州的局面，桓玄利用司马曜佞佛的心理，收买了一个尼姑，唆使她推荐殷仲堪接管荆州。司马曜果然听信其言，直接越过由司马道子控制的吏部，颁布了一道诏书，确定了殷仲堪对荆州的控制权。

殷仲堪是殷浩的堂侄，以德行高尚而闻名，但是优柔寡断。桓玄通过那个尼姑推荐他出镇荆州，正是看中了殷仲堪这一点。如同桓玄所希望的那样，殷仲堪抵达荆州之后被自己玩弄于股掌之上，既不敢怒更不敢言，桓玄公然在他的办事公署外炫耀武力，以吓唬他为日常乐事。

襄阳是荆州的北大门，在东晋十六国时代，但凡北方发生动乱，就有大量流民经由襄阳涌往东晋。由于流民云集，兵源充足，襄阳历来是一个重要的练兵之地。在派遣殷仲堪出镇荆州的同时，司马曜把郗鉴的孙子郗恢安插到了襄阳。我们不知道他做出这种安排是不是针对桓玄，但这确实对桓玄构成了威慑。桓玄固然跋扈，但他所能做的就是逞逞威风，并不敢真把殷仲堪怎么样。

殷仲堪和王恭分别镇守荆州、京口，这是司马曜在最上游和最下游的安排。那么，中游的江州和豫州怎么样呢?

此时的江州刺史是王羲之的儿子王凝之，豫州刺史是庾亮的孙子庾楷。自从王导去世，琅琊王家江河日下；桓温晚年曾发动过一次政治清洗，颍川庾家受到牵连，只是死而不僵。王凝之、庾楷和司马道子走得比较近，但他们主要是为了维护门户利益，绝不会赔上全家老小为司马道子效死力。司马道子在扬州有些势力，但主要分布在会稽郡。总体而言，在这一轮皇权与相权的争夺中，占据上风的是孝武帝司马曜。

按照正常的发展轨迹，接下来应该是司马曜一步步收紧包围圈，彻底堵死司马道子，但一起突如其来的谋杀事件改变了剧情走向。

太元二十一年（396年）九月二十日，司马曜多喝了几杯，趁着醉意逗弄一个妃子，说你人老珠黄，应该被废，我更喜欢年轻的。这个妃子信以为真，入夜之后潜入寝宫，用一床被子闷死了司马曜，对外宣称他是暴病而亡，当时居然无人怀疑。当晚，王国宝企图闯入皇宫，替司马曜撰写遗诏，解除王恭和殷仲堪的兵权，率领禁军值夜的王爽（王恭的弟弟）识破了他的用心，极力拦阻，声称强行闯宫者杀无赦。王国宝被吓住了，只好悻悻退下。

次日，司马曜之子、十五岁的司马德宗继位，即晋安帝。有一个成语叫行尸走肉，司马德宗就是对这个成语活生生的解释。他能走能跑，但是不会说话，不知饥饱，不知冷热。因此，此前受到打压的司马道子得以一夜之间总揽朝政，并接管了扬州，王国宝也随之成为炙手可热的人物。在他们看来，拿下殷仲堪和王恭，那就大功告成了，可他们也明白，殷仲堪和王恭手握强兵，绝不会束手就擒。

对于朝中发生的剧变，殷仲堪和王恭的反应其实是不一样的。

殷仲堪既非皇族，也不是太原王家子弟，况且还有桓玄骑在脖子上，所以他一时间并没有明确表态。王恭则不然，接到司马曜驾崩的消息，他马上以参加国葬为由，带领强兵回到了京城。司马道子唯恐他发动兵变，命令庾楷率军到京城压场助阵。即使如此，王恭也没有退缩半分，抵达京城之后当面对司马道子大呼小叫。在返回京口的那一天，他又把司马道子训斥一番，明确地告诉他，以后务必远离奸佞。听了这话，王国宝很不自在——直接说奸佞是我就得了，何必绕弯子呢？司马道子也打了一个寒战，知道和解几乎不可能了。

50 两次清君侧之战

隆安元年（397年）四月初，京口的王恭以北伐为名，忽然整兵备战。

荆州的桓玄也忽然一改常态，对殷仲堪客客气气，劝他以讨伐王国宝为名挥师东进。

不经朝廷同意而擅自起兵是株连九族的大罪，殷仲堪起初不同意。桓玄说道："你和王恭所处的地位太敏感，迟早会被司马道子拿下。王恭是陛下的舅舅，身份尊贵，失去兵权也能颐养天年，你能跟王恭相提并论吗？"殷仲堪闻言有些动摇，但仅仅是动摇而已——人家王恭还没有表态，自己就起兵算怎么一回事？

几天之后，王恭的使者来了，邀请一起出兵清君侧，殷仲堪这才发布讨逆文书。

镇守襄阳的郗恢率先反对，荆州的一些地方官也不同意以战争手段解决政治问题。殷仲堪可以不在乎别人的看法，郗恢的态度却是他必须考虑的，原因如前所说，郗恢控制着襄阳的流民军。怎么对付郗恢呢？桓玄想到了一个人——杨佺期。

名义上来说，郗恢是流民军的首脑，但他毕竟是个空降司令，在襄阳的影响力有限。事实上，杨佺期才是流民军真正的首脑，而且他与桓家的交情不浅。于是，在桓玄的撺掇下，杨佺期赶走郗恢，迅速率领流民军大举涌入荆州。事已至此，那些反对开战的地方官只好接受既成事实。

杨佺期在流民军中厮混，但其实他是货真价实的士族出身，只是杨家过江比较晚，在江东排不上名号。东晋历史上，有一个人和杨佺期很像，这个人就是郗鉴。郗鉴当年因为平定王敦之乱有功而一飞冲天，成功进入权力中枢，使高平郗家由中级士族跃居高级士族。对于杨佺期，这就是一个榜样。

殷仲堪参与此战，一方面是为了自保，另一方面是为了实现好高骛远的梦想——匡扶晋室，除掉祸乱朝廷的王国宝，建立齐桓晋文那样的功勋。

桓玄不是杨佺期那种急功近利的现实主义者，也不是殷仲堪那种好高骛远的理想主义者，三人当中，他似乎只是个小跟班。这一年，杨佺期和殷仲堪已经人过中年，而桓玄只是个毛头小子，但城府最深的就是他。

四月初七，王恭自京口启程，派信使先行一步到建康陈述王国宝的罪状，说明起兵理由。初十，司马道子急令京城内外戒严。王恭说得很清楚，这一次起兵是为了杀王国宝。司马道子固然害怕，但他还有退路，王国宝则不同。他的亲信提议先诛杀几个大臣立威，再挟持晋安帝和司马道子，以朝廷的名义出动禁军迎战。

一开始，王国宝听从了亲信的建议，召来了几个颇有声望的大臣，这几个大臣到场之后，却发生了令人瞠目结舌的一幕——王国宝临时改变主意，非但没有杀他们，反而向他们征询退敌之策。他说了一句很有意思的话："王恭是把我当成曹爽那样的人了吗？"那几个大臣差点儿被逗笑："说的这是什么话？你的罪过没有曹爽那么大，他王恭也没有司马懿那样的能力。"

翻来覆去想了想，王国宝递交辞呈，跪在宫门外等候发落。可内侍刚把辞呈送到宫里，他就反悔了，急匆匆跑回自己的府邸，宣称司马道子已经下诏恢复了他的官职。司马道子被他的颠三倒四搞得心头火大，马上派人把他打入大牢。

四月十七日，司马道子下令，迫使王国宝在狱中自杀，并把这个消息转告给了正在进军途中的王恭。王恭失去了继续向京城进军的理由，只好率部撤退。

司马道子诛杀王国宝，主观原因是他觉得王国宝烂泥扶不上墙，不值得为这样的人付出太多，客观原因则是因为他不是王恭的对手。

在此次军事行动中，王恭的准备工作还是做得比较充分的：其一，他亲自率领北府兵向建康挺进；其二，请殷仲堪顺流而下，夹击建康；其三，把王导的孙子王廞拉到自己的阵营，让王廞在三吴起事，截断了京城的粮源。

三步棋一走，司马道子就没有什么还手的余地了。两相对比，高下立判，王恭的能力显然不是司马道子可比的，可王恭的缺陷也是存在的——有设局能力，没有控场能力。

殷仲堪答应过一起出兵，并同意由王恭担任盟军统帅，只是一直没有什么动作，接到王国宝的死讯，他却派遣杨佺期率军出发了。此时，清君侧的口实已随同王国宝之死而烟消云散，出兵还有什么意义呢？王恭不知道他打的是什么算盘，司马道子也不知道他的葫芦里卖的是什么药，急忙写了一封亲笔信，劝他罢兵。出于我们不知道的原因，殷仲堪接到书信之后匆忙撤退。

出兵莫名其妙，退兵扑朔迷离，殷仲堪的所作所为真是让人一头雾水，但他好歹是退兵了。对比之下，王廞这一头可就麻烦了。当初，接到王恭的起兵之请，王廞在三吴地区集结了一支多达数万人的队伍。退兵路上，王恭给他送了一封信，说王国宝已死，你赶快卸甲休兵吧。王廞却态度蛮横，当即拒绝。

起兵之前的王廞是个普通人，不好不坏，不善不恶，平时所做的事无非就是吟风弄月，看山玩水，和朋友聊聊天，吹嘘一下祖父王导当年多么风光，或者视察一下庄园，算算佃租。从开始起兵到接到王恭的退兵令，前后不过十几天，但就是在这十几天里，他忽然变成了恶人，在三吴地区推行恐怖政策，大肆屠杀异己，那些平日里他看不惯的人，很多被他冷酷地送到了断头台上。这种手握雄兵的滋味实在是妙不可言，令人欲罢不能，正是为了继续享受万人之上的快感，他毫不犹豫地拒绝了王恭的命令。

王廞拒不听令，王恭暴跳如雷。更让他生气的是，他还没来得及动手，王廞就派军向京口打过来了，并且给司马道子送了一封信，请求夹击王恭。司马道子不是聪明人，但也不至于傻到把自己和王廞拴在一条线上，他转手把信件送到了王恭手里，让王恭和王廞互相开打，自己在一边看热闹。

同年四月末，王恭派遣刘牢之率领强悍的北府兵向三吴地区挺进，三下五除二就教会了王廞做人不可太贪婪的道理。五月，王廞兵败逃亡，下落不明。

至此，因王国宝而引发的一连串政治风波和军事冲突告一段落，嗜酒如命的司马道子以为事情到此就结束了，再次回到了终日沉醉不醒的生活状态，他的儿子司马元显却敏锐地看到了时局的症结所在——除掉王恭和殷仲堪才是釜底抽薪之策，否则所做的一切只是扬汤止沸。经过提醒，颟顸麻木的司马道子也感觉事情不像想象的那么简单，于是决定让十六岁的司马元显进入权力中心，参与大政方针的筹划和制定。

隆安二年（398年）春季，在司马道子的主持下，司马恬的儿子司马休之和司马尚之进入中枢，开始商议如何除掉殷仲堪和王恭。三人商议的结果，是撤掉江州刺史王凝之，以王国宝的弟弟王愉取而代之，并从豫州刺史庾楷的地盘上分割四个郡，一并交给王愉掌管。如此安排的目的，应该是为了扩大战略缓冲区，以便于在可能到来的战争中利用王愉拖住力量比较弱的殷仲堪，先消灭京口的王恭，再掉过头来收拾上游。此外，为了防备下游的京口与上游的荆州通气，司马道子还命令各个关卡加强戒备，严密盘查来往于上下游之间的可疑人等。

庾楷原先站在司马道子的阵营，但立场并不是很坚定，这一道人事任命送到豫州，他认为这是自己即将遭到朝廷打压的前兆，于是派人面见王恭，说奸佞祸乱朝政，已经对我下手，接下来就轮到你和殷仲堪了，为今之计，我们应该一起出兵清君侧。王恭认为庾楷所言甚是，把这个消息转告给了殷仲堪。各有所图的殷仲堪、桓玄、杨佺期商议过后，一致认同王恭的看法，决定回信一封，约定出兵日期。

为了避开关卡的严密盘查，殷仲堪委实花费了一番心思，他把书信写到绢绸上，塞到箭杆里，再小心翼翼地装好箭头，刷上油漆，然后派遣密使先把书信送到庾楷手中，再由庾楷转送给王恭。密使不辱使命，顺利完成任务；庾楷也不负所托，把密信送到了王恭手中。可在拆开箭杆的一瞬，出现了一个小问题——王恭不小心抽出了一条丝线，致使绢绸变形，难以断定信文是殷仲堪的手迹。

这会不会是庾楷伪造的书信呢？退而言之，就算书信是真的，殷仲堪上一次就没有按期出兵，这一次会不会又爽约呢？思来想去，王恭决定豁出去拼一把，暂时不管殷仲堪，以铲除司马尚之、司马休之、王愉为名，先出兵杀向京城。

上一次清君侧的时候，司马道子的“认罪”态度其实还是不错的，王恭说要杀王国宝，他就杀了王国宝，王廞想闹事，他也把消息传给了王恭。在刘牢之看来，矛盾还没有激化到必须通过战争来解决的地步，依然有和平磋商的余地，此前已经以清君侧为名出过一次兵，如果这一次在矛盾还不尖锐的时候再出兵，难免会在舆论上落到下风——一有矛盾你就清君侧，你到底是真想清君侧，还是另有所图呢？但固执的王恭拒绝接受此议，认为这只是粗人军汉的鄙薄之见。

通过安排在豫州的耳目，得知庾楷与王恭来往密切，司马道子派遣说客来到了豫州。庾楷声色俱厉地接见了使者，让他回去告诉司马道子——先帝下葬的时候，王恭带兵入京，你吓得魂飞魄散，是我带人到京城给你压场助阵，我对你肝胆相照，可你是怎么对我的？我还怎么敢为你效力？

司马道子害怕了，考虑是不是故技重施，杀几个替罪羊，就像上一次杀死王国宝那样。这时候，司马元显说：“为什么会有今日的灾祸？都怪父亲你上一次没有铲除王恭，如果这一次你还是退缩，那你离杀身之祸就不远了。”司马道子一声无奈的哀叹，抱着破罐子破摔的心理把烂摊子甩给了司马元显。

八月，王恭率军踏上征程。由于上一次的爽约造成了一些不愉快，殷仲堪这一次的表现很积极，命令杨佺期为前锋，桓玄为中军，他亲自率领两万人随后跟进。

九月初二，朝廷宣布进入战时状态，赐予司马道子黄钺，任命司马元显为征讨督都，并派遣司马尚之率军向豫州挺进。

九月初十，朝廷的军队进入豫州，庾楷战败，单枪匹马地逃奔桓玄。九月十六，桓玄击败司马尚之，夺回豫州，朝廷水师全军覆没。消息传到建康，司马元显命令禁军严密防守宫城，然后亲自率领一部分兵力进驻石头城。

如果西线的荆州军和东线的北府兵会师，建康必然会陷入两面作战的不利境地，为了避免出现这一局面，必须抢在他们会师之前各个击破。以兵力和战斗力而言，朝廷似乎并不具备将他们各个击破的能力。站在石头城上沉思许久，十七岁的司马元显胸有成竹地笑了，办法有了，一个不用一兵一卒的办法。

王恭之所以能两次发动清君侧之战，主要仰仗的是能战善战的刘牢之。此前说过，淝水之战过后，在谢玄的安排下，刘牢之曾经率军北上救援过苻丕，并击败了能征善战的慕容垂，但是由于轻敌大意，最终他还是被慕容垂打败了。那么，他是怎么来到王恭麾下的呢？

事情的经过大致是这样的：刘牢之战败之后，无心北伐的东晋朝廷命令他率部南撤，驻守彭城。谢安去世之后，北伐戛然而止，为了避开朝中党同伐异的权力倾轧，谢玄主动卸任北府兵统帅一职，刘牢之则因北伐战败的罪名被罢官。由于朝廷无心北伐，淝水之战过后的中国北方群雄割据，没有一个胡人政权可以威胁到东晋，北府兵暂时不需要承担北伐和捍卫边疆的重任，所以谢玄离职之后，北府兵将领风流云散，只有一部分依然留在北府。出于压制司马道子的需要，王恭出镇京口之后，引刘牢之入北府，利用他的个人声望招揽北府旧部，孙无终就是在这时候回归北府的，而大兵刘裕当时就在孙无终麾下效力。

因为刘牢之的支持，王恭才成为强藩，但王恭以门第高贵自诩，瞧不起出身卑微的刘牢之，需要用到他的时候好声好气，不用的时候就把他一脚踢开，像踢开一条野狗。司马元显看到了大做文章的可能，派人面见刘牢之，说只要你追随我，除掉王恭，就让你接替王恭的位置，名正言顺地掌管北府兵。王恭听到风声，许诺一旦此战收功，就让刘牢之担任北府兵统帅，并且与刘牢之结拜为义兄弟。无奈为时已晚，刘牢之已经打定主意反水。

结拜仪式结束后，刘牢之回到军营，率领前锋开拔。没有走多远，他斩杀王恭派来的监军，宣布向朝廷投诚，然后向正在举办阅兵大典的王恭发动突袭。王恭猝不及防，单骑逃亡，被追兵生擒，其后连同宗族子弟以及党羽一同被斩。太原王家的王蕴这一支，就此灰飞烟灭。

王恭死后不久，殷仲堪抵达芜湖，先行一步的桓玄、杨佺期则兵临石头城下，为王恭鸣冤，奏请诛杀刘牢之。司马元显一面加派兵力进驻石头城，一面急令刘牢之驰援京师。听闻骁勇善战的刘牢之到来，桓玄和杨佺期害怕了，急忙率军西撤，退到了长江中心的一个小洲上。

桓冲有一个儿子叫桓修，当时在中枢任职，虽然身为桓家子弟，但他是孝武帝的女婿，并未受到荆州军动乱的牵连。荆州军退到小洲上以后，他给朝廷献计，提议以高官厚禄为诱饵，分化荆州军。朝廷因此下诏，任命桓玄为江州刺史、杨佺期取代郗恢出任雍州刺史、殷仲堪为广州刺史；作为此次献计的回报，桓修则被任命为荆州刺史。

江州刺史是肥缺，桓玄乐于从命；雍州刺史位重兵雄，杨佺期颇为满意；但是殷仲堪满肚子不满——到荒凉的广州上任，那跟流放有什么区别？因此，诏令下达之后，桓、杨、殷三人之间迅速出现裂痕。

根据记载，桓修是站在朝廷的立场上策划了这个离间计，但反过来想，就会发现事情或许并不是这么简单。纵观东晋历史，我们不难发现，荆州是控制下游的“总闸”，江州临近荆州，承受的压力更是直接而巨大，所以历任江州刺史要么跟荆州刺史剑拔弩张，要么对其俯首帖耳，有时候，荆州刺史干脆直接兼管江州，而不假手他人。

得知自己被任命为江州刺史，桓玄喜形于色，这是不是可以从侧面说明，桓修向朝廷献计，或许是他跟桓玄联手策划的一出双簧戏呢？我们得知道，一旦桓玄接管江州，桓修接管荆州，这两州可就又回到了桓家人手里了。后来，桓修以蒙蔽朝廷之罪而被革职，似乎也可以印证我们所做的推断。

桓玄和杨佺期的动摇，引起了殷仲堪的警惕。荆州军在前线与朝廷僵持不下，但这些士兵的家眷都在荆州。为了防止被桓、杨抛弃，殷仲堪不辞而别，先行向荆州撤退，并在桓、杨二人的军中散播消息，说如果你们不撤退，我就杀光你们的家眷。一部分将领害怕了，擅自率军踏上了归程，桓、杨无力阻止，只好仓促撤退。

十月下旬，三人交换宗亲为人质，歃血为盟，推举桓玄为盟主，宣布统一接受朝廷号令，再次奏请诛杀刘牢之，并在奏文中附加了重要的一条——殷仲堪无罪，为什么要把他贬谪到广州？

如同出身高贵的王恭看不起刘牢之一样，家世显赫的桓玄也很鄙视杨佺期。杨佺期积怨已久，打算在结盟这一天杀死桓玄，并就此事征询了殷仲堪的意见。殷仲堪屡受桓玄欺压，心中何尝没有恨意，可他对蛮横粗野的杨佺期也颇为忌惮，认为助杨灭桓等于驱虎吞狼，所以极力劝阻。桓玄知道殷、杨二人有异动，只是碍于下手时机还不成熟，在结盟当天隐忍不发。

奏章送到建康，朝廷慌忙召开了一次紧急会议，决定改变此前发布的人事任命，恢复殷仲堪的荆州刺史职务。

因王恭的第二次清君侧之战而趁乱崛起的人物，除了上游的殷仲堪、杨佺期、桓玄，还有三吴地区的孙泰。孙泰是天师道教主，王恭起兵之后，他认为晋祚将终，以讨伐王恭为名招揽数万信徒，敛财无数。由于司马元显本人也是天师道信徒，地方官一直不敢对孙泰下手。这一年冬天，地方官察觉孙泰有异样，急忙上报朝廷。动乱将起之际，司马元显以款待教主为名，将孙泰及其子诱骗到京城斩首。

此时，离新年只有八九天了，动荡不安而云谲波诡的隆安二年（398年）就这样悄然结束了。即将过去的这一年里，发生了太多的政治纷争和地区性武装冲突，对于东晋朝廷，孙泰之死只是一场不值一提的小风波，尽管三吴地区的官员传回情报，说孙泰的侄子孙恩纠结了一百多个信徒依然在逃亡途中，但朝廷并没有在意此事。或许在朝廷看来，一百多个人无论如何也掀不起什么风浪。

然而，风起于青蘋之末，止于草莽之间，谁能料到这一百多个人居然会掀起一场摧枯拉朽的飓风呢？

说到这里，我们回过头来数一下因为王恭的两次清君侧之战而在短短一两年里出现的主要人物——司马道子、司马元显、司马尚之、司马休之、殷仲堪、桓玄、杨佺期、刘牢之、孙恩。出场人物有点儿多，记起来可能有点儿费力，不过没关系，接下来他们就该一个个出局了，笑到最后的——正如我们所知道的那样——是此时最为不起眼的刘裕。

第五章

金戈铁马北府兵：埋葬门阀政治

51 英雄登场

隆安三年（399年）四月，十八岁的司马元显策划宫廷政变，迫使其父司马道子让出相权，他成为东晋权势最盛的人物。

这个毛头小子当初略施小计就灭了王恭，可见其并非泛泛之辈。由于手段上的些许相似，有的人认为他有晋明帝司马绍的风范，但司马元显这一点萤火之光，岂能与晋明帝的日月之辉相提并论。司马绍爱惜民力，而司马元显奢侈无度，他热衷于搜刮民脂民膏，刚刚夺取相权他就迫不及待地对老百姓敲骨吸髓，致使怨声载道。逃亡途中的孙恩趁机卷土重来，秘密潜回三吴，用了十几天的时间就集结了几十万人。

孙恩出身于低级士族，做过谢家的门客，祖上是八王之乱期间依附于赵王司马伦的孙秀。孙恩极其凶残，起兵之后自称征东将军，称教徒为"长生人"，厉行恐怖政策，逼迫地方官充当他的属官，因不愿依附于天师道而被处死的地方官多达七八成。为了强化恐怖效果，他把一些地方官剁成肉酱，强迫他们的妻儿食尸，谁敢拒绝就大卸八块。

发生动乱时，谢安的侄女谢道韫就在会稽郡，她的夫婿王凝之当时是会稽内史。暴乱四起之际，王凝之既不设防，也不征兵，天天磕头念咒，说已经请来了十万鬼兵，必然能击败贼寇。天师道教众攻城之日，王凝之的迷梦破灭，被敌军擒杀。谢道韫临危不乱，拔刀出府，砍杀了敌军数人才被擒获。孙恩被她的勇气所慑，网开一面，保全了她的性命，但这只是个特例。

当时，琅琊王家大不如前，颍川庾家门庭凋落，龙亢桓家主要集中在上游，太原王家集中在京师，唯有陈郡谢家多数居住在三吴地区。所以孙恩暴动期间，以陈郡谢家受到的冲击最大，许多子弟惨遭屠戮。

孙恩对官吏残虐，对百姓也极为刻毒，他打着终结旧世界的旗号，率领教众如同铺天盖地的飞蝗一般肆虐无忌，每到一个地方就抢掠财物、焚毁房屋、填堵水井，胁迫民众加入。有的老百姓以孩子还小、不便行军为由，拒绝加入，他就把孩子们杀死或者扔到水井里，说这是送孩子们去天堂仙境。因为他的凶残，东晋境内最为富庶的三吴很快就成了惨不忍睹的焦土。

在三吴地区站稳脚跟之后，孙恩给晋安帝送去了一道奏章，历数司马元显的罪状，请朝廷杀掉他谢罪。司马元显大怒，命令谢琰和刘牢之向三吴地区挺进，务必消灭孙恩。

王恭死后，刘牢之接替其职，他出身下级士族，却掌控着直接关系到朝廷安危的藩镇，这在当时引起了很大的争议。谢琰出身尊贵，参加过淝水之战，在北府兵中的声望比较高，司马元显安排他和刘牢之共同负责平乱事务，就是为了让他给刘牢之压场。

孙恩人多势众，然而不熟阵仗。谢琰和刘牢之进入三吴地区后高歌猛进。孙恩看到形势不利，率领教众游而不战，向东海的一个小岛撤退，谢、刘一边搜索敌军行踪，一边穷追猛打，随同刘牢之一同出战的刘裕，就是在这次战争中崭露头角的。

然而这都不是重点，重点在于，谢、刘的所作所为与孙恩并没有区别，同样烧杀抢掠、无恶不作。孙恩裹挟了几十万人，依靠的是蒙蔽性的宗教手段和血腥的恐怖政策，如果谢、刘秋毫不犯，纪律严明，未尝不能瓦解敌军。然而很可惜，与暴徒相差无几的他们硬是把无辜的老百姓赶到了孙恩的阵营。作为东晋的钱库粮仓，三吴一乱，朝廷很快就出现了财政危机，连俸禄也发不起。即使在这样的形势下，司马元显也不忘搜刮，掘地三尺，大发横财，私产远远超过国库。

亲眼见证了这一切的刘裕，就是在这时候看到了东晋的溃烂与堕落。从他当政之后推行的一系列厚待民生的政策来看，这个哀鸿遍野的时代里，他的心情是愤怒而悲怆的。硝烟弥漫的天空里，命运之神正在把扫荡污垢的任务放到他的肩头，但这时候他还不知道自己在未来将成为主角。

下游火热，上游水深。

这一年的荆州暴雨不绝，洪流泛滥，万箭齐发般的雨水冲刷着三张狐疑不决的脸。自从回到荆州，三张脸上的表情就没有变过。杨佺期忧惧桓玄突然发难，回到大本营后与殷仲堪结成儿女亲家，数次打算联殷灭桓，先下手为强；殷仲堪想除桓，又怕到头来受制于杨，首鼠两端；桓玄担心杨、殷联手，奏请扩大辖区。朝廷企图坐收渔人之利，火上浇油，痛快地答应了他的请求。

矛盾终于激化。

本年十二月，杨佺期按捺不住，再次邀殷击桓，殷则再一次苦苦劝阻。杨佺期独力难成事，又猜不透殷的真实用意，只能按兵不动。桓玄却在这时候突然出兵袭击殷仲堪。殷仲堪随即扣留了桓玄的宗族，让他们写了一封文辞凄苦的书信，意图以亲情迫使桓玄退兵。书信送达之日，桓玄一声冷笑："殷仲堪优柔寡断，前怕狼后怕虎，我的家人一定不会有什么事。"

如桓玄所料，殷仲堪果然不敢下手，眼见书信毫无用处，他急忙向杨佺期求援。鉴于殷仲堪的大本营缺乏粮草，杨佺期邀请他先率军到襄阳会师，再图破敌之策。殷仲堪担心自己的部众被亲家公趁机吞并，谎称刚刚征调了一批粮草，军资充裕。杨佺期信以为真，会师之日发现受骗，当场怒骂："这一下我们输定了！"一气之下，他连殷仲堪的面都没有见，当天就向敌军发起猛攻。桓玄率军后撤，以避敌锋芒，坚守不出，第二天才发起攻击，击斩杨佺期，趁着新胜之势一举击溃殷仲堪，处死这个始终犹豫不决的老好人，占领荆州。

隆安四年（400年）春季，作为一种安抚性的手段，朝廷把江州交给桓玄掌管。从桓冲去世之后被分割开的荆、江二州再次恢复了一体化的局面。

站在桓玄的立场上，好像桓家复兴了；站在历史的角度看，门阀政治似乎还有起死回生的机会。事实上，桓家终究是不可能卷土重来了，门阀政治也不再有扭转乾坤的可能，桓家暂时的复兴只是门阀政治的回光返照。

滚滚长江东逝水，奔流到海不复回。

东海的一座无名小岛上，一身“妖气”的孙恩正在透过海上云雾遥望三吴。自从去年逃到岛上，他已经在这里蛰伏了大半年。过去的大半年里，他一直想方设法通过各种渠道打探着朝廷的形势变动。陆续传回的消息有好有坏，坏消息是官军依然盘踞在三吴，好消息是凶悍的刘牢之回到了京口，目前镇守三吴的是谢琰。

谢琰才智平平，因为跟着谢玄参加过淝水之战，误打误撞地捞到了一些名气。仰仗刘牢之出力赶走孙恩之后，他既不安抚民众，也不加强防御。部将建议他不可掉以轻心，他却大言不惭地说：“连苻坚都不是我的对手，孙恩不过是个小毛贼，他要是敢上岸来，那就是自找死路。”

五月下旬，孙恩率军登陆，兵临会稽，谢琰连早饭也不吃就跨上战马出战，说等我消灭了孙恩再回来吃饭。结果，晋军在当天的激战中惨败，谢琰死于乱军之中。地方官唯恐当地百姓被孙恩裹挟，抱着宁赠阎王，不予孙恩的原则，下令屠杀数千人。接到谢琰战死的消息，朝廷急忙抽调部分北府兵驰援三吴。

从六月到十月，三吴地区兵连祸结，遍地白骨，处处狼烟，即使有骁勇善战的北府兵出场，也压不住孙恩的嚣张气焰。十一月，刘牢之亲自提兵进入三吴，率领刘裕等北府兵将领发起猛攻，孙恩被迫逃回海岛。

为了防止孙恩再次窜入三吴，刘牢之在长江入海口构筑了一个三角形的防御区，他亲自驻守上虞（今浙江上虞），命令刘裕驻守在句章（今宁波鄞州）、袁乔的孙子袁山松驻守沪渎（今上海青浦）。

每次孙恩从岛上发起袭扰，位于防御三角前端的句章总是率先承受压力。这里只是一座小城，刘牢之分配给刘裕的兵力只有几百人，每次迎战，刘裕都是身先士卒，冲锋在前，硬是凭借小城弱兵一次次打退来犯之敌。更为难得的是，刘裕很重视军纪，严禁士兵欺压百姓。在那个官兵和匪徒没有什么区别的时代，他能有保民意识，怎么夸奖也不为过。

隆安五年（401年）二月，孙恩大举猛攻句章，刘牢之亲自率军来援，但在他到来之前，孙恩就被只有几百个兵的刘裕打退了。三月，孙恩改变进军方向，直扑海盐（今浙江海盐），刘裕抢先一步抵达，在海盐旧城的基础上兴建防御堡垒。孙恩兵力庞大，而海盐守军兵力薄弱，如果孙恩发动围攻，海盐将岌岌可危。为此，刘裕挑选几百个身手矫健的士兵，组建了一支敢死队，趁敌军刚刚来到城下立足未稳之际，突然发起强袭，给了孙恩一个下马威。随后几天里，彼此又交手几个回合，虽然刘裕次次胜利，但孙恩渐渐摸清了他的兵力。刘裕知道底细暴露，在一个黑漆漆的夜里他装出撤退的假象。次日，孙恩中计，命令主力全部离开舰船，从容登陆，刘裕突然率军猛攻，将敌军杀得落花流水。

经此一役，孙恩不敢再觊觎海盐，率兵走海路转攻沪渎，刘裕在海岸线上沿途跟踪。临出发时，海盐令组织了一支义勇军，请求担任前锋，刘裕认为他们缺乏实战经验，一旦失败，必然会冲垮后军，但对方固执己见。无可奈何，刘裕只好自任后援。行军第二天，孙恩忽然上岸反扑，前锋溃退，刘裕所率的后军遭到冲击，伤亡殆尽。生死存亡的关头，刘裕急中生智，命令残部不要急着逃走，停下来剥下死者身上的衣服，以示从容不迫。孙恩再次中计，以为敌军还有后援，匆忙率军离开战场。刘裕兵行险招，败而不溃，但也无力继续追击。

五月，孙恩攻克沪渎，阵斩守将，杀伤晋军四千多人。此时的北府兵主力在三吴地区，攻占沪渎之后，孙恩做了一个大胆的决策——不再与北府兵在三吴纠缠，而是直捣建康。刘牢之闻讯急忙率领主力往回跑，并命令刘裕火速回救京城。

刘牢之的意图，是打算在半路上截击敌军，但是当他赶到截击地点的时候，孙恩早就过去了。幸好，星夜兼程行军的刘裕在丹徒追上了孙恩。

丹徒民风彪悍，老百姓胆子大，孙恩和刘裕即将开战的时候，他们不但不躲避，反而在战场外观战。

刘裕的兵力不足千人，因急于行军而成强弩之末，被挡在低地；孙恩的兵力多达十几万，事先占据高地，士气高昂。无论从哪一方面来看，这都是一场没有悬念的战斗，但刘裕偏偏有逆转乾坤的能力。

或许，在孙恩的设想中，刘裕一看眼前这么多人，恐怕吓得连大气都不敢喘，只能被动挨打。然而，刘裕居然先出手了，像不怕死一样发动仰攻。在场外观战的当地老百姓当天看到了不可思议的一幕——刘裕拼命打，一口气冲到了山头上；孙恩拼命逃，一口气逃到了船上。

当然，现实不会如此简单，刘裕肯定是有策略地进攻，而不是用蛮力打赢了这一仗。可是历史记载就那么几句话，我们根本不知道他到底用了什么方法，就如同他那惊鸿一现而众说纷纭的却月大阵。

说到刘裕，我们马上会想到“金戈铁马”这四个字。刘裕能打，从他出场到现在，几乎战必胜攻必取，唯一的一次失败还是因为被友军拖了后腿。如此动乱的时代里，横空出世这样一个神勇无敌的人，有时候琢磨一下，甚至让人产生唯心主义的联想——莫非是老天看不下去世间的动乱，所以派来这么一个人收拾乱局吗？

孙恩在丹徒登陆的目的，是为了经由陆路奔袭建康，顺道劫掠粮草。被刘裕迎头痛击之后，他不敢再下船，只好改走水路，避开没有水师的刘裕。很不巧，往年势头强劲的太平洋季风在这一年的六月一反常态，在海边兜兜转转，迟迟不向内陆挺进，逆风而行的孙恩走了好多天才抵达建康附近。他原想纵火焚烧京城，但更不巧的是，他刚刚抵达建康附近，太平洋季风也到了，江南进入梅雨季节，阴雨连绵，根本没有纵火成功的可能。

司马元显出城打了几仗，每一次都是惨败而归。就在这时候，刘牢之所率的北府兵主力，以及司马尚之所率的豫州兵都赶到了建康。孙恩军资用尽，不敢硬拼，于是起锚离开，经海路北上郁州（今江苏灌云附近），并攻占广陵，犯下了骇人听闻的屠杀暴行。

由于刘裕的出色表现，朝廷任命他为下邳太守，专门负责灭贼事务。抵达郁州之后，刘裕连战连捷，孙恩节节败退，走海路仓皇南逃，刘裕在海岸线上紧追不放。十一月，孙恩撤到沪渎，被尾随而至的刘裕击败；孙恩再撤，据守海盐，再次战败，不久之后逃回海岛。

随着孙恩的败逃，东部的局势算是暂时稳住了，可是朝廷还来不及喘一口气，西部的桓玄又搅起了风浪。

52 讨伐桓玄

自从消灭了殷仲堪和杨佺期，野心勃勃的桓玄一直在寻觅插手下游事务的机会。前不久孙恩兵临建康，他以保卫京城为由，奏请率军讨伐孙恩。当时正好赶上刘牢之、司马尚之入京，孙恩撤退，于是司马元显以此为由拒绝了他的请求。

隆安五年（401年）十二月，桓玄给朝廷写了一封信，为王恭鸣冤叫屈，谴责司马元显指鹿为马、残害忠良。他话里有话地说，难道这满朝文武当中，就没有能力挽狂澜的人吗？有！但是你们不信任他！国家乱成什么样，有目共睹，处庙堂之高的衮衮诸公害怕杀身之祸，所以三缄其口，我桓玄敢说真话，只因为处江湖之远。

读罢书信，司马元显坐立不安，派人奔赴京口，请刘牢之迅速调动北府兵到建康会师。次年正月初一，朝廷发布讨逆檄文，任命刘牢之为前锋，司马尚之为后援，决议出兵讨伐桓玄。

桓玄雄踞上游，占据地形之利，但他吞并殷、杨时间不久，内部局势并不是很安定。他给朝廷写那封信不是真要马上挥师东进，只是想炫耀一下威势。在他看来，东方动乱迭起，朝廷分身乏术，哪能顾得上理会上游？等朝廷的讨逆檄文送抵荆州，他一下傻眼了，觉得自己搬起石头砸了自己的脚。事已至此，为了避免落到被动挨打的境地，他只能仓促率军迎战。可是在顺流而下的路上，他却意外地发现，沿途并没有看到朝廷的军队。

这又是怎么回事呢？

朝廷虽然在隆安六年（402年）的正月初一就发布檄文，确定了战将人选，但司马元显害怕桓玄，迟迟不敢正式出兵。为了商议破敌事宜，刘牢之自京口来到京城，司马元显却闭门不见，他的智囊察觉到刘牢之立场不坚，就出了一个计策——命令刘牢之纳投名状，杀死留在京城的一部分桓家子弟。考虑到这样做可能会刺激刘牢之，司马元显拒绝听从。

二月初七，晋安帝亲自出面饯行，司马元显不好意思再拖延，终于在百官的簇拥中登上战船，裹挟在人群中的刘牢之这才见了他一面。

上船之后，司马元显却不下达进军令，而是在船上住下了。岸上的刘牢之轻蔑地笑了笑，挤出拥挤的人群，策马回到了京口。

司马元显在船上又拖了几天，派人带着驺虞幡逆江而上，企图利用这一面小小的旗帜命令桓玄退兵。桓玄刚启程时心惊胆战，这一路走来，居然没有遇到半分抵抗，胆子不由得越来越壮。司马元显的使者根本没有见到桓玄本人，就被前锋拖出去斩了。抵达寻阳之后，桓玄正式发布讨贼檄文，誓灭司马元显。

二月下旬，桓玄抵达姑孰，司马尚之被擒，司马休之逃亡，司马元显的两条臂膀被斩，如今只能把扭转乾坤的希望寄托于刘牢之。

自东晋立国至今八十五年了。在此之前，左右东晋命运的一直是门阀豪族，而在这一年的二月，东晋的命运如何，却取决于寒族出身的刘牢之。

悄无声息间，历史长河拐了一个大弯，但这个拐点在下游。水流过于平静，桓玄和司马元显并没有意识到历史发生了惊人的变化，刘牢之有所察觉，然而懵懵懂懂。

有没有人意识到这种变化呢？有，刘裕。与神勇无敌的作战能力相比，这种对历史大局洞若观火的眼光，才是他最为霸道的能力。刘裕刚生出来时差点儿被父亲扔到荒郊野外喂狼，他从小没有受过良好的教育，小小年纪就养家糊口，种田、砍柴、打鱼，磨出了两手老茧。长大之后他参军当大兵，为别人鞍前马后地奔走，冒着当炮灰的危险斩将夺旗，活得过今天，不见得能活过明天，连保命都成问题，哪有时间去琢磨国家大事？天知道是怎么一回事，他居然能俯瞰全局，清楚地看到时代所发生的剧变。

从创立之日起，北府兵的兵权一直操持于门阀之手，即高平郗家、龙亢桓家、陈郡谢家、太原王家。王恭兵败之后，出身寒族的刘牢之掌管了北府兵，形势为之发生一大变化，依附于门阀的北府兵由此开始具备了一定的独立性，但是否完全独立，还取决于刘牢之。

刘牢之是什么态度呢？他先依附陈郡谢家，后依附太原王家，已经产生了依附惯性。以当时的形势而言，他助桓玄则桓玄胜，助司马元显则司马元显胜，置身事外也有自立山头的机会。他看不惯颐指气使的毛头小子司马元显，也对盛气凌人的桓玄心存顾忌，起初他想坐收渔翁之利，利用桓玄除掉司马元显，再起兵消灭桓玄。消灭桓玄以后呢？历史记载没有说他想做什么，从他的性格来看，他并没有改朝换代的想法，最多只是想像郗鉴那样，凭借匡扶晋室之功攀附朝廷，使刘家成为门阀新贵。放在历史大局当中来看，他的这种决定却具有一定的进步性。原因如刚才所说——此前的北府兵一直依附于门阀，已经形成了历史惯性，刘牢之敢向势力最盛的桓家开刀，站在皇权这一边，这是他的进步之处。但促使他做出这个决定的动机是现实利益，而不是基于对局势的清醒认识和通盘考虑，缺乏层次更高的政治目标，没有意识到北府兵蕴藏着改变溃烂时代的巨大力量，可以有更大的作为。

说到底，刘牢之还是想利用北府兵攀高枝，待价而沽，不同之处只在于由攀附门阀变成了攀附朝廷，但他没有意识到朝廷靠不住。正是因为主导他行为的是现实利益，而不是对历史变局的清醒认识，所以他的立场不坚，在门阀与皇权之间摇摆不定，随时都会发生变化，这也就是我们说他对时代的变化懵懵懂懂的原因。

毕竟，此时正值门阀政治与皇权政治的过渡期，彼此的势力犬牙交错，此消彼长。能在这纷繁复杂的乱象之中洞穿本质的人凤毛麟角，而刘裕就是这样的人。

刘牢之企图坐收渔翁之利，刘裕却清醒地看到了其中的危险。桓玄兵力庞大，雄踞上游，可以利用桓温、桓冲积攒的威势来扩充声望，而司马元显兵力薄弱，搜刮无度，天怒人怨。如果他们打起来，获胜的必然是桓玄，而一旦司马元显败灭，桓玄的声望和实力只会百尺竿头更进一步，到时候再想制服他可就难上加难了。因此，刘裕反对按兵不动，建议先打垮桓玄，刘牢之却拒绝采纳。

桓玄看穿了刘牢之的意图，于是派来使者，以高官厚禄为诱饵，成功地诱使刘牢之抛弃了司马元显，使他又走上了依附门阀的老路。同年（402年）三月初一，桓玄的密使与刘牢之缔结合作协议，初三，桓玄攻入建康；初五，司马元显、司马尚之等人被斩，司马休之逃奔南燕。

几天之后，朝廷诏令刘牢之离开京口，前往会稽郡出任太守。接到诏书，刘牢之如堕冰窟："他桓玄刚得势就剥夺我的兵权，我这是大祸临头了啊！"几经思量，他率领北府兵在京口北部扎下营寨，打算进驻广陵，派遣外甥何无忌奔赴刘裕的驻地，请他赶快率军前来会师，共同讨伐桓玄。

何无忌传完话，刘裕沉默半晌："刘牢之拥兵数万之日，尚且不敢与桓玄对战，如今桓玄的声望如日中天，你们能顺利撤到广陵？"

何无忌愣住了："那我该怎么办？"

刘裕回答："我看刘牢之难逃一死，你且跟着我回京口。如果桓玄规规矩矩，不逾越为臣的本分，我们就顺从他。"说完，他又加了一句："不然，我们就灭了他。"

在刘牢之看来，成为当权者的工具是北府兵的宿命，只有依附别人才有生存空间，无论是起初打算攀附朝廷，还是后来改投桓玄，他无非是希望讨点儿残羹冷炙。在刘裕看来，北府兵已经具有扭转乾坤的力量，为什么非得低声下气去吃别人剩下的呢？这就是刘裕和刘牢之的区别。

刘裕和何无忌赶往京口途中，刘牢之召开了一次军事会议，商议讨伐桓玄一事。他刚刚把草案抛出来，一个脸色阴沉的将领冰冷而坚决地说道："有的事是绝不能做的，其中最不该做的就是谋反。你先背叛王恭，继而背叛司马元显，现在又想背叛桓玄。一个人三次背叛别人，你还凭什么立足天地间！"说完当即离席而起，大步流星地走出军帐。帐内的气氛突然沉重得令人窒息，尴尬的刘牢之扫视全场，只看到了一双双夹带着鄙视和冷漠的眼睛。众将相视一眼，纷纷起身出帐而去。一瞬间，刘牢之僵住了，像突然被一支利箭击穿了心脏……

为什么刘牢之没有用强硬的手段来阻止众将退场呢？这跟北府兵的组成成分有关。北府兵的将领主要是征募而来的流民帅，与其说北府兵是一个层级严格分明的整体，不如说是松散的流民帅联盟。举个例子，比如你是一个流民帅，觉得跟着刘牢之有发展前途，那你就带着你的兵来投奔，反之，如果你不认同刘牢之，你大可不来，来了也可以再走。换句话说，刘牢之是依靠个人声望来招揽、维系北府众将，如果他的声望崩溃了，众将要离开，他是无力阻止的。

几天之后，刘牢之在逃亡途中自缢身亡，桓玄委派桓修接手北府兵。

刘牢之身死当月，垂死挣扎的孙恩在临海（今浙江临海）发动了最后一次登陆战役，临海太守奋起还击，将敌军剿杀殆尽，只有几千人随同孙恩的妹夫卢循、姐夫徐道覆逃入大海，孙恩本人投海自尽，临死前自称羽化升仙。

桓玄正在集中全力准备取代晋室，无意分散兵力，于是他打算用招安的手段消弭祸乱，卢循接受了桓玄的任命，但是不服约束，依然兴风作浪。桓玄见他不知好歹，怒火攻心，于是派遣刘裕出马平乱。

史书记载依然轻描淡写——刘裕出场，卢循、徐道覆落荒而逃。从元兴元年（402年）五月到次年六月，刘裕穷追不舍，卢循、徐道覆疲于奔命。八月，卢循、徐道覆不敢再与刘裕一争高下，率领舰队浮海南下，进攻广州。

当月，何无忌悄悄来到了山阴（今浙江绍兴），请驻扎在这里的刘裕起兵讨伐桓玄。刘裕的看法是，桓玄可讨，但时机还不成熟。时机不成熟，主要包括三方面的意思：

其一，桓玄没有篡位，没有出兵的口实。

其二，桓玄主政之后派遣桓修镇守北府，清洗了一批北府高层战将，利用换将的方式肢解了北府兵。北府兵未瓦解之前，刘裕只是中层战将和后起之秀，桓玄清洗北府高层老将，等于在客观上为刘裕的崛起扫清了障碍。由于需要利用刘裕打击天师道暴动，桓玄暂时没有把刘裕的名字写到清洗名单上，但北府兵的瓦解也使刘裕失去了起兵的基础。

其三，山阴距离建康路途遥远，以目前这点兵力，只怕义旗还没有举起来，就被桓玄派兵剿灭了。

尽管暂时没有出兵讨伐桓玄，但从山阴会面这一天起，刘裕和何无忌就开始暗中操作，逐渐与一些可以共同谋划大事的人建立了联系。

同年十二月，桓玄废黜晋安帝司马德宗，在姑孰篡位称帝；初九，桓玄进驻建康。次年二月，刘裕、何无忌以朝拜新帝为由，到建康刺探虚实，坚定了讨伐桓玄的念头。在返回京口的路上，同坐一条船的刘裕、何无忌一路长谈，兴奋而战栗地谈论着那桩即将到来的大事。

回到京口之后，经过紧锣密鼓的筹备和多方联络，刘裕与共事者一致同意于二月二十八日起兵讨伐桓玄。除了刘裕和何无忌，参与讨伐桓玄的主要干将还有十个人——刘毅、刘道规、孟昶、诸葛长民、王仲德、魏咏之、檀凭之、王元德、辛扈兴、童厚之。

王元德、辛扈兴、童厚之死于起事初期，这里简单说一下另外七个人。

刘毅，狂热的赌徒，家里穷得连一石米的积蓄都没有，但赌博时敢下价值百万的大赌注。

刘道规，刘裕的异母弟，足智多谋。

孟昶，出身北府，早年间做过刘牢之的军府主簿，因遭到桓玄的鄙薄而沉沦下僚。

诸葛长民，胆大手狠，然而贪财，因贪污罪被桓玄罢官，怀恨在心。

王仲德（王元德的弟弟），老实人，寡言少语，勇猛强悍，后来追随刘裕南征北战，曾经创下二十多次连战连胜的纪录。

魏咏之，相貌堂堂，器宇轩昂，美中不足之处是他是个兔唇，虽然早年间被殷仲堪治好了，但是留下了一些疤痕。他曾经见过桓玄，桓玄一见他就很嫌弃，出口伤人，说他成不了什么事。

檀凭之，事迹不多，但他有个很厉害的侄儿——檀道济。

在此，我们应该注意三点：

第一，追随刘裕起兵的这些人全都出身于低等士族，此次战争的性质不仅仅是讨伐篡位者这么简单，同时也是下级士族向门阀豪族的一次挑战。

第二，由于早年间随同刘牢之驰骋疆场的北府老将被桓玄屠戮殆尽，追随刘裕起兵的骨干基本上都是新人，除了何无忌、孟昶，另外几个此前似乎与北府没有什么关系，这就是田余庆说刘裕组建北府兵是另起炉灶的原因。

第三，这些人之所以选择追随刘裕，一方面是为了兴复晋室，另一方面是为了猎取富贵功名，这与刘裕的终极目标是不兼容的，后来北府险些发生分裂，以及刘裕北伐遭受挫折，都可以在这里找到源头。

约定了起兵日期，众人各就各位，等待二月二十八日的来临。

53 恶战五日

孟昶曾任刘牢之军府的主簿，刘牢之败亡之后，他向桓玄靠拢，可桓玄却对其等闲视之。

孟昶本人没有什么资产，但他的妻子周氏却很富有。起兵所费不赀，军费从何而来呢？约定起兵日期后，孟昶回到家里，在屋檐下呆坐很久，然后对周氏说："我在桓玄那里没有什么仕途可言了，我决心做叛贼，你与我脱离关系吧。若是我日后能飞黄腾达，再接你回来也不晚。"周氏一开始没有听懂孟昶的弦外之音，说你的父母都还健在，你却要做这么大的事，这岂是我一个妇道人家所能劝阻的？即使你失败了，我也会尽心照顾公公婆婆，不离不弃。

孟昶见周氏没有明白他的意思，怅然若失，沉默了一会儿，他起身向庭院外走去。看到他失落的背影，周氏忽然明白了，又把他追回来，让他坐下，说我看你这样，并不是要跟我商议什么，你是因为起兵缺乏资财吧？需要钱的话，就算把我们的孩子卖掉又有什么呢？于是她把自己的资产全部送给孟昶，还以做法事为由，从堂妹家里诓了一些红布，送给孟昶做军衣。

何无忌的功名心不像孟昶那么重，他追随刘裕的主要目的是给刘牢之复仇。怕惊动老母亲，他回家之后一声不吭，夜半时分悄悄爬起来起草檄文。他的母亲被烛光晃醒，踩着矮凳在屏风后看到檄文内容，失声痛哭。老母亲得知主事者是刘裕，心情才有所平复。她认为追随刘裕必能成就大事，勉励何无忌奋勇杀敌。

按照何无忌母亲的说法，跟着刘裕讨灭桓玄好像是十拿九稳的事。其实，刘裕也没有太大的把握，起兵之前还找相面先生问了一下前程，当时檀凭之和魏咏之也在场。据算命先生所说，刘裕、魏咏之都是大富大贵之相，檀凭之却有血光之灾。

这三个小故事应该是当事人功成名就后的追忆，难免有一些夸大之辞。去掉其中的水分，我们可以清楚地看到一点——起兵初期的把握确实不大。

二月二十七日，京口。

刘裕以打猎为由，请求出城几天。桓修未起疑心，痛快地答应了。

走出桓修军府的瞬间，刘裕的心头百味杂陈。他知道，这可能是此生最后一次与桓修会面。抛开政治动机不谈，他在个人情感上对桓修并没有什么偏见，说有几分好感也不为过。多年以后，当政治斗争尘埃落定，刘裕曾特意派人寻找桓修的后人，加以妥善照顾，这似乎说明他对桓修在某种程度上是怀有歉意的。可是在眼下即将到来的政治斗争中，他无法容许自己给个人情感留下一席之地。

出了京口城，刘裕和何无忌纵马奔向郊外，聚齐了此前联络好的百余名士兵，以及明天起事将会用到的一些相关物件，比如讨逆檄文、伪造的圣旨和使者的衣服。

二月二十八日。

刘裕、何无忌等人伪装成京城派来的使者，混入京口城，突然发动袭击，杀死桓修。桓修的副手匆忙率人来到现场，刘裕出示伪造的诏书，宣称晋安帝司马德宗已在寻阳复位，桓玄已在京城被杀。桓修的副手一时间不敢轻举妄动，只好率众退下。

后来成为刘裕心腹的刘穆之当时住在彭城附近。这一天早晨，刘穆之听闻京口方向一片喧哗，出门查看究竟，正好碰上刘裕派来的使者，刘裕请他到京口担任义军主簿。时间仓促，他来不及考虑太多，在大门口斟酌了一会儿，便回到家里稍微收拾一番，随后跟着使者来到了京口。

当天上午，刘毅、孟昶、刘道规率领几十人在广陵发动兵变，斩杀桓修的弟弟桓弘，然后火速过江，奔赴京口。

在刘裕的整个计划当中，除了广陵与京口的兵变，还有另外两个至关重要的步骤：其一，由诸葛长民发动兵变，控制历阳；其二，由童厚之、辛扈兴、王仲德、王元德在建康发动突袭，刺杀桓玄。

由此可见，刘裕的计划似乎分为三步：第一，占据历阳，堵住上游的荆州军；第二，刺杀建康的桓玄，摧毁敌人的首脑；第三，控制京口和广陵，迅速进入建康，稳住下游局势。

如果这几个步骤全部实现，或许就不会有后来长达一年的上下游之战。可是，由于内奸的出卖，建康的刺杀事件未能顺利实现，二月二十八日夜里，桓玄先下手为强，除掉辛扈兴、王元德、童厚之，只有王仲德一人侥幸逃离，诸葛长民也未能控制历阳，而是被打入囚车，以谋反的罪名被送往建康。

如此一来，刘裕要想控制建康，就只能硬生生地杀开一条血路了。

二月二十九日。

刘裕、刘毅、何无忌等人率领一千七百多人向建康挺进。为了应对即将到来的战争，桓玄与部将产生了一些分歧。桓玄认为，敌军没有退路，只能拼死作战。在这种兵力对比判若云泥的战争中，强势者的任何失败，都会被舆论无限放大，转化成弱势者壮大声势的筹码。因此，绝不能让那些暴虎冯河之徒取得任何胜利。

怎么才能达到这个目的呢？桓玄认为，最好的克敌方法就是不要跟敌人交手，以逸待劳，把自己的军队部署在建康附近的覆舟山上，在敌军奔往建康途中不设置任何军事障碍。敌军行进途中无法取得任何战绩，必然会士气松懈，等他们来到覆舟山下，看到朝廷的军队严阵以待，人强马壮，肯定会不战而逃。

桓玄陈述完自己的看法，几个部将坚决反对，主张出兵迎战，绝不能被动挨打。桓玄无法说服他们，只好从其所请。

三月初一。

京口距离建康二百多里，三月初一这一天，刘裕来到了距离建康大约百里的江乘（今南京栖霞区附近）。也就是说，在二月二十九日，他一天之内赶路将近百里。

当刘裕抵达江乘时，桓玄的部将吴甫之所率的军队也赶到了这里。我们不知道吴甫之的兵力究竟有多少，但肯定多于刘裕的一千七百多人。

恶战打响之前，刘裕原打算安排朱龄石冲锋陷阵。朱龄石请求殿后，他认为朱家先辈受过桓家的恩情，如今对桓家子孙拔剑相向有损道义。刘裕嘉奖其义，亲自冲锋，阵斩吴甫之。随后，他衣不解甲，继续高速行进，急行三四十里，来到了罗落桥。

据《至正金陵新志》记载，覆舟山东北部有一条宽四丈、长十几里的山涧。罗落是一种类似栅栏的防御工事，罗落桥的具体位置不详，或许是因为附近有罗落而得名，但可以肯定，它就搭设在山涧之上。

刘裕来到罗落桥北端的时候，桓玄部将皇甫敷已经率领数千人在南端严阵以待。因为刘裕当天刚刚经历过江乘之战，又急行三四十里才来到这里，战斗力已经有所下降，而且兵力远不及敌军强大，外加皇甫敷也是个猛将，所以这一战打得很惨烈。檀凭之阵亡，刘裕也险些战死，幸亏皇甫敷被乱箭射中，他才取了皇甫敷的性命。作为对对手的尊敬，大事成功之后刘裕给了皇甫敷家属丰厚的抚恤。

当天，接到江乘战败和罗落桥战败的消息，桓玄大惊失色，急忙命令卞范之和桓冲的儿子桓谦率领两万人连夜开赴覆舟山下，分别据守覆舟山东西两侧。

三月初二，清晨。

吃过早饭，刘裕命令将士扔掉剩下的粮食，轻装疾进，来到了覆舟山下。

此时天色还没有大亮，视野范围内的一切看起来影影绰绰，刘裕分出军中的老弱伤残，让他们潜入山谷，在林木间插上旌旗，以作疑兵之计。

天亮之后，斥候传回消息，声称漫山遍野都是敌军。桓玄大为惶恐，赶紧调兵支援卞范之和桓谦。

卞范之驻扎在覆舟山西侧，桓谦驻守在东侧。就战斗力而言，桓谦的兵力更强，因为他所率的是从刘牢之手里夺过来的北府兵。作为局外人来看，先进攻卞范之才是明智的选择，但是刘裕强悍善战，喜欢一出手就打硬仗，先声夺人，震慑敌军，所以决定先进攻桓谦。

提到这一战，有的人不以为然，认为桓谦的部下中很多人是刘裕的旧识，畏惧刘裕能征善战的威名，根本就没有斗志可言，刘裕先进攻桓谦不过是柿子先挑软的捏。然而，设身处地想一下，身在庐山中的刘裕战前知道敌军会一触即溃吗？恐怕不见得吧！他应该是下定了视死如归的决心，所以才能取得看似轻描淡写的胜利。

在追击桓谦的过程中，东北风骤起，刘裕及时察觉到风向的变化，因风纵火，顺势一鼓作气冲垮了卞范之的军营，扫清了覆舟山两侧的障碍。

翻过覆舟山，就是建康。

前方战败的消息传回京城，桓玄心惊胆战，再也无意与刘裕死战，率领数千人以出城迎战为名，仓皇登上战舰，扬帆直奔上游而去。当初顺流东进的时候，他带来了一个兵力八百多人的神射营，这些人世代侍奉桓家，对他忠心耿耿。弃城而逃的时候，有些战将拦住他，请求出动神射营阻击敌军，再做最后一搏，无奈桓玄心胆俱裂，拒绝再战，连神射营的将士都顾不上带，仓皇逃跑。

当天，刘裕进入建康。

三月初三。

刘裕移驻石头城，派兵追击桓玄，诛杀来不及逃离京城的桓家子弟，完全清除了桓家在下游的势力。

从二月二十八日起兵到三月初三驱杀桓家，历时五天，刘裕奔袭二百多里，率领一千七百多人势如破竹，先后在江乘、罗落桥、覆舟山三次激战，连战连捷，成功地挺进京城，完成了恢复晋室的任务。

为什么桓玄之败如此突然，刘裕之胜如此迅速呢？

桓温当初单枪匹马出镇荆州，耗尽大半生心血经营上游，直到伏枥之年才把触手蔓延到下游。他去世之后，桓冲为了应付前秦，在谢安的逼迫下忍气吞声，以大局为重，让出了得来不久的下游，使桓家势力重新退回到了上游。桓玄能够异军突起，短时间内消灭杨佺期和殷仲堪，成为上游的霸主，极为重要的一个原因，就是桓家在上游盘踞了五十多年，门生故吏遍布。至于长江下游，桓家只停留了短短几年，根本来不及打下根基，这就决定了桓玄的命运轨迹——上游海阔天空，下游风急浪猛。

当然，命运充满了变数，并不是绝对的。桓家在下游发展得怎么样，很大程度上取决于桓玄的经营。对桓玄来说，要想控制下游，主要的障碍有两个，即北府兵和门阀豪族。前者带来的是军事阻力，后者带来的是政治阻力。

刘牢之败亡之后，北府兵高层老将为了猎取荣华富贵，曾经主动向桓玄示好，彼此有过短暂的“蜜月期”。可是出于身为门阀贵胄的傲慢心理，进驻建康不久，桓玄就过河拆桥，血洗京口的寒族军功集团，对北府老将大砍大杀，企图用简单粗暴的方式一劳永逸地瓦解北府兵。或许，在他的设想中，只要摧毁了下游的军事支柱，门阀豪族就会乖乖就范。可是到头来他却惊讶地发现，事情并没有这么简单，门阀豪族在某种程度上比北府兵更难对付，他们依靠裙带关系占据了官场的大多数位置，可以用巧妙而隐性的手段设置重重阻挠。

对于这个问题，桓玄采取过有针对性的措施，意图对官场换血。但他所依赖的方式，不过是用新的裙带关系取代固有的裙带关系，而没有看到必须打通阶层流动渠道，引入新的血液，在制度上进行突破，才有开创新时代的可能。况且，桓家本身在建康并无多少根基可言，他即使想通过裙带关系控制局势也不可得。所以，他篡位称帝之后，尽管连前凉亡国之君张天锡、前秦太子苻宏都被派上了用场，但他一直没有打开局面，还招来了门阀豪族的白眼。

据历史记载，桓玄主政期间为政细碎，经常纠结于鸡毛蒜皮的小事。比如，因为一些官员的笔误而大发雷霆，将经办人员全部革职；不施善政，却用一些小恩小惠笼络民心；不能澄清吏治，却亲自过问一些无关痛痒的案件……这固然是由于他喜欢招摇出风头的性格所致，却也反映了他无力改变全局，只能修修补补的尴尬处境。

溃烂的时代正在坍塌，桓玄担负不起力挽狂澜的重任。旭日东升的寒族被他得罪了，日薄西山的旧门阀也被他得罪了。更为致命的是，他还没有在下游营建好稳固的基础，就迫不及待地篡了位，为以刘裕为中心的寒族树立了一个出现得恰到好处的靶子。

最后，简单地说一下刘裕。由于桓玄被逐出下游的背景是在下游立足不稳，所以有的人认为刘裕能在短短五天里取得如此大的胜利不过是顺手捡了个便宜，真实的战况未必像史书“吹嘘”得那么惨烈。

仅说一点——元嘉二十六年（449年），宋文帝刘义隆行幸京口，忆及先辈创业的艰难，深感皇位得来不易，诏令抚恤当年参与三大战役（江乘、罗落桥、覆舟山）将士的家属。此时距离刘裕起兵已经过去了四十多年，如果三大战役不痛不痒，刘裕只是捡了个便宜，刘义隆何至于在四十多年后尚且不敢忘记抚恤死难呢？

不过，就像我们之前所说的那样，桓玄的根基在上游的荆州和江州，他被赶回老巢之后，反而才有了发挥优势的空间。控制住下游局势之后，刘裕再想沿着长江往上打，可就难上加难了。

54 桓家末日

桓玄窜逃当天，诸葛长民正在被押送往建康的路上，军卒听闻京城发生剧变，于是停下来商议一番，决定把他放了。出了囚车，诸葛长民发挥了他出色的鼓动能力，把军卒煽动得热血沸腾，跟着他掉头杀回历阳，赶走了地方官。

一个阶下囚仅靠一张嘴就做出了这么大的事，反观桓玄，拥兵数万却被只有一千多人的刘裕打得落荒而逃。如果桓温在天有灵，看到最喜欢的小儿子这么不堪，真不知道会作何感想。

逃奔大本营的路上，桓玄悲伤得难以自已，一整天粒米未进。与此同时，复兴晋室的首功之臣刘裕及其追随者，正在宫廷里与门阀豪族进行政治会谈。在东晋历史上，寒族作为一个独立的政治团体发声，这还是第一次。

刘裕祖籍彭城，他的先祖在永嘉之乱过后才迁到京口。虽然高门大族和寒族同样被永嘉之乱的狂潮冲刷到了江东，但高门大族过江后融入了吴语方言体系中，而居留在京口一带的寒族，依然保持着原来的语言习惯。这既是交流方式上的差异，也是身份上的区别。在衣冠楚楚的门阀豪族看来，刘裕的口音和谈吐很粗俗。出于文化上的优越感，他们看不起刘裕，碍于形势，却不得不纡尊降贵，假装和气。

在高门大族的设想中，刘裕的企图无非有两个，要么做陶侃，要么做董卓。事实证明，他们想错了。进京伊始，刘裕就做了两件大事，展示了以他为中心的寒族集团意图拯救时代的雄心。

首先，不偷不抢，严加看管府衙国库，妥善保管钱粮簿册、图书典籍、礼仪重器。

其次，不劫不掠，安排刘穆之处理战时政务，申明法纪，废除苛政，严禁门阀豪族欺压百姓。

他刘裕到底想做什么呢？高门大族一片哗然，狐疑不安地盯着刘裕的一举一动，焦急地谈论着局势的走向。

不久，王愉及其宗族策划了一起针对刘裕的阴谋，但最后兵败被杀。前文已述，太原王家显名于东晋的主要有两支，即王坦之的后人和王蕴的后人。王恭死后，王蕴这一支灰飞烟灭，随着王愉及其宗族的覆灭，王坦之这一支也基本上销声匿迹了。由此，太原王家彻底出局，同时也意味着门阀政治格局的最终落幕。

“王与马，共天下”。八十多年前，琅琊王家开了门阀政治的先河，八十多年后，太原王家画上休止符。虽然此王非彼王，但王始王终也算是一个历史巧合吧。

元兴三年（404年）三月中旬，桓玄抵达江州，声势复振，留下一部分兵力镇守湓口（今江西九江附近），封堵敌人的追兵，然后他带着其余的人马继续西进，回到了大本营江陵。

桓玄好面子，宣称回到江陵是迁都。在赶回江陵的路上，他终日把自己关在船舱里，亲自撰写起居注，说自己料事如神，算无遗策，没有任何过失，之所以遇到一些不顺心的事，全怪部下无能。写完起居注后，他还把它当成政策性的文件加以宣扬，以便于让百姓理解错不在陛下，而在于陛下所用之人。有的地方官没有领会到他颁发起居注的用意，听说他回到江陵，急忙赶来嘘寒问暖。桓玄既扫兴又恼怒，命令他们统统回去，再以祝贺迁都的名义重来一遍。

四月，桓玄出兵进攻历阳，意图夺回豫州。魏咏之率领诸葛长民、刘牢之的儿子刘敬宣奋起还击，打退了敌人。这是桓玄回到大本营后第一次与刘裕正式交手。初战不利，桓玄气得脸色铁青，好在他回到了老巢，不缺兵力，可以重整旗鼓。

历阳之战结束后，何无忌、刘道规继续向西推进，直扑江州门户湓口。桓玄紧急加派数千人进驻此地，命令何澹之严防死守。何澹之出身北府，早年间跟着刘牢之驰骋疆场，刘牢之败亡之后，他才投靠桓玄。关于他的记载不多，零零碎碎，我们只知道这个人的特点是凶狠、爱讲排场。

湓口东部的长江中心，有一个叫桑落洲的小岛。何澹之得知何无忌和刘道规驻扎在这里，他决定主动出击，给敌人一个下马威。

四月二十三日，何澹之的战船来到了桑落洲附近的江面上。密密麻麻的战船中，有一艘战船上插着威风的旌旗，布置得富丽堂皇，那是何澹之的临时指挥所。

恶战一触即发，但何澹之本人其实并不在船中。可能是因为他觉得敌军不堪一击，不需要自己亲临一线，也可能是他想伪造在场的假象，吸引对手的注意力，然后出其不意地攻敌侧翼。何无忌披挂完毕，登上己方船头一看，马上断定何澹之不在，主张先夺下那条富丽堂皇的船。大家疑惑不解，不明白他的用意。何无忌说，敌众我寡，硬拼不一定能打赢，我们知道何澹之不在，但他的士兵不知道，只要我们夺下那条船，敌军必然会以为主帅被擒而丧失斗志，我军则可趁势追击，大获全胜。

果然如何无忌所言，由于何澹之的缺席，那条战船上的守备兵力极为有限，夺取它并没有耗费太多的力气。何澹之的军队以为主帅被擒，瞬间乱作一团。当天，何无忌与刘道规攻占湓口，打开了进入江州的大门。

四月二十七日，暴怒的桓玄率领战船两百多艘、兵员两万多人顺流而下，于五月十七日抵达峥嵘洲（今湖北黄州西北部，长江中心的一个小岛）。

桓玄来势汹汹，兵力强大，而义军的兵力只有几千人，许多战将不敢硬拼，主张先后退，避开敌军锋芒，再图反击。刘道规坚决反对，说：“决机两阵，将雄者克。”意思是说，打仗需要拼兵，也需要拼将，兵熊熊一个，将熊熊一窝。在他看来，敌军虽然人多势众，但桓玄外强中干，只要在气势上震住他，打垮他并不是什么难事。

从道理上说是这样，可问题是这仅仅是假设，谁也不敢保证桓玄一定会照着剧本演。刘道规说完，大家的脸色还是阴晴不定。刘道规大怒，不等大家同意，夺门而出，拉上自己的人马，全力开动战船，直冲桓玄而去。刘毅、何无忌等人被他的勇气一激，干脆也豁出去了，纷纷登上战船，加入战斗。

当年桓温率领远征军伐蜀，箭雨射到了马头前也不退半步。桓玄可好，此次率军出征，他在自己乘坐的战舰旁边系了一艘小船，以便于战事不利时随时开溜。如果说桓玄所率的这支军队在江陵刚刚启程的时候是一堵刚建好的城墙，那么这艘小船就是一个攻城锤，它一路从江陵漂到峥嵘洲，早就把城墙撞得摇摇欲坠了。只需要再踹一脚，城墙就将迎来轰然崩塌的最终结局。

当天，桓玄战败，乘坐小船逃离战场。从江陵到峥嵘洲，顺风顺水，他走了二十天；从峥嵘洲到江陵，逆风逆水，他只走了六天。

随后的事就俗套了：已成惊弓之鸟的桓玄逃回江陵，唯恐敌军紧跟着追上来，抛弃了桓家经营半个多世纪的荆州，率领宗族匆忙逃往巴蜀。不料桓玄在途中被杀，桓家绝大多数子弟被屠。

接到桓玄的死讯，刘毅等人以为大局尘埃落定，掉以轻心，没有及时进踞江陵。闰五月，桓玄的侄子桓振、桓谦夺回江陵，发动了凶猛而强劲的反扑，东行一千多里，把战线推进到了寻阳。刘毅、何无忌、刘道规等人只得轮番上阵，直到次年的三月才把敌人打垮。桓谦逃奔后秦，桓振万念俱灰，痛饮一番，杀入乱军当中，被千军万马踏得尸骨无存。人喊马嘶的战场上，龙亢桓家就此成为历史尘埃，时为义熙元年（405年）三月。

四百二十一年后，即公元826年，大诗人刘禹锡由和州（东晋的历阳）到洛阳公干，途经金陵（东晋的建康）时游览乌衣巷，回想六朝往事，感慨历史盛衰兴亡，写下了流传千古的《乌衣巷》：

朱雀桥边野草花，乌衣巷口夕阳斜。
旧时王谢堂前燕，飞入寻常百姓家。

诗中的王、谢，分别指琅琊王家、陈郡谢家。为什么是王谢，而不是另外三家呢?

龙亢桓家因为桓玄之乱而摧折殆尽，颍川庾家在桓温晚年遭到过一次暴力清洗，太原王家因为自相残杀而宗族凋零。琅琊王家和陈郡谢家虽说也在此起彼伏的权力更迭和战火洗劫中折损颇多，但毕竟没有遭到覆巢之祸，只是东晋末期的历史大环境突变，他们的子孙无法再恢复先祖的荣光，只能在新政权当中装点门面了。

桓家覆灭当月，被桓玄裹挟到江陵将近一年的晋安帝司马德宗回到建康。下旬，朝廷划分势力范围，刘裕接管徐州和兖州，刘敬宣接管江州，何无忌接管会稽郡，刘毅接管豫州，魏咏之接管荆州，王谧接管扬州。

王谧是王导的孙子，有门阀背景，但只是个摆设，对刘裕唯命是从。除他之外，另外几个人全是寒族出身。

确立势力范围的过程并不顺利，皇族一开始想通过占据荆州的方式压制寒族，可他们在谈判桌上不是刘裕的对手，刘裕轻描淡写地迫使他们放弃了对荆州的觊觎。

实力才是参与权力游戏的筹码，刘裕并不是很在意皇族与寒族之间的矛盾，而对寒族内部的矛盾却丝毫不敢忽视。

寒族的内部矛盾，因刘毅而起。只看外貌和气质，刘毅像个文人，和和气气、斯斯文文，实际上他是个狠人。他胆子大，反应快，果断，不怕死，敢赌敢拼。就军政能力和个人声望而言，他与刘裕的差距不是很大，但他有个很严重的缺陷——嫉妒心强，沉不住气。

当日京口起兵，刘裕、刘毅等人歃血为盟，把桓玄逐出下游，朝廷认可了此次起兵的正义性，并且授予他们相应的职务，但安帝司马德宗当时已被劫持到荆州，此次人事任命并未得到他的许可，所以刘裕等人的职务不具备严格意义上的合法性。或者说，刘毅和刘裕，谁能成为京口军功集团的首脑，仍然是未知数。

随着桓家的败亡，大局基本落定，京口军功集团的职务有待安帝的最终确认。刘毅不甘心屈居刘裕之下，他从桓家手里夺回安帝后利用安帝下了一道诏书，直接把自己提到了摄政的位置上。急着上位倒是可以理解，但这个吃相未免过于难看，所以，安帝一回到建康，这道诏书就悄无声息地作废了，大家就当这事没发生过。

刘毅的领地在豫州，被荆州的魏咏之和江州的刘敬宣夹在当中。可见，刘裕知道刘毅居心何在，因此采取了针对性的防范措施。刘毅很精明，知道自己所处的位置不妙，于是向刘裕提出了一个要求——撤掉刘敬宣的职务。

刘敬宣是刘牢之的儿子，当年和刘裕一起平定过孙恩之乱，两人有过命的交情。刘牢之败亡之后，他和司马休之逃奔南燕，密谋除掉南燕皇帝，扶持司马休之为帝，因为消息外泄而未能如愿，当时正好赶上刘裕起兵，赶跑了桓玄，于是他和司马休之逃离南燕，又回到了建康。

刘毅早年间做过刘敬宣的下属。某次，有人称赞刘毅是英雄之器，刘敬宣不以为然，认为刘毅外宽内忌，刚愎自用，即使大富大贵也不能长久，必然会招致杀身之祸。刘毅听闻此言，怀恨在心。刘敬宣接管江州之后，刘毅对刘裕说："当日我们在京口勤王讨逆，刘敬宣并没有参与其中，我知道你和他有旧日情义，但你可以给他安排别的职务，他有何功绩可言，居然能接管江州？"

刘裕重用刘敬宣，不仅仅是有旧日情义这么简单，因为刘敬宣是刘牢之的儿子，可以利用他的声望来招揽北府旧将。刘毅排挤刘敬宣，也不仅仅是因为有私人恩怨，而是想通过此事达到剪除刘裕羽翼的目的。

刘敬宣站在刘裕这一边，深知自己的功劳配不上出任江州刺史，为了避免刘裕为难，他主动辞去了江州刺史的职务。但是江州并没有因此落到刘毅手里，在此后的一年多里，这个职位一直处于空缺状态。

第一轮交手，刘毅暂时获胜。对于这个结果，刘毅并不满意，因为徐州的京口才是北府军功集团的重心所在，而徐州与豫州之间还隔着一个扬州。让他镇守豫州，事实上就等于割裂了他与京口的联系。思来想去，刘毅决定放弃豫州，请朝廷允许他回到京口，企图争夺北府兵的控制权。刘裕看穿了他的意图，利用朝廷下达诏书，驳回了他的请求。刘毅无奈，只好接受既成事实，出镇豫州。

第二轮交手，刘裕暂时获胜。

再来总览一下东晋此时的局势——魏咏之镇守荆州，江州刺史空缺，刘毅镇守豫州，王谧镇守扬州，刘裕镇守徐州。

想必大家已经发现了一个问题，巴蜀和广州从东晋版图上消失了。

桓玄篡位之后，刘裕率军讨逆，上下游之间展开了长达一年多的战争，彼此都是无暇他顾。蜀人不愿意被卷入战争，在此期间发动兵变，拥戴谯纵为王，宣布脱离东晋，建立谯蜀政权。至于广州，则落到了卢循、徐道覆手里。

不同之处在于，卢、徐没有像谯蜀政权那样公然宣布独立，而是名义上奉朝廷为主。

对于朝廷，收复巴蜀和广州是统一大计。对于刘裕和刘毅，收复失地的意味则更为复杂，因为军功是在声望上压倒竞争对手的资本。所以，在收复失地以及此后的一系列对外战争中，有一条主线是贯穿始终的，即刘裕与刘毅之间的政治较量。

55 重启北伐

安排好京城的一切，刘裕回到了大本营，即京口附近的丹徒。义熙元年（405年）夏季，东晋北部边疆发生动乱，北魏挥师南下，围攻彭城。刘裕迅速派兵北上，解除了彭城的军事危机。

当初桓玄、杨佺期、殷仲堪在上游搞内讧时，后秦趁火打劫，占据了荆州北部的一部分领土。打退北魏之后，刘裕派出使团，千里迢迢地奔赴后秦，以强硬的姿态要求后秦归还失地。面对刘裕所派的大马金刀的使者，后秦百官纷纷发飙，主张与刘裕开战。此时，后秦国君是姚苌的儿子姚兴，他比较理性，认为与刘裕开战并不是明智的选择，只怕到头来是惹祸上身，所以以促进两国邦交为名，答应了刘裕的要求。

同年秋季，荆州刺史魏咏之去世，刘裕派遣弟弟刘道规接替其职。

打退北魏以及向后秦讨回失地，是刘裕在义熙元年的军功。这一年的刘毅也不落下风，剿灭了桓玄残部引发的一股大规模动乱。

义熙二年（406年），桓玄残部再次于上游作乱，在刘毅麾下任职的刘怀肃主动请求担当平乱大任，却因“既行失旨”而被刘毅罢官。刘怀肃是刘裕的表哥，所谓“既行失旨”，应该是指刘怀肃的作战行动不符合主帅刘毅的作战意图。也就是说，刘怀肃失不失旨，最终取决于刘毅的主观看法。历史记载一鳞半爪，我们不知道刘怀肃被罢官是因为作战不利，还是刘毅找由头剪除异己，但可以肯定，刘毅在这一年又一次扑灭了上游的动乱，军功较刘裕为大。

同年冬天，空悬一年多的江州刺史一职终于有了着落，刘裕派遣何无忌接管了江州。很难说何无忌是刘裕的追随者，但他向来很厌恶刘毅的刚愎自用，肯定站在刘毅的对立面，由他镇守江州，或许就是刘裕防止刘毅的势力向下游蔓延的一种防范措施。

义熙三年（407年），刘裕派遣刘敬宣率领五千人逆江而上，协助荆州刺史刘道规讨伐谯蜀。如果此战成功，巴蜀就可以和荆州连成一片，进而能够以更强的力量压制刘毅所在的豫州。

时至今日，刘毅终于想明白了一个问题——论军功，自己并不在刘裕之下，长期以来处于被动局面，究其根源，就在于扬州刺史王谧唯刘裕马首是瞻，刘裕可以挟天子以令诸侯。

年底，在有八九天就是新年的时候，王谧去世。老天给了刘毅一个插手中枢的机会，但能不能抓住这个机会，就得看刘毅的本事了。经过一番精心谋划，刘毅策划了两套方案。第一套方案，与刘裕扶持王谧的手法如出一辙，扶持谢安的孙子谢混取代王谧，作为居京代理人。如果刘裕不同意第一套方案，那就实行第二套方案，即同意由刘裕接手扬州，不过只是名义上如此，刘裕本人不能到京城上任，也没有处理中枢政务的权力，真正的政务裁决权应该托付给孟昶。

当日京口起兵，孟昶明确表态，自己就是为了富贵而做“叛贼”。京口军功集团做成大事之后，他得到了梦寐以求的富贵，先被封为丹阳尹，继而又被任命为吏部尚书。在刘裕与刘毅龙争虎斗的过程中，孟昶算是个不偏不倚的中间派，由他入居京城的话，刘毅虽说暂时达不到控制中枢的目的，但至少可以打破刘裕只手遮天的局面。

方案敲定后，刘毅先把自己的意思呈报给了朝廷，请朝廷代为转达。

义熙四年（408年）正月，朝廷特使抵达京口，刘裕让刘穆之代为接待。谈话进行到半途，刘穆之以如厕为名打断使者的话，请求离场片刻。走出议事厅，他到偏僻处写了一个便条，命令侍从马上把它送到刘裕手里。便条上只有很简短的一句话——特使说的话，千万不要答应。回到议事厅，刘穆之一脸歉意，请特使接着刚才的话题继续。特使陈述完毕，他表情凝重，认为兹事体大，自己做不了主，最好特使能和刘裕面谈。

如同刘穆之交代的那样，刘裕客气地接见了特使，但没有同意那两个方案，不过此时的他并不是很明白刘穆之为什么要那样嘱咐。京口以出好酒而闻名，特使风尘仆仆而来，刘裕自然要备下好酒好菜招待一番。侍从将特使带下去之后，刘裕叫人传来刘穆之，问他那样说的缘由。

刘穆之的回答比较长，可以大致归结为四点：第一，晋室日薄西山，命不久矣，该到改朝换代的时候了；第二，京口军功集团发生内讧是自然而然的，要不就吃掉别人，要不就被别人吃掉；第三，扬州是中枢根本所在，绝不能交给别人掌管。

这些道理刘裕也懂，他这时候要的是解决问题的方法，只讲道理有什么用呢？

接下来，刘穆之说了第四点，也是解决问题的办法。他对刘裕说，你告诉朝廷，扬州刺史的人选是国家大事，你必须亲自走一遭，到京城与他们面谈。他们一旦见到你，必定会惶恐不安，不敢越过你把扬州交给别人。

迎着刘穆之的目光，刘裕点点头。

京口起兵的那一天，刘裕急于向京城挺进，匆忙之间派人去请刘穆之留守后方，当时他与刘穆之只是泛泛之交，谈不上有什么交情。刘穆之没有推托，当天就来到了京口，并且说了这样一句话："情况紧急，你得找一个有真才实学的人，没有人能比我做得更好。"

的确没有人比他做得更好。由于深得刘裕器重，当时每天来拜访刘穆之的人络绎不绝，等待他处理的公文堆积如山。他有一心多用的能力，可以眼看公文，耳听报告，手写回信，口中作答，每一件事都处理得很妥当，从来没有出现过积压政务的情况。他的精力极为充沛，似乎永远不知疲倦，处理政务之余，稍有闲暇，他就会离开官员的角色，回到文人的世界里，书写文章，或者校勘典籍。作为一个政治家，他是称职的。同时，他也是一个出色的社会活动家和情报搜集家，无论是在朝还是在野，他都有数不清的朋友，无论是庙堂的政治动态还是市井里的小道消息，他都了如指掌。更难得的是，他的政治理念与刘裕是高度契合的，但凡刘裕有需要，他随时可以提供准确的参政消息和通畅的后勤保障。对于他所做的这一切，刘裕只能以一样东西予以回报，那就是无条件的信任。

几天之后，刘裕抵达建康，顺利接手扬州，掌管了东晋的军政大权。为了安抚刘毅集团，他让出兖州，交给刘毅的堂弟刘藩掌管，并任命孟昶为尚书左仆射。

这一年的九月，由刘道规、刘敬宣所率的伐蜀军铩羽而归。其实在此次战役当中，晋军的表现还是比较出色的，之所以功亏一篑，一半是因为敌军扼险不出，拒绝交战，一半是因为可怕的瘟疫和军用物资紧缺。

去年部署伐蜀之战的时候，刘裕的确有私心自用的一面，即给予刘敬宣建功立业的机会，以便于进一步把他提升到更为显要的位置上。同时，他也有为大局着想的一面，即切断谯蜀与盘踞在岭南的卢循、徐道覆之间的联系。

围绕着伐蜀失利一事，刘毅趁机发动反击。迫于舆论压力，刘裕不得不革除刘敬宣的官职，对刘道规作出降职处分，甚至他本人也向朝廷提交了辞呈。但刘毅没有就此收手，而是咄咄逼人，执意要求杀死刘敬宣，借机解决私人恩怨。因为他公报私仇的意图太明显，江州刺史何无忌看不下去，亲自出面调停，才让刘毅咽下这口恶气。

据历史记载，其实刘毅并不是恶人，他是个很重视军纪的将军，在外征战时秋毫无犯，严禁士兵扰民。他只是嫉妒心太强，不能容人，刘裕一直在想办法拉拢人心，刘毅却一直在不停地得罪别人。他最终被刘裕击败，很大程度上就是被他的性格毁了，不然，由哪一个“刘”开创新时代真是未知数。

刘毅借由伐蜀之战而施加政治压力的时候，刘裕提交过辞呈，朝廷因此下诏将他贬为中军将军，开府待遇不变。义熙五年（409年）正月，为了安抚刘毅，朝廷任命他为卫将军，并给予开府待遇。如此一来，他和刘裕的身份就平等了。

京口军功集团以武将为主，驰骋疆场驾轻就熟，治国理政力有不逮。刘裕当初借王谧之手遥控朝政，与建康的部分文职官员建立了联系，但这种联系是间接的，并不紧密。此次他听从刘穆之的劝谏直接入驻建康，一方面是为了把持朝政，另一方面则是为了加强与文职官员的联系，搭建专业化的行政体系，使其与武官体系相辅相成。刘毅同样有这方面的考虑，开府之后，他迅速把触手伸到建康，积极笼络文职官员。

随着二刘矛盾的公开化，建康官场很快分化成了两部分，或者党同刘毅，或者依附刘裕，即使在大庭广众之下，大家也不忌讳谈到刘裕、刘毅之争。大洪水就要来了，方舟只有两艘，人们不知道哪一艘更为坚固，只能在洪峰到来之前选择自以为坚固的那一艘。

刘毅的文化修养在刘裕之上，跟文人雅士有共同的话题，当时投靠到他麾下的人比较多。相比之下，文化修养不足的刘裕就不是那么受文人雅士的欢迎。

义熙五年的二月，南燕国主慕容超为了解决宫廷乐工不足的问题，两次出兵南下攻晋，掳掠晋人。虽然刘裕、刘毅政见不合，但外侮当头之际，他们的看法却是相同的——狠狠教训一下这个不知天高地厚的小子，让他知道东晋不是好欺负的。区别仅在于，弓弦由谁的手拉开。

淝水之战，前秦军南下时，谢安只是坐镇后方，并未亲临前线、身冒矢石。刘毅援引此例，反对刘裕以身犯险，并动用建康的势力施加政治压力，意图从刘裕手里把北伐的旌旗夺过来。协助刘毅处理朝政的孟昶，这时候却站到了刘裕这一边，支持刘裕亲自主持北伐。

这是一个比较蹊跷的历史细节。孟昶能够在中枢占据一席之地，得益于刘毅的支持，按道理说他应该支持刘毅，在刘毅最需要他表态的时候，他却选择支持刘裕。或许，他是想借此机会扶持势力比较弱的刘裕，实现政治平衡，不愿意看到任何一方坐大吧。

大致介绍一下南燕。苻坚死后，北方再次陷入混战状态，慕容垂在中原地区建立了后燕。太元二十年（395年），慕容垂派遣太子慕容宝讨伐北魏，大败于参合陂，慕容垂不得不抱病出征，结果死于征途。其后，北魏大举南下，后燕发生内讧，慕容宝北逃龙城，丞相慕容德率领嫡系南迁滑台（今河南滑县），建立南燕。

建国初期，南燕“地不过十城，众不过数万”，只是个弹丸小国，而且处于后秦、北魏、东晋之间，面临的周边局势极为不利。为了解决这个问题，慕容德后来将国都迁到了广固（今山东青州附近），经过短短四五年的辛苦经营，几乎占领了山东半岛，使国内人口扩充到了将近两百万。虽然与东晋、后秦、北魏相比，南燕的国境不算大，但是这个国家的实力相当惊人，绝不是不堪一击的弱国。

桓玄引兵东进之际，慕容德一度有过大举南下之意，他在广固城郊外举办规模盛大的阅兵大典，出动了步兵三十七万人，骑兵五万三千人，战车一万七千辆。但当时桓玄的声势正盛，慕容德摸不清他的实力，没有轻举妄动。桓玄被刘裕赶出下游后，慕容德认为机会来了，开始着手部署南下之战，但没过多久他就去世了，南下之战因此不了了之。

慕容德是后燕的开国元勋，当年他追随慕容垂起兵的时候，子孙全都死于战乱中，由于膝下无子，临终时他把皇位传给了侄子慕容超。慕容超是个酒色皇帝，并没有什么政治抱负，此人早年间曾经流落于后秦，与后秦君主姚兴有比较多的接触。不知道他从哪里来的底气，居然敢去招惹连姚兴都不敢轻易冒犯的刘裕。

对于刘裕而言，无论是为了建立军功压倒刘毅，还是为了改朝换代积累声望，北伐都是必经途径。换句话说，消灭威胁边境安全的南燕是早晚的事。如果不招惹刘裕，慕容超或许还能醉生梦死几年，既然他敢在太岁头上动土，那刘裕对他就没有什么好说的了，只能提前把灭燕之战提上议事日程。

56 灭燕

义熙五年（409年）四月十一日，秦淮河两岸挤满了送别的人群，北伐军告别父母、兄弟、妻子和孩子，登上战舰，随同刘裕踏上了征程。他们这一次的作战任务，是北上千里，向鲜卑人的南燕王朝发动报复性的灭国攻击。

舰队离开人声鼎沸的建康，沿着秦淮河进入烟波浩渺的长江，继而转入波光粼粼的淮河和泗水，于五月抵达下邳。在这里，北伐军离船登陆，把军用物资以及其他有碍于行军的辎重都储存到了城里。接下来，他们将在刘裕的率领下，以最快的速度徒步向北挺进。

在刘裕的作战技能当中，急行军是强项之一。此次灭燕，他把这个强项发挥得淋漓尽致。在下邳登陆之后，他只用短短十几天，就急行五百多里，率领北伐军来到了南燕边境地带的琅琊。沿途每经过一座城池，他就分出一部分兵力留守，命令他们加固防御工事。

这是一种以防不测的手段——即使主力在前方战败，敌军乘胜追击时也会遭到重重拦阻。刘裕以敢于冒险而闻名，但由此可以看出，他的勇猛并不是暴虎冯河之勇，而是谨慎和智慧之勇。

南燕的南部边境，有一座闻名天下的雄关，即位于大岘山和龙山交会处的穆陵关（今山东沂水境内）。赶往穆陵关途中，刘裕的心弦一直紧绷着，因为他难以确定攻占穆陵关的难度将会有多大。

慕容德建立南燕时，慕容超在后秦，对南燕建立没有一丝一毫的功劳。他自小在异国长大，备受歧视，随时都面临着丧命的危险，为了保住性命他不得不每天赔着笑脸与危险的敌人虚与委蛇。回国继位之后，他极度缺乏安全感和成就感，为了树立威信，他以宠臣公孙五楼为心腹，不遗余力地打压慕容德遗留下来的股肱之臣。

当北伐军离国境线越来越近时，公孙五楼给慕容超谋划了三个破敌的计策。

上策——扼守穆陵关，御敌于国门之外，另派一路骑兵沿着东方的海岸线南下，绕到敌军背后，前后夹击，并截断敌军的粮道。中策——扼守穆陵关，命令各地官吏严防死守，进行纵深防御，坚壁清野，拒绝与敌军交手，迫使他们因缺粮而不战自退。下策——开关纵敌，出动兵力与他们正面交锋。

慕容超不假思索，就否决了公孙五楼的提议。“京城附近人口众多，岂能顷刻间全部入城？庄稼漫山遍野，岂能顷刻间全部收割？如今岁星在齐，天命在我，我必然能轻易破敌。即使不说天命，我坐拥五州之地，有山川地利之险，精兵强将无数，岂能不战而示弱于人？就让敌军穿过穆陵关，进入大平原吧。到时候，我将出动精锐骑兵，尽情地践踏他们。”

慕容超否决公孙五楼的建议，看起来不可理喻，考虑到他的性格以及他所处的环境，倒也不难理解。原因就是刚才说过的那样，他是一个缺乏安全感和成就感的人，继位之后他以清洗老臣的方式来树立威信，并诱发了一连串的叛乱。为了便于消灭随时都有可能冒出来的异己势力，他把军队都部署在京城附近。如果实施公孙五楼所说的建议，那就必须下放军权，把主力派往边关、分散到各地，或者派往前线，这也就意味着政敌可能会趁机攫取兵权。所以，他无论如何都要把军队留在身边，不敢让他们脱离可控范围。

正式启动北伐之前，刘裕与同僚讨论过作战计划。同僚认为，穆陵关易守难攻，如果敌军扼关不出，北伐恐怕只能无功而返，甚至有全军覆没之虞。刘裕不确定敌人届时将分出多少兵力把守穆陵关，但基于对慕容超和南燕政局的了解，他可以肯定一点——只要北伐军穿过穆陵关，慕容超最多就只有两个选择，或者在广固城下一决高下，或者在广固城南部的临朐（今山东临朐）决一雌雄。

刘裕失算了，他没有料到慕容超居然没有向穆陵关派遣一兵一卒，天大的好运气就这样出乎意料地落到了他头上。他原先只想踹门的时候尽量不弄疼脚，却没有料到敌国居然会敞开大门。

北伐军穿过穆陵关，一望无际的大原野在六月的热浪中郁郁葱葱地铺开了。刘裕指指上天，做了一个表示满意的手势，高兴地说："我赢了。"

随行战将问道："将军你还没有看到敌人，怎么就高兴成这样了呢？"

"我军已经穿过天险，没有退路可走，只能向死而生。敌人并没有坚壁清野，我军因此可不必担忧军粮，敌人尽在我掌握之中了。"

事态的发展印证了刘裕的推测，慕容超真是按照刘裕所设想的那样做的。他把兵力分成了两大部分，主力驻扎在广固，前锋五万多人驻扎在离广固四十多里的临朐。北伐军穿过穆陵关之后，慕容超又亲自率领四万多人进驻临朐，使此地的防守兵力达到了将近十万人。

距离临朐城南四十里，有一条名为巨蔑水（今山东境内的弥河）的河流。这一年的中国北方干旱少雨，慕容超抵达临朐之后，派遣公孙五楼率领一路兵迅速向巨蔑水挺进，企图切断北伐军的水源。

当公孙五楼率领燕军抵达巨蔑水源头时，前来抢夺水源的北伐军前锋也到了。连排兵布阵的时间都没有，双方就投入到了突如其来的战斗当中。孟昶的族弟、二十三岁的孟龙符身先士卒，纵马突击，在敌军当中左冲右突，以一往无前之势打垮敌军，夺得了宝贵的水源。只是可惜他轻敌大意，追击敌军的时候过于深入，被层层包围，无法安全脱身，最终因力气用尽而殒命疆场。

鲜卑人的骑兵以强悍而独步天下。巨蔑水之战结束后，针对燕军骑兵强悍的特点，刘裕将四千辆蒙着帷幕的战车一分为二，布置在主力的左右两翼，命令车上的士兵统一以长矛为武器，时刻处于作战状态。为确保万无一失，他又派出轻骑兵在战车队列两侧游动行军，一边侦察敌情，一边抵挡敌军的小规模袭扰。

骑兵的爆发力和冲击力很凶猛，但是不持久。可能是为了把骑兵的战斗力发挥到极致，北伐军向临朐缓缓挺进的两三天里，慕容超没有派兵阻击，只是让军队驻扎在城外原地待命，直到北伐军离临朐还有几里地的时候，他才下达作战指令，命令一万多鲜卑骑兵分成两队，发动快速打击，前后夹击敌军。

几里地的路程不会耗费骑兵的战斗力，也有利于迅速将剩余的兵力分梯次投入战斗，可以用车轮战术轮番冲击敌人。从这个角度来说，慕容超的这个作战指令还是有可圈可点之处的。

挥舞着长刀的鲜卑骑兵在地平线上露面的瞬间，北伐军的行军队形发生了迅速而有序的变化，原先排在左右两翼的战车队列刹那之间首尾合拢，围成了不规则的圈状壁垒，车兵纷纷双手持矛，身体后弓，摆出了刺杀的姿态，被战车保卫在圈中的主力则刀剑出鞘，快速奔跑，结成了一个攻守有序的战阵。

冲在最前列的鲜卑骑兵进入攻击范围后，数不清的长矛忽然从他们对面刺出，像一把忽然打开的铁骨折扇。有些鲜卑骑兵身手矫捷，敏捷地躲过迎面刺来的长矛，如同猿猴一般迅捷地从马背上跳到了战车上，但等待在战车空隙之间的北伐军步兵立刻挥刀猛劈，将他们砍下战车……凶猛的鲜卑骑兵就像一股被拦住的洪峰，狂暴地冲击着堤坝，却一次次被撞击得支离破碎。

刘裕的临时指挥所设在战车围成的军阵最中央，与在建康处理政务相比，他更喜欢这种置身于千军万马中的感觉，在这种非生即死的环境中，他面临的所有问题以及下达的所有指令只有两个选项——可，不可。而在充斥着繁文缛节的官场上，有太多的问题是无可无不可的。他是从死人堆里爬出来的大兵，已经习惯了用简洁、明确、迅速、有效的思维来应对外界，对于已经形成思维惯性的他来说，即使有刘穆之可以帮他承担大量的压力，政治场合的许多问题也令人相当头疼。

鲜卑人的作战技巧或许稍逊一筹，但是勇气并不在北伐军之下。旷野上的大战从上午开始，直到日暮时分依然不分胜负。不计其数的传令兵跑来传达外围军情，又有不计其数的传令兵跑到外围传达新指令，这一天刘裕的大脑一直处于高速运转的状态，记不清说了多少次可，多少次不可。

怎么才能快速决胜负呢？刘裕的问题抛出来了。

“燕军屯驻于城外，城内必然守备空虚。我们可以偷袭临朐城，拔掉城头的燕军旗帜，这是韩信在井陉关破赵的计策。”一个高参提议。

稍微思索一番，刘裕批准了这个提议。他派遣了一支小分队经由小路悄悄绕到燕军后方，突袭守备空虚的临朐城，声称是走海路而来的晋人援军。慕容超没有刘裕那种身冒矢石的胆色，他把指挥所设在自认为安全的临朐城里，城头守军前来通报消息的时候，他居然连查明虚实的勇气都没有，就抛弃临朐，如同丧家之犬一般逃到了城南的军营里。

刀光闪过，燕军旌旗被砍倒了，飘飘悠悠地落到了城下，城头上换成了晋军的旌旗。

临朐城是军用物资储备基地，此城一失，燕军人心惶惶，斗志沦丧，急忙拔营撤往广固，刘裕趁势指挥北伐军在苍茫暮色中穷追猛打，斩杀敌军高层将领十余人。

广固城由西郭、主城和东郭三部分组成。西郭的居民比较少，这里主要是南燕的练兵场；主城是皇宫和百官的办公区；东郭为闹市区和平民区。此城北部为北阳河，“水澈而岸峻”；西部为河道宽阔的浊水；南部和东部为水流湍急、河床深凹的南阳河，流向为先向东，继而折向东北。

自永嘉之乱过后，北方军阀蜂起，意图割据齐鲁者，必先将广固据为己有，而有志于统一华北者，也必须将此城收入囊中，比如石虎与曹嶷、慕容恪和段龛就曾经为此大打出手。作为前燕名将，慕容恪一度纵横中原无敌手，与段龛交战期间，他却在广固城下滞留一百多天而一无所获，最终不得不用最缓慢的围城战术，通过掐断守军物资的方式，耗时大半年，才迫使段龛开城投降。广固城地形之险要，由此可见一斑。

义熙五年（409年）六月十九日，北伐军攻占广固的西郭和东郭，杀到了主城外，此时距离临朐之战最多不超过三天。

逃奔广固途中，慕容超部署过反击措施，但王仲德所率的北伐军前锋追得太紧，先后二十多次击败拦截在半路上的燕军。惊慌失措的慕容超逃到广固城才长出一口气，几乎没有据守城外的山河之险阻击敌军的机会和时间。

许多年以前，一个高僧预测过南燕的国祚，声称“燕衰庚戌”。所谓庚戌，按照东晋历法，指的是六个月之后即将到来的义熙六年（410年）。

如果说此前的慕容超并没有把扑朔迷离的预言放在心上，那么，当广固主城岌岌可危时，他就得认真考虑一下预言的可信度了。在气氛令人窒息的朝堂上，他召开了一次紧急御前会议。在会上，他以谦卑的姿态和沉痛的口气反省了登基后犯下的种种错误，希望大家既往不咎，与他齐心协力，共同谋划击退强敌的办法。

一部分官员认为应该大开城门，集中所有的兵力出城，与敌军殊死搏斗；一部分官员认为应该向后秦求援。在过去的这几天里，只有二十五岁的青年皇帝慕容超经历了太多的挫败，他早已经丧失了与刘裕正面对决的勇气，所以他否决了第一种意见，决定派遣使团到后秦乞援。

随后几天，北伐军在城外开掘三道环城壕沟，并筑造了一道高达三丈的环城围墙，彻底切断了敌军的物资供给通道。

尽管《宋书》的编纂者与《魏书》的编纂者所处的立场及其对刘裕的态度完全不同，但他们都不约而同地说，刘裕占领广固外城后屠过一次城——前者把这种行径当成战功，而后者将其视为劣迹——可见屠城确有其事，但这事并没有影响到南燕百姓对北伐军的欢迎，每天都有人自行带着粮食和武器前来参军。

屠城的影响是负面的，一般只会引起大众的恐慌、畏惧、敌视，甚至是暴力反抗。北伐军在敌国腹地作战，一旦触怒南燕本土的居民，将极有可能陷入四面受敌的危险境地。平定天师道暴动期间，刘裕能够屡屡以少胜多，最终击破孙恩，原因之一就在于孙恩暴虐，大失人心。对于人心向背的道理，他有切身体会。既然如此，他为什么攻占广固外城后要屠城呢？而且，为什么他屠城后还能得到南燕本土居民的支持呢？

结合胡人政权中通行的胡汉分治政策，以及当时胡汉矛盾依然存在的事实，我们只能做一个推测：或许广固屠城事件针对的是鲜卑人，刘裕这样做既是为了威慑慕容超，也是为了拉拢汉人。如果说他屠城的动机确实如此，那他的目的只达到了一半。慕容超原先并没有顽抗到底的勇气，在屠城事件的刺激下，他的斗志反而复活了，决意不到万不得已绝不投降。

为了攻破广固主城，刘裕命令北伐军就地取材，在城下修建各种攻城器具。城头的燕军哄然大笑："你们造的这些东西根本没用，除非有张纲。"

张纲是南燕的一个技术型文职官员，以善于制造精巧的武器而闻名，几天前他跟随慕容超派遣的使团去后秦求援了。燕军的哄笑提醒了刘裕，于是他派兵严密搜寻广固城附近的交通要道，嘱咐务必生擒张纲。

七月的一天，北伐军把一架可以移动的攻城高车推到了阵前，燕军惊讶地发现，站在车上的人居然是张纲。更令他们害怕的是，张纲喊的那句话："赫连勃勃已经击败秦军，不会有援军来了。"

张纲是在回国的路上被擒获的，与他一起落到北伐军手里的还有另外几个南燕官员。除了命令张纲在城外喊话，刘裕还让另外几个俘虏给慕容超写信，劝他开城投降。慕容超的答复是，投降可以，但希望保留自治权，允许燕国此后以东晋藩国的名义继续存在。作为谈和的诚意，他愿意割让大岘山以南的土地，附赠一千匹好马。刘裕拒绝了对方的提议，他想要看到的结果是绝对的臣服。

齐鲁大地上，刘裕与慕容超僵持不下。在遥远的关中，姚兴与赫连勃勃也正在怒目相向。

见到南燕使团之后，姚兴派人告诉刘裕，声称已经准备了十万大军，如果晋军还不撤围，他将大动雷霆之怒，击碎晋军。刘裕不屑一顾地告诉后秦使者："你回去告诉姚兴，灭燕之后，我必灭秦。姚兴要是想自己送上门来找死，就让他快点儿来吧。"

听闻秦国派来了使者，当时在军中的刘穆之急忙赶到刘裕的中军大帐，责怪他不该自作主张而触怒姚兴。刘裕笑道："兵贵神速，姚兴要是真想派遣援军，只会担心我们知道，又怎么会事先通知我们呢？"

事实上姚兴派遣了援军，但不是十万人，而是一万多人，而且他们还没有到达会战地点就因为后方战事吃紧被紧急召回了。张纲所说的姚兴被赫连勃勃击败了是假消息，但燕军等不到援军了是千真万确的。

义熙五年（409年）下半年，广固围城战一直没有停止过，心灵手巧的张纲设计了许多令北伐军大开眼界的攻城器具，其中有一种精巧而坚固的攻城车，尤其使守军胆战心惊。尽管守军的抵抗很强韧，但他们不得不承认，许多守城器具正在渐渐失去效用，比如滚木、礌石、飞矢、火箭……暴躁而惆怅的慕容超无力破敌，于是把一肚子火气撒到张纲母亲身上，命令士兵在城头上肢解了这个可怜的老妇人。

义熙六年（410年）来了。根据那个神秘的预言，南燕将在这一年灭亡。

正月初一，这是每年一度的举行元旦正会的日子。广固主城的最中央是占地十二间的太极殿，每间房象征一个月，殿前设有四个巨大的铜钟。如果不是因为战乱，伴随着悠扬雄浑的钟声，南燕百官将在这一天里于太极殿拜见慕容超，并举行庄重肃穆的祈福仪式，祈求上苍赐福，保佑国泰民安，风调雨顺。因为情况特殊，慕容超决定把这一年举办元旦正会的地点改到主城南门的城楼上。

十二间房，十二个月，燕国能坚持到今年的哪一个月呢？乘坐车辇经过太极殿时，慕容超阵阵心悸。与他乘坐同一辆车辇的，是他最宠爱的魏夫人，只是城池岌岌可危之际，他已经没有了风花雪月的心情。

城里断粮半年了，人们几乎吃光了所有能吃和不能吃的东西，透过车辇的帘幕，慕容超和魏夫人没有看到一个有活力的人。由于缺粮和残酷的战争，城里正在蔓延着可怕的瘟疫，街道上充斥着一股刺鼻的臭味，许多人一动不动地躺在地上，或者靠在墙边，他们的眼神空洞而僵硬，看不出是死是活。

来到城楼上，慕容超和魏夫人看到城外密密麻麻的北伐军，以及北伐军阵地上的攻城武器，相对而泣。

阴云低沉，细雪飞扬，城头颓败，伤残遍地，元旦正会的气氛一片凝重。一个官员小心翼翼地说，以眼下的形势而言，最好的办法莫过于开城投降。慕容超大怒，命令士兵将他打入大牢。在场诸人噤若寒蝉，没有人敢再说投降。

二月初的一天，守军挖了一条地道，向北伐军发动了一次突袭，然而行动并未成功。与此同时，就像溢出容器边缘的水一样，城里的难民开始越过残破城墙的豁口大规模外逃。没有人相信广固还有守住的希望，包括慕容超本人。

二月初五，惊蛰后的第十四天，用古老的黄历来说，这一天是往亡日，大凶。

刘裕召集众将到中军大帐，提议发动总攻。这时候一只黑色大鸟突然飞入大帐，众人相顾骇然，认为这是一个不吉利的兆头。一个心思机敏的战将打了圆场，说黑色是胡虏之色，既有黑鸟来投，寓意胡人归我。会场的气氛这才缓和了一些，总攻之议遂定。

然而，就刘裕是否亲临一线，众将又产生了分歧。一个战将说，今天是往亡日，主将前往则必亡，不利出征。对于往亡日，刘裕却有另外一番说辞，在他看来，所谓往亡的意思是，我往，他（慕容超）亡。

踏着草木萧瑟的旷野，北伐军从四面八方冲向广固主城，似乎不用再借助于攻城器具，震撼山野的喊杀声就能把残破的城墙冲翻。经过长达半年多的折磨，守军的忍耐力已经到达极限，交战不久就开城投降，慕容超被生擒。

南燕亡。

57 决战京城

义熙六年（410年）二月，建康的街市上人山人海，所有的人都在兴奋地谈论着千里之外刚刚结束的灭燕之战。

装载慕容超的囚车出现的一刹，街市上欢声雷动。如同观赏被拔掉了毒牙的蛇，人们好奇而厌恶地看着囚车里的特殊战利品，咬牙切齿地咒骂着他和他的族人。夹杂在人群中的北来侨人，更是恨不得食其肉而寝其皮，虽然他们并未经历过很久之前发生在北方的那一连串天崩地裂的大动乱，但是在父辈的心酸讲述和痛苦回忆中，他们早已把仇恨融到了血脉里。

囚车被押送到刑场，士兵打开囚车的门，把慕容超拖到了刑场中心。监斩官一声令下，刽子手握紧大刀，深吸一口气，瞅准囚徒脖颈后的下刀处，用尽全身力气猛地一挥。刀锋在空中划过一道明亮的弧线，人头忽然飞离肩头，在尘土里滚了几圈，再也不动了，无头尸身却依然在痉挛着，似乎还有生命……围观的人群又是一阵欢呼。

千里之外的广固，另一场杀戮也正在进行中。

从义熙五年（409年）的六月到义熙六年（410年）的二月，刘裕攻破广固用了八个月，在他的戎马生涯中，此前并未有过耗时如此之长的战争。出于不理智的挫败感，破城之后他一度有过屠灭全城的打算，幸而他并非嗜杀之人，经过一个睿智的官员的提醒，他意识到这种做法将会在政治上和道义上引发灾难性的后果，他马上打消了屠城的念头。不过，他还是命令士兵斩杀“王公以下三千人”，将他们的家属一万多人发配为奴，并摧毁了广固城。

二月的江南已经有些暖意，北方的广固依然是冰天雪地的世界。城外荒野上的凄凄衰草中，随着将官的口令，北伐军一次次挥刀，像剁鱼头一样一批批地处死了三千个死囚，其中大部分是相貌具有异域特征的鲜卑人，也有一些是曾经为鲜卑政权效力的汉人官员。在北伐军看来，他们并没有身份上的差别，全都是该死之人，因为鲜卑人曾经残害过他们的祖辈，占领了他们的故乡，而为鲜卑人效力的汉官则犯下了为虎作伥之罪。

对于北伐军来说，这次屠杀是一次复仇性的杀戮盛宴；对于刘裕来说，这有另一层政治性的意义，因为这关系到建康即将发生的一场大动乱。建康即将发生的动乱，则与盘踞在广州的卢循、徐道覆有关。

卢循、徐道覆不怕别人，唯独对刘裕心存恐惧。刘裕率领北伐军出征之后，他们认为卷土重来的时机已到，于是开始着手部署北上事宜，图谋突袭建康。为确保行动万无一失，他们派人来到广固，请北伐军当中的天师道信徒发动内乱，使刘裕无法南下援救京城。一个名叫沈林子的年轻将军及时听说了这个可怕的消息，赶快告诉了刘裕。广固城当时还没有被攻下，刘裕不敢打草惊蛇，佯装一切如常，等到围城之战结束，他才处死内奸。

司马光对刘裕颇有微词，认为他率领王师消灭南燕，应当宣示王道教化，安抚戎狄，不该大开杀戒。站在刘裕的立场上来看，他那样做倒也情有可原，因为被处死的那三千人是南燕的骨干。如果继续把他们留在北方，那意味着南燕可能会死灰复燃；如果把他们全部带到江东，那无疑会拖缓北伐军的回程步伐。因此，尽管他处理问题的方式未免有些粗暴，但为了迅速回师保卫建康，他好像也没有更好的选择。

二月二十六日，来自建康的使者抵达广固，宣布了卢循、徐道覆正在率军北上的消息。尽管北方的局势还不稳定，但刘裕已经没有时间了。当天，他率军踏上归程，把处理战后遗留事务的权力委托给了刘敬宣。

北伐军越往南走，天气越暖和，视野中的草木由广固启程时的枯黄变为半黄半绿，继而变为清一色的翠绿。

此刻，岭南烟雾迷蒙的苍茫大山中，两支巨蟒一般的队伍正在逶迤行进，一支由卢循率领，另外一支由徐道覆率领。翻越南岭之后，卢循将沿着湘江北上，进攻上游的荆州，徐道覆沿着赣江北上，进攻江州，继而攻向下游的建康。

抵达下邳后，刘裕做出了兵分两路的决定，所有的辎重和伤残兵员走水路南下，其他人随同他走陆路轻装南行。

军队渐行渐远，回首北望，只见下邳城已经变成了地平线上的一个黑点，刘裕不由有些怅然。如果不是因为卢循、徐道覆之乱，现在他可能已经把军府迁到了下邳，而且正在筹备扫荡关中的姚羌、消灭中原的拓跋鲜卑。

三月二十日，何无忌与沿着赣江北上的徐道覆，在豫章打了一次本来可以避免的恶战。

徐道覆所率的船队中有许多体型庞大的战舰，有的甚至是高达十二丈的四层楼船。针对敌军舰船吃水深的特点，何无忌的将佐建议挖开赣江的堤坝，引流到附近的大湖里，使赣江的水位下降，阻滞敌军，但秉性倔强的何无忌一意孤行，执意要在豫章与敌军正面交锋。

交战当天，徐道覆命令舰队停靠在赣江西岸，命令数百名弓箭手登上西岸的小山上射击何无忌军。战斗到一半，西风忽起，徐道覆命令主力开动战舰撞向何无忌军。何无忌手持符节，力战不退，死于乱军之中。随后，徐道覆率领舰队继续北上，由赣江进入长江，顺利侵入江州。

接到何无忌战死的消息，刘裕大惊失色。为了快速赶到建康，他让主力军队在后方跟进，自己率领十几个随从日夜兼程狂奔。

四月二日，刘裕回到建康的消息不胫而走，何无忌战死之后风声鹤唳的建康一片欢腾。在许多人心里，败孙恩、破桓玄、灭南燕的刘裕就是守护神一样的存在。

江州东部，是刘毅镇守的豫州。刘裕曾经与孙恩缠斗多次，熟知天师道军队的作战方式，回到建康之后，他给刘毅写了一封信，劝刘毅不要轻举妄动，并许诺消灭贼寇之日，就把荆州交给刘毅掌管。为防止刘毅意气用事，他又让刘藩亲自出面去充当说客。

刘毅的军府设在姑孰，他所居住的斋房的墙壁和梁柱上画着许多神态各异的飞龙，有的追逐日月，有的翱翔云间。在这样一个充斥着大不敬气息的房间里，刘藩有些不安。当着刘藩的面，刘毅把刘裕的书信狠狠地摔到地上，破口大骂："当日京口起兵，我们只不过是临时推他主事，难道连你也认为我不如他刘裕吗？"

伴随着起锚声，雾气朦胧的长江上水花四溅，几百艘战舰先后开动，两万多个水兵全力逆流而上。

浪花打在船头，船身微微颤抖着。刘毅有些憔悴，不久之前他得了一场大病，此时刚刚痊愈，脸色并不是太好。他站在船头，遥望长江上游，默默告诉自己——不能再输给刘裕了。毕竟刘毅是一个跟刘裕齐名的人，至少，他曾经跟刘裕齐名。徐道覆担心自己难以独力抗敌，派人联络正在上游与荆州刺史刘道规作战的卢循，请他速速前来会师。大概在五月初，卢、徐合流，兵力多达十多万人，战舰多达上千艘。

五月七日，刘毅与卢、徐在桑落洲（今安徽宿松境内）狭路相逢。史书对作战过程的描述很简略，倒是用了比较多的笔墨描述刘毅失败的惨状。史书记载刘毅只带着几百个人仓皇弃船登陆，剩下的兵力不是战死、逃跑，就是被俘，散落在战场上的辎重堆积如山。

不过，取得大捷之后的卢循并没有喜悦之情，心情反而有些沉重，因为战俘透露了一个消息——刘裕回到了建康。

几年前，京口军功集团与桓玄大战正酣时，卢循、徐道覆趁机进据广州，拘押原广州刺史，然后向朝廷上表称臣。朝廷当时无暇南顾，只好接受这一既成事实。原广州刺史是个廉洁务实的好官，虽然当时机要事务缠身，但刘裕仍然设法周旋，迫使卢循将其放还。

广州有一种名为益智的土特产，事后，卢循赠刘裕益智粽，刘裕则回赠续命汤。刘裕出身草莽，学养粗疏，卢循赠送益智粽，用意在于嘲笑他粗鄙无文；作为一种礼仪上的反击手段，刘裕回赠以续命汤，用意则在于告诉卢循，再让你猖狂几天。

如今，到了见真章的时候，卢循害怕了，提议先占领荆、江二州，再谋长远之计；徐道覆则坚决主张趁着新胜之势顺流而下，直捣建康。因意见相左，二人争执不下。

与此同时，建康的朝堂上，众人也正吵得不可开交。

北伐军还没有返回建康，守军只有几千人。孟昶、诸葛长民等人认为，现有的兵力不是敌军的对手，不如先迁都江北，刘裕、王仲德等人则主张坚守，背水一战。诸葛长民比较狡猾，眼见冲突趋于白热化，于是选择置身事外，不再坚持，孟昶却固执己见，不让半步。刘裕被他纠缠得心头火起，当场怒气大作："我决心已定，你不要再喋喋不休！"对即将到来的战争持悲观态度的孟昶恼羞成怒，说那你就杀了我吧。刘裕冷笑："想死的话，打完这一仗再死也不迟。"

窗外夜雨霏霏，就着昏黄的烛光，心如死灰的孟昶写下了最后一道奏章："当初刘裕北伐，满朝文武皆以为不可，只有臣赞成出兵，致使卢循、徐道覆趁京都守备空虚而引兵北上。臣有罪，唯有一死以谢天下。"写完最后一个字，孟昶怔怔呆坐许久，端起案头的毒酒，一饮而尽。

如果按照孟昶的提议，把朝廷迁到江北，江南的局势难免会因为中枢的逃离而发生整体性的崩塌。而且，江北是刘裕基业的重心所在，朝廷若是迁到江北，那该置刘裕于何地呢？

几年前，为了制衡刘裕，刘毅把孟昶拖到了水里，尽管孟昶处事并无偏颇，在双刘之争中尽量左右兼顾，但这毕竟在客观上起到了抑制刘裕的作用。吕思勉认为，迁都之争本质上还是京口军功集团的内部之争，孟昶提议迁都"非以避卢循，而实以图裕也"。我们难以确定孟昶是不是想借机打压刘裕，但一旦迁都江北，必然会对刘裕的利益造成损害。因此，孟昶看似突兀的死，实际上早就埋下了草蛇灰线的伏笔。那一杯毒酒，不过是风波险恶的政治斗争中早已注定的结局。

随着孟昶的死亡，迁都之争有了结果——刘裕胜出。

同时，卢循、徐道覆之争也有了结果——徐道覆胜出。

五月十四日，骄阳炙烤着长江与秦淮河交汇处的石头城。几天前，朝廷征调民夫刚刚加固过这座小城，城头的泥坯上还散发着潮气。在这样的天气里暴晒在烈日下令人昏昏欲睡，但守军谁也不敢掉以轻心，都打起精神眺望着水汽蒸腾的长江。上级将官已经重复过很多次，敌军正在向建康挺进。

有敌情！不知道谁先喊了一声。瞬间，城头骚动不安。过去的几天里，虽然从桑落洲逃回的士兵逢人就说敌军的兵力多么强盛，战舰如何高大，但是敌军在江面上出现的那一刹，守军才真正体会到败兵描述敌情时的恐惧。

一眼望去，大江之上全是敌军的战舰，一眼望不到头，看不到边。其中，有九艘如同小山一般的巨舰。每一艘的高度相当于五六个石头城。

当刘裕匆匆来到城头的时候，附近的江边已经挤满了看热闹的老百姓。如果不是因为刘裕在京城，他们早就逃走了。然而因为刘裕，阵势浩大的敌舰在他们眼中居然产生了几分观赏性。在他们淳朴的观念里，只要有刘裕在，击败入侵者不过是弹指一挥的事。

事实上，刘裕并没有一丝一毫的轻松感。多年以前，他还只是一个小将官的时候，曾经率领数百人打得孙恩抱头鼠窜，但那时候孙恩统率的只是一帮乌合之众。而今，在秦淮河与长江交汇处铺开的敌军当中，一部分是当年未能彻底剿灭的余寇——也是被残酷的战争筛选出来的精锐，另一部分是来自岭南莽荒大山里的凶悍蛮人。他们加在一起，总计十多万人，而京畿地区可以投入战斗的生力军只有几千人，此时他们就集中在石头城里。换句话说，如果敌人绕开石头城，兵分多路进攻建康，现有的守军根本无法分兵抵抗。

敌军到来之前，将佐建议分兵把守各条进出建康的通道。刘裕认为，敌众我寡，分兵把守容易暴露实力，一旦一处失守，其他地方守军的士气也会受到影响。因此，与其兵分多路，不如全都集中到石头城，伺机而动。五月十四日这一天，登上石头城，他又对随行的战将说，如果敌人避开石头城，直接从秦淮河北岸登陆，直扑建康，我们就得暂避其锋，胜负亦是未知；如果敌人踟蹰不前，不敢进入秦淮河，那么破敌就不会太难。

敌军会不会绕开石头城，兵分多路，直扑建康呢？刘裕没有把握，只能赌运气。

建康周围多山，城建面积有限，如果街巷全都呈直线铺开，难免会给人一种一眼就能看到头的逼仄感，显不出帝都规模的深邃。基于这个理由，王导在几十年前规划建康的城建布局时，有意把许多街巷建造得弯弯曲曲，并且在街巷两侧种植了大量的树木，以此来营造曲径通幽和深不可测的氛围感。

站在四层楼船的顶端，虽然可以俯瞰建康，但碍于葱茏的草木和迂回曲折的街巷，卢循、徐道覆的视野范围其实十分有限。徐道覆主张全军上岸，焚毁所有的战舰，以示有进无退之心，然后分兵多路，围攻建康。卢循却认为此举过于冒险，在他看来，占领建康十拿九稳，与其耗费兵力与困兽犹斗的敌军正面交锋，不如按兵不动，静待敌人不战自乱。徐道覆于是提出了第三种作战方案——他率领一路兵力发动登陆战役，其余的兵力在船上充当后援。卢循却依然不同意。徐道覆无奈，连声哀叹：“大势去矣，如果我能为英雄效犬马之劳，何愁不能得天下。”

巨舰上的争执结束了，已经进入秦淮河的舰队开始有秩序地移往长江中的小岛蔡洲，此前脸色凝重的刘裕不禁喜出望外。

如同当初慕容超主动敞开穆陵关的大门，好运气再一次降临到了刘裕身上。

58 再破劲敌

五月十五日，卢循、徐道覆在蔡洲下锚的第二天，面有菜色的刘毅带着几个筋疲力尽的随从回到了建康。

过去的七天里，刘毅经历了一次恐怖的死亡之旅。在当天的桑落洲之战中战败，逃到长江南岸之后，为了躲开敌人的追击，他率领随从一路南奔，然后折向东行，徒步翻过林壑幽深的大山，沿着江岸转向东北，费尽九牛二虎之力才回到熟悉的建康。

豫州境内连绵起伏的大山里，居住着许多以白虎为图腾的蛮人。他们名义上是豫州刺史刘毅的属民，但刘毅逃亡期间，他们似乎并没有提供什么帮助。饥饿、病痛、创伤，如同附骨之疽折磨着这支狼狈不堪的队伍，其中十有七八死在了苍山老林里，化作了蛇虫鼠蚁的食物。

刘毅逃回建康的这一天，刘裕正在建康巡视，调度士兵加固城防工事。在他的指挥下，士兵修建了三座不美观然而实用的防御堡垒，即城北的药园堡、廷尉堡，以及秦淮河南岸的查浦堡。此外，他还命令士兵用木栅拦住秦淮河河口，并在石头城西侧修建了一道半圆形的木质护城工事。

二刘会面之后，刘裕对桑落洲之战一笔带过，对刘毅百般安慰，只是代表朝廷给予了他一些象征性的惩罚，并分给了他一部分兵力。芥蒂依然存在，刘毅心知肚明，但他也明白，现在不是计较私人恩怨的时候。

之后的几天里，各路勤王之师陆续开抵京师，其中最为引人注目的，是刘敬宣从已经灭亡的南燕带回来的虎班突骑。这是一支由鲜卑人组成的轻装甲骑兵，他们的身份是双重的，既是失去家国的俘虏，也是戴罪立功的战士。

班，斑的通假字，虎班即虎皮花纹，所谓虎班突骑，即铠甲上绘有虎皮花纹的骑兵突击队。在匈奴人和羯人驰骋北方的时代，骑兵一般为重装甲骑兵。鲜卑人崛起之后，对骑兵护具做了精巧的调整，以更为轻便的皮革和经过特殊处理的布帛取代了沉重的铁甲，在增加安全性的同时有效提升了骑兵的机动性和冲击力。北伐军远征期间，慕容超曾想以镇国之宝——虎班突骑——在开阔的大平原上尽情蹂躏敌军，但刘裕以坚固的战车大阵打退了虎班突骑，并在随后的战斗中把他们变成了俘虏。

日升日落，潮涨潮退。几天过去了，鲜卑虎班突骑入卫建康的消息传到了蔡洲，天师道军队人心惶惶。卢循明白，再等下去的话，建康的守军兵力怕是会越来越多，越来越难对付，此刻他终于意识到徐道覆的作战方案其实才是可行的。抱着亡羊补牢的心理，他派遣士兵开赴长江北岸，企图摧毁石头城外围的木栅。

五月的大地上暑气灼人，翻滚的白浪将天师道的舰队送到了长江北岸的土地上。

这是卢循第一次与刘裕正面交手，谨慎的他没有出动行动不便的大型战船，士兵乘坐的全是在作战不利的情况下可以快速脱离战场的小型战船。

离石头城外的木栅越来越近的时候，天师道军队里的将官看到了木栅后一排排的敌军弓箭兵，在本能的驱动下，他们随即命令士兵手持盾牌护在身前，尽量分成散兵阵型向前推进。这样做的目的是分散士兵密度，降低伤亡，以防敌人进行密集型射击。

骑兵与步兵的战斗中，径直前进和移动速度比较慢的人最容易成为射击目标。所以，对于步兵而言，比较好的作战方式是进入射程之后，尽量以蛇形路径和最快的速度冲刺。

然而，当天师道的士兵发起冲锋，进入射程范围后，木栅后的弓箭兵却如同泥雕木偶一般纹丝不动。敌人到底想做什么呢？就在许多人心头有疑问的时候，木栅后忽然飞出了一支啸声尖锐的长箭，长箭先击穿了一面盾牌，继而射透了盾牌后的肉身。这个被射中的士兵猛然倒地，他身边的几个战友愣住了，几乎忘记了奔跑——这是他们第一次见到力道如此威猛的弓箭。紧接着，木栅后零零散散地飞出了几十支这种力道威猛的箭，然后又飞出了几百支，随后是守军军官高声下达的齐射令，之后才是一轮又一轮整齐有序而充满杀伤力的箭雨……从错杂混乱的发射顺序来看，敌人肯定存在军纪不严的问题，但此时的天师道将士更关心怎么逃命。

守军所用的武器，是一种经过改进的强弩。刘裕在战前下过一道很明确的命令——务必等进入射程的敌人足够多的时候才能发动射击。第一个放箭的人，是一个年轻的中级军官，之所以不遵将令，是因为他性格急躁，自认为进入射程的敌人已经足够“多”。因为他的自作主张，总体作战秩序被打乱了，但进犯者付出了惨重的代价，连触碰木栅的机会都没有就仓皇而逃，所以刘裕在事后并没有追究他的责任。

首战铩羽，卢循、徐道覆并不气馁，毕竟对手是刘裕，他们有充分的心理准备。经过周密策划和反复推演，他们设计了一个精妙的调虎离山之计，将精锐埋伏在秦淮河南岸，然后率领老弱扬帆北上，扬言将先攻占白石垒，再进攻建康。

刘裕一时失算，落到了陷阱里，与诸葛长民、刘毅率领主力北上，救援白石垒，留下徐赤特、沈林子驻守秦淮河南岸，命令他们不得出兵与敌军接战，并切断了通往查浦的道路。

五月二十九日，埋伏在秦淮河南岸的天师道精锐发动突击，纵火焚毁查浦。徐赤特不遵将令，率军开栅出战，一败涂地，幸而沈林子拼死反抗，才勉强遏制住敌军的攻势。

刘裕抵达白石垒，发现中计，急忙率军返回石头城，稍做休整即派遣鲜卑士兵援救沈林子，并以违抗将领的罪名处死了徐赤特。

秦淮河南岸的战斗发生在南塘一带，这里是商贾富豪的居住区。当年，祖逖还没有渡江北伐的时候，每当他缺乏资财，就经常率领江洋大盗到这里劫掠一番。在鲜卑士兵看来，南塘附近的景致充满了浓郁的异国风情，奔赴作战地点途中，跃入眼帘的朱阁绮户、亭台楼榭、小桥流水、映日荷花……无不令人眼花缭乱，但作战任务紧迫，他们丝毫没有驻足观赏的时间，只能匆匆投去一瞥。

鲜卑人用的武器是长槊，士兵作战时层层横排列阵，挺槊突刺，如同密集而锋利的梳子一般，面对手持短兵的敌人时杀伤力更是惊人，而天师道军队所用的武器，恰恰是普通的刀剑，并没有能与长槊一争高下的长柄武器。

日暮时分，战斗结束，卢循率领未能攻破南塘防线的天师道军队撤驻丹阳郡城，喧闹了一天的战场渐渐沉寂。

如血夕阳下，残破的旌旗随风飘摇，守军开始叮叮当当地加固营垒，同时，三三两两的士兵游荡在战场上，一边搜寻负伤的战友，一边随手斩杀没有及时逃离战场的敌军伤兵。当夜幕降临的时候，战场上火光四起，空气中流溢着令人作呕的皮焦肉烂的气味。时值盛夏，天气酷热，腐烂的尸首容易引发骇人的瘟疫，将他们就地焚烧是最快且最好的处理方式。

不知道从什么时候开始，建康城里出现了颂扬胜利的歌谣，在这些质朴而充满隐喻的歌谣里，卢循和他的军队被比作铺天盖地然而禁不起东风一吹的芦花。此时天师道军队依然驻扎在城外，战斗还在零零散散地继续进行，城里的欢庆似乎来得早了一些，但建康保卫战事实上已经接近尾声。经过南塘之战的惨败，卢循正在考虑要不要撤退。而在此时的南塘军营里，刘裕与高参正围着城防图指指点点，随着讨论的逐渐深入，他用象征着身份的佩剑指向了江州——围魏救赵，他要利用这种战术迫使卢循撤退。

六月，接替何无忌出任江州刺史的庾悦率领一路军队离开建康，向西挺进，荡灭了留守豫州和江州的天师道军队，并掐断了卢循的物资供给通道。为解决军粮问题，卢循在建康周边的几个郡县劫掠了几次，却毫无收获。

七月上旬，卢循、徐道覆被迫撤离建康，自蔡洲启程，率领舰队开赴上游的荆州。他们不愿意再回荒凉的广州，打算就此把根据地转移到荆州。

蔡洲是白鹭的聚居地，随着天师道军队的离去，蔡洲渐渐安静了，被大军惊扰得天天盘桓在江边的白鹭重新回到了人去营空的洲上。每年的盛夏时节是它们的繁殖期，天师道军队走的正是时候，没有耽误它们休养生息的时间。

白鹭回到了正常的生活状态，解除了战时警报的建康城也恢复了正常的秩序，但刘裕明白，不彻底消灭天师道军队，只怕还会迎来下一次危机。入宫会见百官之后，他把军事指挥中心迁移到了东府。东府位于宫城东南、秦淮河北岸，简文帝司马昱称帝之前就住在这里，会稽王司马道子也曾经把这里作为下榻之地。

为剿灭卢循、徐道覆，刘裕在东府发布了两道军事指令：第一，修建战舰，走海路南下广州，包抄敌人的大本营；第二，追击天师道军队，援助刘道规。

刘裕出身贫寒，少年时代经常在京口附近的江边打鱼、砍柴，或者采集芦苇，编成芦席、草鞋，带到街市上换几个小钱补贴家用。他有两个弟弟，二弟叫刘道怜，但他更喜欢小弟刘道规。刘道规比他小七岁，然而小小年纪就志向非凡，喜欢谈论天下大事。在刘裕的记忆里，无数个秋高气爽的日子，少年的他在飞絮如雪的芦苇丛中一边忙碌，一边听小弟讲述北方、南方、朝廷、民间、上游、下游的事，讲得绘声绘色。大概就是从那时候起，他才知道在自己贫苦乏味的生活外还有更为广阔的世界，而且这个广阔的世界就如同他最喜欢去的赌坊，充满了巨大的诱惑力。

从天师道军队兵临城下到拔营撤退，前后历时两个多月，上下游之间音讯断绝。发布第二道将令的时候，刘裕的心情有些沉重。如果说这个世界上有什么人是他时刻挂念的，刘道规无疑是其中之一。

卢循在与刘道规的激战中撤退之后，盘踞在巴蜀的谯纵任命桓谦为荆州刺史，并邀请姚兴出兵，一起进攻荆州。

建康遭到天师道军队猛攻时，刘道规派遣了援军，但援军在途中被天师道军队击败了，外加当时秦蜀联军正在向荆州挺进，他只好撤回援军，固守荆州。

刘道规的军府设立在江陵。秦蜀联军进入荆州以后分道而行，从东西两侧包围江陵，然后以桓谦的名义招揽桓家旧部，很快就召集两万多人，就连江陵城内也有许多人密谋投奔桓谦。

此时，进攻建康未果的卢循、徐道覆正在向上游进发，听闻秦蜀联军包围江陵，他们迅速发来邀请函，与秦蜀联军建立了各怀鬼胎的松散联盟。

一天夜里，刘道规把所有的僚佐召集到军府，说桓谦就在城外，我听说你们当中的一些人不忘故主，如果你们想走就走吧，我绝不阻拦。当夜，江陵城门大开，但没有一个人弃城而去。

当时镇守襄阳的，是曾经为桓家效力的鲁宗之，为解江陵之围而率数千人星夜兼程前来援救。有人认为鲁宗之此行是想趁火打劫，建议刘道规紧闭城门。刘道规不从，单枪匹马出城迎接援军，使鲁宗之既感动又高兴。

东晋战斗力最为强悍的军队出自两个地方，即下游的京口与上游的襄阳。鲁宗之的襄阳军进驻江陵后，刘道规率领檀道济等年轻战将，先打垮西边的蜀军，击斩桓谦，继而击败东边的秦军，解除了敌人对江陵的包围。

在桓谦的军营里，襄阳兵发现了一些堆放得整整齐齐的书信，于是把它们都送到了江陵城的军府。刘道规效仿官渡战后的曹操，把它们全部付之一炬。随后，他率领感恩戴德的僚佐和士气旺盛的军队顺流而下，重创天师道军队，迫使卢循、徐道覆放弃了进攻荆州的念头。

上游有刘道规的穷追猛打，下游有刘裕的围追堵截，老窝广州面临覆巢之危。局势如此，卢循、徐道覆只能在长江中游作困兽斗了。

义熙六年（410年）十一月底，刘裕率领晋军主力舰队抵达今安徽宿松望江县以西的长江北岸的雷港，然后离开长江航道，进入今湖北黄梅县境内的雷水，向西北行十五里，最终停泊到了雷池（今黄梅县与宿松县境内的龙感湖）。

这些舰船今年秋天才造好，与天师道军队的战舰相比，显得小很多。在率军西征途中，刘裕接到了前方传回的紧急军情——驻扎在寻阳的卢循、徐道覆急于发动决战。他之所以把雷池作为停泊地，主要是因为雷水的流量比较小，敌军那些如同小山一般的战舰容易在其中搁浅。

为了引出据守雷池的刘裕，卢循放出假消息，宣称将置敌军主力于不顾，顺流东进，直捣建康。刘裕被卢循的声东击西之计捉弄过，这一次没有中计。卢循无计可施，只好率军倾巢而出，发动大决战。

十二月二日，决战开始。

冬季以东北风为主，刘裕事先抢占地利，出动所有的战舰，沿着北岸列阵，每一艘战舰上都架设了力道威猛的强弩。当顶风行进的天师道军队艰难地靠近敌舰时，在北岸督战的刘裕命令鼓手猛擂战鼓，一刹那，劲风呼啸，万弩齐发。这种强弩与当日在石头城外击退天师道军队的弩是同一种武器，经过特殊改造后，可以轻而易举地射穿几寸厚的船板。天师道舰队逆风而行，行进缓慢，很容易成为射击目标，所以交战不久，冰冷的长江上就漂满了半沉的战船。卢循、徐道覆眼见敌军攻势太猛，无法上岸，急忙命令舰队顺风退往南岸。可就在他们刚刚靠近南岸的时候，南岸的小山丘后忽然伏兵尽出，铺天盖地的火箭如同火雨般而下。在呛人的青色烟雾中，卢循、徐道覆几乎是带着哭腔下达了撤退令，好不容易才率领残兵逃回寻阳。

十二月十八日，穷追不舍的刘裕与垂死挣扎的卢循、徐道覆最后一次交手。天师道军队分崩离析，一部分士兵死在了人生中的最后一个冬天，其余的士兵活下来了，在即将到来的新年里，他们的身份依然是士兵，只是换上了东晋的军服。

当天，卢循、徐道覆趁乱逃离战场。激战结束之后，名望如日中天的刘裕踏上归程，把扫尾的战事交给了部下，他只喜欢与强大的敌人交手，气息奄奄的敌人很难引起他的作战兴趣。

59　古刹亡魂

义熙七年（411年）正月，刘裕抵达京城，晋安帝携群臣在西池大摆宴席，为他接风洗尘。

西池是孙权长子孙登开凿的一个人工湖，位于宫城区西隅，历来是朝廷大宴群臣的首选之地。当天的宴会进行到一半，有人提议赋诗助兴。即使不用明说，众人也知道诗作的主题是什么。刘裕不通文墨，换作往日，出席这样的宴会或许会使他有些尴尬，但好在他是今天的主角，不必参与其中，只需旁听即可。

赋诗是中国古代文人雅士的必备技能之一，也是一种涉及用典、对仗、音律等技巧的文学艺术活动。刘裕文化水平有限，其实听不太懂——甚至完全不懂——那些错落有致的句子是什么意思，而且他连出席这种宴会的烦琐礼仪也只是一知半解。不过，只要刘穆之在场，这些障碍就不是什么问题。在这种场合表现得从容得体的方法，往往就隐藏在刘穆之的眼神，或者不起眼的手势中。

刘毅也参与了这次宴会，轮到他作诗的时候，他以秦灭六国为题材赋诗一首，说秦灭六国固然武威显赫，但可惜秦国的猛士都是胸无点墨的粗豪鄙陋之辈。宴会的气氛瞬间降到冰点，众人瞠目结舌，他们难以确定刘裕是否能听懂言外之意，但刘穆之肯定听出了弦外之音。然而，刘裕神色如常，刘穆之也是波澜不惊。

之后的几天里，西池赋诗事件俨然变成了京城官场上最热门的话题。虽然众人所属的阵营不同，但在一个关键问题上，大家的看法却是相似的——以目前的实力而言，刘毅很难与刘裕分庭抗礼。

刘裕先灭南燕，击破外寇，再败卢循、徐道覆，扑灭内乱，战功之隆非刘毅所能比；在一系列的内外战役中，刘裕给麾下的新生代战将提供了许多实战机会，提拔了一大批可靠而忠诚的新人，比如朱超石、朱龄石、檀道济、孟龙符、到彦之、刘怀肃、王镇恶……羽翼之多非刘毅可比；刘裕控制着扬州、南徐州、荆州、江州、北徐州、北青州、冀州（后三州即原先的南燕版图）……地盘之广非刘毅所能比。刘毅唯有一样长处，是刘裕望尘莫及的，即文化修养。有些人之所以选择追随刘毅，就是因为看不起刘裕的草莽气，比如谢安的孙子谢混、郗超的儿子郗僧施就是刘毅坚定的追随者。

同年二月，随着来自岭南的一骑快马奔赴京城，使者送来了徐道覆授首、卢循窜逃交州的好消息。三月，晋安帝司马德宗任命刘裕为太尉、中书监。事实上，朝廷此前两次下达过同样的诏令，但刘裕认为时机还不成熟，自己的名望和功绩与这一人事任命并不匹配。这一次，他心安理得地接受了任命，正式成为东晋实至名归的主政者。

诏书下达之日，北府兵欢呼雀跃，几乎所有的将士都兴高采烈地谈论着他们敬畏的刘王。在这些出身贫寒的士兵看来，刘王就是一个活着的传奇，他不但是百战百胜的象征，更是一个具有励志色彩的精神楷模，他和那些经由他的提点而出人头地的年轻将领向大家宣示了一套生机勃勃的奋斗哲学——出身贫寒不是问题，只要能在战场上建立军功，通往上层社会的大门将随时敞开。

与此同时，东府也是喜气洋洋，所有的僚佐都在兴高采烈地向刘裕道贺。虽然受到嘉奖的并不是他们本人，但他们比刘裕还高兴，因为事实证明，在刘毅与刘裕之间，他们的选择是正确的，就像一个官员说过的那样：“我们刘公乃人中龙凤。”

为庆祝此次政治胜利，刘裕在东府举办了一个大型赌局，邀请同僚都来参与博戏。这种博戏名为樗蒲，赌具为五颗骰子状的掷木，每颗掷木有正反两面、黑白两色，其中两颗绘有图案，白面画雄鸡，黑面画公牛。按照彩头高低，一等为“卢”，三黑两牛；二等为“雉”，三黑两鸡；三等为“犊”，三白两牛；四等为“白”，三白两鸡。

刘毅、刘裕上场之前，手气最好的人只投出了“犊”。刘毅上场后，上手就扔出“雉”，他欢喜若狂，绕着赌桌对大家说：“我并不是扔不出‘卢’，只是不愿意而已。”刘裕说：“看老兄我来给你投一个吧。”五木落桌，四木皆黑，只有一颗旋转不停，刘裕厉声大喝，这颗子忽然停下，赫然为黑。刘毅讪笑，有些悻悻然。

旁观者都明白，这次赌博的实际意味远远比表面所见要多得多。看得见的骰子停下了，看不见的骰子依然在旋转。

刘裕答应过刘毅，一旦平息卢循、徐道覆之乱，就把上游事务交给他打理。而今，天师道动乱已经平息，兑现承诺的时候到了。

春季刚刚结束，刘毅奏请接管江州，刘裕从其所请，将江州事务一分为二，刘毅主持军政、原江州刺史庾悦主持民政，并把庾悦的办公场所迁移到了豫章。刘毅早年间与庾悦有个人恩怨，庾悦进驻江州之后他蓄意打击报复，庾悦不堪其扰，不久发病身亡。刘毅更进一步，奏请接管江州的所有事务，刘裕再次应允。

次年四月，荆州刺史刘道规因病请辞，刘裕借机调整人事任命，改任刘毅为荆州刺史，解除了原先掌握在他手里的豫州和江州，前者交于诸葛长民掌管，后者因缺乏合适人选，暂时由朝廷直辖。

走马上任前，刘毅先以为先祖扫墓为由回了一趟京口老家。长跪在先祖的坟前，他的心头百感交集，有些激动，有些忐忑，有些惶惑，还有些悲凉。他知道，烽火连城的内战就要开始了，如果此生还能再回京口，那自己到时候必然已成为一人之下，万人之上的大人物，不然，这就是此生最后一次祭拜先祖。

回京口必须路过京城，但刘毅此行并没有入京朝拜。刘裕知道他回京口的消息，带领几个随从到京郊与他见了一面，僚佐建议趁会面的机会痛下杀手，除掉刘毅。刘裕认为下手时机未到，此时杀死刘毅难免招人非议。

会面之后，刘毅提出了一个要求，希望到荆州上任时带上刘敬宣。回到京城，刘裕以开玩笑的口吻说到此事，刘敬宣大为惶恐，刘裕笑道：“老兄你放心，我肯定保你平安。”不久，他任命刘敬宣为北青州刺史，远离二刘之争。

刘毅未能等到刘敬宣，只好带着些许遗憾启程西上。为了在即将到来的战争中掌握更多的筹码，他未经朝廷允许，就带走了豫、江二州的精锐兵力、军用物资，以及大大小小的官吏一万多人。

电光行空，雷声轰鸣，任谁都能看出，暴雨正在酝酿之中。

刘裕少时家贫，没有受过专业的书法训练，笔迹相当拙劣。出任地方大员后，他刻苦锻炼过书法，然而收效甚微。刘穆之告诉他，不妨把字写大一些，方圆一尺的大字也没关系，字大不但可以隐藏笔锋上的瑕疵，而且整体看起来比较美观。因此，刘裕的字写得很大，一张大纸上往往只写六七个字。在这个闷热的夏天里，关于荆州动态的加急文书格外多，刘裕的写字速度太慢，五十二岁的刘穆之和三十三岁的朱龄石不得不入驻东府，每天忙忙碌碌地代替刘裕给各地官衙回信，他们都是用笔行家，字写得又好又快。在最为忙碌的那一天，刘穆之回了一百多封信，朱龄石稍慢，但也回了八十多封。

同年九月的一天，一个神色慌乱的敕使急匆匆地奔出太极殿，沿着皇城主干道一路南行，先穿过内城的太阳门、朱明门，继而穿过外城的大司马门，来到了宫城之外。太阳门、朱明门之间的干道两侧，就是处理日常政务的中书省和门下省，但敕使即将传达给刘裕的这个消息，这两个省并没有处理权限。出了大司马门，敕使继续沿着笔直的御道南行五里，然后在秦淮河北岸折向东，最终气喘吁吁地来到了东府大门外。

敕使带来的是一个紧急消息。他告诉刘裕，荆州刺史刘毅派人送来了一道奏章，说自己身患重病，请朝廷派遣原兖州刺史刘藩火速西上，协助他处理荆州政务。

敕使所言，确是实情。或许是因为舟车劳顿、水土不服，抵达荆州不久，刘毅还没有来得及做好打内战的准备就被病魔击倒了。郗僧施等人唯恐他过世后群龙无首，建议把刘藩调到荆州，以防不测。

刘毅喜欢读书，熟知历史典故，由于仕途不顺遂，屡屡受制于刘裕，他读书时喜欢自我投射，每次读到《史记》所载蔺相如、廉颇的故事就忍不住废书而叹，认为此事是太史公向壁虚构，理智健全的人绝不会像蔺相如那样宽恕可恶的政敌，尤其是像廉颇那种粗鄙不堪的政敌。

在刘毅看来，把刘裕的名字和自己相提并论是一种莫大的羞辱，只有项羽、刘邦那一类人才有资格成为自己的对手。在这场阋墙之争中，刘裕一直步步为营，周密布局，他却一直肆无忌惮，授人以柄。

骰子转了一年多，该到大喝一声让它停下的时候了。

刘毅的奏章送抵京城没过几天，兖州刺史刘藩接到了改派荆州的调令，他刚刚迈进建康的大门，武装到牙齿的武卫就一哄而上，把他和谢混抓到了大牢里。

九月十二日，晋安帝紧急会见群臣，颁布诏书，以严厉的文辞全面否定了刘毅的历史功绩，痛斥刘毅恬不知耻，怙恶不悛，包藏祸心，企图分裂国家，宣布即刻向刘毅宣战，并下令处死刘藩、谢混。

二刘必有一战，百官并不意外，只是战端开启得如此突然，多多少少超出了他们的预料。

次日，朝廷发布新的人事任命：革除刘毅的所有职务，改由司马休之接管荆州；原北徐州刺史刘道怜卸任，接管南青州和原属于刘藩的兖州，出镇京口；豫州刺史诸葛长民留守建康，协助刘穆之处理军机要务，保证讨逆军的后勤供应。

九月十五日，刘裕率领讨逆军出征，十四天后到达姑孰，命令王镇恶率领一百艘轻型战舰充当先锋。

王镇恶是王猛的孙子，生于五月五日，按照黄历的说法，这是恶月恶日。他的父母因此想把他送给别人代养，但王猛认为这个孩子不一般，不允许把他送人，并给他取名镇恶。王镇恶与王猛有些相似，拙于骑射，然而将略娴熟。前秦灭亡之后，十三岁的他逃到东晋，因机缘巧合而得到刘裕赏识，曾经追随刘裕参与过灭燕之战。

王镇恶出发前，刘裕交给了他一些纸质文件，其中包括赦免刘毅党羽、只问罪刘毅一人的诏书，以及刘裕写给刘毅的亲笔信。如果是在八九年前，携带这么多文件并不轻松，因为那时候的书写载体还是沉重的竹简，桓玄认为用竹简多有不便，所以他篡位之后颁布诏令，宣布废止竹简，改用轻便易携的纸。这个短命皇帝在位期间推行过诸多政令，大部分如同他的短命国祚一般昙花一现，改简为纸或许是唯一一个长久存在的政令。

此外，刘裕还告诉王镇恶：我们行军迅捷，刘毅可能还没有接到消息，疏于防范。如果见到敌军，能攻击就攻击，不能攻击就烧毁他们的战舰，等到与主力会师再发起攻击。王镇恶领命，对外宣称所率的是刘藩的军队，当即扬帆出发，于十月二十二日到达了江陵东南部的豫章口，这里距离江陵只有二十多里。

豫章口西部有一个名为江津的渡口，江面开阔，水流和缓，荆州军的舰船就停泊在这里。抵达豫章口之后，王镇恶分出一部分兵力继续沿江西上，到江津焚烧敌军的舰船，然后率领主力上岸，向江陵发动突然袭击。

最先发现敌情的，是一支被派往江津渡口检查战舰的巡逻队。在赶往江津途中，他们恰好与王镇恶狭路相逢，王镇恶谎称是刘藩的先头部队，差些瞒过他们，但江津渡口突然间腾空而起的黑烟马上使巡逻队意识到对方来路可疑。经过一番短暂而激烈的战斗，巡逻队长脱离战场，逃回江陵，向刘毅汇报了这一重大变故。然而为时已晚，王镇恶此时已经由东门攻入外城。

江陵原先只是一座小城，桓温主政上游期间，在老城的基础上加以扩建，才使其成为具有都城气象的通衢大邑。江陵城西门有一座可以俯瞰长江的栖霞楼，过去几十年里一直是文人骚客游览荆州的必到之处。天气晴好的日子里，每当傍晚时分，西山的万丈霞光倒映于红如火的江面上，再反射于巍峨高耸的栖霞楼，霞、江、楼共一色的壮观场面更是令人叹为观止。前秦亡之后，少年王镇恶随同叔父在荆州住过一段时间，在他的记忆里，栖霞楼一直是他难以忘怀的一抹亮色。但在攻入江陵的这一刻，遥望西门，他只看到了栖霞楼的巍峨轮廓，并没有看到红光漫天的景致，因为此时正好是中午。

攻破外城之后，王镇恶纵火焚烧东门和南门，然后调集所有的军队入城，包围了据守内城的刘毅，把刘裕交给他的所有文件和誊写副本射到了内城。刘毅连看都不看，就命令士兵把它们全都收集起来付之一炬。

午后时分，一个熟悉江陵城地形的将官开掘了一条通往内城的地道。王镇恶率军突入内城，命令士兵一边战斗一边散布刘裕即将到来的消息，守军心惊胆战，纷纷弃械投降，但刘毅及其亲随依然据守府衙顽抗。入夜之后，王镇恶唯恐士兵在黑暗中误伤自己人，下达停战令，刘毅趁机破围，经由东门逃到了城外。

城已破，家已亡，王图霸业，化尘归土，天高地广，何去何从？伸手不见五指的漆黑长夜里，疾病缠身的刘毅如同炼狱中有待救赎的幽魂，游荡在苍茫的旷野上。

杀人盈野的魏晋南北朝时期，正是佛教在中国发展的黄金期，太多的人不敢奢望平安地度过今生，只希望在轮回的某一世求得果报中的安宁。当时佛教流入东晋的传播路线，大致是从西方进入西域，西域进入凉州，凉州进入关中，关中进入荆州，再由荆州流向下游。作为佛教流传的一个重要中转站，荆州拥有比较浓厚的佛教文化氛围。

江陵城北二十里，有一座名为牛牧的孤寺。几年前，刘毅在上游消灭桓玄党羽时，曾以包庇桓家子弟的罪名诛杀了这个小寺的住持。恍若冥冥中自有定数，当夜逃离江陵的刘毅在寒夜里一路策马北逃，居然误打误撞地来到了青灯摇曳的牛牧寺外。长夜凄寒，病痛难耐，到了寺外，他实在是无力乘马了，希望在这里借住一宿。僧人不一定知道他就是刘毅，但看他的穿戴和狼狈不堪的行状，就知道他是红尘之争里的失势者。他们告诉刘毅，借宿之请恕难从命，小寺不愿重蹈前任主持的覆辙。

潮湿生苔的寺门缓缓关上了，刘毅在黑暗中站立许久，行尸走肉一般走向寺庙附近一座小山的山头。虽说佛法普度众生，但在这个充满欲望和杀戮的时代里，能度什么人并不是佛法所能决定的。或许，只有在那些苦苦挣扎的灵魂被欲望的泥淖溺毙的一瞬，佛法才能为祈求往生者提供一丝聊胜于无的心理安慰。夜深了，山头上的刘毅脱下曾经象征着荣华富贵的战袍，挂在树枝上打了一个结，孤寺里熬夜修行的僧侣默默念诵着经文，仿佛在超度山头上无处皈依的亡灵……

第二天，上山打柴的樵夫发现了在树枝上随风摆动的尸体，急忙通报官府。下午，尸首被拖回江陵城，在闹市上被当众斩首。随同死尸一起被砍头的，还有刘毅的宗族、党羽。

行刑仪式执行完毕，正是霞光万丈的傍晚，呼吸着深秋时节带着寒意的空气，王镇恶看到了少年记忆里的霞光，并不壮观，有些荒凉。

60 登临绝顶

义熙八年（412年）十一月中旬，刘裕抵达江陵，重赏诛灭刘毅的首功之臣王镇恶，招揽原先为刘毅军府效力的僚佐，并下令减免荆州百姓的徭役。

由于战后政策得当，荆州短短几天里就恢复了正常的秩序，但此时的刘裕并没有品尝胜利果实的心情，因为留守建康的刘穆之日前悄悄派人传来消息，说诸葛长民正在后方紧锣密鼓地策划叛乱。在写给刘裕的一封亲笔信中，刘敬宣也证实了刘穆之的说法。

一旦离开建康，后方必然会发生动乱，这对于刘裕几乎是一个宿命般的诅咒。

事实上，讨伐刘毅只是整个西征战事中的一个环节。刘裕原先的意图，是打着讨伐刘毅的机会，把主力调集到荆州，然后出其不意，顺势西进，一举荡灭谯蜀。可由于诸葛长民作祟，他不得不对原计划稍作一番调整。

诸葛长民密谋发动叛乱乃事出有因。此人贪婪成性，早年间就因为贪污而受到过桓玄的惩处，飞黄腾达之后，他更是变本加厉，无论管辖何地都以搜刮地皮为乐，治下吏民无不视其为洪水猛兽。念在他当日参与京口起事有功，刘裕才对他百般优容，但也不时给予警示，无奈他死性不改。刘毅败亡的消息传到京城，联想到此前的孟昶之死，他认为孟、刘之死是刘裕效仿汉高祖刘邦剪灭韩信、彭越的旧事，自己迟早会成为待烹之狗，于是决定孤注一掷，趁着刘裕率领主力在外，在建康发动叛乱。

碍于建康兵力有限，刘穆之只能好言安抚，尽量拖延时间，说刘裕对他毫无芥蒂。诸葛长民没有完全相信，他给刘敬宣写了一封信，意图挑起刘敬宣对刘裕的敌意。作为刘裕的坚定盟友，刘敬宣委婉地回绝了他的邀约，并把他的书信送到了刘裕手里。

此次西征，刘裕所率的兵力为四万。如果所有的兵力沿路东归，这对神经紧绷的诸葛长民就是一种刺激，谁也不知道他会不会铤而走险，突然发难；可是，如果所有的兵力西进伐蜀，这又会给蠢蠢欲动的诸葛长民提供更多的备战时间。几经思量，刘裕把兵力一分为二，朱龄石率领两万人伐蜀，其余的兵力随同他班师回朝。

刘裕掌握着东晋的最高军权，但他本人从不讲排场，出入从简，平时只带着为数不多的几个护卫以防不测。经由幕僚提醒，刘穆之意识到这是个极大的隐患，悄悄派人赶到刘裕的驻地，请他注意人身安全。

为了麻痹诸葛长民，刘裕先派遣亲信回到京城，以示对诸葛长民毫无戒心，还让亲信向朝廷通报了回师日期。不过，日期是假的，诸葛长民率领百官在那一天从早晨等到黄昏，也没有看到长江尽头有舰队露面。此后，刘裕又一而再，再而三地派人奔赴京师通报回程日期，诸葛长民一次又一次率领百官到码头等候，却一直没有见到刘裕。

义熙九年（413年）二月最后一天的深夜，刘裕乘坐一艘小船，悄无声息地回到建康。三月一日清晨，消息传出，诸葛长民慌忙来到东府拜见刘裕。

中国历史上的开国之君基本上都有鲜明的性格，比如秦始皇的雄猜阴郁、刘邦的江湖习气、刘备的百折不挠……刘裕却没有明显的个性特征，对这个大兵出身的开国之君，我们印象最深的恐怕仅仅是那一句“金戈铁马，气吞万里如虎”，而这仅仅是他的功业，并非他的性格。因为他是个拘谨内敛的人，不喜欢在公众场合袒露自我，虽然他有时候也开玩笑，但仅限于私下，而且必须是跟极为信得过的人。他太沉默了，沉默得几乎没有人能走进他的内心世界，如果说有人曾经了解过他，这个人肯定是诸葛长民。

九年前的三月初一，四十一岁的刘裕正在覆舟山下与桓玄激战，那时候的他将在第二天进入建康。九年后的三月初一，五十岁的刘裕在东府屏退左右，和诸葛长民促膝长谈，“凡平生所不尽者皆及之”——说透了一生当中从来不曾讲过的话，将所有的隐情和盘托出。

当年一起歃血起誓讨伐桓玄的老兄弟们，王元德、辛扈兴、童厚之被桓玄所杀，檀凭之、何无忌战死，孟昶、刘毅自尽，刘道规、魏咏之病死，如今能说说话的，就只有诸葛长民和王仲德了。

诉说完心里话，刘裕有一种如释重负的轻松感。听完刘裕的诉说，诸葛长民也是心下一片释然，因为在他看来，过往的恩怨都一笔勾销了。

话说尽，路到头。四目相对，彼此大笑。

下一个瞬间，笑声戛然而止，刘裕的脸色转为冰冷，诸葛长民的笑容也僵住了。屏风后忽然走出一个身材魁梧的力士，一把勒住了诸葛长民的脖子。看着他徒劳而狂怒的挣扎，刘裕一脸云淡风轻，似乎发生在他眼前的一切只是幻相。

诸葛长民被杀的消息传出，京城百姓无不拍手称快，因为他们认为掘地三尺的诸葛长民早就该死了。

关于诸葛长民之死，需多交待几句。孟昶、刘毅之死是京口军功集团的内部权力之争，但诸葛长民的情况比较特殊。从相关历史记载来看，他的精神状态不太稳定，有比较严重的被迫害妄想症，神经过于敏感。以资历和功绩而言，他无法和孟昶、刘毅并驾齐驱，并不会对刘裕的地位构成威胁。如果说孟昶、刘毅之死令人同情，那诸葛长民的死就是咎由自取。

以自己的生命为交易筹码，诸葛长民看到了刘裕性格的底牌——他不喜欢别人知道得太多。

此时，在长江三峡的一艘战船上，年轻的将军朱龄石可以为诸葛长民作证，证明刘裕确实不喜欢别人知道得太多。朱龄石所在的船舱里放着一个木盒，里面有一份刘裕的亲笔信，但盒子是紧锁的，上面写着“到白帝城再打开”。

进攻成都的水路有三条，即外水（岷江）、中水（沱江）、内水（涪江）。

谯蜀是个小国，兵力不超过五万，没有足够的人手把守每一条通道；晋军兵力只有两万，采用齐头并进的方式均匀分配兵力，难免会被敌人各个击破。因此，无论是谯蜀还是晋军都面临着三选一的问题——谯蜀必须把主力设置在晋军主力最有可能通过的道路，晋军必须走蜀军守备最为薄弱的道路。

舰队抵达白帝城，朱龄石走进船舱，打开木盒，看到了密函的内容——主力走外水，偏师走中水，老弱走内水。

晋军分三队，主力必在其中，但问题是谯蜀不知道哪一队才是敌军主力。以前，刘敬宣主持过一次伐蜀行动，当时走的是内水航线。有鉴于此，谯蜀朝廷起初认为敌军主力不会重走老路，不过考虑到刘裕不按常理出牌的作风，他们又改变主意，认为刘裕这一次依然会走内水航线，最终把主力配置到了内水上游。

七月上旬，朱龄石所率的主力忽然出现在外水上游的平模（今四川眉山），荡灭了附近兵力薄弱的蜀军，然后离船上岸，迅速向二百里外的成都挺进。与此同时，晋军偏师也在中水发动登陆战役。此时谯蜀主力犹存，只是离成都比较远而已，但谯蜀国君谯纵已成惊弓之鸟，于七月五日仓皇弃城而逃，自缢于逃亡途中。初九，晋军兵不血刃入成都，谯蜀灭亡。

尽管战前有些争议，许多人认为朱龄石年纪尚轻，资望不足以担当远征军主帅，但刘裕对朱龄石的作战能力和自己的策划能力很有信心。因此，伐蜀之战的胜利并没有使他感受到太多的喜悦之情。对于他来说，灭蜀之战只是义熙九年年度规划中一个锦上添花的点缀，他在这一年的关注焦点并不是擅长的军事领域，而是在此前涉足有限的经济领域——他要在全国范围内推行土断。

在东晋的历史上，朝廷至少推行过十次土断，刘裕主持的是第四次，也是历次土断中火力最为猛烈的一次。上一次土断，是几十年前由桓温主持的庚戌土断，这一次由刘裕主持的土断，在后世被称为义熙土断。

远征军还漂荡在长江三峡的时候，刘裕就给朝廷提交了一道奏折，申请在全国范围内推行土断。

刘裕的文化水平极为有限，出任地方大员后才开始学习文化知识，为了不显得目不识丁，他有时候也会跟文职官员聊聊文化方面的东西，在谈话过程中引用一些新近才学会的历史典故。因为对读书不在行，他的知识库混乱而驳杂，知道的东西往往一鳞半爪，漏洞百出。碍于他的权威，一般人往往不会当面指出他的错误，反而会随声附和，有些刚直的人则会当面指出他的漏洞。每逢此时，刘裕总是面红耳赤，结结巴巴，但他不会因此而打击报复，而是会认真反省，无奈地说自己真不是读书的料，当面指出他错误的人则应该得到嘉奖。然而，这道申请推行土断的奏折中，却夹杂了许多正确无误并且能为主题——推行土断势在必行——充当佐证的历史典故。不言而喻，这是经过刘穆之润色的结果。

在刘裕看来，受益于桓温的庚戌土断，东晋财政在过去的几十年里才能正常运转。但庚戌土断距今已久，由于政令推行过程中必然会衍生出坐吃山空的惰性和阳奉阴违的腐蚀性，当年的土断成果就要被耗尽了，如果不推行一次新的土断，国库将成为无源之水。奏折结尾，他当仁不让地说，就把土断的任务交给我吧。

义熙土断与庚戌土断在许多方面是相同的，即裁撤冗余郡县，清点户口，严禁高门大族隐瞒人口，以便于增加税收来源。不同之处在于，桓温的侧重点是国富，而刘裕的侧重点是双重的，既要国富，也要民丰。

长期以来，许多平民百姓宁愿托身于高门大族也不依附朝廷，主要原因就在于朝廷的搜刮比高门大族更为苛刻。刘裕出身社会底层，深知民间疾苦，知道问题的症结所在，所以他推行土断时有针对性地增加了一个附属政令，即轻徭薄赋，抑制土地兼并，从豪强大族手中夺回已被私有化的山川湖泽，面向底层百姓开放。

自东晋开国之日起，朝廷的实权就操持于门阀之手，这个朝廷颟顸而危险，就像一张令人厌恶的蜘蛛网，黏死过许多力图振作的志士，就连桓温这种雄才大略的人都被困网中，步履维艰。

历史的长河滚滚东逝，不知不觉中，一切悄然发生了变化。王恭的清君侧之战、桓玄篡位之战、天师道暴动，如同三把锋利的镰刀，野蛮而狂暴地收割了门阀的有生力量，趁势崛起的寒族军功集团收拾了旧山河，也在战后的废墟上兴建了一个崭新的政体，与此前行政效率低下的门阀政体截然不同，新的政体具有强烈的军人专政色彩，更有生命力，更为高效。义熙土断，对于新的政体而言只是牛刀小试。

在这股乱石穿空的浪潮中，只有居住在晋陵郡的一部分人不在土断之列。这些人的祖上来自北方的徐州、青州、兖州，尽管此时距离永嘉之乱已过去了将近百年，但这些人始终固执地认为自己的根脉在北方，一直把血海深仇记在心里，几乎参与了东晋历史上的每一次北伐。对于他们来说，每一次北伐就像一次收获季，他们一次次踏上江北的故土，砍下敌首，结成一长串，作为计算战功的战利品，享受“丰收”的喜悦。而朝廷每一次清查户口，他们也会以笨拙难看的字迹在白色的户口登记簿上郑重地写上故土的名字。如果没有他们，就没有北府兵，刘裕也将失去立足东晋的资本和撬动时代的杠杆。所以他必须对这些侨居晋陵的人另眼相看，保留他们的原籍，并给予他们赋税方面的优待。

除了司马休之的荆州，东晋全境已在刘裕的掌握之中了。发动北伐之前，荆州也是他要搬走的最后一块绊脚石。

义熙十年（414年）春季，居住在京城的司马文思（司马休之的儿子）惹出了一桩人命案，刘裕处理了次要责任人，把主犯司马文思押送到荆州，请司马休之亲自处理。司马休之只奏请革除司马文思的爵位，并给刘裕写了一封信，请刘裕原谅他教子无方。

虎毒不食子。这个结果在刘裕的意料之中，他对此并不意外。不过，只要司马文思不死，他的目的也就达到了。接到书信之后，他从豫州割出六个郡，交予江州刺史孟怀玉掌管，加强了对荆州方面的戒备。作为一种回击手段，司马休之则与雍州刺史鲁宗之缔结军事联盟。

次年正月，刘裕下令逮捕司马休之的子侄，率军开赴荆州。进军途中，他给司马休之的心腹韩延之写了一份密信，希望韩延之能从内部分化司马休之的阵营。韩延之回绝了，在回信中指责他狼子野心、两面三刀、阴险狡诈、厚颜无耻、掩耳盗铃。刘裕的父亲叫刘翘，为了羞辱刘裕，韩延之还把儿子的名字改为韩翘。刘裕见信哑口无言，将它传示左右，感叹为人臣者就应该如同韩延之这般忠义。

三月，刘裕进入江陵，派遣檀道济、朱超石率领一部分军队援助江夏太守刘虔之，因为援军失期，刘虔之战败被杀。刘裕又派遣女婿徐逵之率军救援，但徐逵之因作战不利而战死疆场。刘裕怒不可遏，要披上战甲亲自上阵，随从百般拦阻，好不容易才使他同意留在船舱里。

当时，敌军在山崖上居高临下地发动攻击，形势极为危急。刘裕在船舱中见前锋将官在崖下逡巡不前，命令传令兵让他回来受训，那将官对传令兵说，我是来跟敌人打仗的，没工夫回去听他训话。说完，他脱下鞋子，用尖刀在陡峭的山崖上挖出一个个仅能容下脚趾的小坑，率领前锋攀岩而上，硬生生地击溃了崖上的守军。

三月二十九日，刘裕攻占江陵，命令王镇恶率领水师追击敌军残部，司马休之和鲁宗之逃奔后秦。

刘裕出征期间，后方发生了两次动乱。一次发生在青州，由司马休之的党羽策划，北青州刺史刘敬宣不幸罹难，被叛乱者刺杀于公署之中；另一次发生在建康，幕后策划者不详。不过这只是两次旋起旋灭的小规模动乱，并没有打乱刘裕的整体作战方案。

五月，刘裕回到建康，朝廷已经给不了他什么实质性的奖赏了，只能赐予他一些象征性的荣誉。

随着刘毅的覆灭，京口军功集团内部已经没有任何人可以威胁到刘裕的地位，而司马休之的败亡也使皇族失去了牵制刘裕的力量。

局势至此，刘裕已经玩厌了遮遮掩掩的政治游戏，不过，在登上皇位之前，他还打算发动一次对外战争。他要向东晋的芸芸众生证明，自己可以对内稳定局势，还可以对外振奋国威。

61 烈士暮年

义熙十一年（415年）八月下旬的一个夜晚，北魏天文官惊异地发现火星不见了。

根据古老的天人感应学说，火星隐匿不见，意味着人间的某一国将面临亡国之祸。至于即将灭亡的是哪一个国，征兆就隐藏在火星消失的时辰日期中，但是天文官并没有注意它具体是在哪一天消失的，可能消失了三五天，也可能已经消失了十天半月。

粗心的天文官魂不附体，急忙把此事上报给朝廷。大致推算一番，北魏国主拓跋嗣最为信任的大臣崔浩认为，火星消失的时间应该是八月庚午日（八月十九），天干地支当中的庚和午对应到人间就是关中，所以，即将灭亡的是羌人姚兴的后秦。

遥远的长安，气息奄奄的姚兴正在病榻上呻吟着，如同他那岌岌可危的国家。

佛家有七苦之说——生、老、病、死、怨憎会、爱别离、求不得。这个羌人皇帝与东晋十六国时代的佛学大师鸠摩罗什交情不菲，佛学造诣炉火纯青。然而，七苦此时正如同七条色彩斑斓的毒蛇一般，在他枯瘦的身躯上游弋着、噬咬着，就连精深的佛理也拯救不了他那痛苦不堪的灵魂了。

匈奴诸部当中，有一个名为铁弗的部落。所谓铁弗，即父为匈奴、母为鲜卑的部族。几年前，姚兴收留过一个叫赫连勃勃的铁弗少年，并让他出镇北方边塞，年纪轻轻就成为军方要人。但赫连勃勃是个野心勃勃的忘恩负义之辈，站稳脚跟后他就建立了一个名为大夏的军国政权，屡次南下入侵关中，像嗜血而难缠的牛虻，将后秦折磨得筋疲力尽。更让姚兴痛心的是，他的几个儿子也巴不得他早点儿龙驭归天。

十一月上旬，消失八十多天的火星再次出现。后秦天文官也注意到了这个离奇的天文现象，建议国君推行善政，以回应上苍的谴责。姚兴听从其议，于次年正月启程，离开长安，计划巡行全国，但因病情加重而半途折返。他回宫当天，夺嫡之争全面爆发，他的几个儿子在皇城中如同抢夺腐肉的野兽，展开了野蛮的厮杀。最终，太子姚泓获胜，他把血脉相连的敌人撕成了碎片，然后擦着嘴角的血迹爬上了帝王的宝座。

听着寝宫外孩子们凶残的咆哮声、暴躁的刀剑交鸣声，看着病榻前各怀鬼胎的妃子们虚情假意的泪水，姚兴痛苦地离开了人间。佛祖似乎为了让这个贵为人间至尊的帝王参透四大皆空的佛理，有意在他临终时为他安排了这残忍的一幕。

义熙十二年（416年）初春，关中大旱，天干物燥，姚兴的驾崩像一把火苗，点燃了燎原大火。从姚泓登基那一天起，国内的动乱就此起彼伏，赫连勃勃也趁机加大了对后秦的攻击力度。与此同时，雄踞中原北部的北魏和称雄南方的东晋也对摇摇欲坠的后秦虎视眈眈。

后秦终究是要亡了，区别仅在于亡于何人之手。

三月，刘裕提议伐秦，朝廷准其所奏。

五月，刘裕在京郊举行了一次气势雄壮的阅兵大典。随后，北伐军陆续离开建康，先后渡过长江和淮河，继而在汴水与淮河交汇处的一个三角洲上扎下了营地。

南方的雨季已经来临了，但北方的大地依然处于旱季，河流水位下降，不利于舰队航行。接下来，北伐军将在这个三角洲上等待一段时日，直到北方迎来雨季。

营地里的生活紧张而单调，北伐军将士们每天做的最多的，就是清理铠甲、检修战船、磨砺兵器、喂养战马，并跟随指挥官的口令一遍遍地进行操练。为了使军旅生活不那么枯燥，有些精通文墨的年轻将官还在行军以及操练之余记录了一些从军见闻。在一千多年后的今天，我们通过这些生动而朴实的文字片段，依然可以清晰地感受到那些年轻记录者的活力和好奇心。

梅雨时节的空气闷热潮湿，河洲上这些即将建功立业或者埋骨他乡的将士都知道北伐已成定局，但是除了刘裕，没有一个人知道具体的作战规划。此时，刘裕不在这个三角洲上，而是正在建康尽力安顿后方，北方迎来雨季之后，他才会开赴前线，下达具体的作战指令。

古老而神秘的谶言说，河洛一带终将被司马氏光复。毕竟，刘裕名义上还是晋室的臣子，或许是为了讨个彩头吧，在他的授意下，晋安帝的弟弟司马德文提交了一份必然会被批准的奏章，请求随军北上，到故都洛阳祭扫先祖的陵寝。为了防止远征期间后方发生动乱，刘裕诛杀了几个危险的异己分子，将镇守后方的所有事务全权委托给了刘穆之，命令他统领徐羡之、朱龄石等人，协助世子刘义符镇守京城。

八月，刘裕自建康启程，抵达彭城。

北伐军进入黄河有两条水路可走，即汴水和泗水。除了需要安定后方，刘裕等到现在才抵达彭城，另一个原因就是他得视水量的变化制定作战方案。

北方的雨季来临了，但是泗水和汴水的水量依然有限，水位并没有达到通航的要求。针对航道水量不足的问题，刘裕派遣了两路开通水源的军队，一路由沈林子率领，负责疏浚黄河南岸石门附近的水道，引黄河水进入汴水；另一路由王仲德率领，负责凿通黄河与泗水之间的巨野泽，引巨野泽入泗水。同时，他还另外派出了两路军队，一路由王镇恶、檀道济率领，另一路由朱超石率领。后两路军队的作战任务，是扫荡后秦在中原的许昌、荥阳、洛阳等据点，使前两路军队免遭秦军的袭扰，能够顺利完成开凿水道的任务。此外，刘裕又命令沈田子率领一路军队经由武关向关中挺进，以牵制关中的后秦军，防止他们援助盘踞在中原的后秦军。

九月，王镇恶、檀道济、朱超石率军挺入中原腹地，开始以秋风扫落叶之势为分别负责疏浚汴水和泗水的沈林子、王仲德扫除障碍。

虽然经由汴水和泗水都可以进入黄河，但是走哪一条水道直接关系着战局的演变。因为走汴水可以直接进入中原腹地，走泗水则必须经过北魏边境，如果北魏不同意借道，秦晋之战就有可能演变为秦、晋、魏三国之战。

当沈林子率军进入汴水航道时，一段尘封四十三年的往事好像被激活了，北伐军好像看见了当年威震南国的桓温和横扫江北的慕容垂正在泥沙沉积的河道里纵马砍杀。沈林子所率的这些士兵当中，许多人的父辈参与过四十多年前的那次北伐，看到河道两侧依然清晰可辨的施工痕迹，他们纷纷七嘴八舌地说起了桓温北伐的事迹，说桓温那时候曾经派遣袁真开凿过石门水道，意图引黄河入汴，以提升水位，但袁真没有完成任务。这些零零碎碎的记忆拼图集中在一起，使历史与现实产生了奇幻的交错感。

四十三年过去了，袁真当年未能凿通的汴水航道一直处于淤塞状态，水流缓慢而浑浊的河面上漂着许多类似于水藻的东西——事实上，那是露出水面的树冠。要想疏浚汴水航道，需要动用大量的沙船和人工清理河底的淤泥，还得让水性好的士兵潜入水底，砍掉生长在河道里的那些大树，可是汴水航道将近千里，这个巨大的任务得何时何月才能完成呢？望着泥沙泛滥的水面，愁眉紧锁的沈林子叹了一口气。这个年轻战将的一生中，疏浚汴水将成为终生难忘的一个片段，许多年以后，他将把这段经历讲给儿子，再由儿子讲给孙子——他的孙子叫沈约，也是《宋书》的作者。

当然，这是另外一段历史，如今的沈林子面临着艰巨的任务，除了尽力而为再没有其他的办法。如果说有，那就是希望负责开凿巨野泽的王仲德一帆风顺。不然，若是两条水道都挖不通，以刘王的脾性，怪罪下来谁也担当不起。

如沈林子所愿，王仲德顺利完成任务，成功打通了巨野泽与泗水之间的航道，但这也引起了北魏的警惕。

北魏的大部分土地在黄河北部，黄河南部的领土有限，而巨野泽恰恰就在其河南领土与后秦疆域的交界处。河南的魏军兵力少，又摸不清晋军的意图，当王仲德来到巨野泽之后，他们急忙放弃南岸的重要据点滑台，撤到了河北。王仲德则在开凿水渠的同时，顺势进驻滑台，并向北魏朝廷发去书信，说自己只是借道灭秦，本来打算以七万匹布作为交换条件，没有料到魏军会主动让出滑台。

北魏国主拓跋嗣并不相信这种说辞，派兵进驻黄河北岸的枋头，并派人谴责王仲德不该骚扰魏国边境。王仲德的回答是，我们此次北征只是为了荡灭后秦，收复故都洛阳，并没有侵犯魏国的意思。滑台是你们主动让出来的，不是我们抢来的，你们犯得上为了这么一座小城就破坏两国邦交吗？北魏使者又说，既然如此，那你们就先把滑台还给我们吧，不然就兵戎相见。王仲德答道，等我军主力到达之后，必然会归还滑台，你们这般耀武扬威算怎么一回事？

接到使者的回复，拓跋嗣又派人奔赴彭城，请刘裕给个准确的答复。刘裕的说辞与王仲德相似，依然是说滑台并非抢占，并重申愿意与北魏展开友好往来的意愿。

晋军没有表露出明显的开战意图前，拓跋嗣不愿把矛盾激化到无法收拾的地步。本着祸水西引的原则，他只好姑妄信之，同意暂时由晋军驻扎滑台，并命令黄河北岸的魏军加强戒备。

如此一来，北伐军主力进入中原的航道就算是打通了，沈林子也可以暂时长舒一口气——尽管凿通石门的任务依然在继续。

与此同时，另外两路负责扫荡中原秦军的北伐军正在向洛阳城靠拢，过去的一个多月里，他们像锋利的龙泉和太阿，在中原大地上所向无敌，洛阳南部所有的障碍都如同破铜烂铁一般被他们次第削平。只要再拿下洛阳，这一笔战功就将被作为克复中原的象征而载入史册。

长安与洛阳，犹如后秦的左右心房，尽管姚泓被赫连勃勃折磨得焦头烂额，但他还是在力所能及的范围内向洛阳派遣了援军。

作为一座历史悠久的古城，洛阳的坚固程度绝不是中原地区的其他城池所能比拟的，后秦主将原打算坚守不出，等待援军到来，但他麾下的一部分将佐已经暗中与檀道济等人取得秘密联系。他们极力夸赞主将的勇敢与智慧，说据守坚城是畏战的表现，怕是会遭到朝廷的责备。后秦军主将被吹捧得飘飘然，真以为自己有力挽狂澜之能，于是集中主力，草率出城迎战，结果惨败而归。接到这个消息，姚泓派遣的援军止步不前，不敢轻举妄动。

十月二十日，北伐军穿过秋风萧瑟的荒原，来到了洛阳城下，将这座千年古城包围得水泄不通。后秦军主将默默地叹口气，失魂落魄地走下城头，回到了气氛哀凉的指挥所里。接下来，他需要做一个选择——做一番徒劳无功的反抗，还是主动开城投降？

当洛阳城的城楼和城墙上的一砖一石都清清楚楚地跃入眼帘的时候，北伐军中出现了一阵此起彼伏的轻微骚动。在遥远的江东，他们见过最为壮观的建康，但是与眼前的洛阳相比，他们不得不承认，建康的都城气象难免差了许多。

洛阳城东面有三座城门，最南面的叫清明门，中间的叫东阳门，最北的叫上东门。略微知道一些历史典故的士兵说，开创后赵的羯人皇帝石勒少年时代家贫，做过小商贩。有一次他跟随乡邻到洛阳做小买卖，休息的时候靠着上东门长啸。当时就在附近的王衍听到啸声，说长啸者有虎狼之心，急忙派人去抓捕，但差役赶到上东门的时候，石勒已经离开了。如果当时抓到石勒会怎么样呢？士兵们展开了形形色色的联想，七嘴八舌地讨论着历史走向和个人命运的关系……

洛阳城南面有四座城门，从西往东依次为津阳门、宣阳门、平昌门、开阳门。有的人说城南原先只有三座城门，开阳门是在汉光武皇帝刘秀的主持下建设的，他们还说建设此门的时候，有一天晚上天空中忽然飞来一根巨大的柱子，落到了城楼上。几天后，琅琊郡开阳县派人来报，说南门的一根柱子忽然不翼而飞，而丢失的柱子就是飞到洛阳的这一根。光武皇帝因此下诏，给此门命名为开阳门。

洛阳城西面有三座城门，从南向北依次为西明门、西阳门、阊阖门。站在阊阖门下，仰望十几丈高的城楼，士兵们看到了一个奇怪的球状物。准确地说，那是一个由若干金属圆圈嵌套在一起而形成的空心球，直径一丈多，底座是几条金属铸就的飞龙。由于隔得太远，士兵们不知道它到底是什么金属铸成，但通过反射的光泽来判断，它的质地似乎是铜。有的人说，这个奇怪的东西叫浑天仪，天文官可以利用它来蠡测上天的旨意，推算人间的晨昏、阴阳、节气、四季，甚至可以预测国家兴亡。

洛阳城北面有两座城门，东边的叫广莫门，西边的叫夏门。

两百多年前的一个秋天，北征乌桓归来的曹操在回师途中遥望夏门，作过四首气度雄浑的古乐府诗，夏门因此而声名远扬。两百多年后的这个秋天，另外一个“曹操”也指挥各路大军来到了夏门外。只是时过境迁，斗转星移，当年的曹操保卫的“中原”而今在江东，现在的“曹操”所要克复的中原已成陌生的他乡。

62　收复故都

十月二十二日，经过两天的痛苦思考，后秦军守将决定开城投降。

偌大的洛阳一片沉寂，侦察兵搜遍了城里的每一个角落，通报了累计叠加的人口数据，说全城只有四千多人。这些人的神情麻木、呆滞、惶恐，目光中并没有欢迎王师的热切和兴奋。过去的一百多年里，洛阳数次易手，他们一次次迎来王师，又一次次被王师抛弃。对他们而言，所谓王师和胡人，不过是征服者的不同称呼而已。有些将领主张杀光这四千多人，用他们的头颅建造一个纪念战功的人头塔。檀道济当场否定了这种惨无人道的做法，下令将这些人全部释放，以此来表明王师吊民伐罪的正义立场。

这是一个正确而且值得夸奖的决定。躲藏在洛阳周边深山老林里的平民百姓见北伐军纪律严明，没有胡作非为，随后的几天里纷纷返回城里。随着人口的增多，洛阳城才渐渐恢复了一些人气。

根据刘裕的指令，北伐的第一阶段即秋季攻势到此就告一段落了。因为冬天就要来了，黄河即将进入漫长的结冰期，舰队无法逆流而上进入关中。

刘裕率领主力北上之前，北伐军的第一梯队将在洛阳度过冬天，并设法稳定新占领地区的局势，等明年春天长河解冻，再随同主力发动春季攻势。

远征的军队在他乡异域长期驻留的时候，识字的士兵总是最受欢迎，每天都有无数的战友委托他们写家书，给远方的亲人送去平安的消息。那些会写字的士兵有的是无偿服务，有的会借机挣一些微不足道的润笔费。交易筹码可以是一些蝇头小钱，也可以是一些稀罕的战利品，比如从胡人士兵那里搜来的做工精巧的小配饰。如果运气好，将来可以保住性命与亲人团聚，这些小配饰将成为纪念品或者孩子们的玩具。

年轻的将军朱超石也给远在建康的哥哥朱龄石写了一些书信，只是他能读会写，不必假手他人。有一天，他到洛阳北部的邙山游览，看到了光武皇帝刘秀的陵寝，在陵寝边的杏林里品尝到了几颗熟透了的杏子。因为感觉杏子的味道好极了，他随信寄回了几粒杏核，拜托哥哥在江南把它们种下。

南橘北枳，我们不知道杏核能否在江南生根发芽。但是，即使它们能在江南结出味道甘美的果子，朱超石也品尝不到了。在不久的将来，他将埋骨他乡，死在异族刀下。

北伐军进驻洛阳不久，朝廷派来了几个拜谒祖陵的亲王，一部分将士被划入工兵营，承担起了修缮宫殿和皇陵的任务。

一个寒冷的清晨，大雾笼罩着规模庞大的宫城，朦朦胧胧的宫殿群如同湖水里若隐若现的沙洲，随着吱吱嘎嘎的声响，沉重而颓败的宫门被推开了，工兵营沿着漫长而残破的铜驼街鱼贯而入。他们在大雾里缓缓走着，好奇地打量着周边的一切，像一艘划入湖中的小舟，在这沉积了太多历史的湖水里激起了一圈圈涟漪。

过去的一个多世纪里，匈奴人、羯人、鲜卑人、氐人、羌人先后做过洛阳的主人。作为武力上的征服者，他们的心态是骄傲的，但小族临大国的恐惧和汉人文化的厚重感却使他们寝食难安，江东那个被视为正朔所在的小朝廷更使他们如坐针毡。他们需要维护本族的特色和统治地位，又不敢完全将晋人排斥在外，无论是主动还是被迫，他们都必须证明自己是中原的主人，江东的小朝廷才是僭伪政权。出于这种复杂的心理，他们将内心的骄傲、恐惧、自卑投射到宫城上，留下了一些具有民族特色的建筑印迹，但是为数不多。洛阳宫城的建筑总体上还是延续着汉族的审美特色的。

宫殿群中轴线的偏北部，有一座坐北朝南的大殿，占地十二间，建立在一个高大的基台上。这是始建于魏明帝青龙三年（235年）的太极殿，对应着天上最为尊贵的北极星，也是宫城区的中心。

沿着太极殿基台两侧的石阶，这些根脉在北方的士兵小心翼翼地拾级而上，一边走一边摩挲着斑斑驳驳的石栏，像摩挲着古老的树根。在基台的最高处，他们看到了一条长达三丈的空心铜龙，龙腹有一个开口，龙口正对着一个巨大的铜樽。每逢举办正旦朝会，皇帝就会命令侍从将上好的美酒倒进龙腹，经由龙口吐入大樽，然后按照官衔高低分别赐给臣下。现场没有现成的量具，围观的士兵难以得知龙腹的容量具体有多大，有的人根据目测说它可以容酒四十斛。

太极殿正门的左右两侧，有六个巨大的铜钟，左右各三个。好奇的士兵们以臂膀为量尺，测量了铜钟的直径，确定大的为三十二围，小的为二十五围。有的士兵比较细心，发现几个铜钟有刮擦的痕迹。据向导说，某个胡人皇帝曾经想移走这些庞然大物，但因铜钟发出了震怒一般的怪声而作罢，或许刮擦的痕迹就是在那时候留下的。

太极殿背后是显阳殿，皇后会见嫔妃以及贵妇的场所。庞大的宫殿群里，除了太极殿，最为重要的就是它了。显阳殿本名昭阳殿，为了避司马昭的名讳才改名，殿前早年有六棵樱桃树、两棵木兰树，如今樱桃树已连根不见。

后宫前种植木兰的用意，在于寓示忠贞不贰，但在过去的动荡岁月里，风云变幻，世道几经流离，贵为皇后也免不了遭受乱世的颠簸，能从一而终堪称天大的福分，更多的人不是死于非命，就是在新的征服者怀里强作欢颜，眼睁睁地看着旧爱被送上断头台。命运最为周折的一个皇后，甚至遭遇过五废六立的坎坷。

显阳殿西侧有一座中型宫殿，名为徽音。佛皇姚兴当年在此殿西南的园林里圈地数亩，仿照传说中须弥山的形状用奇石堆积成山，作为帝释天在人间的居所，取名波若台，在其中置放来自异域的珍禽怪兽和千姿百态的佛祖塑像，并广集僧人数千开坛讲法。而今，珍禽怪兽早已不知去向，僧人亦风流云散，漂泊东西，或寄食于某个小寺孤庙，或死于化缘途中，只有一块块苔藓遍布的怪石和风蚌雨蚀的佛像默默伫立在凄寒的秋色中。

站在佛像下向东望，几个士兵发出了轻微的惊讶声。众人循声望去，看到了一座木质结构的塔楼，每一层的窗户装饰着闪闪发亮的云母，楼体外围有一圈砖石结构的螺旋阶梯，好像一棵缠绕着藤蔓的参天大树。

这是始建于曹魏年间的凌云台，建造这座木塔时，每一块木料派上用场之前都上过秤，以确保轻重相同。每当起风，凌云台就会随风轻轻摆动，但由于塔身四面的重量分毫不差，并不会有倾倒的危险。凌云台落成以后，曹丕上去过一次，因为恐高而命令工匠用巨木加固，致使塔身失衡，没过几天就轰然倒塌了，工匠不得不重修。

在遥远的江东，凌云台偶尔也会被提起，有人说它高十五六丈，有人说它高二十多丈。几个好奇心重的士兵跟随将官顺着螺旋梯跑到塔顶，实地探测一番，证明木塔只有八丈高。即使如此，在城里也显得鹤立鸡群。

事实上，早年的凌云台至少也有十五丈高，站在塔顶可以将洛阳城周边的奇山大川一览无遗，众人如今看到的这个台子，不过是历经数次战火之后的翻修物，早就不复当年的风光了。

在木塔第一层的地面中心，一口深井引起了探险者之一朱超石的注意。他探头向井里看了一眼，顿时感受到了一种令人后背发凉的深邃。他找了一块石子投入深井，过了好久才听到轻微的落水声，像穿越了几个朝代的回响。

不知不觉，天色向晚，薄暮中寒鸦点点，洛阳城上空晚钟悠扬，那是从旗亭传来的钟声。旗亭设在建阳里一个三丈高的土台上，亭里悬挂着一个大钟，钟声可传方圆五十里。每当钟声响起，就意味着一天即将结束，喧嚣了一天的古城该到休憩的时候了。宫殿群占地一万一千多间，不可能每一处宫殿都得到修缮，维修者们劳碌一天，只是暂时确定了几个需要修缮的标志性建筑，实质性的修复工作要再等几天才能真正进行。

伴随着苍凉悠远的钟声，士兵们跟随带队的将官，排着整齐的长队，有秩序地离开了宫城。队伍穿过长街的时候，临街居住的百姓赶快呵斥家门口玩耍的孩子回来，让他们不要随便出门。虽然北伐军并没有伤害他们，但因为长达百年的战乱，这些手无寸铁的可怜人对穿军装的人已经产生了条件反射般的恐惧。

吃过粗糙的晚饭，天黑了。

营房里的夜晚无聊而漫长，白日里的见闻是大兵们最喜欢的谈资。就着营房外如同月光的白霜和如同白霜的月光，今天到过宫城的人，兴致盎然地说到了白日所见。听他们讲述完毕，另外一些今天负责巡视外城、维护治安的士兵，接着讲述自己的见闻……

南国的建康有横穿全城的秦淮河，北方的故都也有一条横穿全城的河流，河流东段有一座沟通南北两岸的四柱石桥。桥拱极高，远远望去，像悬挂在天幕里的白虹，大船也可以从桥拱下安然穿过。桥南的一根柱子上镌刻着铭文，当地人说这座石桥建于太康三年十一月，有一百三十年的历史，当时仅每天动用的人力就有七万五千人。

对于建桥人数，白日里见过这座桥的士兵们并无异议。但关于施工日期，大家产生了一些争执，有的人执意说是建于太康三年，竣工于次年四月；有的人坚持说动工于泰始十年十一月，竣工于当月；还有的人说是建于汉阳嘉四年。争执几个来回也是无果，大家各执一词，这个话题只好暂时略过，相约改日找个识字的，亲自到桥柱上看一下铭文。

在石桥东南部，有一个大型马市，以狂放而闻名的竹林七贤之一嵇康，当年就是在马市的刑场上被处死的。当地人说嵇康临终前看了看太阳，判断离行刑还有一段时间，于是让家人取来一架古琴，当场抚了一曲《广陵散》。为什么他死前会有这种闲情逸致呢？刀头舐血的士兵们虽然不明白嵇康的风雅，但他们倒是有些佩服这个狂士的勇气。

穿过马市再往东北方走，是一个叫晖文里的街区，那里有两座占地大小相同的废墟，曾经是蜀汉亡国之君刘禅和孙吴亡国之君孙皓的府邸。孙皓暴躁而残忍，以观赏行刑为乐，这在江东妇孺皆知，士兵们对这个人并没有什么兴趣，大家好奇的是刘禅。蜀汉亡国的时候，刘禅五十多岁，来到洛阳以后，他在这里住了八九年，欢快地度过了余生。他到底是真傻还是假傻呢？难道他真的没有一丝一毫的亡国之痛，“此间乐，不思蜀”吗？

由孙皓、刘禅府邸的废墟，今日巡视南城的士兵也提到了一桩年代更为久远的历史陈迹，那是一座烟雾笼罩的残破碑林。

东汉末年，宦官专权，大肆屠戮士人。彼时的洛阳如同火海，狞笑着的宦官随心所欲地控制着火苗的方向，残忍地将敌人灼烧得灰飞烟灭。即使如此，全国各地仍然有大批儒生如飞蛾一般扑向洛阳火海，他们没有军队，没有武器，只能以自杀式的反抗表达内心的愤怒与无奈。为了使“后儒晚学咸取正焉”，儒生们在洛阳举行了一次大规模集会，请儒学大宗蔡邕以古文、篆书、隶书三种字体誊写先贤经典，然后共同出人出资刻在石碑上。经过八年的努力，四十八块石碑立到了太学门外，每块石碑高达八尺，正反面皆有文字。项目落成之日，前来观礼和摹写碑文的人填塞街巷。魏明帝年间，因担心发生战乱，致使典籍失传，朝廷在太学门外另竖石碑六块，镌刻《典论》，正始二年又新增石碑二十七块，镌刻《春秋》《尚书》，以及一部分《左传》经文。

山河破碎风飘絮，乱世浮沉雨打萍。而今，八十一块石碑仅余五十七块，其他的不是下落不明，就是已成断碑残片。

循着历史残迹的话题，巡视西城的士兵加入了讨论当中。白日里，他们也见过一个巨大的残石基座，当地的老百姓说，基座上曾经站立着两个几丈高的铜翁仲，不过在胡马踏破洛阳的那一年，它们被运走了。据说胡人打算把它们运到关中，但过黄河的时候，永远地沉没在流沙里了。

秦始皇当年灭六国后，曾经铸造十二铜翁仲，立于咸阳皇宫。“铜翁仲不是应该在咸阳吗？为什么洛阳也有？”昏暗的营房里，不知道谁问了一句。

了解这段历史的士兵说，铜翁仲一开始的确在咸阳，后来炎汉灭秦，把它们运到了长安皇宫。魏明帝在位的时候，一度打算把铜翁仲运到洛阳，但是太重搬不动，一个铜翁仲还摔倒在地上，眼中流泪，声震方圆几里。魏明帝因此作罢，在洛阳另外铸造了两个铜翁仲。

士兵们对秦朝的印象太模糊了，只知道这个从关中突入中原的王朝强大而短命，像一把锋利而脆弱的刀。对于国祚绵长而威加海内的汉，他们却颇为神往，因为那是一个有过漫长和平期的大一统王朝，北击强胡，东御倭国，南抵大海，西越流沙，完全不是如今这个四分五裂的世道所能比的。

黑暗中响起了沉重的鼾声，说话的人少了，听的人也少了。

巡视西城的士兵又说，西城的西阳门外三四里的地方，有一座白马寺，就是汉朝的明帝时代建立的，寺里至今依然保留着当时的传法僧人从西域带来的经书。

“那些带着经书的僧人是怎么从西域来到中原的呢？”又有人问道。“他们从西域出发，穿过河西走廊的凉州南下，再穿过关中东行，然后就来到了中原的洛阳。”有人回答。

然而，那是在汉朝，如今的凉州有西凉、北凉、西秦，再往东南有大夏，再往南还有关中的后秦。如果换作现在，那些僧人还能穿过如此多的割据政权，平安抵达中原吗？

没有人再说话，夜话结束了。夜已深，营房里渐渐归于静寂。夜幕里，人形雁阵正平缓地滑向北伐军的梦乡——他们的亲人所在的南国。

63 败魏亡秦

义熙十二年（416年）十一月，即北伐军占领洛阳第二个月，刘裕暗示朝廷授予他九锡。次月，朝廷的使者抵达彭城，带来了他想要的东西，他却拒绝接受。

自古以来，凡接受九锡荣宠的大臣，往往需要谦让一番。刘裕发出暗示，与其说是为了得到九锡，不如说是投石问路，试探朝廷是不是听话。既然目的达到，他自然会毫不意外地走以退为进的正常程序。接下来，朝廷需要一次次下诏，“恳请”他接受殊荣，他则需要建立更大的战功，证明自己得到九锡是理所当然。

更大的战功，指的是彻底消灭龟缩在关中的后秦。

在刘裕的计划里，针对后秦的新一轮攻势要等到明年春天才能正式启动。然而，发生在关中的两次动乱，却险些打乱了他的全盘计划。

从洛阳到长安，北伐军需要攻克两道天堑，即函谷关和潼关。义熙十二年深冬，镇守函谷关的秦将姚懿发动叛乱，企图杀回长安，取代姚泓自立为帝，不过这次叛乱没有持续多久就被扑灭了。次年春季，镇守后秦北部边疆的姚恢发动第二次叛乱，由于关中无兵可用，姚泓只好紧急征调函谷关和潼关的守军回关中平乱。

面对如此有利的局势，立功心切的檀道济、王镇恶、沈林子决定铤而走险，调集现有的兵力进击关中。他们几乎没有遇到什么像样的抵抗，就顺利穿过了函谷关。然而，在他们赶往潼关的路上，战局忽然发生变动，姚泓扑灭了关中的动乱，并加派人手巩固了潼关的防御。

继续向关中挺进，还是留在原地等主力抵达？这几个胆大包天的青年战将决定把兵力一分为二——王镇恶率领一路兵力径直西进，扑向潼关；檀道济、沈林子率领其余的兵力渡河北上，进攻蒲坂（今山西永济），意图从这里西渡黄河，绕开潼关，直接跳入关中腹地。但檀、沈刚刚渡过黄河，就遭到了蒲坂守军的顽强抵抗。眼见攻破蒲坂无望，他们只好原路返回，再次与王镇恶会师，共同向潼关进发。

檀道济、沈林子等人自作主张的西征抽调了留守中原的大部分兵力，刚刚被收复的中原地区马上出现了守备空虚的问题，有的留守官员甚至公然倒向了黄河北岸虎视眈眈的北魏。为此，刘裕不得不改变原先的作战部署，率领主力北上，提前发动春季攻势。

汴水航线此时依然未能疏通，原先承担这个任务的沈林子早就跑到了潼关，只留下了少量工程兵在河道里艰难地排淤。刘裕无法经由这条航线进入中原腹地，只能绕远路，走由王仲德凿通的泗水航道。

义熙十三年（417年）三月，即将进入黄河航道的刘裕派人奔赴北魏国都平城（今山西大同），请拓跋嗣行个方便，准许晋军主力通过北魏境内的陆上通道灭秦。与此同时，后秦使者也到达平城，请北魏抗晋援秦。

刘裕西征，有两条路可走。一条是走黄河水道，进击潼关；另一条是取道北魏境内的陆上通道，攻占蒲坂，然后绕过潼关，大举涌入关中。

围绕着援秦还是助晋的问题，北魏群臣展开了激烈的争论。大部分人认为，潼关乃雄关要塞，秦军据此险要之地，应该不至于遭受亡国之祸。刘裕居心叵测，若是借道给他，难保他不会趁机进攻魏国，况且秦魏两国有姻亲之好，拓跋嗣的一个妃子即为姚兴之女，借道于晋难免会招致天下人非议，也会引起秦人的不满。因此，不但不能借道，还得封锁黄河。但崔浩认为，刘裕强悍刚烈，如果不同意借道，他必定会在盛怒之下改变打击目标，转而攻魏。如此一来，秦可躲过一劫，魏却会代秦受敌。所以，不如暂时答应刘裕的借道之请，如果晋能灭秦，借道就等于卖给了刘裕一个人情。如果晋不能灭秦，就出兵截断晋军的退路，这样既能向秦示好，也能借机夹击晋军。

结合两种意见，拓跋嗣做了一个折中的决定，他拒绝了刘裕的借道之请，但不封锁黄河航道。为了防备晋军强行登陆，他派遣司徒长孙嵩率军十万驻扎在黄河北岸，并派遣一支骑兵沿着河岸跟随晋军舰队西进，密切监视晋军动向。

三月上旬，黄河航道里的舰队与北岸的鲜卑骑兵同时启程，缓缓向黄河上游移动。

这时候，在潼关受挫的王镇恶派来使者，请主力军队迅速增援。刘裕把使者叫到船上，推开船舱北窗，指着对岸的北魏军队，以无可奈何而恼怒的口气，问了使者一个他无法回答的问题——我怎么派遣援军？

黄河南岸的冻土上，北伐军士兵肩负着百余丈长的缆绳，顶着寒冷的北风，在恶石遍布的浅滩上艰难行进。风浪太大，为了拉动巨大的战舰，他们的身体几乎折成了锐角的形状。北岸连绵起伏的小山丘上，头发梳成小辫的鲜卑骑兵正用充满敌意和好奇心的目光盯着长河里的舰队，他们没有到过遥远的南国，只是通过一些具有奇幻色彩的传闻对江东有些许了解。据说江东终年酷热，潮湿多雨，瘴气弥漫，蛙蚌共处，蛇鼠同穴。生活在那片土地上的人四季以船为屋，断发文身，身着短衣，脚踏草鞋，自称阿侬，叫别人阿傍，以水草做的汤为羹，为水生动物的肉为食。在北伐军眼里，如影随形的监视者只是茹毛饮血的野蛮人，但在鲜卑骑兵看来，北伐军同样也只是一些类似于鱼鳖虾蟹的低等生灵。

虽然自北伐军在黄河航道上出现的那一天起，战争的阴云就郁结在黄河两岸，但在最开始的几天里，双方并没有发生摩擦。直到有一天，一艘忽然漂到北岸的战舰打破了这种沉闷而微妙的僵持局面。

那是一艘因为缆绳断裂而漂到北岸的战舰，上面有一些惊慌失措的士兵，还有一些军用物资。对于鲜卑骑兵而言，最为正确的做法，莫过于视而不见，任由对方平静地离去。但是在贪婪和轻视心理的驱使下，他们将军用物资洗劫一空，并杀死了船上的士兵。刘裕急于西行，不愿意横生枝节，只是把这当成了一起意外事件。舰队越往黄河上游走，水流越湍急，几乎每天都有零星的船只被冲到黄河北岸，而这些被冲走的船只，无一例外遭到了鲜卑人的劫掠。至此，刘裕终于忍无可忍。

某天，又有一艘船被急流冲走了，晃晃悠悠地漂往黄河北岸。如同闻到血腥味的鲨群，五六百个鲜卑骑兵迅速策马奔向船只靠岸的地点。一个急性子的晋军将官被激怒了，他率领十几个带着弓弩的士兵乘坐一艘小船划向北岸，命令士兵瞄准密集的敌人开弓放箭，射死了十几个人。其余骑兵见势不妙，一哄而散。但他们的离去只是暂时的，随后的几天里，他们依然在北岸的山丘和树林里出没不定，一有下手的机会就肆无忌惮地劫掠一番，看晋军有发起反击的迹象则呼啸着远去。

刘裕明白，任由这种情况继续，鲜卑人的气焰只会更加嚣张，若是船队驶离中原后，以为南人软弱可欺的鲜卑大军趁机南下，截断北伐军的退路，后果将不堪设想。但鲜卑人出没不定，聚散无常，怎么才能给予他们集中性的重创呢？船队逶迤西行，通过北窗望着对岸，刘裕苦苦地思索着。

四月的一天，长河里的船队忽然停下了，几十艘战船离开主船队，装载着七百个士兵和一百辆战车，径直驶向北岸。

老农喜欢锄头，樵夫喜欢斧头，刘裕喜欢战车，他有七个儿子，两个儿子的小名里有“车”字。在他的戎马生涯里，战车是一枚勋章，也是象征着勇气和力量的图腾。几年前，他就是用战车碾平了慕容鲜卑的南燕，作为慕容鲜卑的近邻，拓跋鲜卑却似乎只是把那当成了一场与己无关的战争，对可怕的战车几乎没有什么了解。北伐军的船队靠岸的时候，鲜卑人只是远远地看着，不知道敌人带着那些笨重的车子要做什么。

船队靠岸之后，一百辆战车快速呈一线排开，摆出了一个两端紧靠河岸、中间凸起的新月形弧线车阵，每辆车上站着七个身披铠甲的士兵。此时，鲜卑骑兵依然一头雾水，猜不到敌人的用意。

在鲜卑人狐疑的目光中，车阵中央树起了一面白羽编成的大旗。那是一个信号，意思是战阵已经摆好，后军可以登陆了。朱超石会意，率领两千人离船上岸，井然有序地分成了一百个小队，使每辆战车的守备兵力增加到了二十七人，并用一人多高的大盾在战车前方竖起了一道弧线形木墙。

鲜卑将官以为敌人如此布置的目的，是为了掩护主力登陆，赶快命令传令兵回去向主帅长孙嵩传达紧急军情，并急忙聚拢现有的兵力发起攻击。

一百辆战车围成的防线长度有限，如果所有的人一拥而上，必定会遭到晋军的攒射。考虑到这个问题，鲜卑将官把骑兵分成了几个梯次，以确保每一次投入的兵力不至于太密，也不至于太疏。

朱超石准确地料到了对手的作战意图，恶战初期只让士兵用普通弓箭发动射击，经过几轮快速交手，鲜卑将官上钩了，以为敌军所用的只是穿透力比较差的劣质弓箭，于是加大攻击力度，投入了更多的兵力，企图冲翻浅滩上的盾墙。

盾墙后的朱超石见状不由捏了一把汗，消灭眼前的这些鲜卑人并不是今天的作战目的，引来敌军主力才是重中之重。他有克敌制胜的秘密武器，但是在敌军主力露面之前不能轻易上场，否则就会打草惊蛇。因此，在接下来的战斗中，他必须设法把普通弓箭的杀伤力发挥到最大的程度，既能遏制住敌军的攻势，还能助长他们的轻敌之意。

凭借丰富的作战经验和精湛的作战技巧，朱超石有惊无险地达到了目的。当长孙嵩率领三万人赶到交战地点的时候，已与晋军交手许多回合的鲜卑将官呈报了一个重要的情报——晋军兵力少，武器差，用人海战术即可将其击破。长孙嵩是个老将，也是北魏军方的柱石，但他也没有看透朱超石的诱敌战术，草率地投入大量兵力，命令魏军三面合围，从西、北、东三个方向夹击敌军。

朱超石一声令下，盾墙后的晋军搬出穿透力惊人的一百张强弩，配合普通弓箭发动了暴烈的齐射。面对密密麻麻的敌人，晋军这时候不用瞄准，只需要一次次往矢道里放箭，一次次扣动扳机即可。尽管伤亡惨重，但凶猛好斗的鲜卑人没有被劈头盖脸而来的箭雨吓住，硬是以血肉之躯为盾，冲到了敌军面前。

盾墙前，尸体像砌墙砖一样层层堆叠，踩踏着战友尸体而行的鲜卑人依然在发动狂暴的冲锋。盾墙后，有的士兵用尽全身力气，用肩头顶着大盾，有的士兵在战车上开弓放箭，有的士兵在木盾的间隙中砍杀冲到盾前的敌军……鲜卑人太多了，车阵的有些地方已经出现了松动的迹象，不过朱超石早就备下了预防这种问题的武器——大锤和长矛。他让士兵把长矛截断，只留下三四尺长的矛柄，两人一组，一人在前持矛，一人在后用大锤击打矛柄，每一击都能洞穿三四个鲜卑人的胸腔。

血战持续大半天，鲜卑人斗志沦丧，后备兵力越来越少，长孙嵩不敢恋战，急令全军撤退。在追击途中，一部分北伐军落到了敌人的包围圈里，但朱超石及时赴援，迫使心惊胆战的鲜卑人不战而逃，再一次大破敌军。

夜幕降临，黄河北岸一片沉寂，河水沉稳而有节奏地拍打着浅滩，卷走了岸上的尸体、破碎的旌旗和残破的兵器，它们将成为鱼虾的美餐，或者永远沉没在浑浊的泥沙里。

在这个漆黑的长夜，一骑快马正连夜奔往平城，这是长孙嵩派遣的使者。接到战报，拓跋嗣大为懊恼，后悔当初没有采纳崔浩的建议。为避免矛盾恶化，他给长孙嵩送去一道诏书，命令他谨慎行事，不得再袭扰敌军。作为对鲜卑人“善意”的回报，刘裕派遣特使上岸，送给了长孙嵩一些江南的土特产和甘甜的米酒。

依托设计精妙的却月大阵，朱超石立下了赫赫战功。与此同时，他那几个冒失的同僚王镇恶、檀道济、沈林子也在潼关下奋力搏杀，渐渐盘活了几乎已成死局的不利态势。秦军曾试图攻击他们的粮道、切断他们的水源、割裂他们与主力的联系，但所有的计策全部宣告失败，王、檀等人不但一次次挫败了敌人的图谋，甚至奇迹般地攻破了潼关，但由于兵力薄弱，后援不继，他们不敢轻易向关中腹地挺进，只能在潼关等待主力的到来。他们知道自己的鲁莽险些打乱北伐的整体规划，扭转局势之后赶快给刘裕送去捷报，以平息刘裕的怨气。

同年七月，沈田子所率的一路北伐军穿过武关，沿着蜿蜒崎岖的山路推进到了以产美玉而闻名的蓝田。这是一支偏师，主要作战任务是牵制秦军，并不需要与敌人进行无谓的正面冲突。蓝田北面是蓝关，也是从南方进入关中大平原的最后一道屏障。

为了集中力量对付正在赶往潼关的晋军主力，姚泓御驾亲征，率领数万人进驻蓝关。沈田子的副手主张保存实力，不跟兵力庞大的敌军正面交锋。或许是为了与朱超石、檀道济、王镇恶等人争功，不愿意落于人后，沈田子拒绝了副手的提议，主动向姚泓挑战，一举击破敌军，占领了蓝关。

八月初二，刘裕率领主力抵达潼关，命令朱超石北击蒲坂，彻底切断北魏与后秦的联系，但朱超石未能完成任务。王镇恶认为，与其计较一城一池的得失，不如突袭长安，摧毁敌国的心脏。

从潼关出发奔袭长安，需要横穿东西流向的渭水，由于函谷关、潼关先后失守，秦人已无天险可依，只能调集主力把守渭水南北两岸的定城（今陕西华阴）和香城（今陕西大荔）。刘裕采纳了王镇恶的提议，派他率领先遣部队直奔长安。驻守香城的秦军唯恐长安有失，匆忙撤到渭水上游，与姚泓所率的一部分兵力汇合，企图在这里消灭王镇恶。经过一番血战，斗志高昂的北伐军击败了后秦军，死死咬住四处溃散的敌军杀到了长安城里，并封锁城门，切断了退守宫城的姚泓与外界的联系，定城和蒲坂的后秦军主力听闻长安失守，纷纷作鸟兽散。

64 西北望长安

八月二十四日，姚泓带着宗族和百官出宫投降，王镇恶代替刘裕主持受降仪式，把这一群身份特殊的俘虏关押到了安全的地方。

姚氏在长安盘踞了三十多年，平民百姓对姚家却谈不上有什么认同感，王猛主政的岁月才是他们津津乐道的好光景。长安封存着王镇恶的童年记忆，也是他的祖父王猛倾注心血的地方，虽然他有贪财的毛病，喜欢趁火打劫，但在长安他还是很收敛的，只是悄悄地在皇宫的府库里刮了一笔油水，严禁士兵劫掠平民。

九月初，一个落叶飘零的日子，王镇恶前往长安城东部的灞桥，将舟车劳顿的刘裕迎接到了城里。刘裕出身贫寒，与自小受过良好教育的王镇恶不同，彼此有不同的言谈方式。抵达长安这一天，刘裕的心情颇为不错，为了使口头表述贴合王镇恶的文化素养，他甚至仔细过滤了一遍有限的知识存储，当面嘉奖王镇恶的时候妥当地运用了一个历史典故。

进驻长安之后，刘裕首先检阅了那一群身份尊贵的贵族战俘。姚泓暂无性命之危，他将作为一件特殊的战利品被送到建康的闹市上处死。随同他一起被送到建康的，是一批象征着华夏礼乐的国之重器，其中有一个制作精巧的记里鼓车，分上下两层，上层设一钟，下层设一鼓，车里站着几个穿着锦衣的木人。木人自动击鼓一次，意思是车走了一里，击钟一次则代表走了十里。囚车里的姚泓离开长安的时候，看到的最后一幕，是他的宗族在北伐军的刀下人头滚滚。

光复洛阳和长安，是东晋好几代有志之士的梦想，立国一百多年来，只有一个人做到了这一点——五十五岁的刘裕。但因为密探传回的一个令人扫兴的情报，他的心情突然有些低落。密探说，王镇恶私自从后秦的国库里取走了一笔价值不菲的财物。刘裕本来就计划用后秦国库的财富犒赏三军，而且早就知道王镇恶有贪财的毛病，所以他并没有把密探的话放在心上。密探又说，王镇恶悄悄搬走了姚泓的御辇。刘裕的脸色瞬间变了，他可以容忍贪婪，却不能容许背叛。

几天后，密探在一条肮脏的水渠边发现了御辇，只是镶嵌在车上的金银珠宝被剔走了。这很符合王镇恶的一贯作风，事实证明他并无非分之想，但新出现的另一个问题又扰乱了刘裕的心绪。他一手带出来的那些青年战将，正因为争功的问题暗中较劲。刚洗刷谋逆嫌疑的王镇恶也在其中，不过他只是被动卷入，引发争端的是沈林子的哥哥沈田子。

此前，沈田子所率的偏师在蓝关打过一次胜仗，一度有过趁胜攻入长安的打算，但考虑到功高不赏的问题，最终放弃了这个念头。结果，王镇恶另率一路军队横穿渭水，拿下长安。沈田子为此颇为懊恼，迁怒于王镇恶，认为本该属于自己的功劳被别人窃取了。

当时，还有十万羌人残部盘踞在陇上，长安附近也不时发生一些零星动乱。或许是为了平息争端，刘裕把收拾残局的任务交给了其他战将，没有再给沈田子、王镇恶立功的机会，并且在公开场合声称沈、王二人的战功不相伯仲，但绽开的裂缝依然在悄无声息地蔓延着。王镇恶是北人，而那些青年战将大部分是南人，随着矛盾的加剧，沈田子的不满被放大了，变成了南人战将对王镇恶的集体厌恶。更糟糕的是，刘裕不知不觉中站到了沈田子这一边。

义熙十三年（417年）十一月初，留守建康的刘穆之去世，刘裕闻讯大为悲痛，几天之后匆忙率领主力东归。

关于这次匆匆忙忙的撤退，历史记载扑朔迷离。有人认为刘裕主持历次北伐只是为了建立军功，以便顺理成章地篡位，其实他并没有结束南北分裂的意图。也有人认为他有统一中国的打算，只是刘穆之的去世过于突然，他唯恐后方发生动乱，所以才仓促撤退，致使统一大业半途而废。

哪一种说法才是真实的呢？

中国北方当时主要有五个割据政权，西秦、北凉、西凉、大夏、北魏。前三个只是弹丸小国，不具备左右大局的实力，生死存亡很大程度上取决于强国的态度，尤其是东晋的态度，慑于刘裕的威势，他们在北伐军进驻关中之前就选择了向东晋称臣。换言之，刘裕要想结束南北分裂的局面，最需要对付的就是赫连勃勃的大夏和拓跋嗣的北魏。

赫连勃勃是个恶狼型的君主，他聪明，狡诈，狠毒，有耐心，善于捕捉机会。他痛恨刘裕抢走了本该属于他的关中，但北伐军近在咫尺，他不敢轻举妄动，小心翼翼地藏起了爪牙，声称愿意与东晋和平共处。

虽然北伐军当日在黄河北岸以却月大阵使鲜卑人付出了惨重的代价，但由此换来的和平只是暂时的。刘裕率领主力来到关中之后，拓跋嗣故技重施，派兵入侵东晋北部，企图切断刘裕的归路，并密谋大举兴兵南下，侵占北伐军的大本营彭城，甚至刘裕还在长安的时候，北魏耳目就在城里散布具有挑衅意味的消息，说能够包庇姚氏宗亲的人可以得到一笔丰厚的赏赐。

就这样，北魏变成了刘裕关注的唯一打击目标。

《宋书》说刘裕打算留在关中，进而经略北地，这话里有一定的水分。刘裕确实有进攻北魏的打算，早在几个月前，他就与位于北魏东部的北燕建立了友好联系。他与大夏确立邦交的目的之一，应该也是希望赫连勃勃能协助他围堵北魏。但这并不意味着他要留在关中，或者说，当时的形势决定了他留在关中的可能性微乎其微。

北伐军在外征战很久了，回归故乡已成人心所向，军营里时时唱起思念亲人的歌谣。刘裕不喜欢这种消沉的情绪，经他授意，乐工修改了歌谣，在思乡歌的结尾追加了两节斗志昂扬的旋律，但这依然无法纾解将士们的乡愁。长安，已成强弩最远的射程，北伐军不愿意再马不停蹄地奔向下一个战场了。

更让刘裕忧心的是，冬天就要来了，狐狸正在岸边的枯草丛里出没。这是一种听力敏锐的动物，可以听见冰层下的流水声，当它们成群结队地踏着冰层渡河的时候，就意味着黄河上的冰已经足够坚实。那时，缺少舰船的北魏军队将迎来大举渡河的天赐良机。

没有其他选择，北伐军必须在深冬来临之前撤回大本营，刘穆之的突然去世只是促使刘裕做出撤退决定的一个次要原因。皇位是煮熟的鸭子，飞不到别人的锅里，他急于撤退并不是为了回去篡位，而是形势所迫，别无他法。但是在守备关中的问题上，他走了两步错棋，一是低估了赫连勃勃的野心，二是对留守人选的安排有误，让只有十一岁的刘义真镇守关中，并且把势如水火的沈田子和王镇恶放到了一起。

王猛在关中的威望很高，把王镇恶留在长安有利于稳定局势。但沈田子痛恨王镇恶，刘裕临行之前，他又一次进谗言，诬陷王镇恶图谋不轨。刘裕说，我给你们留下了一万精兵，他要是想作乱，只会自取灭亡。刘裕的意思是，王镇恶可杀，前提是他有不轨之举。然而沈田子并不在意前提，他只是单纯地想整死王镇恶。

义熙十三年十二月初，刘裕率领主力东归，汴水航道此时依然未能凿通，他不愿再绕道泗水，于是调用主力疏通了汴水。闰十二月，汴水通航，归心似箭的北伐军主力南下，全力开向彭城。

就在这时候，赫连勃勃发动了南侵关中之战。没有任何预兆，他的军队像从坟墓里爬出来的骷髅军团，一夜之间就占领潼关和蓝关，掐断了关中晋军与外界的通道。之后，他亲自率领主力为后援，派遣太子赫连璝率领两万人直扑长安。

刘义真年少，没有理事的能力，刘裕临走时把处理关中大事的权力委托给了王修。狂风骤雨袭来后，王修命令沈田子出兵应战，沈田子却畏战不出。王镇恶极为不满，指责沈田子有负刘裕所托，沈田子恼羞成怒，以商议军情为由，把王镇恶诓骗到军帐中，以谋反的罪名，指使武卫当场将其刺死。王修大惊，急令逮捕沈田子，以擅杀大将的罪名将其斩首示众，然后把抗敌的任务交给了毛修之和傅弘之——这也是刘裕带出来的两个优秀战将。

刚刚回到彭城的刘裕惊闻关中剧变，急忙加派人手进驻蒲坂，以防关中晋军被彻底堵死，并改变联合大夏牵制北魏的策略，派人奔赴平城，修复两国邦交。

因为晋军主力已经返回，拓跋嗣失去了南下的机会，于是他顺水推舟，同意与东晋友好往来，开始集中全力攻打北燕。

赫连勃勃曾经说过，等刘裕一走，关中唾手可得，但事实并不像他想的那样。关中晋军只有一万多人，战争开场时一度被打得措手不及，但由于毛修之和傅弘之的出色指挥，他们在春天到来之前就扭转了危局，把入侵者赶出了关中。

同年六月，刘裕被封为宋公，接受了九锡。他将登上皇位，化虎为龙，这是众所周知也是众望所归的事实。毕竟他的功勋是当世无双的——击败了桓玄，平定了天师道动乱，消灭了谯蜀、南燕、后秦，收复了巴蜀、齐鲁、河南、关中，又主持了义熙土断。

对于如今所拥有的一切，刘裕还是比较满意的，即将开创新时代前夕，他也知道继承人的确立很快就会成为最迫切的问题。他有七个儿子，大儿子刘义符十三岁，次子刘义真十二岁，继承人必然二选其一，只是他目前还难以确定该由谁继承衣钵。不过，他不用为这个问题纠结太久，事实将会帮他做出选择。

刘裕得子较晚，四十多岁才有儿子，所以他对头几个孩子倾注了过多的父爱，刘义真就是这样一个被宠爱得变形的畸苗。他天性贪玩好动，留在关中之后更是无法无天，小小年纪就插手军国大事，随心所欲地赏赐亲信。王修看不下去，劝诫了几次，他恶向胆边生，忽然痛下杀手，处死王修，宣称王修被杀是因为擅杀沈田子，有谋反之意。

王修一死，长安城一片哗然，活在这样一个恶童的统治下，任谁都有朝不虑夕的恐惧感。王修死后，刘义真把关中的驻军全都撤到了长安城里，以为如此一来就能高枕无忧地玩耍了，至于长安以外那些地方的安危，那就不在他的考虑范围内了。

刘裕闻讯惊怒交加，急忙派遣朱龄石直奔长安，接替刘义真镇守关中，又派朱超石沿着黄河西行，缓缓向关中推进，以防中原地区受关中的影响而发生动乱。

十一月，一身风尘的朱龄石赶到了长安，此刻，赫连勃勃的士兵正在长安北部的荒野上做攻城的准备。刘义真还没有玩够，很不欢迎朱龄石的到来，离开长安之前大肆劫掠平民百姓，然后才运载着堆积如山的财宝，依依不舍地出城。

朱龄石出发之前，刘裕告诉他："刘义真出发以后，你让他轻装疾行，出了潼关才能慢走，如果关中守不住，你就和他一起回来。"但刘义真舍不得丢弃财宝，把刘裕的话当成耳旁风，每天只走几里地。不久，赫连璝率领三万追兵赶到，傅弘之带领一部分兵力断后，让毛修之护送刘义真先行。背后的喊杀声惊天动地，刘义真却置若罔闻，依然像游山玩水一般走得不慌不忙。经过几天的激战，夏军生擒弹尽粮绝的傅弘之，并冲散了前方还没有走多远的晋军，刘义真侥幸躲过一劫，几经辗转，最终在一些僧人的护送下回到了江东，但毛修之随同珠宝一起变成了敌人的战利品。

朱龄石原打算据守长安，但因为刘义真的劫掠，长安百姓群情激奋，自发组建民兵驱逐曾经千呼万唤的"王师"。朱龄石无计可施，纵火焚毁宫城，率领残部在咒骂声和劈头盖脸打来的瓦砾中仓皇离开长安，逃到了潼关附近的一个堡垒。正在蒲坂的朱超石听闻兄长有难，急忙率军来援，但他们的兵力太少了，丝毫没有破围的可能。堡垒即将被攻破的时候，朱龄石担忧父母痛断肝肠，让朱超石趁乱逃跑，朱超石不肯，执意与兄长共存亡。

堡垒被攻破之后，朱氏兄弟被押送到了长安，在战俘营里，他们见到了傅弘之、蒯恩、刘钦之、毛修之。战俘营外，赫连勃勃的士兵正在用晋人将士的脑袋建造人头塔，朱超石等人的人头是否会被镶嵌到塔身里，取决于他们是否臣服。

傅弘之是个很讲究仪容的人，北伐军刚刚进驻洛阳的时候，每次他乘马出行，大道两侧往往观者云集，无不为他的潇洒而倾倒。在趾高气扬的赫连勃勃面前，他最先表态，坚决不降。赫连勃勃大怒，当众扒光他的衣服，把他扔到了冰雪里。遭受精神和肉体双重侮辱的傅弘之死意已决，破口大骂，赫连勃勃怒不可遏，让士兵砍下了他的头颅。之后被处死的是朱氏兄弟、蒯恩、刘钦之。

目睹战友的先后惨死，心如死灰的毛修之将军选择了苟活。十几年后，大夏被北魏消灭，他又被掳掠到了平城。大多数时间里，他是追随拓跋焘南征北战的武将，去过冰天雪地的辽东、水草丰茂的凉州，也去过黄沙漫漫的大漠，但他最为出名的身份，是善于烹制江南菜肴的御厨。他进入晚年后，曾经有一个逃回江南的机会摆在眼前，但他选择了主动放弃，可能是因为羞于面对战友的在天之灵，也可能是被多年前发生在关中的惨痛内讧伤透了心……他不愿意再想起江南的小桥流水，唯愿在塞外的枯藤老树下孤独终老，在不久的将来默默埋骨北地，任凭牛羊啃食坟头的萋萋长草。

刘裕英雄一生，怎料晚年居然遭此奇耻大辱，他想再一次发动北伐，痛击赫连勃勃，但北伐需要倾国之力，岂能说发动就发动？虽然幕僚说胜负乃兵家常事，刘邦曾被困白登、曹操曾折戟赤壁、桓温曾兵败枋头，但他明白，那只是宽慰人心的话。登上彭城城头，念及毁于一旦的心血，他泪如雨下。宝刀已老，英雄迟暮，他明白，自己不太可能再挽射天狼的雕弓了。

西北望长安，可怜无数山。

65 挽钟

义熙十四年（418年）十二月，晋安帝司马德宗驾崩。

谶言说，晋安帝之后再有一个皇帝，晋室的气数就终结了。晋安帝终年三十七岁，刘裕在这一年将近六十岁，大半辈子已经没了，他等不及了，决心人为地加快谶言所说的历史进程。

按照最初的设想，晋安帝应该死于鸩毒，刘裕把下毒的任务交给了几个宫廷内侍。晋安帝的弟弟司马德文听到一些风声，住进皇宫，终日不离哥哥半步。十二月中旬，司马德文身体不适，回府休养了几天，那几个近侍见机会来临，于是在十七日夜里潜到寝宫。他们没有调制鸩酒的耐心，而是用外衣拧成绳索，粗暴地勒死了晋安帝。之后他们伪造了一道遗诏，宣称晋安帝是因病暴毙，临终时把皇位传给了司马德文。

司马德文，即晋恭帝，东晋的最后一个皇帝。晋安帝驾崩次月，司马德文继位，改年号为元熙。

改朝换代的过程有些无聊，相似的步骤之前上演过无数次，大致说一下吧。

元熙元年（419年）七月，刘裕撤离彭城，移驻寿阳，加快了他篡位的步伐。经过几个月紧锣密鼓地筹备，元熙二年（420年）的春季，刘裕在军府举办了一次小型宴会，讲了一番适可而止的道理，说自己对如今拥有的一切已经很满意了，打算到京城安度晚年。一个幕僚会意，连夜启程奔往建康，正式启动了改朝换代的陈腐程序，然后就是各地官员呈报祥瑞、吉兆之类的东西……

四月，晋恭帝征召刘裕入京。六月，刘裕抵达京城，他的心腹把拟好的禅位诏书送到了晋恭帝面前。晋恭帝丝毫没有犹豫，非常爽快地颁布了禅位诏书，就像他对侍从所说的那样，桓玄篡位的时候，晋室就灭亡了，幸好有刘公佑护，才苟延残喘这许多年，把帝位让给刘裕，他心甘情愿。

六月十一日，晋恭帝退位，东晋灭亡。三天后，刘裕登基称帝，建立刘宋王朝，改年号为永初。

说到这里，刘裕的故事基本上就结束了。接下来，对刘裕的生平做一个简单的小结。

刘裕出身大兵，早年间习惯了冲锋陷阵，升迁为中级将官后还保持着这个习惯，临阵对敌时喜欢身先士卒，可见他对个人武力有足够的自信，否则不会这么多次以身犯险。翻阅他的战史，我们还可以看到一个特点——他喜欢自己琢磨作战方案，很少征询将佐的建议，尤其是大战，他一般都是自己拿主意，可见他的军事天分相当高。

刘裕出生于晋哀帝兴宁元年（363年），第一次在战场上亮相是镇压天师道暴动期间，这时候他已经快四十岁了。按照常理来说，一个武力指数和军事天分如此高的人，早年间怎么也应该留下一些战绩，他的早年战绩却是一片空白，历代开国之君的传记里，这种情况还是比较罕见的。

之前说过，刘裕是个很沉默的人，沉默得即使在他的本传当中也只记载了他说过的几句话，给人的印象很单调，好像他就是不停打仗，接着篡位，然后去世。他的早年经历出现大片空白，或许就与他过于内敛的性格有关，因为他不喜欢推心置腹地与别人谈及过往，但性格问题并非造成记载断档的主因。军衔太低，早年没有发挥才能的空间，应该才是致使他的经历出现空白的主要原因。

刘裕具有政治家和军事家的才略，然而出身低微，在门阀政治体制里并没有向上发展的空间，如果不是因为时局发生巨变，他几乎没有名留青史的可能，成为一个小小的将官或许就是他所能达到的人生巅峰。但在他即将进入不惑之年的时候，门阀政治格局忽然崩溃了，经过天师道暴动和桓玄篡位的冲击，门阀士族遭到了致命的打击，司马氏又承担不起力挽狂澜的重任，高层急需大换血。刘牢之一度有过开创新时代的机会，但因为首鼠两端的态度错失良机。

通过以刘牢之为中心的老一代京口军功集团的覆灭，刘裕看到了问题的关键。短暂的蛰伏之后，他从京口启程，以一往无前的气势和强悍的武力消灭桓玄、铲除南燕、平息天师道暴动、击败刘毅、收复巴蜀、痛击北魏、拔除后秦、占领关中，撬动了改朝换代的大门，并将寒族引入政治中枢，终结了门阀当道的局面，使变态的门阀政治回归到了常态的皇权政治轨道。

关于南方政权，我们往往有一个错觉，好像有赖于长江的佑护才能拥有半壁江山。其实并非如此，纵观六朝历史，我们可以看到，在以黄河为第一防线的情况下，南方政权的国力最盛，以淮河为第一防线其次，当以长江为第一道防线的时候，也就意味着国运基本上到头了。

刘裕主持的义熙北伐，是大分裂时代南方政权最为成功的对外军事行动，尽管结尾令人扫兴，致使倾国之力才夺回的关中落到了赫连勃勃手里，但好在河南以及江淮流域的版图没有失守，为南方政权最为核心的领域赢得了战略缓冲区，刘义隆时代的元嘉之治就是在这样的背景下产生的。

然而，刘裕之后的一百多年里，南方政权再也没有出现过战功如此卓越的皇帝。如果说在刘裕所处的时代，南方政权一度在军事地缘上占据优势，甚至有兼并北方政权的可能，那么，随着黄河、淮河防线的先后失守，结束南北分裂的历史任务就只能由北方政权来完成了。

最后再说一个问题——晋恭帝之死。

永初二年（421年）九月，在刘裕的授意下，一群士兵闯入晋恭帝的府邸，逼迫他喝下毒酒。晋恭帝是个佛教徒，拒绝饮毒自尽，说按照佛教教义，自杀的人不能转世投胎。粗暴的士兵于是一拥而上，用被子把他活活闷死了。

因为晋恭帝之死，后世许多史学家对刘裕颇有微词，认为他首开恶例，致使后世沿袭成风，禅位之君难有善终。

刘裕之前，无论是曹丕篡汉还是司马炎篡魏，禅位之君都没有性命之危，可以颐养天年。为什么到了刘裕手里，晋恭帝却死于非命呢？

这或许与刘裕的眼界有关，曹丕、司马炎是含着金汤匙出生的权贵子弟，见惯了钟鸣鼎食的富贵，而刘裕出身社会底层，飞黄腾达之后所拥有的一切对他来说就像梦境一般，因为得之不易，所以护之不遗余力。但这并不是刘裕弑君的主要原因，我们得看到，曹丕篡位的基础是曹操的辛苦经营，司马炎篡位的基础是司马懿以及司马师兄弟两代人的经营。他们改朝换代的时候，通往皇座的道路是畅通的，前人已经给他们扫清了障碍。刘裕不一样，他的基业是出生入死打出来的，是真正的白手起家，父辈并没有给他奠定资本，他篡位的时候，司马氏的残余势力还是存在的——有的人逃到了敌对政权，有的人在江北割据一方。他老了，但他的儿子都还小，司马氏的复辟是他必须考虑到的问题。所以，他做出那个血腥的抉择是有政治考量的。

然而，这个恶例毕竟是刘裕所开，那么，后世沿袭的弑君恶习是不是和他有关呢？

东晋十六国以及之后的南北朝是一个分裂的时代，也是传统伦理价值观在崩溃和重建之间的过程。

汉献帝告诉曹操，你要是还能辅佐我就辅佐，不然你就自己做皇帝，曹操闻言汗流浃背；贾充唆使走狗杀了曹髦，司马昭闻讯如五雷轰顶，魂不附体。曹操和司马昭是作秀吗？恐怕不是，而是在他们所处的时代，构建于两汉时期的伦理价值观还没有崩溃，他们都是在传统秩序下长大的“老人”，对传统还有敬畏。

进入西晋之后，随着玄学的兴起、永嘉之乱的爆发和大分裂时代的来临，传统趋于崩溃，旧有的价值观对新生代的制约力日渐淡薄。举个例子，比如传统规定联姻必须注意行辈，但是在东晋，上流社会通婚并不注意这一点，有悖于所谓纲常伦理的情况时有发生，这其实就是传统逐渐崩溃的外在反映，而刘裕恰恰生活在这个历史时间段里，也就是说，他是一个与曹操、司马昭那一代人有很大不同的“新人”。在他之后，南朝的弑君习气相沿成风，多多少少都和他开先例有些关系，但并不存在必然的因果联系，与其说后来者是效仿刘裕，不如说是观念变迁所致。如果了解南朝的历史，我们就会知道，宋、齐、梁、陈四朝所发生的比弑君更为不堪入目的事比比皆是。

与南方政权一样，北方也经历过旧秩序的崩塌，但是随着时间的流逝，南北走向了两个不同的发展方向。经过多灾多难的阵痛期，北朝逐渐向涅槃重生的传统复归，总体风气呈现出了包容、大气、恢宏的特点，为即将到来的盛唐做好了充分的铺垫；而南朝政权的整体风气则渐渐趋向于封闭、柔靡，越来越没有锐气，这可以在文化上增加一种新的色彩，但是对结束南北分裂并没有什么助益。

金戈铁马，气吞万里如虎，对于刘裕之后的南朝，只是一个遥不可及的传说。

尾　声

四世纪，西方和东方几乎同时进入了战乱的时代——西方，曾经称雄欧陆的罗马帝国在蛮族的冲击下岌岌可危；东方，一度雄踞东亚的西晋王朝在游牧民族的铁蹄下四分五裂。数百年的战争之后，罗马帝国成为历史废墟，西方的世界被撕裂了，古老的中国却浴火重生，结束南北分裂的局面，重新走向统一。

可能是因为祖上开国手段不够光彩，子孙后代又惹出了丢失西晋王朝和大片中原王土的大祸吧，东晋在中国历史上是一个存在感很弱的朝代。不过，在南北重新走向统一的过程中，它的历史作用还是有的。

汉朝末年，孙氏父子割据江东，建立了孙吴政权，南北关系日渐疏离。随着三国纷争的落幕，西晋王朝恢复了大一统的局面，但对江东的薄弱统治没有持续多久，就发生了山崩地裂的永嘉之乱，自秦汉时代成型的中原文明因此面临断绝的危险，南方也有可能与中原文明分道扬镳，蜕变成一个与主流渐行渐远的政权。

如果发生这种情况，古老的中国十有八九会成为罗马帝国的翻版，如今的中国也就很难存在了，后世的人恐怕只能像爱德华·吉本那样，在夕阳里“卡皮托山下的废墟上”，缅怀秦汉时代的历史烟云。

结局如我们所知，东晋王朝建立后，诞生了一种此前不曾有过的政体——门阀政治。

这种政体由琅琊王家奠定，颍川庾家巩固，龙亢桓家推向巅峰。在陈郡谢家手中开始走下坡路，太原王家加快了它的衰败，最终由寒族出身的刘裕把它送进了坟墓。事实上，对门阀政治的评价也就是对东晋王朝的评价，二者是等同的。

门阀政治的积极作用，是把中原文明移植到江东，化解了南方发生异变的风险，有利于促进南北士族的融合；消极作用是堵塞了阶层流动，社会整体缺乏活力，运转效率低下，贪渎成为政治常态，赋税徭役沉重。总体而言，门阀控制下的东晋比较弱势，但它弱而不软，弱只是对内而言，对北方政权尤其是匈奴人的前赵和羯人的后赵一直是强硬的，这是因为另外一股势力的存在——流民军。

在东晋所处的时代，北方先后建立了十六个政权，其中前秦为东晋所败，成汉、南燕、后秦为东晋所灭，这就是宋人王应麟所说的“僭号之国十六，而晋败其一，灭其三”。然而，这些功劳属于与中枢的联系并不紧密的流民军，主要是以襄阳和京口为主要据点的襄阳兵和北府兵。对此，历史学家田余庆在《东晋门阀政治》当中做过一个精准的总结：“皇帝垂拱，士族当权，流民出力。”

皇帝垂拱和士族当权，这在东晋开国初期就基本上定型了，流民出力局面的出现则经历过一些反复。东晋立国初期，流民军被限制在江北，祖逖就是用这一股力量发动了第一次北伐。晋明帝为了平定王敦叛乱，一度将流民军引入中枢；明帝去世之后，由于庾亮的政策过于激进，激起了苏峻叛乱，东晋险遭覆亡，流民军自此以后就一直被安置在边境地带，或者捍卫边疆，或者参与北伐。可惜，由于门阀把持下的中枢因循怠惰，百般作梗，致使流民军的努力一次次化为流水，他们在前线的浴血奋战只换来了后方所谓的“名士风流”，这是东晋王朝的一个标签，但本书没有涉及这一方面，个人认为没有提到这些东西的必要，它们只是一种纸醉金迷的点缀，有形而上的审美意义，但是对于纾解那个时代的苦难毫无价值。

没有实权的皇帝、把持朝政的门阀、捍卫边疆的流民军，这就是门阀政治得以存在的三个支点。四世纪末五世纪初，门阀凋零，皇权复兴，流民军作为一支有政治诉求的力量登上了历史舞台，门阀政治格局就失去了存在的可能，东晋王朝也随之悄然落下帷幕。

从开国到亡国，东晋先后历时一百零三年，这一百多年里的故事太多了，仅仅厘清主线和叙述主要人物就用了三十多万字的篇幅，细说的话，没有百八十万字恐怕挡不住。这段历史就到这里收尾吧。